中世叡尊教団の全国的展開

松尾剛次

法藏館

口絵１　叡尊座像（西大寺蔵）

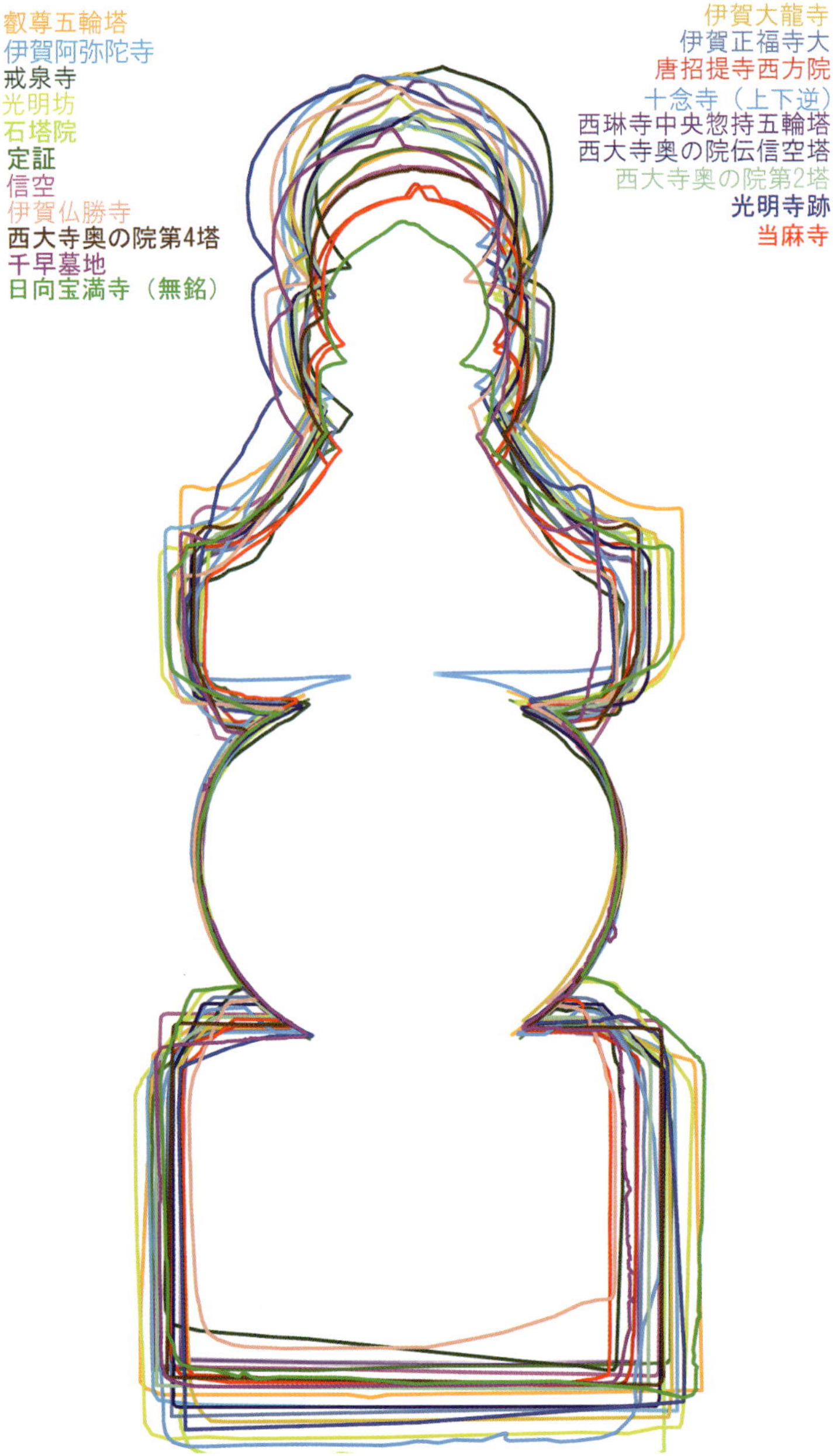
叡尊五輪塔
伊賀阿弥陀寺
戒泉寺
光明坊
石塔院
定証
信空
伊賀仏勝寺
西大寺奥の院第4塔
千早墓地
日向宝満寺（無銘）
伊賀大龍寺
伊賀正福寺大
唐招提寺西方院
十念寺（上下逆）
西琳寺中央惣持五輪塔
西大寺奥の院伝信空塔
西大寺奥の院第2塔
光明寺跡
当麻寺

口絵２　叡尊系五輪塔

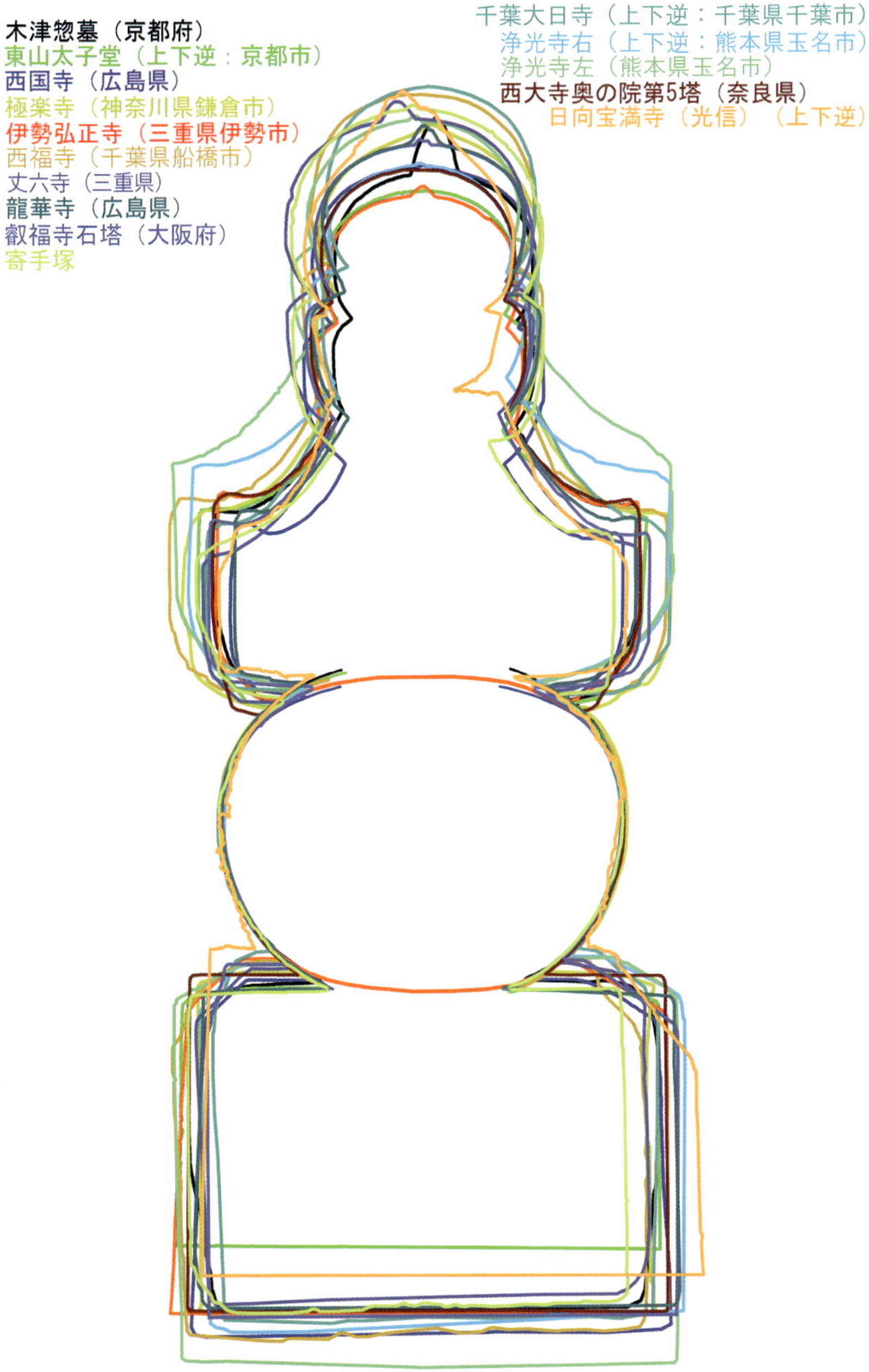

口絵３　木津惣墓系五輪塔

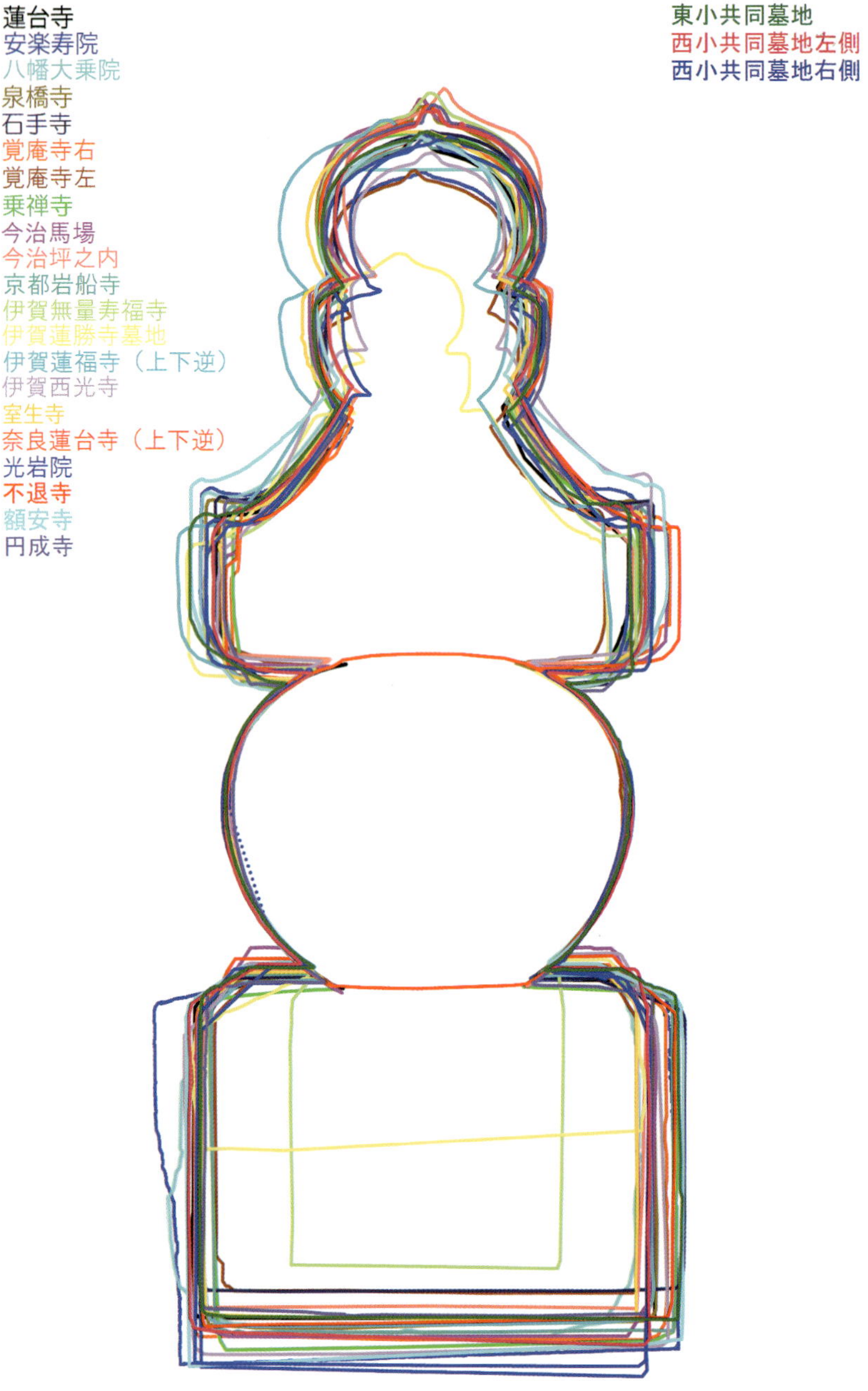
蓮台寺
安楽寿院
八幡大乗院
泉橋寺
石手寺
覚庵寺右
覚庵寺左
乗禅寺
今治馬場
今治坪之内
京都岩船寺
伊賀無量寿福寺
伊賀蓮勝寺墓地
伊賀蓮福寺（上下逆）
伊賀西光寺
室生寺
奈良蓮台寺（上下逆）
光岩院
不退寺
額安寺
円成寺
東小共同墓地
西小共同墓地左側
西小共同墓地右側

口絵4　蓮台寺系五輪塔

中世叡尊教団の全国的展開　目次

第二部　叡尊教団の本州における展開

第三部　叡尊教団の九州における展開

凡例

本書では以下のような原則で表記などの統一を図った。

一、漢字表記は基本的に史料と地の文ともに新字を使用した。

一、年号は基本的に北朝年号を使用し、史料などによって南朝年号を使用せざるを得ない場合は、北朝年号も併記した。

一、「光明真言過去帳」には、○や●があるが、○は朱丸が、●は黒丸が書かれていることを示している。

一、史料に太字、傍線を付けるなどの加工を施している。

一、癩病という語は、それ自体が差別的表記とされ、ハンセン病と表記されることが多い。しかし、中世においては、癩病にはハンセン病のみならず、ハンセン病ではない重い皮膚病も入っており、ハンセン病と言い換えることは正確ではない。本文で述べるような忍性による治療によって癩病が治るという奇跡が起こったのも、ハンセン病ではない皮膚疾患の患者が、癩病患者とされていたからである。それゆえ、癩病という表記を使用するが、それは、ハンセン病患者に対する差別を助長するためではないことをあらかじめ断っておきたい。

中世叡尊教団の全国的展開

［カバー画像］
（表）重文　清凉寺式釈迦如来立像（奈良市西大寺蔵）
　　画像提供　奈良国立博物館（撮影　森村欣司）
（裏）清凉寺式釈迦如来立像（大分市金剛宝戒寺蔵）
　　画像提供　大分市金剛宝戒寺

序

本書は奈良西大寺叡尊（一二〇一～九〇）をいわば開祖とする叡尊教団[1]の全国的な展開を明らかにすることを目的としている。叡尊教団は鎌倉時代後期から南北朝期に全国に展開を遂げた。しかし、一五世紀末以降には衰頽し、末寺も転宗したり、廃寺となっていき、その法統を引く現在の真言律宗教団は、かつてと比べれば衰頽の極にある。そのために、最盛期の中世叡尊教団の全国的な展開を明らかにする史料は少ない。

また、従来の、日本仏教史研究は明治期以来の実態から、逆に遡及して論じられたために、浄土宗・浄土真宗・曹洞宗・日蓮宗といったいわゆる鎌倉新仏教が中心に論じられてきた。その結果、鎌倉時代後期から南北朝期に最大勢力を誇り、私見では、もう一つの鎌倉新仏教の典型とも評価できる叡尊教団の実態については「旧仏教の改革派」というレッテルのもとに軽視ないし等閑にふされてきた感があった[2]。

しかしながら、一九八〇年代以降は、私もその一人[3]であるが、追塩千尋[4]、細川涼一[5]、大石雅章[6]、蓑輪顕量[7]、福島金治[8]らの研究によって、叡尊教団研究は大いに進んできた。その背景には、黒田俊雄[9]による、旧仏教への評価の見直しがあったことは否定できない。黒田説への拙見については、別稿[10]を参照されたい。

また、網野善彦[11]による、鎌倉後・末期における北条氏と結んだ叡尊教団の交通・流通拠点への展開の見通しの提示もきわめて大きな意味をもったといえる。本研究によっても、網野の見通しは、より具体的かつ実証的に証明されたと考える。もっとも、美術史研究ではそれ以前から八尋和泉ら[12]によって叡尊教団の美術遺品が注目され、研究が進められてきていたことも忘れてはならない。

とりわけ、近年は、大塚紀弘[13]、舩田淳一[14]、大谷由香[15]ら若手の研究者による研究も現れているのは喜ばしい限りである。また、狭川真一、馬淵和雄、佐藤亜聖、岡本智子、山川均[16]らの考古学の観点からも叡尊教団は注目されている。また、叡尊教団のみならず泉涌寺系の律寺などについても研究[17]が進んでいる。西村玲[18]によって、近世における戒律復興運動の思想史にも光が当てられてきている。

さらに、近年は、外国人研究者の手になる叡尊教団研究[19]もなされるようになり、叡尊教団研究の重要性の認識も国際化してきた。

以上のように、ようやく叡尊教団の活動は研究の光が当てられるようになったが、その基礎的研究ともいえる全国的な展開に関する研究[20]はまだまだ不十分といわざるをえない。もちろん、本文で詳述するように、おのおのの地方において優れた叡尊教団研究がないわけではない。しかし、全国的、かつトータルな視点から、叡尊教団の全国的な展開に光が当てられてはいない。そこで、本書では、現地調査を踏まえつつ、本州（河内、紀伊、美濃、尾張、越中）と九州地域に注目して叡尊教団の展開を論じている。

ところで、本書において、叡尊教団の全国的展開を論じるさいに主として使うのは、明徳二（一三九一）年に書き改められたという「西大寺末寺帳[21]」（以下、「明徳末寺帳」と略す）、一四五三年から一四五七年までの間に作成された「西大寺末寺帳[22]」などの末寺帳と、毎年西大寺で開催される光明真言会の際に読み上げられた「光明真言過去帳[23]」である。「明徳末寺帳」は、一四世紀末の叡尊教団の展開を寺院に即して具体的に知るうえで非常に重要な史料である。一四五三年から一四五七年までの間に作成された「西大寺末寺帳」は一五世紀半ばにおける叡尊教団の展開を知るうえで重要である。「光明真言過去帳」は叡尊教団関係者（必ずしも末寺の僧ではないが）の物故者名簿で、叡尊教団の展開を人に即して知るうえで重要である。それぞれについては、別稿で紹介し、解説しているので、それらを参照されたいが、一つだけとりわけ強調しておきたいことがある。「明徳末寺帳」記載寺院の寺格の高さについてである。[24]

「明徳末寺帳」には、二六二箇寺の西大寺直末寺が記載されている。[25]それゆえ、たかだか二六二寺の末寺と思われがちである。しかし、それらは、すべて西大寺から直接に住持が任命される直轄の僧寺であり、西大寺末寺であっても、寺院の建立者らが住持の人事権を有する寺院などは記載されていない。また、三河国より以東の末寺は鎌倉の極楽寺の支配下にあり、それらも除外されている。さらに、僧寺とペアで創立されたとされる尼寺も記載されていない。[26]それゆえ、叡尊の時代に一五〇〇といわれた末寺数は十分承認できる数字である。[27]

ところで、永仁六（一二九八）年四月に極楽寺忍性の努力によって、三四箇寺（うち七箇寺は尼寺）が鎌倉幕府将軍家祈禱寺に指定された。[28]いずれも律寺で、唐招提寺を除けば西大寺の直末寺である。以後も指定された寺院は増え、室町幕府にも継承された。湯之上隆の研究では鎌倉・室町幕府将軍家祈禱寺として七四箇寺が挙がっているが、[29]そのうちの四二箇寺が律寺であり、[30]三八箇寺は西大寺末寺で、六箇寺の尼寺（紀伊妙楽寺は一四世紀には僧寺となっている）[31]を除けば、いずれも「明徳末寺帳」記載寺院である。すなわち、二六二箇寺のうち三二箇寺が鎌倉・室町幕府将軍家祈禱寺であった。このように、「明徳末寺帳」記載の寺院は極めて寺格の高い寺院であった点は強調してもし過ぎることはない。こうした点にも、中世叡尊教団の勢力の大きさが示されている。

註

（1）従来、叡尊教団については、西大寺流という表記もされてきた。しかしながら、西大寺内の官僧たち（白衣、寺家とも呼ばれた）は興福寺の配下にあり、その意味では興福寺の末寺であった。他方、中世以後において重要な役割を果たしたのは、叡尊をいわば祖師とする、西大寺内の遁世僧のグループ（黒衣、律家とも呼ばれた）の方であった。それゆえ、本書では、叡尊教団という表記を使う。なお、叡尊教団に関する近年の位置づけに関しては松尾剛次編・著『叡尊・忍性』（吉川弘文館、二〇〇四年）、松尾『忍性』（ミネルヴァ書房、二〇〇四年）、松尾『中世律宗と死の文化』（吉川弘文館、二〇一〇年）なども参照されたい。また、追塩千尋「中世西大寺流関係文献目録稿（続々）」（『北海学園大学人文論集』四九、二〇一一年）によって近年の叡尊教団研究史を知ることができる。

（2）そうした中で、和島芳男『叡尊・忍性』（吉川弘文館、一九五九年）は古典的な名著と評価できる。だが、現在の研究史レベルでは問題が多い。また、上田さち子「叡尊と大和の西大寺末寺」（大阪歴史学会編『中世社会の成立と展開』吉川弘文館、一九七六年）も忘れてはならない。さらに、中村元『日本宗教の近代性』（春秋社、一九六四年）は、忍性の救済活動に大きく光を当て、「忍性はいわば保守反動の仮面をかぶった進歩主義者」（一〇〇頁）と規定し、旧仏教者ではなく、新しい仏教者であったとするなど、注目すべき指摘を行なっている。ただ、本書などで指摘した教団の成立と展開については、当時の研究レベルに規定されて、「社会活動のための組織が形成されなかった」（一〇四頁）とする。この中村の指摘もあってか、仏教社会福祉史の方でも、叡尊・忍性研究の蓄積がある。その流れは宮城洋一郎「忍性の「十種大願」について」（根本誠二・サムエル・C・モース編『奈良・南都仏教の伝統と革新』勉誠出版、二〇一〇年）などで知られる。

（3）松尾『新版　鎌倉新仏教の成立』（吉川弘文館、一九九八年、初版は一九八八年）、松尾編・著『叡尊・忍性』（前註（1））。

（4）追塩千尋『中世南都の僧侶と寺院』（吉川弘文館、二〇〇六年）。

(5) 細川涼一『中世の律宗寺院と民衆』(吉川弘文館、一九八七年)、同『日本中世の社会と寺社』(思文閣出版、二〇一三年)。なお、細川涼一校注『感身学正記』(平凡社、一九九九年)、同『関東往還記』(平凡社、二〇一一年)は叡尊教団の基礎的史料研究として貴重である。

(6) 大石雅章『日本中世社会と寺院』(清文堂出版、二〇〇四年)。

(7) 蓑輪顕量『中世初期南都戒律復興の研究』(法藏館、一九九九年)。

(8) 福島金治『金沢北条氏と称名寺』(吉川弘文館、一九九七年)。

(9) 黒田俊雄『寺社勢力』(岩波書店、一九八〇年)など。

(10) 松尾『中世律宗と死の文化』(前註(1))第一部第一章。

(11) 網野善彦『蒙古襲来』(小学館、一九七四年)。

(12) 八尋和泉「筑前飯盛神社神宮寺文殊堂文殊菩薩騎獅像および豊前大興善寺如意輪観音像について」(『九州歴史資料館研究論集』二、一九七六年)、「九州西大寺末寺の美術遺品」(『仏教芸術　特集　叡尊と西大寺派美術』一九九、一九九一年)。

(13) 大塚紀弘『中世禅律仏教論』(山川出版、二〇〇九年)など。

(14) 船田淳一『神仏と儀礼の中世』(法藏館、二〇一一年)など。

(15) 大谷由香「叡尊における戒理解の特異性――特に在家仏教徒のために」(『印度学仏教学研究』五四―二、二〇〇六年)など。

(16) 狭川真一「西大寺奥ノ院五輪塔実測記」(『元興寺文化財研究報告二〇〇二』、二〇〇三年)、馬淵和雄『鎌倉大仏の中世史』(新人物往来社、一九九八年)、岡本智子「初期宝篋印塔と律宗」、佐藤亜聖「西大寺様式五輪塔の成立」(岡本、佐藤両論文ともに『戒律文化』四、二〇〇六年に所収)、桃崎祐輔「高僧の墓所と石塔」(狭川編『墓と葬送の中世』高志書院、二〇〇七年)、山川均『石塔造立』(法藏館、二〇一五年)など。

（17）大森順雄『覚園寺と鎌倉律宗の研究』（有隣堂、一九九一年）、高橋秀栄「泉涌寺出身の律僧たち」（『戒律文化』五、二〇〇七年）、落合義明「中世鎌倉名越の律宗寺院――東栄寺を中心として」（『戒律文化』五、二〇〇七年）、西谷功「蘭渓道隆と泉涌寺僧の交流」（村井章介編『東アジアのなかの建長寺』勉誠出版、二〇一四年）など。

（18）西村玲『近世仏教思想の独創』（トランスビュー、二〇〇八年）。

（19）たとえば、David Quinter, "From Outcasts to Emperors : Shingon Ritsu and the Mañjuśrī Cult in Medieval Japan" Leiden BRILL 2015 など。また、Kenji Matsuo, "A History of Japanese Buddhism" Kent UK Global Oriental 2007、Kenji Matsuo, "The Life of Eizon" *THE EASTERN BUDDHIST* Vol.39 No.2 2008、Kenji Matsuo, "Death and Buddhism in the Japanese Middle Ages: From the Stand Point of the Official Monks/ "Secluded" Monks Paradigm of Japanese Buddhism" *THE EASTERN BUDDHIST* Vol.41 No.2 2010 などもある。

（20）叡尊教団の全国的な展開については松尾『中世律宗と死の文化』〈前註（1）〉など参照。また、吉井敏幸らの『平成二年度　中世民衆寺院の研究調査報告書二』（元興寺文化財研究所、一九九一年）、小野澤真「『西大寺末寺帳』寺院比定試案」（『寺社と民衆』七、二〇一一年）など参照。

（21）松尾『勧進と破戒の中世史』（吉川弘文館、一九九五年）、第五章「西大寺末寺帳考」参照。

（22）本書第三部第二章で紹介している。

（23）松尾「西大寺光明真言過去帳の紹介と分析」（速水侑編『日本社会における仏と神』吉川弘文館、二〇〇六年）。このほか、叡尊が菩薩戒を授けた弟子の名簿である「授菩薩戒弟子交名」（松尾『日本中世の禅と律』吉川弘文館、二〇〇三年に翻刻）も使用する。

（24）松尾「西大寺末寺帳考」〈前註（21）〉、同「西大寺光明真言過去帳の紹介と分析」〈前註（23）〉。

（25）「明徳末寺帳」の末尾には「惣合二百十八箇寺」とあるが、「明徳末寺帳」には明徳以後に直末寺となった末寺も書き加えられているために二六二箇寺が記載されているのであろう。

(26) 松尾「西大寺末寺帳考」〈前註(21)〉。
(27) 「西大寺光明真言会縁起」(『西大寺叡尊伝記集成』奈良国立文化財研究所編、一九七七年)二五〇頁。
(28) 「大和西大寺文書」(『鎌倉遺文』二六巻、一二九頁、一九六七〇号文書)。
(29) 湯之上隆『日本中世の政治権力と仏教』(思文閣出版、二〇〇一年)四五頁。
(30) 湯之上は泉涌寺、観音寺、東林寺などを真言とするが、私は心慧が申請した一三箇寺はいずれも律寺であったと考えている。この点、松尾「関東祈禱所再考――禅・律寺に注目して」(『日本仏教綜合研究』一四、二〇一六年)所収を参照されたい。
(31) 松尾「叡尊教団の紀伊国における展開」(『山形大学人文学部　研究年報』一〇、二〇一三年、本書第二部第三章)参照。

第一部

叡尊教団の社会救済活動

第一章　仏教者の社会救済活動——律僧に注目して

はじめに

仏教者の社会活動といえば、行基（六六八〜七四九）や重源（一一二一〜一二〇六）の活動がよく知られている。たしかに、彼らの活動は、後世の仏教者に大きな影響を与え、とくに活動モデルを提供したといえる。

しかし、仏教者の社会活動が全面展開し、仏教者が橋・道路・港の建設・維持管理など、いわゆる公共事業などを全国的なレベルで委託されるにいたるのは中世（一二世紀末〜一六世紀）であった。ここでは、ことに奈良西大寺叡尊（一二〇一〜九〇）と叡尊の高弟鎌倉極楽寺忍性（一二一七〜一三〇三）に代表される律宗教団に注目して、仏教者の社会活動を具体的に述べる。

というのも、中世における仏教者の社会活動において、律宗教団の活動はめざましく、彼らは、まさに中世仏教の典型例の一つであり、彼らの活動から、中世の仏教者の活動の組織形態や思想までも理解できると考えられるからである。(1)

律僧とは何か

ところで、従来、中世の叡尊・忍性ら律僧といえば、古代の南都六宗の一つの律宗と同一視されてきた。だが、彼らは、身分的にも、その活動の面においても決定的に異なっており、区別しなければならない。すなわち、南都六宗の一つの律宗は、身分的には興福寺・東大寺などに属する官僧（官僚僧）身分の戒律研究集団を指している。他方、叡尊・忍性らは、官僧身分を離脱（当時の用語で「遁世」）した僧（遁世僧）で、戒律と密教を核に、在家信者をも構成員とする教団を形成していた。そうした官僧身分を離脱することを、当時の用語で「遁世」といい、ここでは遁世した僧を遁世僧という(2)。

それゆえ、叡尊の教団は、近世以後には、真言律宗教団と呼ばれるが、中世には律僧と呼ばれることが多い。とくに、奈良西大寺を拠点とした叡尊をいわば祖師とする律宗教団を叡尊教団とも表現する。

官僧であったか否かは重要である。というのも、官僧たちには、後述するように、死穢などの穢れ忌避を初めとする活動上の制約があり、葬式従事など社会活動をすることは困難であったのに対して、官僧から離脱した遁世僧たちは、そうした制約から自由となり、穢れに関わる社会活動に積極的に関与できたからである(3)。

第一節　死者の救済

律僧の社会救済活動は多岐にわたったが、まず葬送との関係に注目しよう。現在、日本における僧侶の第一義の仕事といえば、葬式従事であり、律僧が葬送に従事したからといって、なんら興味をひかないであろう。

しかし、中世においては、大いに革新的なことであった。というのも、先述したように、古代・中世の基本的な僧侶といえる興福寺・東大寺・延暦寺・園城寺などの官僧たちは、穢れの忌避という活動上の制約があったからである。

穢れには、死穢、産穢などがあった。死穢というのは、死体に触れたり、死体と同座したりすることにより起こる穢れで、それに触れる（触穢という）と三〇日間も、謹慎生活を送る必要があったからである。というのも、触穢は伝染すると考えられたため、他人に伝染させないように、穢れが消える期間、謹慎生活を送らねばならなかった。(4)

この穢れ忌避は、『延喜式』の穢れ規定が神事従事に関わる規定であったごとく、本来、神事従事に関わっていた。しかし、一〇世紀以来、神仏習合が進み、寺院には、鎮守の神社が併設されるようになり、官僧たちも神前読経に従事するようになった。その結果、官僧も穢れ忌避が義務化されるにいたったようである。

それゆえ、僧侶であっても、貧しい僧の場合、死後に死体が遺棄されることは平安時代にはかなり普通にあった。(5)たとえば、『今昔物語集』巻一二第三〇話では、比叡山東塔の広清という僧が京に下り、一条の北辺の堂で病死したが、その死体は「弟子ありて、近き辺に棄て置かれつ」とされている。しかし、その「墓所」で毎晩『法華経』を誦する声がした。弟子はこれを聞いて、髑髏を山の中の清いところに置いたが、そこでもなお声がしたという。

このように弟子がいる僧ですら、きちんとした葬送もなされず、死体が棄てられたのである。

『今昔物語集』巻二八第一七話では、藤原道長の御読経を勤めた僧（興福寺僧カ）が、毒キノコを食べて死んださいに、哀れに思った藤原道長から葬料を賜って立派な葬式をしてもらった。それを聞いた、藤原道長の御読経僧の一人である東大寺の某は、「恥をみなくてすんだのはうらやましいことだが、自分などが死んだら大路に捨てられてしまうだろう」と言った。

この興福寺僧や東大寺僧の話からも、有力な僧でなければ、仲間に葬送をしてもらえず、道に棄てられる恐れは十分あったことがわかるが、その背景にあったのは、葬送費用の問題のみならず、官僧たちが死穢を避ける必要があったからであろう。それゆえ、一般の民衆の葬儀に僧侶、とくに官僧が携わるのは困難であった。

ところが、中世になると、葬送を願う庶民に対して、死穢を憚りつつ、慈悲のために葬送に従事する僧侶の話が散見されるようになる。たとえば、鎌倉前期成立の『発心集』巻四第一〇話には、次のような話がある。

ある偉い僧侶が日吉神社に百日参拝の願を掛けたが、八〇日目の参拝の途中に、亡くなった母親の葬送ができずに泣いている独り身の女性に出会った。哀れに思って葬送をしてやった後で、(穢れを)憚りつつ日吉神社を参拝したところ、日吉神が現れて僧の慈悲をほめて、参拝を認めた。

すなわち、葬式を望む人の存在と、慈悲のために穢れを憚らず葬式を行なう僧侶の存在、慈悲のために穢れ忌避のタブーを犯す僧侶の出現がわかる。そうした僧侶は、個々バラバラに活動したように見えるが、遁世僧たちは、教団として取り組んだ点が注目される。とくに、律僧の場合は、禅僧とともに、公家政権・武家政権と結び、全国的なレベルで、天皇から庶民までの葬送を担当した(6)。

ところで、次の伊勢岩田円明寺(廃寺、三重県津市岩田に所在した)覚乗(一二七五〜一三六三)の話は律僧らの穢れを乗り越える論理がわかり、示唆にとむ。なお、覚乗は、叡尊の孫弟子の一人で、西大寺第一一代長老となった(7)。

覚乗は伊勢弘正寺(三重県伊勢市楠部に所在した)で受けた伊勢神宮の神のお告げによって円明寺に住むことになったという。ある日、彼は、神を尊ぶあまり、御神体を見たくて、円明寺から伊勢神宮へ百日間参拝する誓いをたてた。だが、結願の日になって、斎宮の料地を通り過ぎた時に旅人の死に出くわした。そして、覚乗は、死者の関係者から引導をたのまれ、葬送の導師をつとめた。その後、宮川の畔に到着したところ、一老翁が出てきて、

「あなたは今、葬送を行なったではないですか。死穢に汚染されているのに、神宮に参拝しようとするのは、どういうことですか」と言った。それに対して、覚乗は次のように答えたという。「清浄の戒は汚染しないのです。それなのに、末世に相応して、いったん円明寺に帰れというのですか」。そうした問答が終わらないうちに、白衣の童子が、どこからともなく現れて歌を詠み、「これからは円明寺から来るものは穢れないものとする」と言って影のように消えた(8)。

先述したように、官僧の場合には、葬送に関与したものは、神事などに携わるためには三〇日間謹慎する必要があった。ところが、律僧の場合は、「清浄の戒は汚染なし」という論理により、死穢を恐れず、厳しい禁忌を求められる伊勢神宮にすら参詣したのである。「清浄の戒は汚染なし」、言い換えれば、我らは日々厳しく戒律を護持しており、それがバリアーとなってさまざまの穢れから守られているのだ、という主張こそは、死穢を乗り越える論理であったといえよう。

この一老翁と覚乗との問答には、厳しい戒律を守り続けていた律僧たちが、戒律護持と社会的な救済活動の一つである葬送従事とのはざまで、戒律を守ることをどのように考えていたかを端的に示している。つまり、彼らは、律僧として厳格な戒律を守った生活を行なっていたが、戒律を守ることは、社会的な救済活動を阻害するどころか、戒律が穢れから守ってくれているのだと考えていたことがわかる。そして、先に挙げた史料では、そうした主張を伊勢神宮の神も認めたことになっている。

もっとも、先に触れたように、『発心集』といった説話集には、神社に参詣しようとした僧侶が、参詣の途中で若い女に母親の葬送をたのまれ、葬送をひきうけた後で参詣しようとし、御神体が現れて賞賛される、という類型の説話がある。

それゆえ、覚乗の話も、その一つのバリエーションともいえるが、決定的に重要な点は、覚乗個人の穢れが無とされただけではなく、「円明寺から来るもの」といった具合に、いわば叡尊教団の僧侶集団が穢れていないとされている点である。すなわち、叡尊教団の律僧たち全体が、「清浄の戒は汚染なし」という論理によって、穢れのタブーから自由であったことを示している点である。さらに、説話などに、そうした類型がみられることこそ、神仏習合の時代において、僧侶が葬送に従事しながら、死穢の謹慎期間を守らずに神社に参詣することがタブーであったことを逆に示すものといえよう。

この「清浄の戒は汚染なし」という論理こそは、叡尊教団が葬送に従事するなど穢れに関わる活動を行なうことを可能とするものであったと考えられる。いわば、律僧たちは、官僧たちが囚われていた死穢というタブーを乗り越え、それを操作可能なものとする画期的な論理を打ち立てていたのである。また、これは、死穢以外の、非人救済など穢れに関わる恐れがあると考えられた活動に、律僧たちが教団として従事してゆくための論理でもあったのである。

さらに、叡尊教団の律僧たちは、斎戒衆という組織を作り、彼らに葬送、非人救済といった穢れに関わる行事の実務を専門に扱わせた。この斎戒衆というのは、俗人でありながらも、後に述べる斎戒を護持する人々であり、俗人と律僧との境界的な存在で、律僧たちが、直接関与しにくい活動（たとえば、戒律で禁止されているお金に関することなど）に従事したのである。(9) こうした組織を作ったことにも、官僧が穢れに触れるとして忌避した葬送活動に、組織として取り組もうとした律僧たちの決意が現れている。

五輪塔と律僧

このように律僧が、葬送に組織として従事したことによって、律僧による「死の文化」などが形成されるにいたった。すなわち、五輪塔、宝篋印塔などの石塔（墓塔・供養塔）や、骨蔵器の制作、葬送儀礼の形成などである。

まず、図1と図2とを見てほしい。図1は、私が二〇〇七年に再発見した三重県伊勢市楠部の弘正寺五輪塔の写真であり、図2は図1の写真をコンピューター上で画像処理したもので、計測数値を付けている。本五輪塔は、花崗岩製で、高さ三・四メートルもある巨大五輪塔である。

伊勢弘正寺は、現在は廃寺であるが、叡尊を開山として、弘安三（一二八〇）年に律寺として建立（再興か）された寺である。伊勢地方の筆頭の寺院であった。図1の五輪塔は、その大きさが、西大寺奥の院の叡尊塔と一致し、叡尊教団では、その高さは僧侶の身分に比例すると考えられることから、開山である叡尊の分骨塔かもしれない。

図1　伊勢弘正寺楠部五輪塔

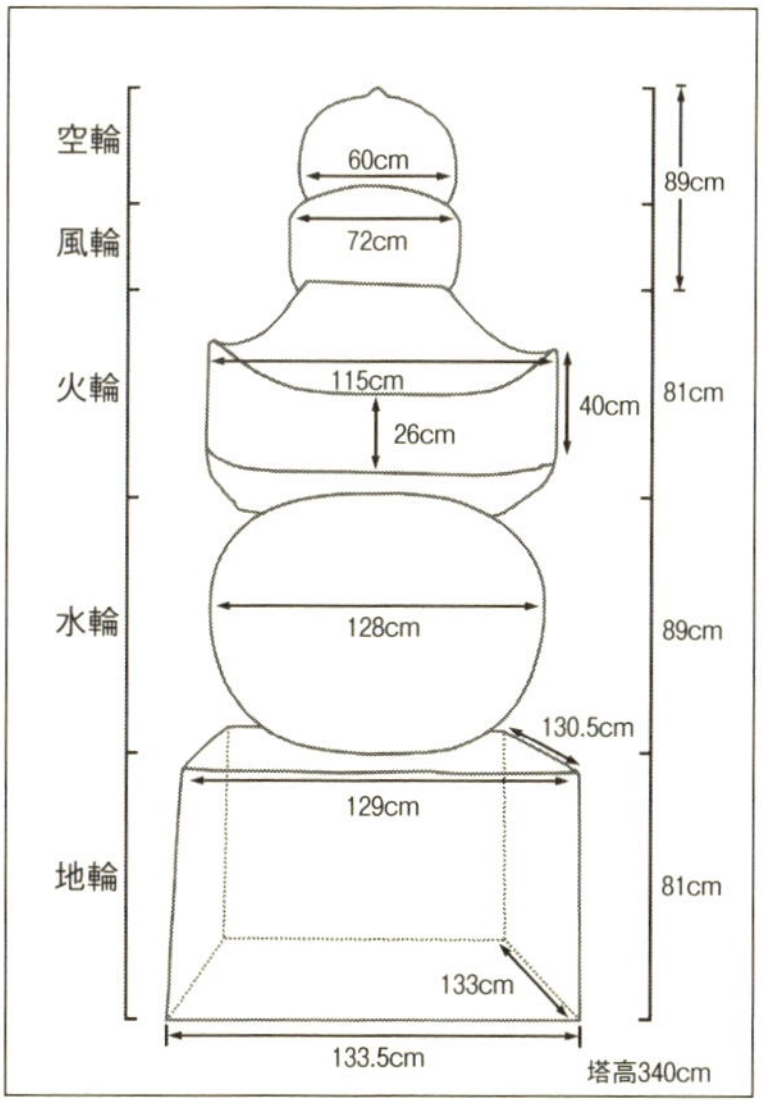

図2　伊勢弘正寺楠部五輪塔計測図

叡尊教団は、こうした二メートルを超える巨大五輪塔を数多く制作したのである。(10)

さて、五輪塔は、五つの石を積んだ墓塔、あるいは供養塔である。下から方形の地輪・球形の水輪・三角の火輪・半球形の風輪・団形の空輪から構成される。平安後期に密教系の塔として現れ、後に宗派を超えて流行した。(11)

祖型は中国伝来の五輪図というが、高野山の覚鑁によって、石塔の制作が勧められた。現存する最古のものは、奥州平泉中尊寺の砂岩製の仁安四（一一六九）年銘塔だが、五輪塔という呼称は、『教王護国寺文書』の康和五（一一〇三）年の文書に「仏舎利を五輪塔に安置す（中略）水精五輪塔」と見える。(12)また、『兵範記』によれば、仁安二（一一六七）年七月、藤原基実の遺骨を宇治木幡山に埋葬して、その上に五輪塔を立て、墳墓の標識になっている。

図3　忍性骨蔵器（極楽寺蔵）

こうした五輪塔は、鎌倉時代には、律僧によって数多く制作された。とくに、二メートルを超える巨大なもので制作された。現在、二メートルを超える巨大五輪塔は、全国で七〇例ほど知られているが、その大部分は叡尊教団の律僧の手になるもので、寺も開山の墓所である場合が多い。

とくに、平安期は砂岩製が多いが、律僧の手になる五輪塔は、それらと異なり、堅い花崗岩や安山岩製である。そうした堅い岩石を加工する技術をもった石工集団を配下に置いていたのである。そうした石工集団が、後述する港湾管理などにも動員されたのであろう。

さて、五輪塔が墓所である場合は、地輪の下に骨蔵器に入った火葬骨があるのが一般的である。たとえば、図3

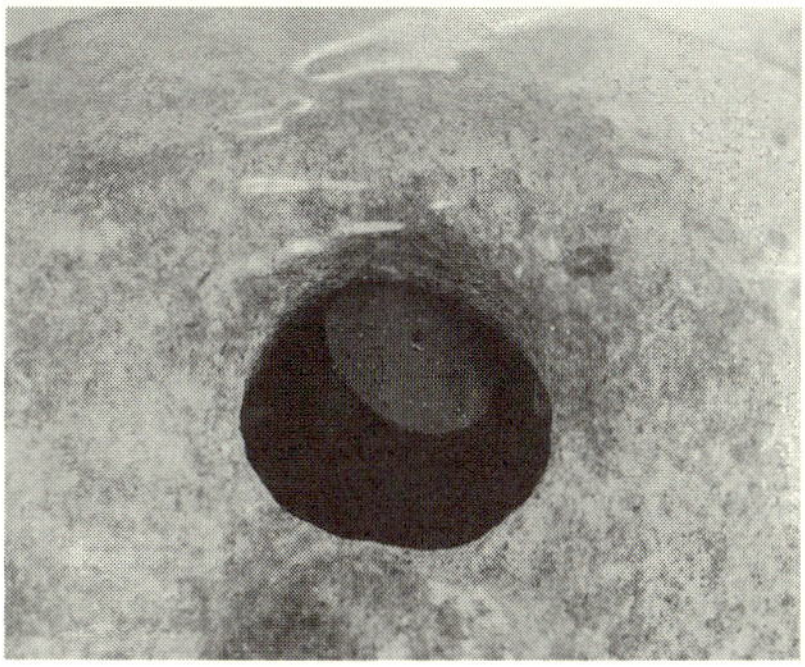

図6　唐招提寺西方院証玄塔水輪の肩部の穴

図4　証玄五輪塔

図7　同上の水輪穴納入骨蔵器

図5　証玄骨蔵器
(唐招提寺西方院蔵)

は鎌倉極楽寺（叡尊教団の鎌倉における拠点）の忍性五輪塔地輪下から出てきた忍性骨蔵器で、金銅製である。この忍性塔は塔高三〇八センチもある巨大五輪塔である。忍性は、嘉元元（一三〇三）年に死去し、極楽寺では、火葬されたところに五輪塔が立てられた。また、忍性の骨は、ゆかりの額安寺（大和郡山市、塔高二八一・九センチ）と竹林寺（大和郡山市、塔は破壊されていた）にも五輪塔が立てられ金銅製の骨蔵器に入って分骨されている。(13)そうした骨蔵器は、叡尊教団の「死の文化」創造の遺品である。

一方、水輪に穴を開けて、水輪にも骨蔵器が納入される場合もある。図4は、唐招提寺西方院の証玄五輪塔で塔高が二三八・五センチもある巨大五輪塔である。昭和四四（一九六九）年六月の修理のさいに、その地輪の下から、図5のような金銅製の骨蔵器が出てきた。また、図6のように水輪部に穴が開けられ、図7のような追葬された骨蔵器が出てきた。(14)

これらの事例は、いずれも高僧の墓所として五輪塔を立てるものであったが、注目すべきは、西方院が地域住民の墓所の中核となっていったように、律僧たちが境内墓地や地域の惣墓を生みだし、管理者となっていった点である。(15)

第二節　非人救済

以上のように、律僧たちの社会救済事業は、死穢を乗り越えて死者の救済に及び、葬礼文化の創造に大きな影響を与えた。さらに、彼らの救済の手は穢れの極とされた非人たちにも及んだ。ここでいう非人とは、ハンセン病患者を核とし、墓堀、死体処理、乞食に従事した人々のことである。彼らは、犬神人・宿の者・坂の者などと呼ばれたが、こうした非人救済に関しても叡尊教団は決定的に重要な活動を行なった。

平安末・中世初期においては、畿内の非人集団は、奈良、京都といった都市境界に宿を形成して集住していった。朝廷・貴族・寺社は、穢れの観念に囚われ、非人集団を都市の中心部から追い出していった。他方、非人たちは、生活手段である乞食、墓堀・死体処理などの清目などに従事する必要から、町場に通えるあたりの境界に宿を形成したといえる。

一三世紀前半には、畿内の非人集団は、京都の清水坂宿を中心とするグループと、奈良般若寺近くの北山宿を中心とするグループに分かれ宿支配などをめぐって争うまでに成長していった(16)。

さて、次の史料をみよう。

史料(1)(17)

御施行人数	脇森宿四十三人
北山宿三百九十四人	ヤマサキ宿十九人
和爾宿百四十三人	竹鼻宿十八人
カモサカ十八人	今宿十人
エヒノ宿十二人	井出宿八人
コマノ宿二十九人	ワツカ宿十五人
額田部宿百七十三人	已上山城国、已上宿々非人九百十七人
西京宿三十五人	浪人八十六人少々三文配

都合一千三人

史料（1）は、中世においては鎌倉極楽寺末寺で、叡尊教団の寺院であった金沢称名寺に伝わった「金発揮抄紙背文書」の一部である。それは、鎌倉末から南北朝期のもので、叡尊教団関係の文書と考えられる。施行とは、施しを行なうことで、当時は、銭・米・布などが施された。この史料は、叡尊教団による非人施行の人数注文（以後、「人数注文」と略す）である。「人数注文」には、北山宿以下一三の非人宿が記載されている。下段の末尾に「已上山城国」とあるので、文字通りとると一三の非人宿は山城国の宿と考えられる。しかし、それらの宿の中には額田部宿のように大和国の宿であることの確実な宿もあるので、これらの宿は大和と山城の非人宿であると考える。

この史料から、叡尊教団は、山城・大和の非人たち九一七人と浪人八六人に対して、施行を行なったことがわかる。奈良般若寺（西大寺末寺）の近くに位置した北山宿には三九四人もの非人集団が集住していたことがわかる。

こうした叡尊教団による非人救済活動は、叡尊の高弟忍性の提言に基づく。忍性は、貞永元（一二三二）年に出家して、いったんは額安寺所属の官僧となったが、延応二（一二四〇）年には、官僧身分から離脱し、同年三月末に叡尊の弟子の僧侶となった。

忍性は、叡尊教団に入る前にある願いを抱いていた。その願いとは、彼が一六歳の時に死去した母の菩提を弔うために、文殊菩薩の画像を描いて、大和の七つの非人宿に置き、非人たちに毎月二五日に一昼一夜、文殊菩薩の号を不断に唱えさせ、その功徳を母の追善に充てたいというものであった。

そして、実際に叡尊教団に入る直前に、文殊菩薩像一枚を描かせて、奈良額安寺の西辺の非人宿（額田部宿）に置き、開眼供養（供養は三月六日に行なわれた）を行なっている。そのさい、非人たちに施物が与えられる非人施行が行なわれている。

忍性は、建長四（一二五二）年以後、律宗を広めようとして関東地方に下り、当初は三村寺（茨城県つくば市）、後には鎌倉極楽寺を拠点として活動をし、癩病患者の救済などによって生身の仏として尊敬を集めるにいたる。なお、「癩病」は差別語である。しかし、日本の前近代において、ハンセン病と全く同じとはいえないので、あえて本書で使用するが、差別の意図は全くない。詳しくは、本書第一部第二章を参照されたい。

もっとも、忍性は、奈良にいた頃から、非人救済につとめ、『元亨釈書』（虎関師錬著、一三二二年成立）には、次のような逸話が記されている[18]。

史料（2）

奈良の北、奈良坂に癩病がひどくなって歩けなくなり、乞食をする場に行けない癩者がいた。彼は、乞食すらもできず、食をとれないでいた。当時西大寺にいた忍性は、哀れに思い、一日おきに、朝に、背におぶって奈良の町に連れていき、乞食をさせ、夕方には奈良坂に連れ帰ってあげた。それは、雨の日も風の日も欠くことなく、数年間続いた。その癩者は、死にさいして、忍性に向かって、次のように言った。「必ずこの世に生まれ変わって来て、あなたの手伝いをし、あなたの徳に報います。その時は、顔に一つの瘡があるのできっとわかるでしょう」と。忍性の弟子の中に顔に瘡がある者があり、よく忍性に尽くしたので、あの癩者の生まれ変わりと人は呼んだという。

この話を載せる『元亨釈書』は、鎌倉時代の末期に書かれた日本最初の総合的な仏教史書で、律僧とライバル関係にあった京都東福寺の禅僧師錬が書いたものである。それゆえ、その話は作り話とは考えがたい。

ここで注目されるのは、癩者を背負うという、忍性が、癩者に直接接触する慈善救済活動を行なっていた点である。なぜなら、当時、癩者は、東大寺の官僧たちが、非人温室（風呂のこと）が近くにあるだけで、穢の気があるとして忌避するような立場に置かれていたからである。この話には、忍性が穢れに触れることを恐れていなかったことが読み取れる。

このように非人救済活動は忍性の個人的な発願に始まったが、彼が教団に入ると、彼の個人的な活動にとどまらず、叡尊教団の救済活動の一環として行なわれるようになった[19]。史料によれば、二八頁の表のような非人救済活動が知られる。

そのうえ、鎌倉末から南北朝期の非人救済活動は、大部分、叡尊教団の律僧たちによってなされたのである。彼らの非人救済活動は、鎌倉後期以降には、朝廷や幕府の後援を得て、末寺のある九州地方から関東地方以北までの広範囲に及んだ。

そして、表からも窺えるように、彼らの非人救済活動は文殊菩薩信仰に基づき、その主な内容は、授戒と施行と治療の三つであった。

授戒とは、不淫戒（セックスをしない）などの戒律を守ることを誓う儀式であるが、ここでの授戒では、癩病患者たちに、斎戒あるいは菩薩戒の護持を誓わせたことである。斎戒というのは、八斎戒のことで、八戒と斎戒（非時、ようするに午後には食事をしない）とをあわせた九戒である。

すなわち、僧侶になろうとする者が守ることを誓う十戒のうち離金銀宝物（金銀を受け取らない）を除いた九戒である。そのうち斎戒がもっとも象徴的かつ重要なものなので斎戒と略称する。他方の菩薩戒は、菩薩（自己の悟りのみならず他者の救済を目指す者）が守るべき戒で、戒律のテキストによって種々の種類があるが、叡尊らは、『梵網経　下巻』に説く、十重四十八軽戒（一〇の重要な戒と四八の補助的な戒）の護持を誓わせたのである。叡尊らは、授戒は成仏のための勝れた因縁であり、それにより癩者の罪が消えると考えていた。

施行というのは、先述のように、非人たちに食料やお金（入浴させる場合もある）などを恵み与えることである。表のように叡尊たちは、非人たちの根拠地である非人宿に出かけて、施行をしばしば行なっている。たとえば、文永六（一二六九）年三月に、奈良般若寺の丈六（四メートル八〇センチ）の文殊菩薩像完成供養のさいに行なわれた非人施行では、二〇〇〇人の非人に対して、袋に入れた米一斗、日傘一つ、一間の莚一枚、団扇一つ、頭を包む布（癩病患者は顔を白い布で包んでいた）一枚など、食料と乞食を行なうのに必要な道具類を施行している。

なお、この非人施行のことを、春日社（奈良県奈良市）の神主中臣祐賢は、「希代の勝事」（まれにみる驚きあきれたひどいこと）と記している。穢れを恐れ忌避する中臣祐賢にとっては、穢れを恐れぬ叡尊たちの行為は信じられないとんでもないことであった[20]。こうした中臣祐賢の感覚こそが、当時の貴族らにとって一般的であった。

治療に関して、叡尊たちは、奈良西大寺に施薬院を作り、大阪四天王寺にも療病・悲田院という治療施設を作った。また、奈良坂には、北山十八間戸という長屋方式の治療施設を作ったことは有名である。忍性は、風呂（現在のスチーム風呂のようなもの）、療病宅おのおの五所を作ったというが、鎌倉極楽寺の境内絵図には、癩宿、病宿といった癩者ほか病人の収容・治療施設が描かれている。それらは、叡尊教団による癩病患者を代表とする病者救済活動を端的に示している[21]。

そして、『元亨釈書』によれば、忍性が設置した鎌倉桑谷療養所では、二〇年間に五万七二五〇人を治療し、治

表　叡尊教団の非人救済

一二四〇年　三月　六日	忍性が額安寺西辺の非人宿（額田部宿）に文殊菩薩画像を安置し、供養を遂げる。
一二四一年　一一月　一八日	叡尊の弟子長岳寺の継実が三輪宿に文殊像を安置し、その開眼が行なわれる。
一二四二年　一月　二五日	叡尊の母の墓所の近くの和爾宿で文殊供養を行なう。
三月　二五日	奈良坂宿で文殊供養を行なう。
一二四三年　二月	額田部宿で文殊供養を行なう。
二月　二五日	大路堂市場で額田部宿など四箇宿の文殊供養を行なう。
二月　二九日	三輪宿において文殊供養を行なう。
一二四四年　二月　二五日	今里野にて諸宿文殊を請じ、斎粥を設け、千余人の非人に供す。
一二四六年　一〇月　二五日	土師寺にて河内一国諸宿文殊供養を行なう。
一二六二年　五月　一日	叡尊弟子の忍性・頼玄がおのおの、鎌倉の浜・大仏両悲田で施食・授戒（十善戒）。
五月　二五日	鎌倉の非人宿にて施食・授戒（斎戒、戒師盛遍）。
六月　一〇日	羅漢供の供物を乞食人、癩宿、獄舎に送る（鎌倉でのこと）。
六月　一一日	癩宿（鎌倉内）で、施食・授戒（菩薩戒を四十余人に対して、戒師盛遍）。
六月　一五日	頼玄、癩宿（鎌倉内）に向い、斎戒を授戒す。
六月　二四日	頼玄、癩宿（鎌倉内）に向い、斎戒を授戒す。
一二六六年　一二月　三日	河内国真福寺の塔供養を行なう。和泉・河内・摂津三箇国の非人千人に飲食を与える。

一二六九年	三月 二五日	般若寺文殊供養を行ない非人施行を行なう。そのさい、北山非人に土地を平坦にさせるとともに、諸宿の非人名簿を出させる。
一二七五年	八月 一八日	天王寺薬師院で非人施行を行なう。
	八月 二七日	非人宿塔供養を行ない、塔庭にて非人八七三人に斎戒を授けるまた、二四～二七日の四日間に非人三三三五人に施行する。非人長吏から請文を取る。
一二八二年	一〇月 二一～二二日	久米田寺にて非人施行を行なう。取石宿非人より起請文を取る。
	一〇月 二九日	北大和寺にて非人文殊供養を行なう。二千余人の非人に飲食を与える。
一二八三年	三月 二日	三輪非人宿堂にて四五八人に菩薩戒を授ける。
	三月 二九日	越智にて非人施行を行なう。

注『金剛仏子叡尊感身学正記』、『関東往還記』より

癒した人が五分の四を超える四万六〇〇〇人であったという。その中には、現在の医学では癩病ではない重い皮膚病（風呂に入るなどして清潔にし、食事と薬を与えられれば治る皮膚病）の人もいた。それゆえ、不治の病の癩病が治るということが起こった。それを当時の人々は忍性による「奇跡」と考えたのである。

風呂で癩病患者の垢すりを行ない、生々しい傷口の治療を行なうなど、彼らの穢れをものともしない態度は、当初は奇異に見られていたに違いない。しかし、不治と考えられていた癩病患者が治るという「奇跡」によって、代表者であった忍性は「生きている仏」として尊敬を集めるにいたった。次の史料をみよう。

史料（3）[22]

猶なお申候、非人ゆ（湯）をあひせ候ハん時、かたいのあかなんとを、僧達すらせ給候はんするにて候、御入候て、御結縁御坐候者、尤悦入候ーー、委細之由、此僧申させられ候へく候、是非十人御施主ニ憑たてまつり候へく候、見参の後、何なる条の御事候か、（中略）兼又当寺辺宿候ニ、極楽寺古長老文殊像を安置せさせ給て候事候、それにつけ候ては、彼処温室候ハぬほとに、是僧おハしまし候か、温をたてて御わたり候か、同古長老御報恩、今月十二日文殊供養

（傍線引用者、以下、傍線、傍点など引用者）

史料（3）は、一三〇三から〇八年の間にあった極楽寺の火災直後の時期に出された書状と考えられている[23]。「極楽寺古長老」という表記から忍性死後の書状であるが、断簡であり、だれからだれへ出されたのかはっきりしない。極楽寺や称名寺など律僧間の書状と推測される。とにかく、傍線部からわかるように、忍性没後も、律僧たちが、非人たちを湯に入れ、垢をするという、身体に直接触れる救済活動を展開していたことが大いに注目される。また、極楽寺の周辺の坂下の非人宿に文殊像を安置していたことがわかる。ここ鎌倉でも忍性の癩病患者救済活動が文殊信仰に基づいていたことも理解されよう。

史料（4）[24]

御布施

（中略）

銭百貫文　非人施行料　極楽寺に送る

銭三十貫文　　放生料　同

これは、元亨三（一三二四）年一〇月に円覚寺（神奈川県鎌倉市）で行なわれた北条貞時十三回忌の「供養記」の一部である。傍点部より、極楽寺が非人施行を担当したことがわかる。円覚寺で十三回忌の供養をやったのだから、円覚寺が非人施行をやってもよいはずなのに、幕府は、わざわざ極楽寺に非人施行をさせていたのである。すなわち、忍性没後の鎌倉末期においても、極楽寺は非人と呼ばれる人々を対象とする幕府の「慈善事業」を一手に代行していた点にも注目しておこう。

以上のような叡尊教団の非人救済活動の思想的な背景である文殊信仰については、本書第一部第二章第二節の「叡尊らの癩病者観」に詳しく述べたので、そちらを参照されたい。

第三節　全国的な港湾の管理と川・海の支配

以上のように、叡尊教団の救済活動は、非人救済にまで及んだが、叡尊教団の社会救済活動の一つとして、港の管理維持・河海支配があった。この活動は、大いに重要である。従来は、海に囲まれた日本を閉鎖的に見がちであった。とくに遣唐使の派遣停止以後の海外取引を過小に評価されがちであったが、日宋・日元・日明貿易の果たした役割は、従来、考えられた以上に大きかったのである[25]。多くの日本人が海を渡り、多くの貿易船が来日し、人・物・情報の国際交流は想像以上に発達していた。

近年、韓国新安沖で引き上げられた新安沈没船を一例として挙げよう[26]。その船は、全長二八・四メートル、幅六・六メートル、重量約二〇〇トンであった。一三二三年に中国（寧波）から日本に向かったが、新安沖で沈没した。一九七六年から十余次にわたる調査により、三万点超の遺物が海底から引き上げられた。それにより、当時の日元貿易の内容が明白となった。

二万点の白磁・青磁、二八トン、八〇〇万枚もの中国銭（日本は通貨発行権を放棄）が引き上げられた。積み荷に付けられていた木札の墨書銘から、京都東福寺がチャーターした貿易船らしいと考えられている。こうした荷物を積んだ四艘ほどの船が船団を組んで貿易に従事し、鎌倉の和賀江津、六浦津などに入港した。

次の史料をみよう。

史料（5）[27]

飯島敷地升米ならびに嶋築および前浜殺生禁断等事、元の如く、御管領あり、嶋築興行といい、殺生禁断といい、厳密沙汰を致さるべし、殊に禁断事においては、天下安全、寿算長遠のためなり、忍性菩薩の例に任せて、其沙汰あるべく候、恐々謹言

貞和五年（一三四九）二月十一日　　尊氏

極楽寺長老

この史料は、足利尊氏が、貞和五（一三四九）年二月一一日付で、極楽寺に対して、「飯島敷地升米ならびに嶋築および前浜殺生禁断等事」に関する支配権を元のように認めたことを示している。すなわち、極楽寺は、飯島（和賀江津）の敷地で、着岸した船から関米（一石につき一升、つまり一パーセント）を取る権利を認められたが、そ

れは「嶋築興行」すなわち、飯島の維持・管理の代償でもあったことがわかる。また、前浜の殺生禁断権も認められていた。しかも、そうした権利は、傍点部からわかるように、忍性以来のことであった。

新安沈没船を参考にすると、極楽寺の取り分である一パーセントといえば、一艘につき二〇〇点の白磁・青磁、八万枚の銭が極楽寺の収入となったことになる。それらは、唐物の市で販売されたのであろう。

和賀江島は飯島ともいい、材木座海岸の、現光明寺の前浜あたりに突き出て造成された人工の岸壁であった。岩を埋め立ててできたという。現在は、干潮時に黒々とした丸石が露頭するのみである。

鎌倉の由比ヶ浜は、遠浅で中国船などの大きな船の着岸には適さず、武蔵国にある六浦津の方がそうした船の入港には適していた。ところが、貞永元（一二三二）年七月一二日に、念仏僧の往阿弥陀仏は、「舟船着岸の煩いをなくすために、和賀江島を築きたい[28]」と鎌倉幕府に申請した。時の執権北条泰時は大いに喜んで許可し、諸人とともに協力した。ここに和賀江津は始まった。しかし、土砂の堆積などにより、維持は難しかったようで、和賀江島の修築と維持・管理に関して、忍性を中心とした極楽寺が大きな役割を果たした。

ところで、日蓮は次の史料のように忍性を批判した。

史料（6）[29]

極楽寺良観上人は上一人より下万民に至て生身の如来と是を仰ぎ奉る、彼の行儀を見るに実に以て爾也、飯島の津にて六浦の関米を取ては、諸国の道を作り、七道に木戸をかまへて人別の銭を取ては、諸河に橋を渡す、と。

すなわち、飯島の津で船から徴収した米は、諸国の道の造成にも使われていたらしい。そして、とくに指摘しておきたいのは、この飯島の関米徴収は、現在の光明寺のところにあった末寺万福寺が担当していたらしいことである。[30]

また、鎌倉の化粧坂には鎌倉時代には灯炉堂があった。そこでは夜に火が灯され海上を進む船の目印として灯台的役割を果たしていたのであろう。[31]

唐招提寺系の律僧琳海によって建治元（一二七五）年に開かれた大覚律寺が兵庫県尼崎にあった河尻灯炉堂の管理を任されていたことはよく知られている。とすれば、鎌倉幕府からも鎌倉の海上交通管理を任されていた忍性が、鎌倉化粧坂の灯炉堂の管理も鎌倉末期には任されていた可能性は高い。

さらに、先の史料では前浜の殺生禁断権を認められている。このことは、浜での一般人の漁を禁じ、漁民に対しては、一定の金品を寺院に寄付することで、漁を認める権利である。それゆえ、極楽寺は漁民に対しても統括権を得ていたといえる。この点は、叡尊が弘安九（一二八六）年に宇治橋を修造したさいに、宇治川の殺生禁断権が叡尊に認められたように、極楽寺とその末寺が管理する川においてもいえる場合が多かったと考えられる。

ところで、現在、干潮時に残る丸石の多くは、相模川・酒匂川および伊豆海岸が主産地という。筏などによってはるばる運ばれてきたのだろう。[32]そうした石を採取した川なども、忍性らは管理権を握っていた可能性は高い。

以上によって、鎌倉の内港和賀江津を叡尊教団の関東における拠点寺院であった極楽寺が握っていたことがわかった。このことは、六浦津に関してもいえ、金沢称名寺が管理責任であった。[33]

博多津を管理する大乗寺

叡尊教団の律僧たちが、管理・維持を担当したのは、鎌倉の内港・外港であった和賀江津・六浦津のみではなかった。全国の主要港湾を押さえていたのである。

たとえば、西大寺末寺の尾道浄土寺が、瀬戸内海の主要港である尾道を押さえていたことはよく知られている。また、福山の近くに所在した中世港湾都市草戸千軒を明王院が押さえていたと推測されている。

ここでは、従来、ほとんど注目されてこなかった博多と叡尊教団との関係に光を当ててみる。

中世において博多（福岡市）は、古代の大宰府に代わり、九州、いや日本のアジア世界への玄関港として大発展を遂げていった。この博多において、重要な位置を占めた叡尊教団の律寺こそ博多大乗寺であった。

次の史料をみよう。

史料（7）[34]

筑前国

博田 大乗寺 多　　宰府 最福寺

江せ 安養院 成実宗寺歟　　田村 神宮寺

長福寺 「三室」

この史料は、明徳二（一三九一）年に書き改めた「西大寺末寺帳」（以下、「明徳末寺帳」と略す）の「筑前国」の部分である[35]。それによれば、博多大乗寺を初め、五箇寺が挙がっているが、とくに博多大乗寺が最初に挙がっている点が注目される。別稿[36]で述べたように、「明徳末寺帳」には、西大寺の直末寺の僧寺のみが挙がっている。すなわち、長老の補任権を西大寺が握る寺院のみの末寺帳であった。また、その記載の順序は、寺格を表している。それゆえ、博多大乗寺は、筑前国（福岡県）における最も優勢な叡尊教団の寺院であった。この大乗寺は、従来、ほとんど注目されてこなかった。それは、大乗寺が現在廃寺であって、残存史料が少ないことによる。しかし、大乗寺は、鎌倉における極楽寺のような役割を果たしていたと考えられる。

次に、注目されるのは、大乗寺が亀山上皇の勅願の寺であった点である。大乗寺跡には、「亀山法皇勅願石」と通称される石碑がある。それには、表と裏に次のような銘文が彫られている。

史料（8）[37]

（表）

南方火徳星君聖衆

今上皇帝聖寿万歳　　法皇山

大檀那本命元辰星年　　大乗寺

（裏）

応永十七天（一四一〇）

後亀山天皇石塔也

□月　　大乗寺誉□

その銘文から、それは、亀山天皇石塔ではなく、後亀山天皇（?～一四二四、一三八三～九二在位）の長寿万歳を祈願するための石塔と考えられる。亀山上皇は、南朝系（大覚寺統）の祖であり、後亀山天皇は南朝最後の天皇である。大乗寺が亀山上皇の勅願の寺であったために、そうした石塔が立てられたのであろう。この石塔は、大乗寺が亀山上皇の勅願の寺であったことを補強する史料といえる。すなわち、大乗寺は、きわめて寺格の高い寺院であった[38]。

ところで、この大乗寺は、博多の西南部に位置し、那珂川に面していた。また、博多の総鎮守櫛田神社に近接していた。さらに、発掘の成果によれば、大乗寺のあった冷泉地区から多くの遺物が出、その一帯が中世の博多港であったと考えられている。とくに、大乗寺跡には碇石（図8参照）があるが、それは大正八から九年の冷泉小学校建設工事の時に出土したとされる。それゆえ、その碇石は、博多津が大乗寺のすぐ前にあったことを示す遺物であろう。

図8　博多大乗寺跡の碇石

さらに、注目されるのは、蒙古襲来の危機の中、建治元（一二七五）年一一月に鎮西に下り、鎮西探題の前身の役割を果たした北条実政は、金沢称名寺の檀那であった。実政は、称名寺が六浦津の管理を担当したのと同様、大乗寺による博多津管理維持に対して強力に支援したのではないだろうか。実政は、永仁四（一二九六）年には鎮西探題に就任し、博多に着任し、その息子の政顕も実政の跡を継いで鎮西探題となっている。

とすれば、大乗寺は、鎌倉における極楽寺や称名寺のような立場にあって、博多港の管理と那珂川の管理（殺生禁断権）とを任されていた可能性は高いと考えられる[39]。

以上のように、叡尊教団は、鎌倉の内港・外港である和賀江津・六浦津のみならず、大乗寺を通じて博多津も押さえていた可能性が高い。これらのほかにも、瀬戸内海の主要港である尾道を浄土寺が押さえ、大阪湾に面した住吉津は荘厳浄土寺が押さえていた。現在の三重県津市に所在し、日明貿易において重要な役割を果たした安濃津も岩田円明寺が管理していた可能性がある。こうした中世の主要港を叡尊教団の律僧が押さえていたことは大いに注目されよう。

もっとも、唐招提寺系の律僧琳海によって建治元年に開かれた大覚律寺が兵庫県尼崎にあった河尻灯炉堂の管理を任されていた[40]ことを先に触れたが、唐招提寺系の律僧も、叡尊教団ほどでないにせよ、港湾管理を任された港があったようである。

第四節　橋・道路の建設・管理

叡尊教団の重要な社会活動の一つに橋・道路の建設・管理があった。しかし、叡尊自身が、土木工事に従事した例は少ない。唯一の例外といえば、宇治橋の架橋があるが、それについては橋寺放生院のところで触れることにして、まず、忍性に注目しよう。

忍性の伝記である『性公大徳譜』によれば、忍性が架橋した橋は一八九所という。和賀江島のケースと同様に、人々の煩いをなくすために川に橋を架けたのである。そうした架橋行為により、相模川・酒匂川などの川の管理を任されていった。

史料（9）[41]

遠江国天龍河下総国高野川両所橋事、仰せ付けられる所なり、早く先例に任せて、沙汰を致すべきの状、仰せに依って執達件の如し

元亨四年八月二五日

相模守《（北条高時）》（花押）

修理権大夫《（金沢貞顕）》（花押）

称名寺《（釼阿）》長老

この史料によれば、元亨四（一三二四）年八月二五日付で鎌倉幕府によって天龍川・高野川の橋の管理・維持が称名寺に命じられている。天龍川は、遠江国と駿河国との境界を流れている。高野川は利根川のことで、下総と武蔵の境界を流れていた。それらに架かる橋について、先例に従って維持・管理し、関所を設けて通行料をとる権利が称名寺に認められていた。そうした権利は、忍性に由来すると考えられている[42]。

このケースは、遠江国・下総国の川であるが、忍性は相模・武蔵・伊豆・駿河といった関東諸国の川にも架橋し、管理権を握っていた。相田二郎によれば、極楽寺とその末寺は、東海道の大河の橋梁施設の管理維持を行なっていて、その権利は忍性による架橋にさかのぼるという[43]。すなわち、忍性は、先述した和賀江島の修築に使った丸石の産地である相模川・酒匂川などの川の管理を任されていった可能性は高いのである。

こうした忍性の架橋事業は畿内でも行なわれていた。叡尊は京都の宇治橋を修造したが、忍性は、東国から京都へ入る軍事上の要衝である瀬田橋の修造を行なったと考えられている。すなわち、『近江輿地志略』には、琵琶湖南端から流れ出る瀬田川に架かる橋を忍性が修造したという記事があることなどから、瀬田橋の修造を行なったと

される。(44)

忍性の架橋事業は畿内の主要な橋にも及んでいたことになる。忍性死後は、西大寺とその末寺が西国の橋の管理を担当し、東国は極楽寺とその末寺が担当するという管轄区分があったかもしれない。

かつて、網野善彦(45)によって、西大寺とその末寺が交通路を支配し、それを北条氏が後援していたという大きな見通しが出されていたが、そうした指摘はますます確かなものとなった。そして、こうした律僧と架橋活動といえば、橋寺放生院（京都府宇治市）を見逃すことはできない。

橋寺放生院

かつて宇治橋は、京都と奈良を結ぶ主要ルートに架かる橋としてきわめて重要な役割を果たし、平安時代半ばには、山崎橋・勢多橋と並んで三大橋の一つに挙げられていた。その重要性のゆえに、たびたびの流失にもかかわらず、再建・修造を繰り返してきた。とくに、弘安九（一二八六）年には叡尊によって修造がなったことでも知られる。

この宇治橋のたもとに橋寺放生院がある。正式名称は、雨宝山橋寺放生院で、現在は真言律宗の寺院である。中世においては、叡尊教団の山城国内で第五位の直末寺として、宇治橋の修造を担当し、大いに繁栄を誇っていた寺院である。(46)

放生院の創建と宇治橋との関係については、次のように考えられている。寺伝によれば、橋寺は推古天皇一二（六〇四）年、聖徳太子の本願によって、秦河勝が建立したというが、はっきりしない。叡尊が、宇治橋を再興する以前に存在したのは確実である。おそらくは、古代における官営の渡舟・橋梁の管理所として創建され、その安

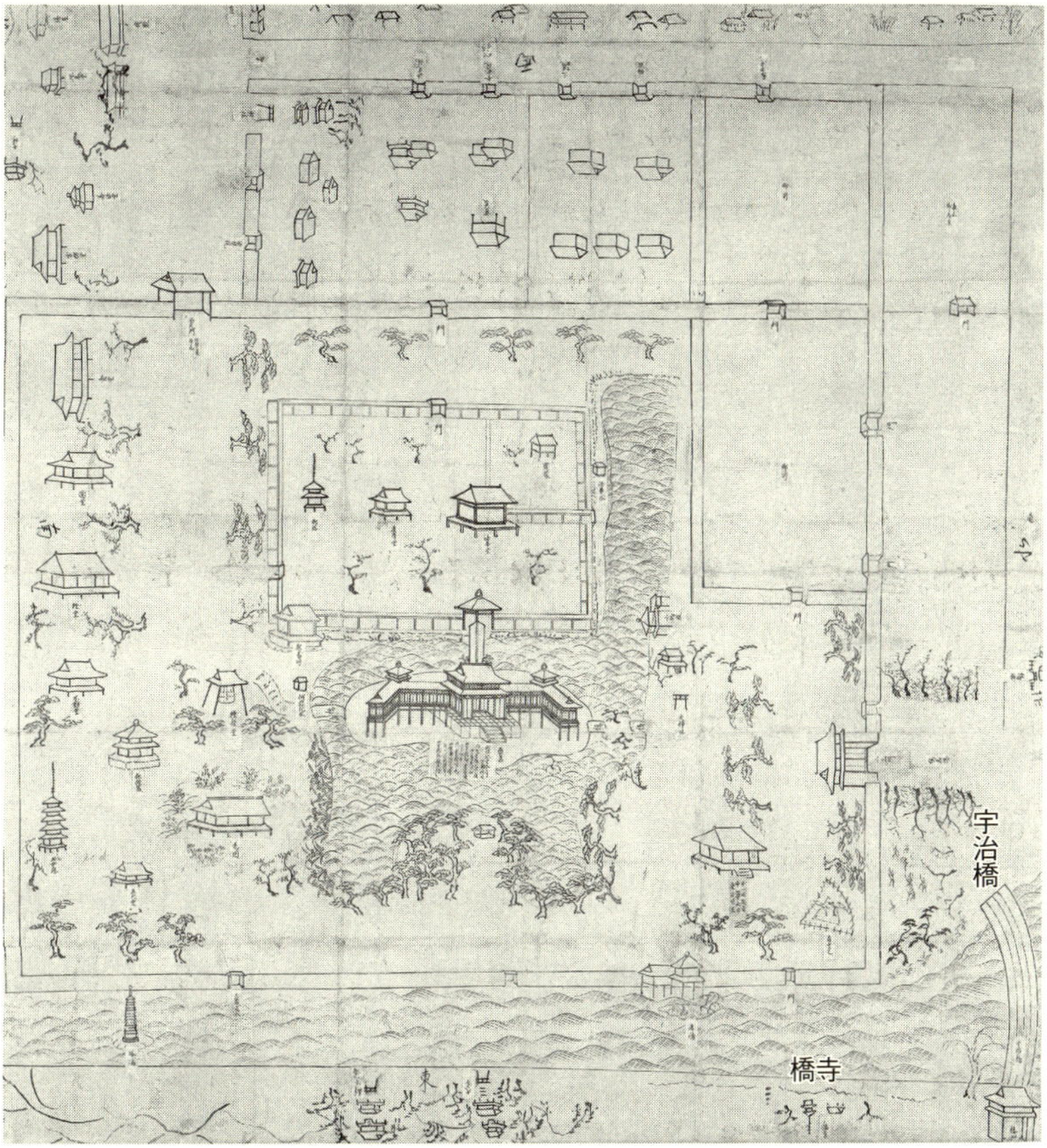

図9　平等院境内絵図（平等院蔵／写真提供）

全祈願を目的として地蔵菩薩を祀ったのに始まって、ときには旅客の宿泊施設にもなったものと考えられる。古くは地蔵院または橋寺とも呼ばれ、放生院の名は叡尊が宇治川における殺生禁断にさいして、当寺を修造してから名づけられたものであろう。ここでは橋寺が、聖徳太子ゆかりの寺という伝説を有する点に注目しておこう。

さて、橋寺放生院は、その名の通り、宇治川の宇治橋のたもとに立つ寺である。平等院が左岸にあって、その対岸に立っている。その位置は、図9の通りである。(47)

図9は、江戸時代の「平等院

境内絵図」で、「当時伝えられていたと思われる往時の伽藍や子院も表現」されているというが、ひとまず、橋寺の位置を窺うことはできよう。このように、宇治橋のたもとに立っていたのである。

とくに注目されるのは、宝徳元（一四四九）年に宇治橋修造への寄付を求められた大乗院経覚は、大乗院関係者の宇治橋通行にさいして橋寺が関料を取っていることを理由に断っている(48)。すなわち、橋寺は、一五世紀においても、通行料を取る一方で、宇治橋の修造の任に当たっていた。

さて、叡尊と橋寺との関係といえば、弘安四（一二八一）年四月二一日に、叡尊は橋寺で堂供養を行なっている。それ以前において、叡尊と橋寺との関係を知ることができないが、葉室浄住寺は弘長元（一二六一）年に、東山太子堂は文永三（一二六六）年一一月三〇日には、それぞれ叡尊教団の末寺となっている。叡尊は、西大寺から、そうした京都の寺へ向かうさいに、橋寺をも通ったことがあるはずで、とくに、聖徳太子信仰をもつ叡尊にとって、聖徳太子ゆかりの寺であるとすれば、叡尊は修造したいと願ったはずである。それゆえ、弘安四年四月以前に弟子を派遣して修造させていた可能性は高い。そのさい、実際の中興を担った可能性のある人物は、教律房禅意と考えられている(49)。

叡尊は、弘安四年四月の橋寺堂供養を行ない、網代の破却、放生行を行なったさいに、平等院僧から宇治橋の修造を求められた。叡尊は、いったんは断ったが、結局、それを受け、宇治橋の修造を決意した。それは、たんに宇治橋架橋のみならず、永遠に宇治川一帯での網代を全面停止することとセットになった架橋であった点に注目する必要がある。そして、朝廷の協力も得て宇治川一帯での殺生禁断令も出され、弘安九（一二八六）年には架橋は完成した(50)。

宇治橋の近くの中州に五丈（一五メートル）もの巨大な一三重層石塔が立っている。それは不要となった漁具・

網代などを埋めて島を築き、その上に立てたもので、五丈一三層に、密教の五仏、十三会を表すという。この塔の建立にも、先述した石工集団が動員されたのであろう。

以上のように、叡尊は、宇治橋を架け、管理する代わりに、宇治川の殺生禁断を行なっていた。この点は重要で、こうした関係は、叡尊教団が関わったほかの橋（港）の維持・管理においてもいえる（少なくとも、架橋・維持の代わりに川の殺生禁断を求めた）と考えられる。

第五節　寺社の修造

叡尊教団のめざましい社会活動の一つに勧進活動がある。勧進とは、本来、人を勧めて仏教に帰依させることを意味したが、のちには、寺社の堂塔の造営、修復、造像、写経、道路建設など種々の作善に寄付を募り、それに協力を求めることを意味するようになった。とくに、一二世紀の末以後の中世においては、「勧進の世紀」と呼べるほど、寺社の堂塔の造営、修復などにおいて勧進方式が一般化した。その担い手は、勧進聖、勧進上人と呼ばれ、大勧進という責任者のもとで、諸国を遍歴し、貴賤上下を問わずに寄付を募った。この勧進活動は、僧侶と信者（信者候補者）との関係を理解するうえで、きわめて重要な事柄である。なぜなら、勧進の場は、僧侶たちと信者たちとの接点であり、そこには、僧侶たちの堂舎などを建設・充実したいという願望と信者たちの救済への期待とが、いうなれば、せめぎ合う場であり、社会救済活動の本質を理解するうえで非常に重要である。

この勧進活動、とくに鎌倉時代の後期から室町初期において、めざましい活動を行なった僧侶集団として、律僧と禅僧とがあった。とくに律僧は、興福寺、東大寺、東寺、祇園社といった古代以来の寺社のみならず、国分寺といった地方の寺々の勧進を担い、また、先述のように、橋や道路の建造・修理などの勧進にも携わったのである。そして、彼らの勧進活動は、たんに寄付を集めるのみならず、技術者集団を組織して、建築・修繕活動まで行なっていたのである。ここでは、東大寺に注目してみよう。

中世の東大寺の修造については、重源が中心になって行なわれたのが有名であるが、ここでは、重源以後の大勧進に注目すると、以下のようなことがわかる。〈一〉大永期（一五二一～二八）頃までいわば恒常的に大勧進が任命されている。〈二〉忍性以後においては禅・律僧（大部分は律僧）が任じられている[51]。

〈一〉については、中世的勧進を考えるうえで非常に重要なことであると考える。従来、中世的勧進の体制化・組織化と関連させて勧進方式の新方式として関銭・棟別銭の徴収が大きく注目されてきた。しかしながら、寺にとって関銭や棟別銭の徴収権というのは本来、あくまでも臨時の権利であったことは注意されねばならない。

造営が終われば返還せねばならない権利、いわば不安定な権利なのである。それに対して、大勧進職というのは、公的にしかも職という表現をとるように伝領されるべき対象として、恒常的存在であったのである。この点にこそ中世的勧進の成立の意味がある。そもそも、寺社の修造勧進というのは、甲という寺が火災にあったりしてその修造資金を集めるためなどに行なわれるようなあくまでも臨時のものであったはずである。東大寺の場合も、治承の大火にあってその修造のために勧進が行なわれたのだから修造が完成した後は、修造勧進の必要、少なくともその名目はなくなるはずである。それが、大勧進職が置かれたために、旧状に復するためのみならずさらなる発展のためにも東大寺は勧進をいわば恒常的にしかも公的に承認されて行ないえたはずであり、この点にこそ大勧進職設置の最たる意味があった。

〈二〉は、東寺・法隆寺・興福寺・祇園社といった寺社の修造の大勧進が律僧であったことを考えあわせるならば、きわめて注目すべき事実である。ではなにゆえに、禅・律僧（ことに律僧）が任じられねばならなかったのであろうか。このことを考えるうえで、次の史料は大変重要である。

史料（10）[52]

すべからく関東多知識禅律僧の中より、其の器用の者を選定さるべし、其の故は、住京黒衣の僧は、猥に国の聖米を貪り、偏に身の名利を飾り、縁を朝野に諂びる（中略）故なり

史料（11）[53]

関東の贔屓により、国の興行、寺の修営、達其功を達する次第、蹤跡太だ繁く、羅縷に遑あらず、（中略）向後の大勧進職においては、関東名誉持律得禅の僧、国衙興行、寺の造営の職に補せらるべし、

史料（10）も史料（11）も、延慶四（一三一一）年東大寺僧が大勧進円瑜（京都戒光寺長老）の更迭を求め、代わりに関東の「多知識禅律僧」を大勧進に任じるよう朝廷に求めたものである。

史料（10）から、〈一〉東大寺僧が大勧進に関東の「多知識禅律僧」を求めたのは、円瑜のような住京黒衣の僧がみだりに国（周防国）の聖米を貪り自己の名利を求めるからであったこと、史料（11）から、〈二〉東大寺の修造にとって、鎌倉幕府の後援が大きな役割を果たしていたこと、〈三〉関東の禅・律僧が大勧進であった時には、修造といい国衙（周防国衙）の興行といいうまくいったこと、などがわかる。

史料（10）では、東大寺側が関東の禅・律僧を大勧進に求める理由を関東の禅・律僧のいわば廉直さに帰してい

る。しかし、その理由は、たんに関東の禅・律僧が廉直だったからだけではなかったと考えられる。その理由には、史料(11)からわかるように、当時の東大寺の修造は幕府の協力なくしてはうまくゆかなかったが、関東の禅・律僧は地理的関係などから幕府と連絡をとりやすく、修造に対して幕府の協力を得やすかったからということもあったであろう。

とすれば、史料(10)も(11)も東大寺修造における鎌倉幕府の果たした役割の大きさと、東大寺修造を通した幕府と律僧との密接な結びつきを示していることにもなる。

さて、史料(10)にいう「多知識禅律僧」とは何を意味するのであろうか。この「知識」が、智恵とか見識とかを意味するのではなく、「仏像や宝塔などの造立に金品を寄進して助けること。その事業に協力すること。また、その人や、その金品、奉加、勧進」を意味しているのは明らかであろう。すなわち、「多知識」とは多くの協力者をもち多くの奉加物を集めることができることを意味しよう。ようするに、「多知識禅律僧」とは、優れた勧進能力をもった禅・律僧ということになろう。

ここでは、「関東」の禅・律僧と「住京」の禅・律僧との比較に主眼があり、その文言は禅・律僧の能力を直接には示していない。しかし、ここで求められている大勧進がことさらに「多知識」と形容されていることから判断して、少なくとも大勧進になる人は「多知識」であると期待されていたことはいえよう。

以上、禅・律僧(とくに律僧)が東大寺大勧進に任じられた理由の一つに、彼らが「多知識」=優れた勧進能力をもっていたこと、その背景には、禅・律僧が、他宗の僧より戒律をわきまえ、造営資金の公平な分配ができたからであった。律僧がほかの寺社の大勧進に任じられたのも、これらによるのであろう。

おわりに

以上、叡尊らの律僧に注目して、中世仏教者による社会活動をみてきた。叡尊らの活動といえば、ともすれば戒律復興活動ばかりが注目されがちであった。しかし、本文で論じたように、広範な社会救済活動を展開していたのである。

中世仏教者の社会活動を概観すると、初期には、奈良東大寺の修造を行なった念仏僧重源、鎌倉和賀江島の建造を行なった往阿弥陀仏、鎌倉大仏建造を担った念仏僧浄光といった具合に、念仏僧が大きな役割を果たしていた。ところが、一三世紀の五〇年代以降になると、禅・律僧（とくに律僧）が社会活動において目立った活動を行なった。

このように、中世においては、禅・律・念仏僧が社会活動において顕著であったが、念仏系の中の親鸞教団や日蓮教団は、ほとんど目立った存在ではなかった。念仏あるいは唱題を絶対視し、精神的救済を重視したことにもよるのだろう。

他方、遁世僧とか黒衣とか呼ばれた禅・律・念仏僧の多くは、いずれも穢れに関わる葬送従事、非人救済、橋・道路・港湾・寺社などの修造に従事していた。彼らの活動によって、たとえば仏教式の葬礼文化は日本社会に根づいていったのである。では、なぜ遁世僧は、そうした活動に従事したのか。それは、遁世僧が興福寺・東大寺・延暦寺・園城寺などの官僧の制約から自由であったために、穢れに関わる事柄に従事できたからだと考えている。日本における死者供養仏教は、遁世僧たちによって担われ、確立されたのである。

とくに、本章で注目した叡尊らは、釈迦へ帰れを理想とし、釈迦の正法を興し、民衆を救済しようとした。その背景には、破戒・末法の中世の自覚があったのであるが、「無戒」の現代においても、叡尊・忍性らの社会活動は、仏教者たちへ活動のモデルを提供しているといえよう。

ところで、室町幕府は、禅・律二宗の保護・統制機関として、禅律方を設置した[54]。さらに、室町幕府は、元弘以来の戦いで死去した人々の鎮魂などを目的に、日本全国に安国寺・利生塔を設置した。この安国寺・利生塔に指定あるいは設置された寺院は、五山派の禅宗寺院のみならず、律宗寺院も多かった[55]。室町幕府が、そうした機関・寺院などを創設した背景に、鎌倉時代後期から南北朝期における禅・律宗の社会救済活動があったことは否定できない。

註

（1）松尾編著『持戒の聖者　叡尊・忍性』（吉川弘文館、二〇〇四年）。
（2）松尾『新版　鎌倉新仏教の成立』（吉川弘文館、一九九八年、初版一九八八年）。
（3）葬送従事と死穢との関係については、松尾『葬式仏教の誕生』（平凡社、二〇一一年）参照。
（4）山本幸司『穢と大祓』（平凡社、一九九二年）。
（5）勝田至『死者たちの中世』（吉川弘文館、二〇〇三年）。
（6）松尾『葬式仏教の誕生』〈前註（3）〉。
（7）「西大寺代々長老名」（『西大寺関係史料（一）諸縁起・衆首交名・末寺帳』奈良国立文化財研究所、一九六八年）七三頁。
（8）「三宝院旧記　一四」『大日本史料』六―二四、八六八頁。
（9）細川涼一『中世の律宗寺院と民衆』（吉川弘文館、一九八七年）。

(10) 松尾『中世律宗と死の文化』(吉川弘文館、二〇一〇年)参照。
(11) 川勝政太郎『日本石造美術辞典』(東京堂出版、一九八八年)。
(12) 千々石実「初期五輪石塔の資料」(『史迹と美術』三五―四)。
(13) 松尾『忍性』(ミネルヴァ書房、二〇〇四年)。
(14) 現在、それらの納入物の所在は不明である。
(15) 細川『中世の律宗寺院と民衆』〈前註(9)〉。
(16) 大山喬平『日本中世農村史の研究』(岩波書店、一九七八年)。
(17) 「金発揮抄紙背文書」(『金沢文庫古文書所務文書編』〈神奈川県立金沢文庫、一九五六年〉五七四九号)。
(18) 『元亨釈書』(『大日本仏教全書一〇一』)一六六頁。
(19) こうした叡尊教団の非人救済活動については松尾『救済の思想』(角川書店、一九九六年)、『中世の都市と非人』(法藏館、一九九八年)などを参照されたい。
(20) 松尾『中世都市鎌倉の風景』(吉川弘文館、一九九三年)。
(21) 松尾『中世都市鎌倉の風景』〈前註(20)〉。
(22) 『神奈川県史　資料編二　古代・中世(二)』(神奈川県企画調査部県史編纂室、一九七三年)一六三三号。
(23) 細川「阿仏尼伝の一節」(『三浦古文化』四三、一九八八年)。
(24) 『鎌倉市史　史料編二　円覚寺文書』六九号。
(25) 村井章介『日本中世の異文化接触』(東京大学出版会、二〇一三年)。
(26) 東京国立博物館・中日新聞社編『新安海底引き上げ文物』(中日新聞社、一九八三年)。
(27) 『鎌倉市史　史料編第三』四二六号。
(28) 『吾妻鏡』貞永元(一二三二)年七月一二日条。

(29)『聖愚問答抄』(『昭和定本日蓮遺文　巻一』)。
(30)松尾『中世都市鎌倉の風景』〈前註(20)〉。
(31)石井進『中世のかたち』(中央公論新社、二〇〇二年)。
(32)奥富敬之『鎌倉史跡事典』(新人物往来社、一九九九年)。
(33)福島金治『金沢北条氏と称名寺』(吉川弘文館、一九九七年)。
(34)松尾「西大寺末寺帳考」『勧進と破戒の中世史』(吉川弘文館、一九九五年)一五〇頁。
(35)松尾「西大寺末寺帳考」『勧進と破戒の中世史』〈前註(34)〉一五〇頁。
(36)松尾「西大寺末寺帳考」『勧進と破戒の中世史』〈前註(34)〉。
(37)木崎愛吉『大日本金石史3』(好尚会出版部、一九二一年)一六・一七頁。
(38)松尾「博多大乗寺と中世都市博多」(『鎌倉遺文研究17』吉川弘文館、二〇〇六年)、のち松尾『中世律宗と死の文化』(吉川弘文館、二〇一〇年)に所収〉、川添昭二「海にひらかれた都市　古代・中世の博多」(『よみがえる中世――東アジアの国際都市博多』平凡社、一九八八年)など参照。また、本書第三部第一章第一節も参照。
(39)松尾「博多大乗寺と中世都市博多」〈前註(38)〉。
(40)兵庫県史編纂委員会編『兵庫県史　第二巻』(兵庫県、一九七五年)。
(41)『鎌倉遺文　第三七』(東京堂出版、一九八八年)二八八〇五号。
(42)石井進「都市鎌倉における「地獄」の風景」(『御家人制の研究』吉川弘文館、一九八一年)。
(43)相田二郎『古文書と郷土研究』(名著出版、一九七八年)。
(44)細川「忍性の生涯」(松尾編『叡尊・忍性』〈前註(1)〉)一三七頁。
(45)網野善彦『蒙古襲来』(小学館、一九七四年)。
(46)松尾「叡尊教団と中世都市平安京」(『戒律文化』六号、二〇〇八年、松尾『中世律宗と死の文化』〈前註(38)〉に所収)。
(47) 平等院『平等院鳳翔館』(平等院、二〇〇二年)。
(48) 宇治市歴史資料館『宇治橋』(宇治市歴史資料館、一九九五年)二八頁。
(49) 松尾「叡尊教団と中世都市平安京」〈前註(46)〉。
(50) 守屋茂「僧叡尊の網代停止と宇治橋再興」(『南都仏教』三二、一九七四年)、宇治市歴史資料館『宇治橋』〈前註(48)〉。
(51) 永村真『中世東大寺の組織と経営』(塙書房、一九八九年)、松尾『勧進と破戒の中世史』〈前註(34)〉など参照。
(52) 「東大寺文書」〈東大史料編纂所所蔵影写本、以後は「東史影本」と略す。頁数は「東史影本」の頁数である〉四回採訪九三(以後、四ノ九三と略す)一四四頁。
(53) 「東大寺文書」〈「東史影本」〉四ノ九三、七九頁。
(54) 松尾『勧進と破戒の中世史』〈前註(34)〉。
(55) 松尾『日本中世の禅と律』(吉川弘文館、一九九三年)。

第二章　「病」観の変遷——律僧に注目しつつ

はじめに

人間の歴史は、言い換えれば病気との闘いの歴史でもある。古来、軽い風邪や腹痛などから癌、エイズなど、人間は病気とともに歩んできた。病気といえば数多いが、最近では二〇一一年に新潟県で起こった病原性大腸菌O111によるユッケ食中毒事件などが記憶に新しい。歴史的にみれば、一四世紀（一三四七～五一）にヨーロッパを恐怖に陥れた黒死病(1)（ペスト）や、江戸時代の日本において一〇年おきくらいに大流行しては数多くの死者を出した麻疹(2)、明治から昭和にかけて国民病といわれるほど蔓延した結核(3)、世界中で悪魔の病として恐れられた痘瘡(4)（天然痘）、幕末日本を恐怖に陥れたコレラなど(5)、かつては一度流行すれば数万人単位の死者を出すこともめずらしくはなかった。そのうえ、医学が発達していなかったこともあって、重篤な病気で、有効な治癒の方策がなければないほど恐れられ、病因などに関し現在の観点からすれば、非合理、迷信ともいえる種々さまざまな言説がなされてきた。

安政五（一八五八）年のコレラの流行は、三年間にわたり、地域も長崎から東進して、江戸、函館にまで及んだ。

その死者数は江戸だけで三万人前後（諸説があるが）であったという。病因として水毒や魚（鰯）毒などが考えられたが、はっきりしなかった。そのために、たとえば、長崎の住民は気が狂ったように昼夜カネや太鼓をたたき、のろしをあげて騒ぐなどして、厄除けをする「コレラ祭」をしたのである。(6)

そうした「病の思想史」を、現在の立場から「非合理」的として糾弾するのは簡単であるが、当時の医学事情などを鑑みれば仕方がなかった面も大いにある。そこで、ここでは「病の思想史」を過去を理解するという態度でみていこうと考える。

ところで、日本の「病の思想史」を考えるうえで、とりわけ癩病をめぐる思想を考察することは重要である。というのも、数ある病の中でも癩病は前近代いや現代においてすらも、もっとも忌み嫌われてきた病であり、癩病患者は非人とされたほどである。いわば、病因などをめぐる思想史のありようを理解するための鍵となる病気だからである。癩病とは、らい菌によって起こる慢性の伝染病（感染症）のことで、顔面や手足の末端が麻痺したり、顔面にできた結節が崩れたりする。癩病患者が忌み嫌われたのは、その形相によるのであろう。一八七三年にノルウェー人のアルマウェル・ハンセンによってらい菌が発見され、発見者にちなんでハンセン病とも呼ばれる。(7)

注目すべきことだが、近・現代日本においてすら癩病患者は、「らい予防法」によって療養施設に隔離されて棄民生活を強いられてきた。一九四一年（日本では一九四六年）以来、医学的には癩病が伝染性はきわめて弱く、プロミンという特効薬によって完治できるとわかっていたにもかかわらず、「らい予防法」が廃止されたのは一九九六年のことであった。(8)そのことは医療行政などに携わった人々の怠慢もあるにせよ、それほど、癩病が恐れられてきたのである。言い換えれば、癩病を取り巻く観念、恐怖観念の呪縛がそれほど強烈であったといえる。それゆえ、歴史的には病気の典型ともいえる癩病に注目して、「病の思想史」を論じてみよう。

もっとも、癩病という言葉には、長期にわたる悲惨な差別の歴史が刻印されており、ハンセン病と言い換えるべきだともいえる。しかし、本文で述べるように、前近代においては、癩病の中に他の重篤な皮膚病も含まれており、癩病即ハンセン病と言い換えることはできない。それゆえ、本章で癩病という表記をあえて使用するが、不当な差別に与するつもりはまったくない点を再度断っておく。

第一節　癩病をめぐる古代の思想

癩病をめぐる思想史において、一大転換点となったのは中世であったと考えられているが、まずは古代の癩病をめぐる思想史からみておこう。

承平年間（九三一～三八）に編纂された日本最古の辞書である『和名類聚抄』によれば、白癩と同じと考えられる白癜《はた》について「人面および身頸皮肉色、白く変じ、亦痛痒せざるもの也」とある。[9] すなわち、広く皮膚病一般も癩とされていた点が注目される。この点は、後述する中世における癩病患者の治癒の問題を考えるうえで重要であり、注意を喚起しておこう。

古代の癩病病因観

古代の癩病の病因観について考えるうえで、『令集解』（八三三年成立）の解説が参考になる。

「戸令」第七条は疾病・不具を、その程度に応じて残疾、廃疾、篤疾の三種に分ける。とりわけ、もっとも重度の篤疾については悪疾、癲狂、二支院、両目盲の類であるとする。『令集解』では、悪疾を白癩としたうえで、以下のようにいう。

謂く、白癩なり、この病、虫有りて人の五蔵を食む、或は眉睫堕落し、或は鼻柱崩壊す、或は語声断変し、或は支節解落す、また、能く傍人に注染す、故に人と床を同じうすべからざるなり、癩或は癘に作るなり、[10]

すなわち、『令集解』では、白癩は、虫によって起こる感染症と考えられていたことがわかる。この感染症説に立って、「戸令」では、患者の兵役や課役の免除、棄妻を規定し、「選叙令」では出仕停止や解官を規定している。こうした『令集解』の感染症説は、隋の巣元方撰の『諸病源候論』によって解釈している。『諸病源候論』では、治療法として、食療法、薬療法を挙げ、酔酒、露臥を禁じている。

ところが、仏教の普及とともに、癩病を業病《ごう》(仏罰としての病)とみる考えが普及していった。たとえば、『日本霊異記』下巻第二〇[11](九世紀に成立)には以下の話がある。阿波国の女が、麻殖郡の苑山寺で、『法華経』を書写した。ところが、麻殖郡の人である忌部連が、その女の非を挙げて非難したところ、たちまち口がゆがみ、顔が後ろにねじれ曲がりそのまま直らなくなってしまった。その理由を、『日本霊異記』では、『法華経』を引用して説明し、とりわけ、『法華経』「普賢菩薩勧発品」の「是の経を受持する者を見て、其の過悪を出さば、若しは実、若しは実ならぬも、此の人は現世に白癩の病を得む」という説までも挙げている。すなわち、癩病を、『法華経』を受持するものへの批判に対する仏罰としている。

中世には、こうした癩病を業病としてみる考え方が、『令集解』の感染症説よりも、より広まっていったと考えられている。

古代の癩病者観

古代の癩病者がいかに見られていたかを知るうえで、『日本書紀』推古天皇二〇（六一二）年条[12]がまず注目される。

百済国から自ら来た者がいた。その顔や体のいたるところに斑があった。そのために、白癩かと疑われ、その異様な姿が嫌われ、海中の島に捨てられそうになった。しかし、もしその班を嫌うなら白斑の牛馬を飼うべきではないと反論した。また、私は庭園つくりに才能があると述べた。そこで、留めて、須弥山の山形と呉橋を南庭に作らせた。その人のことを路子工と呼んだ。

古代においても、この百済国から自ら来た者のように、たまたま造園師としての才能があったために生かされたが、白癩と疑われると海中の島に捨てられるほど、忌避されていたことがわかる。

『延喜式』（九二七年成立）に記載された大祓の祝詞には、祓うべき罪として天津罪と国津罪が挙げられている。天津罪は共同体の農業慣行に違反する犯罪を中心としている。

他方、国津罪は性的禁忌の侵犯や虫害・鳥害や呪詛などの犯罪であるが、それに白人が入っている。白人は白はたけで、癩病者も入っていたと考えられている[13]。

しかし、癩病者観がはっきりと見られるのは、一二世紀初頭に成立した『今昔物語集』巻二〇第三五話[14]である。比叡山の僧で高僧ではなかった心懐が美濃国守の寵を得て美濃国に下り、そこで一供奉として大事にされていた。ところが、国守が京上中の留守中に、大疫癘がはやった。そのために、比叡山の高僧で美濃にいた懐国を講師に招いて仁王会を行なおうとしたところ、先の心懐が嫉妬し、その法会を混乱させた。その結果、厳しい報いを受けて、白癩となり、親と契約していた乳母にも穢れとして嫌われ、清水坂に行って住んだ。しかし、そこの片端者たちからも嫌われて三箇月ほどで死去したという。

すなわち、この『今昔物語集』の話からは、癩病が仁王会を混乱させたことに対する報い（仏罰）と考えられていたこと、また、癩病者が穢れた存在として差別され、乳母からも嫌われる存在であったこと、清水坂に集住していたことなどがわかる。このように一二世紀初頭には、癩病者への厳しい差別が顕在化していった。とりわけ、穢れた存在とされていた点が注目される。

また、一二世紀には、そうした癩病者＝仏・神罰を受けた者といった観念も顕在化していった。すなわち、起請文の罰文の変化である。起請文というのは、要するに宣誓書である。普通は、ある事柄を約束し、それに違反したら、神・仏の罰を受けてもかまわないという罰文があるのが普通である。[15]次の史料をみよう。

橘恒元解　申請　天判事

（中略）、惣天ハ王城鎮守万三千七百餘所ノ神神、別天ハ禅林寺石山等ノ護法善神等ノ罰ヲ、一一毛孔毎ニ蒙天、現世後界事不叶ハ、人間愛敬無ク、所求不遂爪、田畠耕作之間、年穀不登、以病為営、以乞食為依怙、屋モ無ク食モ無クシ天、道路ニ迷フ身ト成ラムト申爪事ノ由ヲ、諸神神慥ニ聞シ食セト恐ミ恐モ申爪、仍勒在状、謹請天判、

永暦二年三月廿二日　　橘恒元（花押）

（傍線引用者、以下、傍線、注記など引用者）

右の史料[16]は、永暦二（一一六二）年三月二二日付で橘恒元が藤内景遠方に味方しないことを誓った起請文の一部である。その傍線部の罰文からわかるように、神罰を一つ一つの毛穴に被り、現世・後世の願いは叶わず、人間と

しては愛敬もなく、求めるところは遂げずして、田畠耕作のさいは穀物が実らず、病気ばかりをし、乞食で生計をたて、家もなく、食もなく、道路に迷う身となるであろうとする。

ところが、建久三（一一九二）年の重源の下文では「この状に違背する類、出来せば、これ則ち仏道の魔縁、寺家の怨敵なり、両堂の三宝守護の善神、冥顕の罰を与えしめ、現世には白癩・黒癩を受ける身となり、後生には無間地獄の底に堕ち、出ずる期無し」[17]となっている。すなわち、冥顕の罰が現世においては白癩・黒癩を受けることになっているのだ。以後、中世を通じて、罰文に毛穴から罰を被り、白癩・黒癩になるという文言が定式化してゆく。この慣行は一七世紀中頃まで続いた。以上のように、古代の感染病説から、古代末期・中世初頭においては、癩病が仏・神の罰とする観念が広まっていった。

第二節　癩病をめぐる中世の思想

中世における癩病をめぐる思想を考えるうえで、奈良西大寺叡尊（一二〇一～九〇）、鎌倉極楽寺忍性（一二一七～一三〇三）らを中核とする叡尊教団の活動とその思想を考えることは大いに有効である。なぜなら、叡尊らは当時、非人と呼ばれた癩病患者の救済において大きな役割を果たし、彼らの癩病患者救済の論理は、「病の思想史」を考えるうえで重要だからだ。

叡尊教団とは

ところで、従来、叡尊らは、南都六宗の一つである律宗と混同され、旧仏教の改革者として一括されることが多かった。また、彼らの活動は、叡尊、忍性といった高僧による、個人的な活動として理解されがちであった。

しかし、最近の研究によれば、叡尊らは、立場的にも教義的にも、古代の南都六宗の一つである律宗とは別個の存在で、かつ、彼らの活動は叡尊教団ともいうべき教団レベルの長期にわたる活動であったことがわかってきている。まず、彼らの立場についてみよう。

中世の基本的な僧侶集団は、官僧と遁世僧の二つのグループに分けられる。官僧は、一種の官僚僧で、建前として天皇から出家を許可され、東大寺・観世音寺・延暦寺三戒壇のいずれかで受戒し、僧位・僧官を授与された。官僧は、鎮護国家の祈禱を第一義とした。また、衣食住の保障や刑法上の特権があったが、穢れ忌避などの制約があった。官僧の典型的な服装は白衣であった。

他方、遁世僧は私僧であり、当初は官僧から離脱した僧を中核として教団が成立した。遁世僧は、官僧の穢れ忌避の制約から自由であり、種々の活動に従事することができた。とりわけ、都市住民の「個」の悩みに対応して、教団形成に成功した。遁世僧の典型的な服装は黒衣であった。

この官僧・遁世僧のモデルに立つと、従来から、鎌倉新仏教僧とされる法然、親鸞、日蓮、道元らはもちろん、旧仏教の改革派僧とされてきた貞慶、明恵、叡尊らも遁世僧であった点が注目される。他方、南都六宗の律宗僧は官僧であった。すなわち、立場は大きく異なっていた。この立場の相違こそ、穢れた存在とされた癩病者たちの救済に、叡尊らが取り組むことができた最大の理由であったといえる。叡尊らは、遁世僧として、穢れ忌避の制約からは自由であった(18)。

教理的にも大きく異なっていた。叡尊らの活動は、嘉禎二(一二三六)年九月に叡尊ほか三人の同志が、東大寺法華堂で自誓受戒を行なったことに始まる。自誓受戒というのは、戒律護持を誓う儀式である受戒の一種で、仏・

菩薩から直接、戒律を受けることである。当時は、東大寺戒壇での授戒制が機能しており、南都六宗系律宗僧（律学衆）が授戒師を勤める十師（一一人が勤めた）から受戒することになっていた。叡尊らは、戒律の衰退を歎き、適当な授戒師がいない場合の便法である自誓受戒を行なった。つまり、そうした授戒師を勤める南都六宗系律宗僧を否定するものであった。そうした点にこそ南都六宗系律宗僧と叡尊らとの相違が端的に表れている。[19]

このように叡尊らは、従来考えられてきたような南都六宗の一つの律宗僧ではなく、遁世僧として活動していた。さらに、注目すべきは、叡尊らの活動は、個人的な孤立分散的な活動ではなく、長期にわたる組織的な活動であった点である。叡尊の時代には、一〇万近くの信者を有し、全国に一五〇〇箇寺もの末寺を有する教団を形成していた。[20]それゆえ、一国ないし数箇国レベルでの救済活動を行なうなど、彼らの活動は大きな意味を有し、彼らの癩病観も社会的に決定的な意義を有したといえる。

叡尊らの救済活動

叡尊らの癩者救済活動は、高弟忍性[21]の加入によって始まった。忍性は、貞永元（一二三二）年に出家して、いったんは官僧となったが、仁治元（一二四〇）年には、官僧身分から離脱し、同年三月末に叡尊の弟子となった。忍性は、叡尊教団に入る前にある願いを抱いていた。その願いとは、彼が一六歳の時に死去した母の菩提を弔うために、文殊菩薩の画像を描いて、大和の七つの非人宿に置き、非人たちに毎月二五日に一昼一夜、文殊菩薩の号を不断に唱えさせ、その功徳を母の追善に充てたいというものであった。実際に叡尊教団に入る直前に、文殊菩薩像一鋪を描かせて、奈良額安寺の西辺の非人宿（額田部宿という）に置き、開眼供養を行なっている。そのさい、非人たちに施物が与えられる非人施行が行なわれた。

忍性は、建長四（一二五二）年以後、律を広めようとして関東地方に下り、当初は常陸三村寺（茨城県つくば市）、のちには鎌倉極楽寺を拠点として活動し、癩病患者の救済などによって生身の菩薩として尊敬を集めるにいたる。

忍性は、奈良にいた頃から、非人救済につとめていた。虎関師錬の『元亨釈書』（一三二二年成立）には、次のような逸話が記されている。(22)

奈良の北、奈良坂に癩病がひどくなって歩けなくなり、乞食をする場にいけない癩者がいた。そのため、乞食すらもできず、食をとれないでいた。当時西大寺にいた忍性は、哀れに思い、一日おきに、朝、背におぶって奈良の市に連れていき、乞食をさせ、夕方には奈良坂に連れ帰ってあげたという。それは、雨の日も風の日も欠くことなく、数年間続いた、という。

師錬が、この話を採録したのは、癩者を背負うという、癩者に直接接触する慈善救済活動がきわめて瞠目すべきことだったからであろう。

猶なお申候、非人ゆ（湯）をあひせ候ハん時、かたい（乞食）のあか（垢）なんとを、僧達すらせ給候ハんするにて候、（後略）

右の史料(23)は、一三〇三～〇八年の間にあった極楽寺の火災直後の時期に出された書状の一部で、忍性死後の書状と考えられる(24)。差出人・宛名ははっきりしない。おそらく極楽寺や称名寺など律僧間の書状と推測される。とにかく、傍線部からわかるように、忍性没後においても、律僧たちが、非人たちを湯に入れ、垢をするという、身体に直接触れる救済活動を展開していたのである(25)。

一、新在家の北の非人温室事、件の呪師庭はかたがた便宜然るべからざる上は、般若寺以北において、便宜の地を撰ぶべく候か、且は本願の御時、寺辺の癩人を件の呪師庭に出し遣す処、その穢気なおその憚りあるに依り、遠く北山に遣わさる（後略）

これは、嘉暦三（一三二八）年一〇月六日付の「東大寺衆議事書」の一部[26]である。それによれば、東大寺の衆議（会議）において鎌倉末期に新在家の非人温室が般若寺以北に移されようとしていることがわかる。とりわけ、「穢気なおその憚りある」という、穢れの観念から東大寺の官僧たちが非人温室（風呂）を都市奈良の周縁に移そうとしていたのである。すなわち、当時の癩者は、東大寺の官僧たちが、非人温室が近くにあるだけで、穢の気があるとして忌避するような立場に置かれていた。他方、忍性らは、直接に垢すりを行なったように、癩者を忌避してはいなかった。

叡尊らの癩病者観

以上のように叡尊教団の非人救済活動は忍性の個人的な発願から始まったが、忍性が教団に入ると、彼の個人的な活動にとどまらず、叡尊教団の救済活動の一環として行なわれるようになった。そこで、叡尊らの癩病者観をみておこう。

叡尊らの癩病者観を知るうえで叡尊の文永六（一二六九）年三月二五日付「文殊菩薩像供養願文」[27]が参考になる。叡尊は文永四（一二六七）年に文殊菩薩像を造立したが、文永六年三月二五日に、その文殊菩薩像供養を般若寺で行ない、非人施行を行なった。そのさいの供養願文である。

（前略）或は盲聾の報を受くるの者あり、或は疥癩の病に嬰るの者あり、彼の前業を謂はば、即ち大乗誹謗の罪なり、泥梨を歴るといえども、猶いまだ尽ず、其の現報を見る、また乞匃・孤独の苦、ただ衣食を望みて、他の念なし、解脱は何の日ぞ、流転の絆いよいよ纒い、出離するに期なし、牢獄の瞭堅く鎖す、悲かな悲かな、為何いかんせん、しかじ、偏に文殊の威神を仰ぎ、以て済度の導師となさんには、茲により、深く丹棘無弐の願を発す、（中略）ここに一霊場あり、称して般若寺という、南に死屍の墳墓ありて、亡魂を救う媒たり、北に疥癩の屋舎ありて、宿罪を懺ゆるの便を得る、仍って此の勝地を択び、安置し奉るところ也、（中略）

文永六年三月廿五日　　沙門叡尊敬白

その傍線部分からは、叡尊らが、先述した癩病＝業病観に立っていたことは明らかである。とりわけ、癩病患者などは大乗経を誹謗した報いであるとする。また、この文殊菩薩像を般若寺に安置することにした理由からは、宿罪を懺悔すれば癩病などが治ると考えていたことがわかる。

それらの文言、ことに、「しかじ、偏に文殊の威神を仰ぎ、以て済度の導師となさんには」とあることなどから、叡尊教団の救済活動の背景に文殊信仰があったことが注目される。そうした文殊信仰に基づいて、非人施行が行なわれている。とりわけ文永六年三月二五日には般若寺西ノ野（般若野五三昧）に非人二〇〇〇人を集め施行（米、檜笠、莚などの施し）が行なわれている(28)。

文殊菩薩は、「三人よれば文殊の智恵」という諺があるように、智恵の仏として知られ、釈迦牟尼如来の脇侍として獅子に乗った姿が思い起こされる。また、文殊菩薩は天変地異を防ぎ、国家護持の祈禱のための本尊とされる場合もあった。

こうした智恵の仏、国家護持の祈禱のための本尊としてのみならず、古代・中世では、文殊菩薩は貧民救済などの社会福祉事業と結びついて理解されていた。その文殊信仰は、『文殊師利般涅槃経』（以下、『文殊経』と略す）に依拠するものである。『文殊経』は西晋の聶道真が訳したもので、奈良時代には日本に伝わっていた。それには、文殊菩薩の神力の偉大さを述べ、（一）文殊の名を聞き、礼拝することによって、文殊の守護を得、生死の罪過を滅することができること、（二）文殊が貧窮・孤独の非人の姿となって現れ、慈心をもって福業（福祉事業）をなそうとする者か否かを試す、換言すれば福業を慈悲の心で行なえば文殊菩薩の姿に接することなどができると説かれている。

こうした『文殊経』に基づく貧民救済などの社会福祉事業といえば、官僧たちの文殊会を忘れてはならない。すなわち、天長五（八二八）年二月に、元興寺泰善らの申請によって、毎年七月八日に全国の村々で、文殊菩薩を供養し、貧民に施行する文殊会が行なわれることになり、一二世紀の半ばにおいても、東寺・西寺では年中行事として続けられていた(29)。

叡尊らも、そうした『文殊経』に依拠した文殊信仰に基づいて、非人救済活動を行なったが、従来のそれとは大いに異なっていた。というのも、従来のものは、七月八日の文殊会にさいしての年一回きりの福祉事業であったからである。それに対して、叡尊教団のは、毎年一回の施行にとどまらず、文殊菩薩像（画像の場合もあるが）などの造立供養ごとに行なっていた。しかも、一時的なものである施行のみならず、随時、斎戒の授戒を行ない、恒常的に病気の治療も行なった。さらに、治療のためには、奈良北山十八間戸、鎌倉極楽寺境内の癩宿(30)などの建設と維持といった長期にわたる継続的な救済活動を行なった。

ところで、当時、非人たちは、前世あるいは現世における悪業によって、仏罰を受けた存在と認識されていた。

そうした癩病仏罰観は、癩者救済に従事した叡尊らも例外ではなかったことは、先に述べた。

それゆえ、彼らの非人救済活動については、施行という儀式の場（ハレの場）では、非人を文殊菩薩にみたて、他方、日常的には（ケの場では）、前世、現世における悪業によって、仏罰を受けた存在と認識し、非人たちを含めた一般民衆にも、その認識を広め、不当な差別を助長、固定化するという限界をもっていたとする見解[31]もある。

しかし、それは、先述の『文殊経』の（二）の要素のみに注目した見解であって、（一）の面を無視している。たしかに癩病仏罰観を広く浸透させたことは認めざるをえない。とりわけ、叡尊らの活動は教団として組織的に行なわれていたからである。しかも、鎌倉での忍性の活動のように、全国規模で行なわれたのであり、それ以前の癩病患者の救済活動とは決定的に質・量ともに異なっていた。それゆえ、癩病＝仏罰観を一般に広めたことは間違いないであろう。

だが、叡尊らは、ハレとケで扱いを区別して、差別を固定化させようと意図していたわけではない。（一）の要素に注目するならば、文殊の守護によって、罪過を滅することができると考え、実践していたのである。すなわち、律僧たちは、非人宿（非人たちの根拠地）の近く（あるいは非人宿内）に、文殊像を造り、日常的に、文殊像の前で、文殊の宝号を唱え、供養することで、非人たちの滅罪、つまり癩病患者の仏罰の原因となっている罪を消そうと努めていたのである。これによって、ある者は癩病が治るという「奇跡」が起こり、ある者は来世で成仏すると考えられた。

さらに、律僧たちの考えでは、戒律を護持することは、成仏するための勝れた原因であり、非人たちに斎戒や菩薩戒の授戒をさせて、非人たちの成仏をも目指していた。このように、癩病患者たちが、叡尊教団によって宗教的に救済された点を忘れてはならない[32]。

また、叡尊教団は、そうした観念的なレベルでの救済のみならず、療養施設を設置し、風呂に入れて、体に触れながら垢すりをし、薬を与えるなどの日常的な治療活動まで行なっていた。こうした癩病患者の救済活動の鎌倉での中心人物が極楽寺を拠点とした忍性であった。忍性は、癩病患者のみならず、癩病以外の病者の治療も行なっていた。弘安一〇（一二八七）年には鎌倉大仏付近に桑ヶ谷病屋を建て、親疎を選ばず門訊に臨んだ。

『元亨釈書』では、忍性は四天王寺参詣の折に聖徳太子建立の四院（施薬・療病・悲田・敬田）のことを聞いて、各地に療病・悲田の二院を建て、その一つの桑ヶ谷療養所では二〇年間で治癒者が四万六八〇〇人、死者一万四五〇人であったという[33]。その中には癩者も入っていたと思われる。癩者の中には、現在の医学では癩病ではない、重い皮膚疾患の患者も入っていたので、食事を与えられ薬湯に入るなどの治療により治癒する人も多かった。

忍性配下で癩病患者ほかの治療活動を中心的に担っていたのが医僧梶原性全であった。梶原性全（以下、性全と略す）は、日本中世医学の大家で、『頓医抄』『万安方』という医学書を著したことで知られる。性全は、文永二（一二六五）年の生まれで建武四（一三三七）年一月二二日に七二歳で死去し、嘉元二（一三〇四）年には『頓医抄』五〇巻を、嘉暦二（一三二七）年には『万安方』を完成させている[34]。

とりわけ注目されるのは、性全が忍性の弟子となり、浄観房性全として極楽寺に住んでいたと考えられている点である[35]。すなわち、性全は、まさに最新の医学知識を動員して、忍性らの癩病者らの救済活動を支えていたのである。そこで、性全の癩病観に注目しよう。

性全は『頓医抄』と『万安方』の二書を著したが、作成時期や目的の違いもあって、両者に相違がある。作成時期については先述したが、『頓医抄』は広く一般に医学を広めることを目指していたのに対し、『万安方』は息子冬景のための秘書として作成したという。

『万安方』では、先述の『諸病源候論』によって、癩病の病因を悪風に求める。すなわち、『万安方』巻五「大風癩病」では、悪風が毒虫を化生し、まず気血を食って皮膚に潤いがなくなり、はなはだしきは五臓を食い、心臓まで達すると死亡するとする。このように、病因は悪風説をとる。

他方、『頓医抄』は、その巻三四を「癩病篇」として一巻を立て、その全体を癩病に当てるなど独自な構成である。「慈悲ノ心ヲ以テ」（巻四六）治療することを医師に勧めている点などにも、忍性の弟子として、叡尊教団の救済活動を担った性全の面目躍如たるものがある。

『頓医抄』では、病因について「先世ノ罪業ニ依テ、仏神ノ冥罰アリ、或ハ食物ニ依リ、或ハ四大不調ニヨル」[36]とする。すなわち、業病説とともに、食物説、四大不調説をとる。業病説では、治療法として「所詮善根ヲ修シ、懺悔ヲ致シテ、善ク修スベシ」[37]とする。

口伝として、白癩、黒癩、干皮は業病であって、完治せずと述べる。また、癩病を「山病」と呼び、一二種類の症状を癩病口伝として挙げる。すなわち、虫瘡、白山、脚熱下、赤星、日輪、月輪、赤革、河焼、楞山、熱風、黒山、丹山である。特効薬として、唐物の大麻風油を挙げる。また、日本の民間療法をも挙げる。その一例として、美濃国谷頸（汲）寺の仏の足の下の土油を塗れという。

以上のように、叡尊教団による組織的、長期的かつ全国的な癩病者救済活動によって、多くの癩病患者が救済されたのである。

恵鎮らによる癩病者救済

ところで、鎌倉仏教者による癩病患者救済活動の担い手として恵鎮円観（一二八一〜一三五六）の教団も注目される。恵鎮（その房名は円観房）は、永仁三（一二九五）年一一月七日に延暦寺で出家し、同八日に延暦寺戒壇で受戒して伊予房道政という官僧となった。しかし、嘉元二（一三〇四）年には遁世して官僧であることをやめ、興円の弟子として戒律復興に邁進する。

この恵鎮とその門流が鎌倉末期から南北朝期にかけて宗教界や政治上に果たした役割は非常に大きいものであった。とくに恵鎮は、後醍醐天皇のために鎌倉幕府調伏の祈禱をし、南北朝期には北朝と南朝との和平交渉の使者となるなど政治に関与した僧として有名である。しかし、そうしたいわば政僧としての側面ばかりが注目されがちだが、地道な救済活動も行なっていた。恵鎮は師興円とともに、延暦寺開山最澄の昔に帰ろうとし、官僧身分を離脱して戒律復興の運動を始めた。彼らは東大寺・四天王寺などの官寺の修造を行ない、また、次の史料から癩病患者の救済にも当たったと考えられる(38)。

一、癩病秘術事
粉河観音示現秘方云
一字三千三百三十三字出、此符一ヲ三十三度ツツ礼拝シテ令服者速疾
平癒也、最極秘方也云々
（血脈〔脱カ〕曰）
粉河観音　但彼聖　律僧　戒蓮房律僧　咸昇　光宗　運海

これは『渓嵐拾葉集』の「除障事」の一部(39)で、癩病患者に対する治療法としての密教的な秘術を示している。こ

れによると、キリーク一字を三三三字書いた護符を三三回礼拝しながら服用すると癩病が平癒するとする秘術があったことがわかる。しかも、それは粉河観音が示した秘術という。粉河観音から運海までは相承血脈であろう。『渓嵐拾葉集』が、恵鎮らの教団のテキスト的性格の書物であったことを考えれば、こうした癩病秘術が光宗から運海まで相承されていることから、恵鎮の教団が癩病患者の治療を行なっていた可能性は高い。

以上のように、中世において、叡尊教団など[40]による癩者の長期にわたる、組織的な救済活動が行なわれていたが、他方において癩病業病観が定着していったといえる。

また、性全と同時代の惟宗具俊は、癩病業病観の延長線上にある癩病が天刑病（天罰）とする説を出している点[41]も忘れてはならない。

さらに注目されるのは、癩病患者本人のみならず、その子孫も共同体から阻害されるようになっていった点である。

無住一円によって一二八三（弘安六）年に書かれた『沙石集』「拾遺」には次のような話[42]がある。

和泉国ノ癩人ガ女、播磨国ノ癩人ガ子ドモニ、ナビラカナリケルガ、本国ニテハ、人シリテイヤシク思ヘリ、京ノ方ヘ行テ、常ノ人ヲ夫ニシ、妻ニセントテ、上リケルガ、鳥羽ノ辺ニテ、ユキツレテ、互ニ只ノ人ト思ヒテ、カタラヒヨリテ、妻夫ニナリタリケル、ネズミノムコトリニタガハズ

すなわち、和泉国と播磨国の癩者の子供が、美しくても、他人から賤しく思われると考えて、京都で普通の人と結婚しようとしたが、結局、癩者の子同士で結婚したことを、無住は、鼠の婿取りの譬喩で語っている。

ところが、中世末の『日葡辞書』には、「Raiji tomouo fiqu（癩児伴を牽く）（中略）癩病の人は癩病の人と連れだつ。すなわち、誰でも自分と同類の者を求める」[43]という諺が成立しており、癩者への社会的差別の強化が読み取れる。

次に、近世の癩病観はどうであったのかみよう。

第三節　近世における癩病観

梅毒との比較

近世の癩病観をみる前に、中世末に新しく到来した梅毒についてみておくことは病の思想史を考えるうえで非常に有効である。というのも、梅毒の症状は、癩病によく似ていたからである。にもかかわらず、梅毒患者には、癩病患者のような業病説が付加されることはなかった。それはなぜであろうか。

梅毒はスペロヘータによって発症する感染症で、性病の一種である。かつては唐瘡、広東瘡、楊梅瘡、琉球瘡などと呼ばれ、すなわち、中国や琉球から伝来したと考えられていた[44]。

日本に初めて伝来したのは、永正九（一五一二）年から永正一〇（一五一三）年にかけてのことであった[45]。『甲斐国妙法寺記』によれば、「此年天下ニタウモト云大ナル瘡出テ、平癒スルコト良久、ソノ形譬ヘバ癩人の如シ、食ハ達者ナル人ノ様ニス、ムせ[46]」と、永正一〇年における梅毒の大流行を伝えている。注目されるのは、その症状が癩病患者のようだと記している点だ。すなわち、その形相が癩病と似ていたが、梅毒患者は癩病患者のような差別的扱いを受けることはなかった。

永禄五（一五六二）年より三十数年日本に滞在したイエズス会司祭ルイス・フロイスは、「われわれの間では人が横根にかかったら、それは常に不潔なこと、破廉恥な事である。日本では、男も女もそれを普通の事として、少しも羞じない」[47]と記している。引用文中の「横根」とは梅毒の初期症状のことである。その頃の日本は、梅毒が伝来してまもなく、いわば処女地であり、その伝播はきわめて凄まじかったはずである。にもかかわらず、梅毒は癩病のような扱いを受けなかった。

そのことは江戸時代に入ってもそうであった。吉原遊郭、岡場所などを介して凄まじい勢いで伝播していく梅毒の猛威に対し、さほど恐れることもなく、大らかに受け入れていたようである。遊女が梅毒に感染し暫くすると「鳥屋につく」と言い、一人前の遊女になった証とされた。男子は梅毒に感染してようやく一人前として扱われ、誰もが自分が感染したことを隠そうとしなかったという[48]。

そうした癩病観と梅毒観の相違の理由を、新村拓は以下の三つに見いだしている[49]。まず、第一に、梅毒が唐瘡という名称にもみられるように、中国経由の外来の病気であることが認知されていたのに対して、癩病はその出所由来が不分明の、古くからわが国にある、いわゆる伝統的な病気であることによるという。

第二に、梅毒はわが国に伝播してまもなく、それに対する治療法も伝えられ、完治も可能であったのに対し、癩病は薬療が期待できなかったからだとする。徳川家康の診察を務めたほどの名医曲直瀬道三（一五〇七～九四）は『啓迪集』（一五七四年刊）を著した。それによれば、楊梅瘡は綿花瘡とも呼ばれ、近年以来きわめて多く今も終息してはいない。世俗において、その治療には癘風の薬や軽粉などの水銀剤が用いられており、それらをうまく使えば完治する病であったという。

第三に、癩菌に比して梅毒菌は感染力が強く、上は結城秀康・前田利長に始まり、身分の差なく容易に罹患しうる病気であったためとする。

以上のように、癩病と梅毒とは症状の類似性にもかかわらず、病をめぐる観念の相違によって、患者の立場に大きな違いを生んでいったのである。

もっとも、『解体新書』の著者杉田玄白は梅毒の治療が困難で、無力であったことを、七〇歳の時の回顧録『形影夜話』に書いている。事実、梅毒が完治するようになったのは一九一〇年の砒素剤サルバルサンの発見以後のことである。(50) 次に、ひどい皮膚疾患を伴った痘瘡（天然痘）についてもみておこう。

痘瘡は天然痘ウイルスを病原とする感染症である。現在は、種痘により世界中で撲滅した病気である。この痘瘡も長い間人々に恐れられた重篤な病気の一つであった。痘瘡は恐るべき感染率と致死率（四〇パーセント）で過去の人々を恐怖させてきた。日本においても古代以来多くの人々の命を奪ってきた病である。とりわけ、江戸時代には毎年のように身分を問わず大流行するような病気で、生き残ったとしても痘痕があばたとして残った。そのために、旅に際しては流行地を避ける努力がなされていた。(51) 孝明天皇の死因も痘瘡であったという。それゆえ、癩のような遺伝（家筋）説は出なかったといえる。

一八世紀末に種痘が発明される以前、疱瘡に対して有効ななす術のなかった人々を恐怖させ、種々の呪術的な治療行為や防疫活動がなされた。一例を挙げておこう。


此村（八木村、現、茨城県石岡市八木）折節疱瘡流行して甚だ賑々し、屋敷の廻りに赤紙の幣注連を曳き廻し、庭にも柴木を立て、幣帛を飾り、家の内には赤紙の幣を長々と掛け廻し、三味太鼓にて踊れり、（後略）

右は、佐土原（宮崎県宮崎市佐土原町）安宮寺の住職野田泉光院成亮の回国日記（『日本九峰修行日記』）の文化一三（一八一六）年一一月二七日条である。[52]泉光院は修験僧としてほぼ全国（青森、岩手、香川、徳島、高知県を除く）を六年二箇月かけて回国したが、その日記には、疱瘡の流行地域のことも記している。

引用部によれば、八木村を訪ねたところ、疱瘡が流行っていた。そこでは、屋敷の廻りに赤い注連や家の内部には赤い幣を掛けるなど、疱瘡をもたらす疱瘡神を押さえる効力があるとされる赤い幣を使って、疱瘡に罹るのを防ごうとしていた。江戸時代の川柳に「ほうそうに　児の着て居る　緋の衣」とあるように、赤は、魔除け、災難除けの代表的な色彩とされ、疱瘡が軽くてすむことを約束してくれると考えられた。[53]また、三味線と太鼓に合わせて疱瘡神退散の踊り（疱瘡神送り）をするなどしていた点も注目される。

癩病家筋観の誕生

ところで、一六世紀半ばから末に活躍した先の曲直瀬道三（以下、道三と略す）は日本医学中興の祖といわれ、中世の仏教的な医学から、儒教的道徳観のうえに中国金・元の論理的な医学を取捨して臨機応変に採用する医学へ転換させたとされる。[54]道三の一派を後世派という。道三は、その著書である『啓迪集』や『授蒙聖功方』の中で癩病についても述べている。ここでは、道三最初の自著で初学者にわかりやすく説いている『授蒙聖功方』（一五四五年カ）[55]を通じて彼の癩病観をみてみよう。

『授蒙聖功方』では、癩の外在的な病因として、中国古代の医書『黄帝内経』に見える天地の間に存在する「殺物之風」という人を傷つける悪風を感受して癩になることを挙げる。他方、内在的な理由として、性行為による疲労や肉食などの生活上の不摂生によって当人の悪化を伴うことを挙げ、それが悪風に犯され癩病の引き金となるとする。こうした考えは、金・元医学の影響によるもので、仏教的な業病観はなく、癩病もほかの疾病と同じく服薬治療の対象と考えている。ただし、性行為や肉食が癩病の内在的要因として位置づけられたことによって、癩者が性的に放逸であるとか、肉食といったタブー視された行為を行なった結果であるといった、倫理的な偏見を引き起こす可能性をもっていた点は注意される[56]が、事実、このような偏見は以後の医学書や一般の人々の癩病観に色濃く表れることになる。

さらに注目すべきことには、道三は、中国医書に見られる病因論のうち、癩病が血筋によって起こる病であるという、いわゆる遺伝説を取り上げていない点が挙げられる。一七世紀中頃までは、起請文に誓いを破ると白癩・黒癩になるという罰文が書かれていた。すなわち、戦国時代から江戸時代への転換期において、栄養状態なども悪く、癩病患者が数多く存在していたと考えられている。それが、道三が癩病遺伝説を取り上げなかった理由であろうと考えられている[57]。

ところが、一七世紀後半は「家」という単位の成立、いや、「家」という枠組みで人を見る観念の成立した時代であった。また、江戸時代となり、社会が安定したこともあって癩病患者数も減少していった。それとともに、一七世紀後半における医学は、それ以前の道三流（後世派）と異なり、癩が子孫に伝わる病気と認識していくようになった。

一七世紀後半以降、それまで日本医学の主流であった金・元医学を重視する後世派を空理・空論と批判し、経験を重視し、古代中国医学の『傷寒論』などに立ち返ろうとする古方派が台頭していった[58]。古方派は、癩病について、両親の悪血（毒）が起こすとする遺伝説をとったが、この考えは後には後世派にも共有されるようになっていった[59]。

たとえば、一七世紀半ばに活躍した岡本一抱の言説がある。鈴木則子の研究[60]によれば、岡本一抱は、『万病回春病因指南』(一六八八年)で、癩は天罰で不治であり治療の施しようがなく、また、癩病が子々孫々と伝わる病気であるとする。一抱は、道三の流れを汲むが、癩病遺伝説、家筋説をとっている点が注目される。こうした癩病遺伝説、家筋説はますます一般化するにいたる。

さらに、一八世紀末になると癩病遺伝説は、悪血説と結びついていった。たとえば、熊本藩の藩医村井琴山の言説がある。琴山の『和方一万方』(一七八五年)の付録に「癘病治法印施」[61]がある。それによれば、琴山はおおよそ以下のように考えていたことがわかる。癩は不治であり、その病因は女性の月経血にあるという。月経血は、悪血の中でももっとも悪い血であり、そのために女性は月々瀉血している。しかるに、月経血が女性の胎内にあるうちに性交をすれば、悪血が子の体に残り、癩の根源となる。子の体内の悪血はしだいに邪気・毒物を招いて斑文を生じる。生血がめぐらなくなって手足がまがる。癩は血脈の子まで患うので、一人これを患わば子孫枝葉までとかくその血を受け引きて、癩病を患うなり。末の代まで断ずることなき病である、と。すなわち、遺伝説と悪血説が結びついた説といえる。こうした考えに立って、治療法も悪血(毒)を体内から抜き取ることで、治療する方法がとられたりした。すなわち、血を取る瀉血法である。

以上のように、医者の間で、遺伝説が広まっていったが、庶民の間にも癩病が遺伝病とする考えが一般化していった。

たとえば、大坂の庄屋可正が書きあらわした『河内屋可正旧記』には、元禄初年から宝永末年(一六八八〜一七一〇頃)の間の種々の在地(現、大阪府南河内郡石川村大字大ケ塚)の出来事が記されている[62]。その中の「東町常信物語事」[63]は癩者がどう見られていたかを知るうえで貴重である。すなわち、癩病やみの市場町新右衛門の娘は、少々癩病の症状が現れていたが、正庵という医師の治療によって大方治癒した。そこで、正庵のところでお礼奉公をしていたところ、東町の弥兵衛（のちの常信）が見初めて結婚した。二〇年が過ぎて両人ともに癩病になって死去し、弥兵衛の家は後を継ぐ者がなく断絶した。

可正は、弥兵衛を非難しているが、その論理は、癩病の血縁者とは結婚してはならぬというもので、癩病家筋説がよく読み取れる。以上のように、庶民の間にも癩病が遺伝病とする考えが一般化していった。

こうした考えは、先述のごとく、一八七三年にハンセンによって癩菌が発見され[64]、日本の医学界で伝染病（感染症）であることがわかったのちも、払拭されることは困難であった。日本では、「癩予防ニ関スル件」（一九〇九年四月一日施行、一九五三年に「らい予防法」となる）によって、隔離政策がとられたが、注目すべきは、ハンセン病療養所入所患者への断種手術が行なわれるなど、非人道的な施策が実施されていたことである[65]。幼児感染を防ぐためなどとはいえ、そうした施策が取られた背景に根強い遺伝説があったと考えられている。一九四一年にアメリカのカーヴィル療養所で、特効薬のプロミンが試験的に患者に投与され、癩病が治癒できる病気となった[66]。日本では第二次世界大戦後の一九四六年に東京大学教授石館守三によってプロミンが合成された。すなわち、第二次世界大戦後には治癒できるようになったにもかかわらず、隔離を中心とする「らい予防法」が廃止されたのは一九九六年のことであったことは先に述べた。この点を再度確認しておこう。

おわりに

以上、病の中でももっとも悲惨な扱いを受けてきた癩病に注目して、古代から近世までの病の思想史を論じてきた。その結果、古代の癩病感染症説から、中世の癩病業病説、近世の家筋（遺伝）説への転換の歴史をみることができた。

古代においては、中国からの律令の移入に象徴されるように、中国からもたらされた癩病感染症説が主流であった。ところが、中世になると、鎌倉仏教が広まり、『法華経』などの仏教経典に由来する癩病業病説が一般化し、「白癩・黒癩」文言が起請文の罰文にまでも記されるようになっていった。近世になると、家の成立と一般化に伴い、癩病家筋（遺伝）説が一般化し、医者たちもその考えに立つにいたった。癩病は、病気が不治と見なされる難病であり、かつまた、梅毒や疱瘡などと異なって、癩菌の感染力が弱く罹る人が少なかったこともあって、病因をめぐって、業病説、家筋（遺伝）説などが形成されてきたことがわかる。

それにしても、目や鼻を失うなど形相が変わる病気に罹ったばかりに、仏・神の罰や遺伝病などといった不当な病因観によって、棄民として生きねばならなかった人々の無念さを思えば、癩病を中心に「病の思想史」を論じる意義が大いにあるといえよう。

註

（1）クラウス・ベルクドルト『ヨーロッパの黒死病』（国文社、一九九七年）など参照。

（2）鈴木則子『江戸の流行り病』（吉川弘文館、二〇一二年）など。

（3）結核については、青木正和『結核の歴史』（講談社、二〇〇三年）、青木純一『結核の社会史』（御茶ノ水書房、二〇〇四年）など参照。

（4）疱瘡については、富士川游『日本疾病史』（平凡社、一九六九年）、『富士川游著作集4』（思文閣、一九八一年）、立川昭二『江戸病草紙』（ちくま学芸文庫、一九九八年）、H・O・ローテルムンド『疱瘡神』（岩波書店、一九九五年)、川村純一『病いの克服——日本痘瘡史』(思文閣、一九九六年)など参照。富士川『日本疾病史』はコレラなどのほかの疾病についても大いに参考になる。
(5) 立川『江戸病草紙』〈前註(4)〉第三部の「コレラ」の項参照。
(6) 立川『江戸病草紙』〈前註(4)〉第三部の「コレラ」の項参照。
(7) 酒井シズ『病が語る日本史』(講談社、二〇〇八年)一五五頁。ヨーロッパにおける癩病患者の悲惨な状況については立川昭二『病気の社会史』(岩波現代文庫、二〇〇七年)第二章参照。
(8) 藤野豊編『歴史のなかの「癩者」』(ゆみる出版、一九九六年)第五章参照。
(9) 京都大学文学部国語学国文学研究室編『諸本集成 和名類聚抄本文編』(臨川書店、一九六八年)一一六頁。
(10) 『新訂増補国史大系 令集解 第二』(吉川弘文館、一九八三年)二六六頁。
(11) 多田一臣『日本霊異記 下』(筑摩書房、一九九八年)一五三頁。
(12) 『増補六国史 日本書紀 巻下』(名著普及会、一九八二年)一二五頁。
(13) 藤野『歴史のなかの「癩者」』〈前註(8)〉二〇頁。
(14) 藤野『歴史のなかの「癩者」』〈前註(8)〉二〇頁。
(15) 佐藤進一『新版 古文書学入門』(法政大学出版局、二〇〇三年)二二〇頁。
(16) 「橘恒元起請文」『仁和寺文書』(『平安遺文』七、三一四四号文書)。
(17) 「建久三年九月二七日付僧重源下文」(『鎌倉遺文』二、六二一号文書)。
(18) 官僧・遁世僧モデルについては、松尾『新版 鎌倉新仏教の成立』(吉川弘文館、一九九八年、初版は一九八八年)。
(19) 叡尊教団の授戒制については、松尾『新版 鎌倉新仏教の成立』〈前註(18)〉一四五頁など参照。
(20) 松尾『勧進と破戒の中世史』(吉川弘文館、一九九五年)第五章など参照。
(21) 忍性の伝記については、松尾『忍性』(ミネルヴァ書房、二〇〇四年)参照。

(22) 『元亨釈書』(『大日本仏教全書一〇二』)一六六頁。第一部第一章第二節の史料(2)参照。
(23) 『神奈川県史　資料編二　古代・中世(二)』(神奈川県企画調査部県史編纂室、一九七三年)一六三三号。
(24) 極楽寺の火災時期については、細川涼一「阿仏尼伝の一節」(『女の中世』日本エディタースクール出版部、一九八九年)一八〇頁。
(25) 従来は、忍性没後には叡尊教団の救癩活動が消滅したとする説もある(酒井シズ『日本の医療史』東京書籍、一九八二年、一五〇頁)が、それは間違いである。
(26) 「東大寺衆議事書」『東大寺文書』四―六四(『鎌倉遺文』三九、三〇四一一号文書)。
(27) 『鎌倉遺文』一四、一〇四〇四号文書。
(28) 細川涼一校注『感身学正記1』(平凡社、一九九九年)三〇三頁など参照。
(29) 上田純一「平安期諸国文殊会の成立と展開について」(『日本歴史』四七五、一九八七年)三二頁。
(30) 富士川『富士川游著作集4』〈前註(4)〉一二六頁に一七世紀以来の北山十八間戸の古写真が載っている。極楽寺の癩宿については、松尾『中世都市鎌倉の風景』(吉川弘文館、一九九三年)参照。
(31) 細川『中世の身分制と非人』(日本エディタースクール出版部、一九九四年)一四四頁。なお、松尾『中世の都市と非人』(法藏館、一九九八年)なども参照。
(32) この点は、池見澄隆『中世の精神世界』(人文書院、一九八五年)八六・八七頁も参考になる。
(33) 『元亨釈書』〈前註(22)〉一六六頁。
(34) 梶原性全『頓医抄(全)』(科学書院、一九八六年)、同『万安方(全)』(科学書院、一九八六年)参照。
(35) 石原明「梶原性全の生涯とその著書」『万安方(全)』〈前註(34)〉一七四五頁。
(36) 梶原『頓医抄(全)』〈前註(34)〉五一八頁。
(37) 梶原『頓医抄(全)』〈前註(34)〉五一八頁。

(38) 恵鎮教団については、松尾『勧進と破戒の中世史』(吉川弘文館、一九九五年)第一部第六章参照。
(39) 『渓嵐拾葉集』(『大正新脩大蔵経七六 続諸宗部七』)七三三頁。
(40) 時宗も善光寺門前の癩病者の救済活動を行ない、鎌倉極楽寺と対立抗争が存在したことについては、井原今朝男「中世東国における非人と民間儀礼」(『部落問題研究』九二、一九八七年)が参考になる。中世末におけるキリシタンによる癩病患者救済活動なども注目される(酒井シズ『日本の医療史』〈前註(25)〉一七二頁など)。
(41) 惟宗具俊『医談抄』(『杏林叢書 上巻』思文閣、一九二四年、一九七一年復刻)二二七頁。
(42) 『日本古典文学大系八五 沙石集』「拾遺」(岩波書店、一九六六年)四九九頁。
(43) 『邦訳日葡辞書』(岩波書店、一九八〇年)五二四頁。
(44) 苅谷春郎『江戸の性病 梅毒流行事情』(三一書房、一九九三年)二六・二七頁。
(45) 新村拓『日本医療社会史の研究』(法政大学出版局、一九八五年)三九二頁。
(46) 『甲斐国妙法寺記 上』(『続群書類従 三〇輯上 雑部』続群書類従完成会、一九七六年)二九三・二九四頁。
(47) ルイス・フロイス『ヨーロッパ文化と日本文化』(岩波書店、一九九一年)一三七・一三八頁。
(48) 苅谷『江戸の性病 梅毒流行事情』〈前註(44)〉四〇~四六頁。
(49) 新村『日本医療社会史の研究』〈前註(45)〉三九四頁。
(50) 酒井『病が語る日本史』〈前註(7)〉二一四・二一五頁。
(51) 立川『江戸病草紙』〈前註(4)〉「序話、お松の場合」参照。
(52) 石川英輔『大江戸泉光院旅日記』(講談社学術文庫、一九九七年)三〇一頁。
(53) 立川『江戸病草紙』〈前註(4)〉一五八頁、H・O・ローテルムンド『疱瘡神』〈前註(4)〉五四頁。田中香涯「痘瘡と赤色」(礫川全次篇『病いと癒しの民俗学』批評社、二〇〇六年)によれば、元禄時代以来、疱瘡の患者のみならず看病人も赤色の衣類を着るなど疱瘡退治に赤色が効果的と考えられていたという。

(54) 矢数道明「日本医学中興の祖　曲直瀬道三」(『近世漢方医学集成　二　曲直瀬道三(一)』名著出版、一九七九年)九頁。

(55) 篠原孝市監修『曲直瀬道三全集　二』(オリエント出版、一九九五年)、五五六頁など参照。『授蒙聖功方』については、『曲直瀬道三全集　一』一六頁の解説参照。

(56) 鈴木則子「近世癩病観の形成と展開」(藤野編『歴史のなかの「癩者」』〈前註(8)〉所収)八六頁。

(57) 鈴木「近世癩病観の形成と展開」〈前註(56)〉八七・九一頁。

(58) 矢数『近世漢方医学史』(名著出版、一九八二年)九頁。

(59) 鈴木「近世癩病観の形成と展開」〈前註(56)〉九九頁。

(60) 鈴木「近世癩病観の形成と展開」〈前註(56)〉九一・九二頁。

(61) 『近世漢方医学書集成　三四　村井琴山(四)』(名著出版、一九八一年)四三三〜四四〇頁。

(62) 野村豊「河内屋可正旧記に就いて」『河内屋可正旧記』(清文堂、一九五五年)参照。

(63) 『河内屋可正旧記』〈前註(62)〉一七七・一七八頁。

(64) 酒井『病が語る日本史』〈前註(7)〉一五五頁。

(65) 藤野編『歴史のなかの「癩者」』〈前註(8)〉第三章など参照。山本俊一『日本らい史』(東京大学出版会、一九九三年)も参照。

(66) ベティ・マーティン『カーヴィルの奇蹟』(文藝春秋新社、一九五一年)。

第二部

叡尊教団の本州における展開

第一章　河内国における展開（一）

はじめに

ここでの主なねらいは、河内国（大阪府）における叡尊教団の展開を明らかにすることにある。叡尊（一二〇一～九〇）は奈良西大寺を拠点とし、天皇・将軍から非人と呼ばれた人々までを救済し、当時の宗教面のみならず政治・経済・文化に大きな影響を与え、全国に一五〇〇余箇寺もの西大寺末寺が展開した[1]。しかし、一五世紀半ば以降、しだいに勢力を失っていき、多くの末寺が転宗し、あるいは廃寺になったために、その展開を跡づけることは困難である。ここでは河内国における展開を復元してみよう[2]。

河内における叡尊教団の展開に関しては、上田さち子[3]、細川涼一[4]、元興寺文化財研究所[5]、棚橋利光[6]、小谷利明[7]などの研究がある。こうした研究に導かれながら、河内における律宗の展開を明らかにしたい。

史料（1）[8]

河内国

西琳寺　大慈院
丹南 真福寺
東条 **寛弘寺**　大慈院
六辻 西方寺　東一
金輪 薬林寺
三箇 神弘寺
誉田奥院 宝蓮花寺　応永十四年丁亥七月廿日 第二十代長老御代二室

教興寺　護国院
泉福寺
東亀井 千光寺　大慈院
八尾木 金剛蓮花寺
丹上 広成寺
布忍ヌノセ 宝泉寺

（太字引用者、以下、太字、傍点など引用者）

さて、史料（1）は、明徳二（一三九一）年に書き改められたという「西大寺末寺帳」（以下、「明徳末寺帳」と略す）の河内国の部分である。西琳寺以下一三箇寺が記されている。「明徳末寺帳」は、西大寺から直接長老（住職）が任命される直末寺を書き上げたもので、その記載の順序は、寺格を表している。(9)それゆえ、先頭に記された西琳寺は河内国の西大寺末寺で筆頭の直末寺であった。

以下、「明徳末寺帳」の記載順に河内国の西大寺末寺の展開についてみたいが、教興寺と寛弘寺については次章(10)で論じるので、ここではそれ以外の寺院を論じる。まず、筆頭の西琳寺からみてみよう。

第一節　西琳寺

西琳寺は現在の大阪府羽曳野市古市に所在した寺院で、百済からきた王仁氏の子孫である西文氏の氏寺として建立された。欽明天皇二〇（五五九）年創建という伝承を有する古代寺院である。高野山参詣道の東高野街道と奈良へ向かう竹内街道の交差点の北東部に立地している。[11]このように西琳寺は由諸ある古代寺院であって、交通の要衝という立地にも注意しなければならない。

第一項　惣持の死亡年はいつか

西琳寺は河内国筆頭の律寺であっただけではない点に注意を喚起したい。西大寺の律法が衰微した時には、西大寺律僧が移るべき有縁の勝地とされ、叡尊教団の重要な寺院とされるにいたった。[12]このように西琳寺は、河内国においてのみならず、叡尊教団において重要な寺院であった点は注目に値する。

史料（2）[13]

（前略）

一、同屍陀林、亀山院御代《かめやまいんぎょだい》文応元年碓井雅楽助盛清寄進当寺、件山而野（ママ）、去正嘉二年十月頃、八十八代《はちじゅうはちだい》西大寺興正菩薩御下向之時、被点定当郡屍陀林、

私云、屍陀林建立之文幷無常之理、委細被勘之、且略之

史料（2）は、永和四（一三七八）年に原本が成立し、文安三（一四四六）年に、時の長老高算が書写した「西琳寺流記」の一部である。[14]史料（2）から、文応元（一二六〇）年に碓井盛清によって寄付された土地を、叡尊が、高屋屍陀林として当郡の墓地としたことがわかる。この高屋室生院に所属する屍陀林は、地域住民の村墓となって

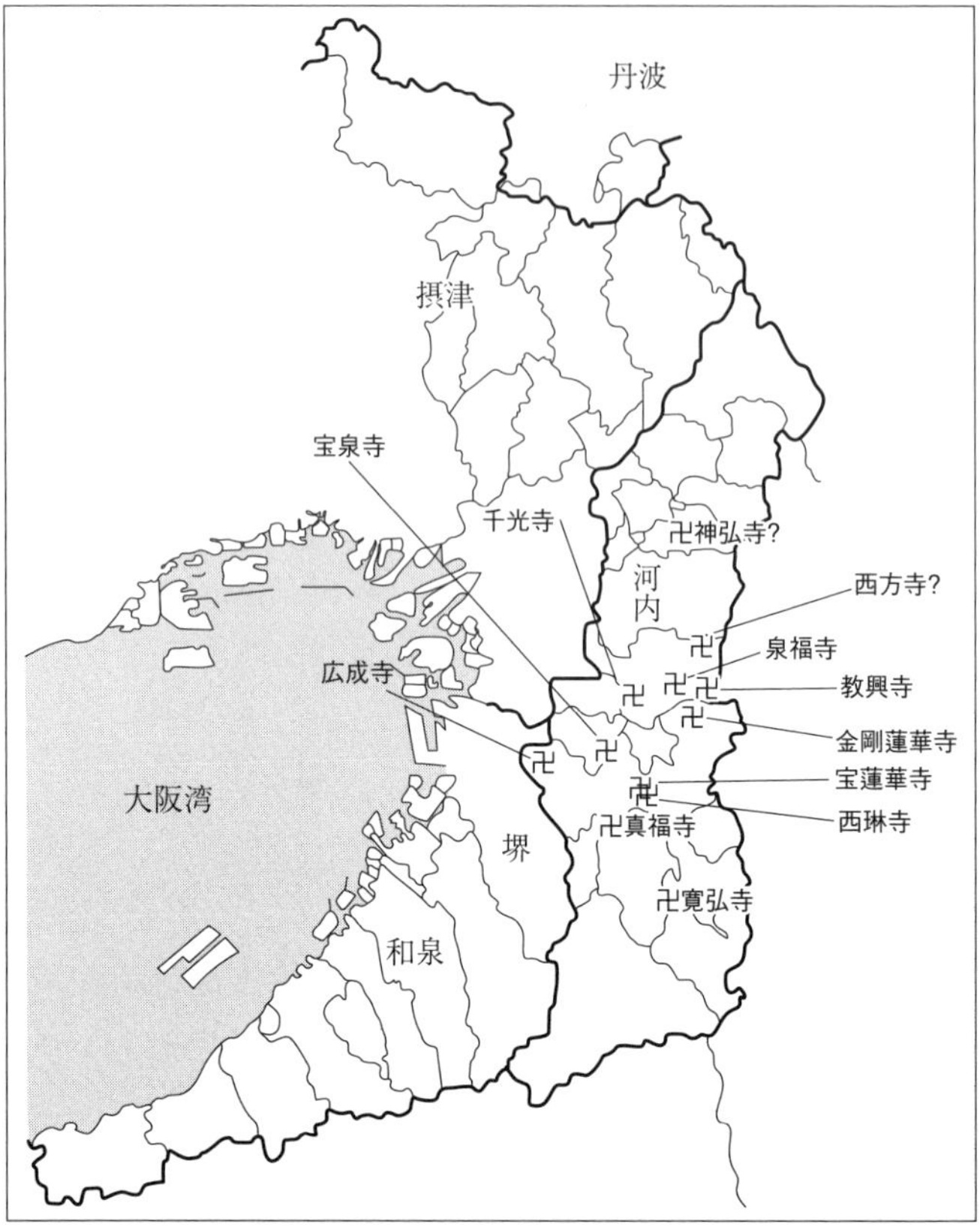

図1　河内国西大寺直末寺分布図

おり、寺院が管理する墓地といえる(15)。律僧たちが死穢をものともせずに、葬送に従事していたことが、この点においても明らかである(16)。

さて、西琳寺といえば、叡尊の甥、日浄房惣持が根拠とした寺院として知られる。惣持は叡尊の弟源景親の子として一二三三年の生まれとされる(17)。彼の死亡年については、和島芳男によって、正和元(一三一二)年とされてきた(18)。

それは、後で詳述するが、西琳寺の開山を叡尊とし、惣持を第二代長老と考えたうえで、「西琳寺流記」に第二代長老の十三回忌が記されており、逆算して、惣持の死亡年を正和元年と考えたことによる。また、「西琳寺流記」中の「真言堂」の末尾に記載された「思円」を「護法堂」の「開山」に付けられた注記とし、開山は叡尊とされた(19)。

他方、惣持を二代長老とする根拠は、長老坊の宝鏡院の項の「当寺第二長老永仁年中建立」の「第二長老」の部分に付けられた「日浄和尚歟」という注記による。[20]

しかし、その注記自体、後世の注記であり、「歟」と付いているように自信なさげである。しかも、その注記も「日浄和尚歟」と注記した人物の判断によると考えられる。そもそも、「西琳寺流記」の本文中において叡尊の場合は「西大寺思円上人」[21]「西大寺興正菩薩」[22]と記している。それゆえ、それらの注記自体、ただちには信頼できない。

また、安永八（一七七九）年頃に書写された「西琳寺文永注記」の末尾では、

史料（3）[23]

此縁起者、当寺開山惣持大徳自筆草安之写也、旧記数多之中、肝要証文抄一巻出之者也

とあるように、惣持は西琳寺の開山と考えられていた場合もある。それゆえ、西琳寺惣持の死亡年を調査し直す必要がある。

ところで、「光明真言過去帳」は叡尊教団の物故者名簿として知られるが、惣持の死亡年を考えるうえでも、有効であると考えられる。

史料（4）[24]

○当寺開山長老興正菩薩

理性房　光台寺　　　　　　○円律房　招提寺長老
覚法房　佐野寺　　　　　　道入房　伯耆国分寺
照道房　小田原　　　　　　○覚証房　喜光寺
○**日浄房**　**西琳寺**　　　　　空印房　市原寺
○双意房　勝慢院長老　　　　蓮順房　清冷寺
法光房　西谷寺　　　　　　賢明房　極楽寺

史料（4）は、「光明真言過去帳」の一部である。第三番目に記されている唐招提寺長老円律房証玄は、正応五（一二九二）年八月一四日に死去している[25]。また、最後の極楽寺賢明房慈済は、永仁六（一二九八）年七月二四日に死去している[26]。

本過去帳が死亡時期順に配列されていることを考え合わせると、円律房証玄から賢明房慈済までに記された人物、ここで問題としている日浄房惣持は、正応五年八月一四日から永仁六年七月二四日までの間に死去したはずである。ところが、先述のように、惣持は、正和元（一三一二）年に死去したと考えられてきた[27]。それは、「西琳寺流記」に真言堂中壇の十一面観音像が正中元（一三二四）年に、第二代長老（惣持と考えられている）の十三回忌供養のために造立されたとあることから正和元年死亡とされてきたのである。もし、それが正しいとすれば、本「光明真言過去帳」と矛盾が生じる。

しかし、惣持が、西琳寺の開山と考えられていたとすれば、惣持の死亡年は正和元年ではなくなる。

そこで、「西琳寺流記」を読み直してみよう。

史料（5）[28]

一、高屋宝生院、永仁《九十一代》二年為開山塔頭、被草創、五基石塔、中央開山、東方第二長老、西方道明寺開山、北方東浄意大徳、西方空忍大徳、僧坊元徳《九十四代》元年禅如房建立、寺領等寄進之、然貞和《九十七代》四年東条発向之時破損、其後興之、延文《人皇九十二代》五年摂山陳之時、壊取又再興、覚忍房沙汰云々、

史料（5）は、「西琳寺流記」の「高屋宝生院」の項である。この史料から、高屋宝生院が、永仁二（一二九四）年に開山塔頭（開山の墓所）として開かれたことがわかる。

とすれば、もっとも自然な解釈は、永仁二年に開山が死亡したので、高屋宝生院が開かれたということになろう。叡尊は、正応三（一二九〇）年に死亡しているので、永仁二年に死亡した開山とは、惣持と考えるべきであろう。そのことは、先の「光明真言過去帳」の配列順序にも矛盾しない。とすれば、西琳寺開山とは日浄坊惣持のことで永仁二年に死亡したことになる。

第二項　西琳寺第二代長老生恵

それでは、正和元（一三一二）年に死亡した西琳寺第二代長老はだれであろうか。そのことを考えるうえでも、「光明真言過去帳」は大いに有効である。

史料（6）[29]

（前略）

○中観房　桂宮院長老

長真房　西琳寺

（中略）

了願房　真福寺

（中略）

日乗房　当寺住　○円心房　極楽寺長老

「光明真言過去帳」によれば、徳治二（一三〇七）年二月二日に死亡した桂宮院長老中観房と正和四（一三一五）年に死亡した極楽寺長老円心（真）房との間に、西琳寺長真房がいる。[30]それゆえ、長真房が正和元（一三一二）年に死亡した西琳寺第二代長老と考えられる。[31]

長真房は、諱は生恵といい、正応三（一二九〇）年の叡尊の葬儀にさいしては、遺体の輿を担いだ二二人の一人であり、叡尊教団内で重要人物であった。[32]また、叡尊の直弟子名簿といえる弘安三（一二八〇）年の「授菩薩戒弟子交名」では「大和国人　生恵　長真房」とあって、大和国の出身であったことがわかる。[33]さらに、弘安三年の「西大寺西僧坊造営同心合力奉加帳」に、西大寺内の寄付者の一人に長真房がいて、一貫文を寄付している。[34]

それゆえ、生恵長真房は、弘安三年においては、西大寺にいたが、永仁二（一二九四）年の惣持の死後は、西琳寺第二代長老に就任したと考えられる。

ところで、西琳寺には、五基の五輪塔がある。とくに、図2の真ん中に立つ五輪塔は塔高が二九六・一センチと大きく史料（5）などから、開山の五輪塔と考えられている。[35]

私も、その大きさなどから、史料（5）に見える開山塔と考える。ただ、先に問題としたように開山を叡尊とみるか、惣持とみるかで五輪塔がだれのものか異なってくる。これまで論じてきたように、私は開山を惣持と考えており、物持の五輪塔だと考える。その水輪部は、図3のように画像処理してみると、叡尊系五輪塔の奈良西大寺の叡尊塔などと重なり、西大寺様式の五輪塔である。(36)

図2　西琳寺五輪塔

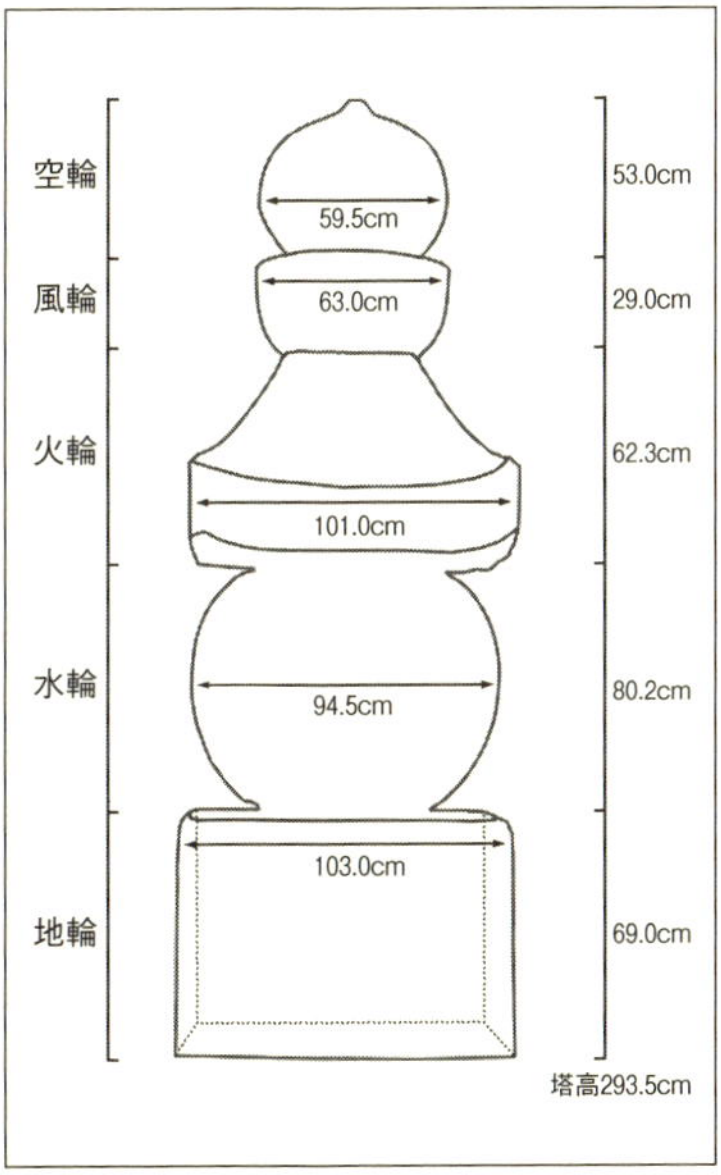

図3　西琳寺中央物持五輪塔計測図

第二節　真福寺

真福寺は、現大阪府堺市美原区真福寺にあった西大寺末寺の律寺で、現在は廃寺である。(37)『大阪府全志』によれば、聖武天皇の天平年間（七二九〜四九）、僧行基の開基で、櫟木山真福寺と号し、坊舎三六院を有する巨刹であった[38]。『河内名所図会』によれば、式内社である櫟本神社の神宮寺であった。明徳の戦乱で焼失し、焼失を免れた文殊菩薩画像のみが、支院であった文殊院に残る[39]という。とくに注目されるのは、鎌倉時代末期には、鎌倉幕府将軍家祈願寺となっていた点[40]である。

真福寺は、現在、廃寺でありほとんど注目されることはない。『美原町史』[41]や細川涼一[42]の研究があるくらいである。近年は、真福寺遺跡の発掘がなされ、真福寺の一帯は河内鋳物師の根拠地として考古学の面からは大いに注目されている[43]。

先述のように叡尊は全国各地で寺院の再興などを行ない一五〇〇余箇寺もの末寺を生みだした[44]。それらの修造にさいしては金銅製梵鐘の製造などが必要であったことは想像にかたくない。つまり、鋳物師集団との関係も重要であったはずである。その意味で、河内鋳物師の根拠地に所在した真福寺は叡尊教団の全国的な展開を考えるうえで重要な寺院であったと考えられる。

第一項　叡尊による真福寺復興

先述のように、真福寺は聖武天皇の天平年間、僧行基の開基という寺院であるが、いかなる過程を経て叡尊教団の寺院となったのであろうか。

史料（7）[45]

同六年（建長）甲寅五十四歳

三月九日、下著河内国西琳寺東顕珍上野房家、三ケ日説戒、初日、顕珍寺中畠五段捨十方僧、十二日、与二百卅二人授菩薩戒、十三日、入**真福寺**、始結界、十四日、四分布薩、十五日、梵網布薩、即日百六十五人授菩薩戒、十六日、著信太社神主家、自翌日、於社拝殿、十重禁戒、廿日、中前下中尾寺、卅二人授菩薩戒、廿一日、於彼拝殿、四百七十三人授菩薩戒、此間金字理趣経、心経、令賢任比丘、於住吉社講讃、奉納一御殿、（後略）

史料（7）のように、叡尊の自伝である『金剛仏子叡尊感身学正記』（以下、『学正記』と略す）によれば、建長六（一二五四）年三月一三日に叡尊は、西琳寺から真福寺に入った。その日、真福寺を初めて結界した。結界とは、領域を限って聖域化することであり、ここに律寺としての真福寺がスタートしたのであろう。[46]すなわち、戒律を護持する律僧が住むようになったのである。

叡尊らは、釈迦信仰を中核とする、行基信仰・聖徳太子信仰・文殊信仰・舎利信仰などを有していた。[47]それゆえ、家原寺（行基誕生の地）などの行基ゆかりの寺院の復興や四天王寺といった聖徳太子ゆかりの寺院の再興に努めた。真福寺も行基ゆかりの寺院であったがゆえに再興しようとしたのであろう。

もっとも、ただちに真福寺の結界が成されたとは考えがたいので、おそらく、それ以前に叡尊の弟子たちが下準備をしていたはずである。その弟子の中心人物とは、戒善房睿実だと推測される。というのも、戒善房睿実は真福寺に隣接する黒山郷（現、美原区黒山）出身だったからである。[48]

それでは、真福寺の初代長老はだれであろうか。おそらく、聖俊房賢任であろう。

史料（8）[49]

西大寺光明真言結縁過去帳巻第一　比丘衆衆首分

静慶　霊山院　　　　　　　証学房　海龍王寺住
唐招提寺開山菩薩　　　　　宿蓮房　白毫寺
理見房　不退寺　　　　　　信願房　知足院
慈心房　白石寺　　　　　　迎願房　海龍王寺
聖俊房　真福寺　　　　　尊性房　不空院

史料（8）は、西大寺関係者の物故者名簿である「光明真言過去帳[50]」の先頭部分で、「聖俊房　真福寺」と見える。すなわち、聖俊房という真福寺僧がいたことがわかる。この聖俊房は、聖春房とも表記され、諱は賢任といい、叡尊弟子の名簿である「授菩薩戒弟子交名」では、比丘衆（一人前の僧）の二七番目に記されている[51]。その順番は叡尊教団内のランクを示していると考えられる。大和国の出身[52]で、初期教団以来の叡尊の弟子の一人であった。

賢任は宝治元（一二四七）年五月一〇日（五月二五日にも）には叡尊ら八人とともに、この穢土における三宝の興隆、有情の利益を誓っている[53]。また、翌宝治二（一二四八）年に中国から将来された戒疏一部、行事鈔一部共五二巻の保持を許されている[54]。おそらく、賢任は、真福寺の初代長老となったのであろう。

建長元（一二四九）年三月一三日に叡尊は京都清凉寺の釈迦像を模刻しようとして、弟子や仏師らと清凉寺に向かい、二一日に西大寺へもどったが、賢任は覚順とともに清凉寺に止められ、釈迦像の制作の監督を任されている[55]。

先の史料（7）によれば、賢任は、真福寺の結界以後の建長六（一二五四）年三月二一日には、『金字理趣経』・『心経』を住吉社で講じている。真福寺から住吉へ向かったのであろうか。史料（8）の「光明真言過去帳」では建長元（一二四九）年五月に死去した唐招提寺開山菩薩（覚盛）の近くに真福寺所属僧として書かれており、建長六年に律寺真福寺が成立してまもなく死去したのかもしれない。

また、先述の黒山出身の戒善房睿実も忘れてはならない。戒善房睿実は、寛元四（一二四六）年に、叡尊が河内道明寺で河内一国諸宿文殊供養と同寺講堂で菩薩戒の授戒を行なったが、その夜に出家し、叡尊の弟子となった。[56]叡尊弟子の名簿である「授菩薩戒弟子交名」では、四八番目に記されている。[57]また、戒善房睿実は宝治元年五月一〇日（五月二五日にも）には叡尊・賢任ら八人とともに、この穢土における三宝の興隆、有情の利益を誓っている。[58]戒善房睿実は真福寺の西大寺末寺化には大いに努力したと考えられる。

聖俊房の次に長老となったのは河内国の出身であった了願房智忍であろう。というのも、『律苑僧宝伝』では「了願律師、諱智忍、住真福寺」とあって、真福寺の長老となっているからだ。[59]了願房は、叡尊弟子の名簿である「授菩薩戒弟子交名」では、一一八番目に「河内人　了願房智忍」と見える。[60]河内の出身であった。

史料（9）[61]

○中観房　桂宮院長老

（中略）

良法房　神宮寺　　乗信房　禅寂寺

了願房　真福寺　　長真房　西琳寺

史料（9）のように「光明真言過去帳」では、了願房は、徳治二（一三〇七）年二月二日に死去した中観房[62]と正和三（一三一四）年に死去した長真房[63]との間に記載されている。それゆえ、了願房は、一三〇七年から一三一四年にかけて死去したと考えられる。

史料（10）[64]

同（文永）三年丙寅六十六歳
二月十一日、於法華寺、八十八人授菩薩戒、同十九日、於河内西琳寺、二百卅人授菩薩戒、於当国磯野極楽寺、一千五百十八人授菩薩戒、十二月三日、於河内国**真福寺**、遂塔供養、此日、和泉河内摂津三ケ国非人一千余人、人別与飲食、斗俵施主戒仏房、

史料（10）のように、『学正記』によれば、叡尊は文永三（一二六六）年一二月三日に、真福寺で塔供養を遂げている。その日は、和泉・河内・摂津の三箇国の非人一千余人に対して人別に飲食を与える非人施行が行なわれている。真福寺での塔供養を記念して行なわれたのであろう。

史料（11）[65]

（弘安五）廿三日、於当寺、三百六十三人授菩薩戒、廿四日、於大鳥社壇、転読大般若経、廿五日、於同社壇大般若会、中法会、廿六日、中食以後、著河内国**真福寺**、廿七日、釈迦堂供養、真言供養、廿八日、於北大和寺、堂塔供養、各供養法、略作法、廿九日、阿弥陀堂供養、非人文殊供養、二千余人々別施与飲食、并鵞眼一連、卅日、両布薩、十一月一日、著額安寺、二日、帰西大寺、十二月廿一日、春日神木御帰座、廿三日、西室上棟

史料（11）の『学正記』によれば、叡尊は弘安五（一二八二）年一〇月二六日の昼食以後に、河内真福寺に入り、翌日には釈迦堂の供養を遂げている。

叡尊らは強烈な釈迦信仰を有し、生身の釈迦を模したという清凉寺式釈迦像を本尊としていた(66)。それゆえ、この供養とは、清凉寺式釈迦像を本尊とする釈迦堂の供養であろう。

以上のように、叡尊自身は三度河内真福寺に来ている。こうして、建長六年三月一二日に出発した律寺真福寺が確立していった。

その一つの帰結が、永仁六（一二九八）年四月における鎌倉将軍家祈禱寺指定であろう。

史料（12）(67)

関東御祈禱諸寺

西大寺、招提寺、菩提寺、薬師院、不退寺

大御輪寺、額安寺、海竜王寺、西琳寺、般若寺

喜光寺、大安寺、教興寺、竹林寺、速成就院

浄住寺、大乗院、弘正寺、最福寺、泉福寺

三学院、**真福寺**、惣持寺、神願寺、金剛寺

利生護国院、多田院、以上僧寺

法花寺、道明寺、三ケ院、豊浦寺、光台寺

舎那院、妙楽寺　　以上尼寺

都合三十四ケ寺
永仁六年（一二九八）四月　日

本史料などにより、鎌倉極楽寺忍性の推薦によって、河内真福寺はほかの律寺三三箇寺とともに、鎌倉将軍家祈禱所に指定されたことがわかる[68]。それらはいずれも律寺である。

以後は、どうであったのだろうか。以下にみてみよう。

第二項　西大寺直末寺としての真福寺

先述の「明徳末寺帳」〈史料（1）〉によれば、真福寺は、西琳寺[69]、教興寺[70]についで第三番目に「丹南　真福寺」と記載されている点が注目される。

この「明徳末寺帳」は、西大寺の直末寺、すなわち、西大寺が長老（住持）を直接任命する末寺を書き上げたものである[71]。それゆえ、真福寺は、いわば西大寺の直轄下の末寺であった。この点は、従来、まったく注目されていないが大いに重要である。

また、本末寺帳の記載順は、寺格を表しているので[72]、真福寺は河内の西大寺直末寺の中で第三番目にランクされていたと考えられる。この点も、真福寺の西大寺末寺内における位置を知るうえで重要である。

史料（13）
東室一分

さらに、史料（13）のように、永享八（一四三六）年の「坊々寄宿末寺帳」にも、「東室一分」として真福寺は見える。[73] すなわち、真福寺僧は、西大寺光明真言会にさいして、西大寺東室一に寄宿したのである。

この「坊々寄宿末寺帳」は、毎年の光明真言会のさいに全国の末寺から西大寺に集ってきた末寺の僧衆が寄宿する坊ごとに、その末寺を書き上げたもので、二〇〇箇寺が書き上げられている。[74] 光明真言会は叡尊が文永元（一二六四）年九月四日に西大寺建立の本願称徳女帝の忌日を期して、七昼夜にわたって亡者の追善、生者の現世利益のために光明真言を読誦する法会であり、諸国の末寺から僧衆が集まり、西大寺内に宿泊して法会を勤修する叡尊教団の年中行事の中で最大のものであった。[75] ようするに、真福寺僧は、西大寺光明真言会にさいして、西大寺東室一に寄宿したのである。

ところで、先述のように真福寺は、明徳年間（一三九〇～九四）の合戦によって、焼失し、支院の文殊院のみが残ったとされる。[76] しかし、「坊々寄宿末寺帳」に見えることから、永享八（一四三六）年においても西大寺末寺であったこともわかる。

また、真福寺は、「光明真言過去帳」[77] にも複数の記事がある。すなわち、先の史料（8）の聖俊房を最初として、史料（9）の了願房、史料（14）の尊了房、史料（15）の聖印房、史料（16）の尊如房、史料（17）の浄賢房、史料（18）の光修房、史料（19）の良修房まで、八人の真福寺僧が見える。

以下、「光明真言過去帳」に見える真福寺僧をみよう。

史料（14[78]）

○了心房　戒壇院長老

（中略）

尊了房　真福寺　　　　　明覚房　浄土寺

想仙房　宝薗寺　　　　　○善意房　戒光寺長老

○当寺第四長老沙門静然

史料（14）の尊了房は、元徳元（一三二九）年一〇月三日に死去した戒壇院長老了心房[79]と元弘元（元徳三年、一三三一）年一二月一三日に死去した西大寺長老静然[80]との間に記されている。それゆえ、その間に死去したのであろう。

史料（15[81]）

○当寺第八長老沙門元燿

（中略）

一円房　万陀羅寺　　　　　**聖印房　真福寺**

（中略）

○当寺第九長老沙門覚真

史料（15）の聖印房は、文和四（一三五五）年一〇月一七日に七六歳で亡くなった西大寺第八代長老沙門元燿[82]と延文五（一三六〇）年一〇月二五日に七五歳で亡くなった西大寺第九代長老沙門覚真[83]との間に書かれている。それゆえ、聖印房は、その間に亡くなったのであろう。

史料（16[84]）

○当寺第十三長老沙門信尊

（中略）

尊如房　真福寺　　長信房　宝生院

○本一《アトカ》房　極楽寺長老

史料（16）の尊如房は、貞治五（一三六六）年九月二〇日に七〇歳で亡くなった西大寺第一三代長老沙門信尊[85]と応安元（一三六八）年三月一五日に亡くなった極楽寺長老本一房[86]との間に記されている。それゆえ、尊如房は、その間に亡くなったのであろう。

史料（17[87]）

○当寺第廿二長老沙門英如

（中略）

賢順房　兵庫観音寺　　証円房　西琳寺

祐円房　備後浄土寺　　良義房　大安寺

浄賢房　**真福寺**　　○尊真房　招提寺長老

（中略）

等空房　迎摂寺　　修覚房　善養寺
印光房　浄宝寺　　如宣房　当寺住
明智房　当寺住　　長賢房　大覚寺
本勇房　当寺住　　祐如房●能福寺

○当寺第廿三長老沙門英源

史料（17）の浄賢房は、応永二二（一四一五）年二月二九日に七一歳で亡くなった西大寺第二二代長老沙門英如[88]と応永二六（一四一九）年一〇月五日に七三歳で亡くなった西大寺第二三代長老沙門英源[89]との間に記されている。それゆえ、浄賢房は、その間に亡くなったのであろう。

史料（18）[90]

○当寺第二十七長老沙門良誓

光修房　**真福寺**　　理春房　泉福寺

（中略）

○当寺第廿八長老沙門元澄

史料（18）の光修房は、宝徳二（一四五〇）年正月二日に九一歳で亡くなった西大寺第二七代長老沙門良誓[91]と長禄元（一四五七）年一一月八日に七八歳で亡くなった西大寺第二八代長老沙門元澄[92]の間に書かれている。それゆえ、光修房は、その間に亡くなったのであろう。

史料（19）[93]

○当寺第廿九長老沙門高算

（中略）

良修房　真福寺　　春如房　長光寺

（中略）

双修房　当寺住　　識春房●寛弘寺

○当寺第三十長老沙門仙恵

史料（19）の良修房は、文明三（一四七一）年一二月一二日に死去した西大寺第二九代長老沙門高算[94]と文明一〇（一四七八）年四月六日に死去した西大寺第三〇代長老沙門仙恵[95]との間に記載されている点が注目される。すなわち、良修房は、一四七一年から一四七八年の間に死去したのであろう。とすれば、一五世紀末まで西大寺末寺としての真福寺僧の足跡はたどれる。

ところで、律寺としての真福寺の活動が知られる史料として次の史料がある。

史料（20）[96]

売渡田地新立券文事

合弐段者

在河内国八上郡田井御庄野遠郷萩原里四坪之内

四至限（中略）

右、件田地元者、自往古為真福寺僧食料田内、
当知行于今無相違処也、而嘉慶弐年戊辰歳
依為　公方御年貢等所役之不足、加僧衆評定、
令沽却、為令全相残下地等、直銭拾貫文宛、
限永代、僧請誉房奉売渡事明白也、但於本券文
者、依為連券、不相副之者也、仍裏書加□□□（候者也）、天下
一同之雖御徳政出来、於彼下地者、更不可有違乱妨者也、
仍為後日亀鏡、放券文之状、如件

嘉慶三年己巳二月日　住持蓮性（花押）

□（綱）維龍□（花押）

知事□宣（花押）

史料（20）は、国会図書館所蔵の文書で、嘉慶三（一三八九）年二月に将軍年貢所役の不足を補うために、八上郡田井御庄内の真福寺僧食料田の二段を真福寺僧の三役（住持、知事、綱維）[97]が僧請誉房に売却していることを伝

えている。

明徳の兵乱[98]で大ダメージを受けて、将軍の所役の支払いにも困るような状況だったのであろう。その史料より、当時の住持（長老）が蓮性であったこともわかる。

それ以後はどうであろうか。「真福寺村明細帳覚」（元禄、宝永のころ）には史料（21）のように「文殊院」のみが記載されている。

史料（21）[99]

文殊院

一、寺真言宗《（ミセ消）》　大念仏宗　　文殊院住持　看坊挙範《（ママ）》

ミセ消で真言宗を消して大念仏宗とある。大念仏宗化してまもなくであろうか。文久三（一八六三）年三月の「真福寺村宗旨改帳」では、村人が大念仏宗徒になっている[100]。

他方、享和元（一八〇一）年に刊行された『河内名所図会』の「櫟本社」の項目には「真福寺といふ宮寺あり[101]」とあり、一九世紀までは、真福寺があったとするが、この頃には文殊院のみが残っていたのであろう。

ところで、注目すべきことに、真福寺の一帯は河内鋳物師の根拠地であった点がある。鋳物師とは、鐘など金属の製造者のことだが、鋳物師には二種類がある。すなわち、鍋・釜などの日用雑器・農具を生産する土鋳物師と寺院の鐘などを制作する廻船鋳物師である。廻船鋳物師は、材料をもって各地に行き、現地で生産を行なった[102]。

河内鋳物師は、平安時代の終わり頃には蔵人所の供御人となって、全国へ出向き、鋳造に従事した。たとえば、香川県長勝寺の建治元（一二七五）年銘の鐘には「大工河内国丹那郡黒山郷下村住人平久末」とあるように[103]、現在の真福寺のある美原区の一帯は河内鋳物師の根拠地であった。鎌倉大仏を鋳造した鋳物師丹治久友もそうである[104]。丹治氏、山川氏、物部氏といった鋳物師たちは河内を本貫地としたのである[105]。

昭和五九（一九八四）年九月以降、大阪府教育委員会と財団法人大阪文化財センターによる発掘調査によって、河内鋳物師の根拠地としての旧松原市と旧美原町一帯の姿が明らかにされてきた。すなわち、真福寺遺跡では、鎌倉時代の鋳造遺構が発見され、梵鐘・鐘・鍋の鋳型などの考古資料が大量に出土し、河内鋳物師での生産活動や暮らしぶりが窺えるようになった。『真福寺遺跡』によれば[106]、真福寺遺跡地区から、その土坑の構造より、大型の梵鐘ないし湯釜の鋳造土坑や溶鉱炉、鋳型と考えられるものが見つかっている。

他方、叡尊教団は一五〇〇余箇寺もの修造を行なった。とすれば、当然、鐘などの制作を鋳物師集団に依頼せざるをえなかったはずである。

とりわけ、真福寺は、鋳物師集団の根拠地にあり、鋳物師たちも信者化していた可能性がある。とすれば鋳物師集団と叡尊教団の結びつきの媒介者として真福寺は大きな役割を果たしたのかもしれない[107]。

実際、東大寺真言院の修造の本願であった聖守は律僧であり[108]、文永元（一二六四）年四月五日に鎌倉大仏鋳物師丹治久友によって真言院の鐘が制作されている[109]。また、茨城県土浦市の般若寺（叡尊教団所属の律寺であった[110]）の鐘も丹治久友によって建治元（一二七五）年八月二七日に制作されている[111]。次章で述べるが、真福寺と同じく河内の西大寺直末寺である教興寺の弘安三（一二八〇）年正月二五日付で完成した梵鐘も、河内鋳物師の制作であった[112]。

第三節　中世の泉福寺

第一項　鎌倉幕府将軍家祈禱所泉福寺

泉福寺は、鎌倉時代末期には、真福寺とともに鎌倉幕府将軍家祈願寺となっていたほど寺格の高い寺院であった[113]。通説では真福寺のほぼ西南に位置し、現在の大阪府堺市美原区大保にあった西大寺末寺の律寺で、現在は廃寺である、とされる[114]。

他方、棚橋[115]は高安郡の八尾方面にあったとする。それは、『学正記』文永八（一二七一）年条[116]によれば、叡尊が泉福寺より西大寺に帰る時に、信貴坂においてたまたま休憩した折、教興寺の荒廃を見、その復興を志す契機となったことから、叡尊は信貴道を通って西大寺に帰ったとすれば泉福寺は八尾方面の寺院とされる。そこから、『常光寺縁起』を使って、常光寺（大阪府八尾市）の北西に所在したとされる。棚橋説は『学正記』文永八年条をよく説明でき支持できる。それゆえ、ここでは八尾常光寺の北西に所在したと考える。

史料（17）[117]

同四年（建長）壬子五十二歳、

解夏以後、入河内**泉福寺**、説十重戒、七月廿五日、与五十五人授菩薩戒、此間忍性比丘良観房発無正法所興隆仏法利益衆生之願、下向関東畢、生年三十六歳、

史料（17）のように、『学正記』建長四（一二五二）年七月（解夏以後というので七月一六日以後）条によれば、叡

尊は同年七月一六日以後河内泉福寺に入り、『梵網経』の十重戒を説き、七月二五日には五五人に菩薩戒を授けている。叡尊は文永六（一二六九）年八月にも泉福寺を訪れている[118]。

河内泉福寺がいつ律寺化したのかははっきりしないが、次の史料（18）によれば、最初から律寺としてスタートしたと考えられる。つまり、叡尊教団との関わりは、その創建期からであったようだ。

史料（18）

律師諱源秀、字戒印、莫詳姓氏、受性誠実、脱俗為僧、師事興正菩薩受業、進具之後、精於律学而道行、尤為時人所重、建**泉福寺**、為第一世、弘長二年師年七十、興正有関東之行、招師監守西大、師送興正於木津河之滸、作礼而謂曰、某桑榆、残景輿死為隣、何得再瞻慈顔乎、雖然吾願世世毘賛本師、弘法利生、縦百千万億劫終不退転、因唱偈曰、願我生生得侍師、如影随形不暫離、弘法利生、助玄化、塵点劫海終不辞、唱畢、済然不自知涕之下、其重法敬師之志不亦至乎、師入寂時、関東鹿島大明紳託云、源秀律師棄人間世、得西方中品中生、忍性律師聞而驚嘆、遣使問之、果師告終、黒白聞者莫不感嘆而起信焉、

史料（18）は、『律苑僧宝伝』「泉福寺戒印秀律師伝[119]」の一部である。それによれば、戒印房源秀[120]が、出家して叡尊の弟子となり、戒律を学び、泉福寺の開山になったという。とすれば、叡尊がやってきた建長四（一二五二）年頃は律寺化していたと考えられる。

ではなぜ源秀が泉福寺の開山となったのであろうか。「為時人所重」とあるように、地域の人が源秀を重んじ、寺を建てて第一世に源秀を為したという。「授菩薩戒弟子交名」では九八番目に「河内国人　源秀　戒印房[121]」と

あって源秀は河内国の出身であった。推測をたくましくすれば、源秀は八尾の出身で、それゆえ、泉福寺の開山に招かれたのかもしれない。

また、史料（18）によれば、弘長二（一二六二）年、源秀七〇歳の時、叡尊鎌倉下向中の西大寺を任された。木津河まで叡尊を見送り、死しても叡尊の布教を助ける誓いを述べたという。源秀が弘長二年、七〇歳であったとすれば、一一九三年の生まれで、叡尊よりも八歳も年長である。源秀は弘安八（一二八五）年には、叡尊死後の教団を託された六人の一人であり[122]、正応三（一二九〇）年の叡尊の死にさいしては、葬儀に参加している[123]。

史料（19）[124]

額安寺八貫文、磯野極楽寺参貫文、浄住寺　三十五貫文、喜光寺　二十貫文、最福寺　三貫文、神願寺　三貫文、**泉福寺**　十貫文、薬師院　十貫文、大乗院　三貫文、鎌倉極楽寺七十貫文

已上

この源秀の時代には、史料（19）のように、弘安三年六月に完成した西僧房の建設費として一〇貫文を寄付している。

源秀の跡を継いだのは、理覚房静弁であろう。

史料（20）[125]

泉福寺静弁、字現《（理カ）》覚、般若寺真円、字尊道、三村寺頼玄字蓮順、皆得法于興正菩薩、学行徳名雷霆当時、各拠

一方、常以弘法為務、四方之人、莫不欽尚、玄又嘗開法常州清涼寺

史料（20）の『律苑僧宝伝』「静弁真円頼玄三律師伝」によれば、静弁が泉福寺の住持であったという。静弁は、「授菩薩戒弟子交名」では一二三番目に「天王寺人　静弁　理覚房」[126]と記されている。

以上の源秀、静弁らを中心とする泉福寺は、先述したように永仁六（一二九八）年四月には鎌倉将軍家祈禱所となる。ここで注目されるのは、真福寺よりも泉福寺が上位に記されている点だ。おそらく、鎌倉時代末までは、律寺としての歴史の古い泉福寺の方が真福寺よりも寺格は高かったのであろう。

第二項　西大寺末寺泉福寺

ところで、泉福寺は、明徳二（一三九一）年の「明徳末寺帳」では、第四番目に記されていた。他方、真福寺は第三番目であり、永仁六（一二九八）年時点とは立場が逆転している。おそらく、鎌倉末から南北朝期に真福寺の方が大発展を遂げていたのであろうか。

史料（21）[127]

東室二分

八幡 大乗院　　河内国 泉福寺

史料（21）のように、泉福寺は、先述の永享八（一四三六）年の「坊々寄宿末寺帳」にも、東室二分として挙

がっている。ようするに、泉福寺僧は、一五世紀において西大寺光明真言会にさいして、西大寺東室二に寄宿したのである。

それ以後にも、泉福寺は「光明真言過去帳」に西大寺末寺としての痕跡を見せている。

史料(22)[128]

当寺第八長老沙門元燿

○空忍房　当寺住　　唯覚房　東妙寺

明忍房　泉福寺　　○覚禅房　招提寺長老

（中略）

定証房　西光寺　　尭信房●常福寺

○当寺第九長老沙門覚真

史料(22)のように、泉福寺の明忍房が、文和四（一三五五）年一〇月一七日に七六歳で死去した西大寺第八代長老元燿[129]と、延文五（一三六〇）年一〇月二五日に七五歳で死去した西大寺第九代長老覚真[130]との間に記されている。明忍房は、その間に死去したのであろう。

史料(23)[131]

当寺第十五長老沙門興泉

（中略）

順宣房　敬田寺　　　円如房　泉福寺

（中略）

了浄房　正国寺　　　了義房●長門国分寺

○当寺第十六長老沙門禅誉

史料（23）では、泉福寺の円如房が、康暦元（一三七九）年六月晦日に八六歳で死去した西大寺第一五代長老興泉[132]と嘉慶二（一三八八）年五月五日に九〇歳で死去した西大寺第一六代長老禅誉[133]との間に記されている。円如房は、その間に死去したのであろう。

史料（24[134]）

当寺第十六長老沙門禅誉

（中略）

浄識房　泉福寺

（中略）

当寺第十七長老沙門慈朝

史料（24）では、泉福寺の浄識房が、嘉慶二（一三八八）年五月五日九〇歳で死去した西大寺第一六代長老禅誉[135]

と明徳二（一三九一）年四月九日に七三歳で死去した西大寺第一七代長老慈朝[136]との間に記されている。浄識房は、その間に死去したのであろう。

史料（25）[137]

当寺第十八長老沙門深泉
素寂房　荘厳浄土寺　　戒行房　浄土寺
（中略）
光音房　正法寺　　浄信房　現光寺
了性房　泉福寺　　良運房　当寺住
浄達房　宝生院　　俊一房　神宮寺
摂善房　福泉寺　　印空房　来迎寺
忍如房●当寺住
○当寺第十九長老沙門良耀

史料（25）では、泉福寺の了性房が、応永二（一三九五）年九月二五日に死去した西大寺第一八代長老深泉[138]と応永一一（一四〇四）年二月二五日に死去した西大寺第一九代長老良耀[139]との間に記されている。了性房は、その間に死去したのであろう。

史料（26）[140]

当寺第二十一長老沙門叡空

（中略）

円浄房　妙覚寺　　**円善房　泉福寺**
教也房　宝蓮花寺　○恵俊房　極楽寺長老
遵光房　広成寺　　双賢房●備後浄土寺
○当寺第廿二長老沙門英如

史料（26）では、泉福寺の円善房が、応永一九（一四一二）年二月二三日に八〇歳で死去した西大寺第二一代長老叡空[141]と応永二二（一四一五）年二月二九日に七一歳で死去した西大寺第二二代長老英如[142]との間に記されている。円善房は、その間に死去したのであろう。

史料（27）[143]

当寺第廿四長老沙門元空
興信房　律成寺　　春鐘房　仙澗寺

（中略）

円空房　同寺　　宗舜房　不退寺
了賢房　泉福寺　　淵乗房　円明寺

（中略）

○当寺第廿五長老沙門栄秀

史料（27）では、泉福寺の了賢房が、応永三〇（一四二三）年七月二五日に八四歳で死去した西大寺第二四代長老元空[144]と永享二（一四三〇）年八月二日に七七歳で死去した西大寺第二五代長老栄秀[145]との間に記されている。了賢房は、その間に死去したのであろう。

史料（28[146]）

当寺第廿十七長老沙門良誓

光修房　真福寺　　　　理春房　泉福寺

道英房　宝蓮寺　　　　光順房　成満寺

（中略）

○当寺第廿八長老沙門元澄

史料（28）では、泉福寺の理春房が、宝徳二（一四五〇）年正月二日に九一歳で死去した西大寺第二七代長老良誓[147]と長禄元（一四五七）年一一月八日に七八歳で死去した西大寺第二八代長老元澄[148]との間に記されている。理春房は、その間に死去したのであろう。

史料（29）[149]

当寺第廿八長老沙門元澄

鐘妙房　神願寺　　　　　　禅春房　円明寺

光乗房　大琳寺　　　　　　慈光房　金剛光明寺

（中略）

浄恵房　大日寺　　　　　　○尊月房　当寺住

素允房　当寺住　　　　　　**明延房　泉福寺**

椿亮房　報恩寺　　　　　　了明房　常福寺

（中略）

○当寺第廿九長老沙門高算

史料（29）では、泉福寺の明延房が、長禄元（一四五七）年一一月八日に七八歳で死去した西大寺第二八代長老元澄[150]と文明三（一四七一）年一二月一二日に死去した西大寺第二九代長老高算[151]との間に記されている。明延房は、その間に死去したのであろう。

史料（30）[152]

当寺第廿八長老沙門元澄

鐘妙房　神願寺　　　　　　禅春房　円明寺

（中略）

士吽房　大興善寺　　円春房　泉福寺

○栄運房　室生寺長老　　真教房　正法寺

浄識房　寛弘寺　　印賢房●当寺住

○当寺第廿九長老沙門高算

史料（30）のように、泉福寺の円春房も、長禄元（一四五七）年一一月八日に七八歳で死去した西大寺第二八代長老元澄[153]と文明三（一四七一）年一二月一二日に死去した西大寺第二九代長老高算[154]との間に記されている。円春房は、その間に死去したのであろう。

史料（31）[155]

当寺第廿九長老沙門高算

慈光房　勝福寺　　良円房　泉福寺

春聖房　極楽寺　　理承房　般若寺

（中略）

○当寺第三十長老沙門仙恵

史料（31）では、泉福寺の良円房が、文明三（一四七一）年一二月一二日に死去した西大寺第二九代長老高算[156]と

図4　常光寺別当顕幸の墓

文明一〇（一四七八）年四月六日に死去した西大寺第三〇代長老仙恵[157]との間に記されている。良円房は、その間に死去したのであろう。

以上のように、泉福寺僧は「光明真言過去帳」に記載されている。とりわけ、史料（31）の良円房の事例から泉福寺は一五世紀後半においても西大寺末寺として継続していたことがわかる。

ところで、八尾の常光寺には別当顕幸の墓という五輪塔がある。地輪は明らかに別石であるが、図4のように、西大寺様式の五輪塔であり、泉福寺の遺品かもしれない。大きさは以下の通りである。

水輪	最大径	七四センチ	高さ	六二センチ
火輪	高さ	四六センチ	横幅	七六センチ
	隅高	一八センチ	幅	一五センチ
風輪	高さ	二〇センチ	幅	四〇センチ
空輪	高さ	三五センチ	幅	四〇センチ

第四節　そのほかの律寺

以上、西琳寺、真福寺、泉福寺をみた。教興寺、寛弘寺については別稿で論じたので、ここではそれら以外の「明徳末寺帳」記載の寺院をみよう。

東亀井千光寺

東亀井の千光寺[158]は、「明徳末寺帳」の第六番目に記載されている。それゆえ、河内国西大寺直末寺で第六位の寺格であったと考えられる。「明徳末寺帳」において千光寺には「大慈院」と注記されているが、永享八（一四三六）年の「坊々寄宿末寺帳」にも「大慈院」分として記載されている[159]。すなわち、毎年開催されていた光明真言会にさいして西大寺大慈院に宿泊することになっていたのである。また、一四五三年から一四五七年にかけて作成された「西大寺末寺帳」にも第六番目に記載されている[160]。すなわち、一五世紀半ばまでは西大寺直末寺であった。他方、寛永一〇（一六三三）年の「西大寺末寺帳」には見えない[161]。すなわち、江戸時代には、西大寺末寺ではなくなっていた。

さて、棚橋によれば八尾市亀井真観寺の東北およそ三〇〇メートルのところを千光寺の跡地とする[162]。八尾市亀井真観寺の近くに所在したのであろう。

史料（32）[163]

同五年戊辰六十八歳
夏竟、参天王寺、為払異国難、修種々勤、(中略)自八月十五日、三日三夜不断満如意輪大呪、其後至河内国
亀井、講十重禁戒、廿八日、於釈迦堂、六百五十人授菩薩戒、

史料(32)は、叡尊の自伝『学正記』文永五(一二六八)年条である。叡尊は、文永五年夏に天王寺で種々の蒙古襲来退散祈禱を行なった。そののち、河内国亀井を訪れて十重禁戒を講じている。同年八月二八日には釈迦堂で六五〇人に菩薩戒を授けている。この釈迦堂が千光寺と考えられている。

この千光寺の僧侶、とりわけ住持については「光明真言過去帳」に見える。

史料(33)[164]

当寺第十三長老沙門信尊

(中略)

宗観房　大興善寺　　　聖明房　千光寺

(中略)

○当寺第十四長老沙門尭基

史料(33)のように、「光明真言過去帳」において最初に見える千光寺僧は聖明房である。聖明房は、貞治五(一三六六)年九月二〇日に七〇歳で亡くなった西大寺第一三代長老信尊[165]と、応安三(一三七〇)年四月四日に七五歳

で亡くなった西大寺第一四代長老尭基[166]との間に記載されている。それゆえ、聖明房は貞治五年九月二〇日から応安三年四月四日の間に死去したと考えられる。すなわち、その頃までには釈迦堂から千光寺へと寺観を整えていったようである。

先の聖明房以後も、賢智房、恵通房、浄通房、深珠房、明音房、理盛房が「光明真言過去帳」に見える。

史料(34)[167]

当寺第二十一長老沙門叡空

（中略）

覚潤房　極楽院　　　　　　　　　**賢智房　千光寺**

（中略）

○当寺第廿二長老沙門英如

賢智房は応永一九（一四一二）年二月二三日に八〇歳で死去した西大寺第二一代長老叡空[168]と、応永二二（一四一五）年二月二九日に七一歳で死去した西大寺第二二代長老英如[169]との間に記載されている。応永一九年二月二三日から応永二二年二月二九日の間に亡くなったのであろう。

史料(35)[170]

当寺第廿八長老沙門元澄

（中略）

恵通房　**千光寺**　　　　　**浄通房**　**同寺**

（中略）

○当寺第廿九長老沙門高算

賢智房の次に出てくるのは恵通房と浄通房である。恵通房と浄通房は長禄元（一四五七）年一一月八日に七八歳で寂した西大寺第二八代長老沙門元澄[171]と、文明三（一四七一）年一二月一二日に死去した西大寺第二九代長老沙門高算[172]との間に記載されている。彼らはその間に亡くなったのであろう。

史料(36)[173]

当寺第三十一長老沙門秀如

深珠房　**千光寺**　　　　　**明音房**　**同寺**

（中略）

○当寺第三十二長老沙門良慶

恵通房と浄通房の次に出てくるのは深珠房と明音房である。深珠房と明音房は長享二（一四八八）年五月二七日に八五歳で亡くなった西大寺第三一代長老沙門秀如[174]と、明応七（一四九八）年八月七日八三歳で死去した西大寺第三二代長老沙門良慶[175]との間に記されている。彼らはその間に亡くなったのであろう。

史料（37）[176]

当寺第三十五長老沙門高森

永詢房　当寺住　　　　理盛房　千光寺住

（中略）

○当寺第三十六長老沙門玄海

千光寺僧として「光明真言過去帳」に最後に出てくるのは理盛房である。理盛房は永正八（一五一一）年二月二日に八四歳で亡くなった西大寺第三五代長老高森[177]と、永正一五（一五一八）年七月八日に七一歳で死去した西大寺第三六代長老玄海[178]との間に記載されている。永正八年二月二日から永正一五年七月八日の間に死亡したのであろう。とすれば、一六世紀まで千光寺の住持が知られ、千光寺は西大寺末寺として存続していたことになる。

六辻西方寺

六辻西方寺は、先述の「明徳末寺帳」では第七番目に記載されている。それゆえ、河内国西大寺直末寺で第七位の寺格であったと考えられる。永享八（一四三六）年の「坊々寄宿末寺帳」にも、「東室一分」として西方寺は見える[179]。毎年開催されていた光明真言会にさいして西大寺「東室一」に宿泊することになっていた。

また、一四五三年から一四五七年にかけて作成された「西大寺末寺帳」にも第七番目に記載されている[180]。すなわち、一五世紀半ばまでは西大寺直末寺であった。他方、寛永一〇（一六三三）年の「西大寺末寺帳」には見えない[181]。江戸時代には西大寺末寺ではなかった。

棚橋の研究によれば、六辻西方寺は八尾市内に所在していたことは確実であるが、六辻は八尾市の東部から曙川地区にわたる広い範囲であったと推測され、その所在地の特定は困難とされるとある。[182]西方寺は廃寺となり、文書などは遺されてはいない。しかし、仏像に関しては、西方寺から流出した木像十一面観音立像（像高一二〇センチ）が和歌山県有田市の広利寺に伝わっている。中世末に売りに出されたこの像を宮本所右衛門広利が買い受け広利寺に移したという。

本像には次のような銘文がある。

史料（38）[183]

奉宣持河州若江南条六辻郷西大寺

　末寺　西方寺

　　正平八年癸巳七月朔日

　　　四天王寺大仏師式部法橋頼円（花押）

　　　　舎弟　尾張頼基（花押）

　　　　子息　駿河実円（花押）

　　願主　藤原保久（花押）

それにより、藤原保久が四天王寺大仏師法橋頼円と舎弟頼基、子息実円に制作させた十一面観音立像を正平八（文和二、一三五三）年七月一日に六辻郷の西大寺末寺西方寺に寄付させたことがわかる。すなわち、一四世紀半ばには西方寺の活動が知られる。

西方寺の僧も四人が「光明真言過去帳」に見える。[184]

史料（39）[185]

○本照房　当寺住　阿定房　西方寺

（中略）

○中観房　桂宮院長老

史料（39）のように、阿定房が徳治二（一三〇七）年二月二四日に亡くなった西大寺本照房[186]と、徳治二（一三〇七）年二月二日に亡くなった桂宮院長老中観房[187]の間に記載されている。「光明真言過去帳」は、死亡順に記載されたはずであるが、本照房と中観房は記載順にミスがあるようだが[188]、阿定房は徳治二（一三〇七）年二月に亡くなったと考えられる。とすれば、鎌倉時代末期には西方寺が成立していたことになる。

史料（40）[189]

当寺第四長老沙門静然

（中略）

敬信房　西方寺　玄妙房　薬師院

興覚房　現光寺　○本性房　極楽寺長老

次に「光明真言過去帳」に見えるのは史料（40）の敬信房である。敬信房は、元弘元（元徳三、一三三一）年一二月一三日に亡くなった西大寺第四代長老静然[190]と、建武元（一三三四）年一一月二一日に死去した極楽寺長老本性[191]房の間に記載されている。その間に亡くなったと考えられる。

敬信房の次に「光明真言過去帳」に見えるのは史料（41）の寥日房である。

史料（41）[192]

当寺第十六長老沙門禅誉

（中略）

賢戒房　東妙寺

寥日房　西方寺

（中略）

当寺第十七長老沙門慈朝

寥日房は、嘉慶二（一三八八）年五月五日に九〇歳で亡くなった西大寺第一六代長老禅誉[193]と明徳二（一三九一）年四月九日に七三歳で亡くなった西大寺第一七代長老慈朝[194]との間に記載されている。寥日房は、その間に亡くなったのであろう。

寥日房の次に「光明真言過去帳」に見えるのは史料（42）の了修房である。

史料（42）[195]

当寺第廿二長老沙門英如

（中略）

了修房　西方寺　　　　浄日房　肥後観音寺

（中略）

○当寺第廿三長老沙門英源

了修房は、応永二二（一四一五）年二月二九日、七一歳で亡くなった西大寺第二二代長老英如[196]と応永二六（一四一九）年一〇月五日に七三歳で亡くなった西大寺第二三代長老英源[197]との間に記載されている。了修房は、その間に亡くなったのであろう。

西方寺僧として最後に「光明真言過去帳」に見えるのは史料（43）の唯賢房である。

史料（43）[198]

当寺第廿三長老沙門英源

（中略）

信賢房　般若寺　　　　**唯賢房　西方寺**

（中略）

○当寺第廿四長老沙門元空

唯賢房は、応永二六（一四一九）年一〇月五日に七三歳で亡くなった西大寺第二三代長老英源[199]と、応永三〇（一四二三）年七月二五日に死去した西大寺第二四代長老元空[200]との間に記載されている。唯賢房はその間に亡くなったのであろう。

以上のように、僧侶の面からも、西方寺は一五世紀においても機能していたと考えられる。

八尾木金剛蓮花寺

八尾木金剛蓮花寺は、先述の「明徳末寺帳」では第八番目に記載されている。それゆえ、河内国西大寺直末寺で第八位の寺格であったと考えられる。

また、永享八（一四三六）年の「坊々寄宿末寺帳」にも「護国院」分として記載されている[201]。すなわち、毎年開催されていた光明真言会にさいして西大寺護国院に宿泊することになっていた。さらに、一四五三年から一四五七年にかけて作成された「西大寺末寺帳」にも第八番目に記載されている[202]。一五世紀半ばまでは西大寺直末寺であったのだろう。寛永一〇（一六三三）年の「西大寺末寺帳」には見えない[203]。一六世紀の戦国の動乱で、西大寺末から離脱したのであろう。

ただし、一六世紀の半ばにおいても所在したことは、三条西公条が天文二二（一五五三）年三月一〇日に金剛蓮花寺を訪れていることからわかる[204]。

また、この寺は八尾市内に所在し、とりわけ八尾善立寺の付近と考えられている[205]。

金剛蓮花寺の僧侶については、「光明真言過去帳」に六人が記載されている。

史料（44）[206]

尭仙房　泉涌寺長老　　　明忍房　称名寺

（中略）

了猷房　金剛蓮花寺　　　円達房　薬師寺

（中略）

○当寺第五長老沙門賢善

金剛蓮花寺僧として最初に「光明真言過去帳」に出てくるのは了猷房である。了猷房は、建武五（暦応元、一三三八）年一一月一六日に死去した称名寺長老明忍房[207]と、暦応三（一三四〇）年一〇月二日に九〇歳で亡くなった西大寺第五代長老沙門賢善[208]との間に記載されてる。了猷房は、その間に亡くなったのであろう。とすれば、一四世紀初頭には金剛蓮花寺は成立していたことは確実である。

了猷房の次に「光明真言過去帳」に見えるのは史料（45）の忍信房である。

史料（45）[209]

俊一房　桂宮院

（中略）

忍信房　金剛蓮花寺　　　良明房　西琳寺

（中略）

○当寺第十五長老沙門興泉

忍信房は、応安三（一三七〇）年八月一五日に死去した桂宮院長老俊一房[210]と、康暦元（一三七九）年六月晦日に八六歳で死去した西大寺第一五代長老興泉[211]との間に記載されている。忍信房は、その間に死去したのであろう。忍信房の次に出てくるのは史料（46）の明悟房である。

史料（46）[212]

当寺第二十長老沙門高湛

（中略）

観了房　薬師院　　舜覚房　広成寺
性真房　安楽寺　　**明悟房　金剛蓮花寺**

（中略）

○当寺第二十一長老沙門叡空

明悟房は、応永一五（一四〇八）年九月二五日、八六歳で死去した西大寺第二〇代長老高湛[213]と応永一九（一四一二）年二月二三日八〇歳で死去した西大寺第二一代長老叡空[214]との間に出てくる。明悟房は、その間に死去したのであろう。

明悟房の次に出てくるのは史料（47）の信如房である。

史料（47）[215]

当寺第廿五長老沙門栄秀

（中略）

観日房　幡州常住寺

（中略）

○当寺第廿六長老沙門高海

信如房　金剛蓮花寺

信如房は、永享二（一四三〇）年八月二日に七七歳で亡くなった西大寺第二五代長老栄秀[216]と、永享八（一四三六）年四月二六日に八〇歳で寂した西大寺第二六代長老高海[217]との間に記載されている。信如房は、その間に亡くなったのであろう。

信如房の次に出てくるのは史料（48）の真照房である。

史料（48）[218]

当寺第三十長老沙門仙恵

（中略）

真照房　金剛蓮花寺

（中略）

○聖円房　招提寺長老

真照房は、文明一〇（一四七八）年八月六日に亡くなった西大寺第三〇代長老仙恵[219]と文明一八（一四八六）年五月一日に亡くなった招提寺長老聖円房良恵[220]との間に記載されている。真照房は、その間に死去したのであろう。

金剛蓮花寺僧として「光明真言過去帳」に最後に出てくるのは、史料（49）の明乗房である。

史料（49）[221]

当寺第三十五長老沙門高森

（中略）

明乗房　金剛蓮花寺

尭真房●当寺住

○当寺第三十六長老沙門玄海

明乗房は、永正八（一五一一）年二月二日に八四歳で死去した西大寺第三五代長老高森[222]と、永正一五（一五一八）年七月八日に七一歳で亡くなった西大寺第三六代長老玄海[223]との間に記載されている。明乗房は、その間に亡くなったのであろう。

とすれば、「光明真言過去帳」から、金剛蓮花寺は僧の面でも一六世紀初頭まで機能していたことがわかる。

金輪薬林寺

金輪薬林寺は、先述の「明徳末寺帳」では第九番目に記載されている。それゆえ、河内国西大寺直末寺で第九位の寺格であったと考えられる。

また、永享八（一四三六）年の「坊々寄宿末寺帳」には記載されていないが、一四五三年から一四五七年にかけて作成された「西大寺末寺帳」にも第九番目に記載されている。[224]それゆえ、一五世紀半ばにおいても直末寺とされていたが衰亡して、光明真言会には来なくなっていたのであろうか。僧に関しては、「光明真言過去帳」に一切の記載がない。所在地についても先述の「明徳末寺帳」の注記に金輪とあるが、はっきりしない。後考を期したい。

丹上広成寺

従来、『大阪府の地名』[225]などでは、所在地の推測以外は広成寺について不明とされてきた。

丹上広成寺は、先述の「明徳末寺帳」では第一〇番目に記載されている。それゆえ、河内国西大寺直末寺で第一〇位の寺格であったと考えられる。また、永享八（一四三六）年の「坊々寄宿末寺帳」には「東室四」に記載されている。[226]すなわち、西大寺の光明真言会にさいして東室四に宿泊することになっていた。さらに、一四五三年から一四五七年にかけて作成された「西大寺末寺帳」にも第一〇番目に記載されており、[227]「坊々寄宿末寺帳」と考え合わせると、一五世紀半ばまでは直末寺として機能していたと考えられる。

その所在地については、「明徳末寺帳」の注記に「丹上」とあり、現在の大阪府堺市美原区丹上あたりに所在したと考えられる。[228]

広成寺の僧として最初に「光明真言過去帳」に見えるのは、史料（50）の法勇房である。

史料（50）[229]

当寺第十三長老沙門信尊

（中略）

法勇房　広成寺　　　　　　覚猷房　阿弥陀寺

（中略）

〇本《アトカ》一房　極楽寺長老　　　　　智照房　弘正寺

法勇房は、貞治五（一三六六）年九月二〇日に七〇歳で亡くなった西大寺第一三代長老信尊[230]と、応安元（一三六八）年三月一五日に亡くなった極楽寺長老本一房[231]との間に記載されている。法勇房は、その間に亡くなったのであろう。法勇房の次に「光明真言過去帳」に出てくるのは史料（51）の舜覚房である。

史料（51）[232]

当寺第二十長老沙門高湛

（中略）

観了房　薬師院　　　　　　**舜覚房　広成寺**

（中略）

〇当寺第二十一長老沙門叡空

舜覚房は、応永一五（一四〇八）年九月二五日に八六歳で亡くなった西大寺第二〇代長老高湛[233]と、応永一九（一四一二）年二月二三日に八〇歳で亡くなった西大寺第二一代長老叡空[234]との間に記されている。舜覚房は、その間に死去したのであろう。
舜覚房の次に「光明真言過去帳」に見えるのは、史料(52)の遵光房である。

史料(52)[235]

当寺第二十一長老沙門叡空

(中略)

遵光房　広成寺　　双賢房●備後浄土寺

○当寺第廿二長老沙門英如

遵光房は、応永一九(一四一二)年二月二三日に八〇歳で亡くなった西大寺第二一代長老叡空[236]と、応永二二(一四一五)年二月二九日に七一歳で亡くなった西大寺第二二代長老英如[237]との間に記載されている。遵光房は、その間に亡くなったのであろう。
広成寺僧として、最後に「光明真言過去帳」に見えるのは、史料(53)の浄恵房である。

史料(53)[238]

当寺第廿六長老沙門高海

(中略)

○顕意房　当寺住　　**浄恵房　広成寺**

（中略）

○当寺第二十七長老沙門良誓

浄恵房は、永享八（一四三六）年四月二六日に八〇歳で寂した西大寺第二六代長老高海[239]と、宝徳二（一四五〇）年正月二日に九一歳で亡くなった西大寺第二七代長老良誓[240]の間に記載されている。浄恵房は、その間に亡くなったのであろう。

以上のように、広成寺は僧侶の面からも一五世紀半ばまで機能していたことがわかる。

神弘寺

三箇神弘寺は、先述の「明徳末寺帳」では第一一番目に記載されている。それゆえ、河内国西大寺直末寺で第一一位の寺格であったと考えられる。また、永享八（一四三六）年の「坊々寄宿末寺帳」には「東室一分」に記載されている[241]。光明真言会にさいして、西大寺の「東室一」に宿泊することになっていた。また、一四五三年から一四五七年にかけて作成された「西大寺末寺帳」にも第一一番目に記載されている[242]。

この神弘寺については、先の「明徳末寺帳」に「三箇」という注記があり、現在の大阪府大東市三箇に所在したのであろう。

この寺の僧侶については素静房が史料（54）のように「光明真言過去帳」に見える。

史料（54）[243]

俊一房　桂宮院
（中略）
素静房　神弘寺　　　　　　○義空房　極楽寺長老
（中略）
○当寺第十五長老沙門興泉

素静房は、応安三（一三七〇）年八月一五日に亡くなった桂宮院長老俊一（日カ）房[244]と、康暦元（一三七九）年六月晦日に八六歳で亡くなった西大寺第一五代長老興泉[245]との間に見える。素静房は、その間に亡くなったのであろう。とすれば、神弘寺は一四世紀後半において、機能していたことが僧侶の面からもいえる。

布忍宝泉寺

布忍宝泉寺は、先述の「明徳末寺帳」では第一二番目に記載されている。それゆえ、河内国西大寺直末寺で第一二位の寺格であったと考えられる。また、永享八（一四三六）年の「坊々寄宿末寺帳」にも「東室一」分として記載されている[246]。一五世紀の前半までは西大寺末寺として、光明真言会にさいして東室一に宿泊することになっていた。さらに、一四五三年から一四五七年にかけて作成された「西大寺末寺帳」にも第一二番目に記載されている[247]。一五世紀半ばまでは西大寺直末寺であったのだろう。寛永一〇（一六三三）年の「西大寺末寺帳」には見えない[248]。

宝泉寺は現在の大阪府松原市南新町に所在し、現在は、融通念仏宗の寺院である。旧清水街道（長尾街道）に面し、交通の要衝に位置していた。

さて、宝泉寺に関しては、『大阪府全志』巻之四では、「宝泉寺は融通念仏宗来迎寺末にして阿弥陀仏を本尊とす。元亨三年法明上人の念仏勧進道場にして、当時此の本尊を安置せりといふ[249]」とする。すなわち、元亨三（一三二三）年に融通念仏宗の寺院化したかのように考えられてきた。しかし、先述のように、一四世紀から一五世紀半ばにおいても西大寺末寺として、律寺であったと考えるべきであろう。

ところで、宝泉寺に関しては、史料が少ないが、次のような興味深い史料がある。

史料（55）

如縁宗賢円定三律師伝

如縁律師、諱阿一、宗賢律師、諱成真、円定律師、諱真源、皆興正菩薩之門徒、学渉三蔵、而以毘尼在心、縁主教興寺、賢住霊山寺、定居慈恩寺、各振宗風、赫然有声于時、有直明海律師、開山于宝泉寺、乃一之法嗣也、

本史料は、『律苑僧宝伝』の「如縁宗賢円定三律師伝[250]」である。それによれば、宝泉寺は、明海が開山であったことがわかる。明海が如縁、宗賢、円定の三人のうちでだれの直弟子であったかはっきりしない。ただ、「一之法嗣」というのは、「第一の弟子」と解釈できるが、如縁房阿「一の弟子」という意味かもしれない。とすれば、宝泉寺は、河内教興寺の如縁房阿一の直弟子によって律寺として開かれたことになる。すなわち、鎌倉時代末頃には開かれていたことになる。

もっとも、宝泉寺は、日向国にも所在[251]し、日向宝泉寺の可能性もあるが、明海が教興寺の如縁房阿一の直弟子であったとすれば、河内宝泉寺の可能性が高いと考える。

ところで、「光明真言過去帳」にも、宝泉寺僧として尊忍房[252]、持勝房[253]、珠月房[254]などが出てくる。だが、「光明真言過去帳」には九州などの諸国の第一位、第二位の寺院僧が多く出てくるので[255]、「光明真言過去帳」の宝泉寺は、河内国第一二位の宝泉寺よりも、日向国第二位の寺格の日向宝泉寺の方であったと推測される。

宝蓮花寺

宝蓮花寺は、先述の「明徳末寺帳」において、第一三番目、すなわち一番最後に出てくる。それゆえ、河内国における西大寺直末寺で第一三位の寺格であったと考えられる。

「明徳末寺帳」〈史料（1）〉の宝蓮花寺には「誉田奥院、応永十四年丁亥七月廿日第二十代長老御代二室」と注記がある。それは、（1）誉田八幡宮（現、大阪府羽曳野市）の奥院で、（2）西大寺第二〇代長老高湛の時であった応永一四（一四〇七）年七月二〇日に西大寺の直末寺となったこと、（3）光明真言会のさいには「二室」に宿泊することを意味している。おそらく、宝蓮花寺が、河内国におけるもっとも新しく西大寺直末寺となったのであろう。

別稿で述べたように[256]「明徳末寺帳」には、明徳二年以後に直末寺になった寺院も記載されている。宝蓮花寺は、永享八（一四三六）年の「坊々寄宿末寺帳」にも、「二室分」として記載されている[257]。

さらに、一四五三年から一四五七年にかけて作成された「西大寺末寺帳」にも第一三番目に記載されている[258]。一五世紀半ばにおいても直末寺であり、江戸時代においても末寺であった[259]。

以上のように、宝蓮花寺は、誉田八幡宮の奥の院であると同時に西大寺直末寺であった。

ところで、『学正記』正嘉二年条によれば、

史料（56）[260]

（正嘉）二年戊午五十八歳

（中略）而余著西琳寺、二十八日、二百五十六人授菩薩戒、住当寺之間、高野賢雄円達房、勧現考性仏房、令送九鋪両界曼荼羅御衣絹、并砂金十五両、即御衣絹遣南都、令染之、十月一日、於誉田社、為法施、講般若心経、祈天下泰平、当年炎旱故、哀人氏飢饉、企如此行、

とある。すなわち、叡尊は、正嘉二（一二五八）年一〇月一日に誉田社において般若心経を講じた。それは、天下太平と旱魃を留め、人々を飢饉から救うことを願ってであった。

このように、叡尊時代から誉田社とは関係があったが、それ以来、誉田社の奥の院が叡尊教団と関係をもったのであろうか。

誉田八幡宮は、応神天皇陵を守る社であり、宝蓮花寺僧は死穢に関わる葬送に従事していたのであろう。『大阪府の地名　Ⅱ』によれば、足利直義は建武四（一三三七）年四月に「誉田奥院長老」に宛て御教書を発し、祈禱の精誠を命じている。このように、室町幕府から祈禱を依頼されるほど重要な寺院であった。[261]

先述のように宝蓮華寺は、江戸時代においても西大寺の直末寺であった。それゆえ、「光明真言過去帳」にも、中世においては、観性房[262]を初めとして、教也房[263]、本密房[264]、良珍房[265]、浄春房[266]、宗光房[267]、六人もの宝蓮花寺僧が見られる。ここでは、観性房に注目しよう。

史料（57）[268]

当寺第八長老沙門元燿

（中略）

空観房　長福寺　　　　　　　　　**観性房　宝蓮花寺**

（中略）

○当寺第九長老沙門覚真

宝蓮花寺僧として最初に「光明真言過去帳」に見えるのは、史料(57)のように観性房であった。すなわち、観性房は、文和四（一三五五）年一〇月一七日に七六歳で亡くなった西大寺第八代長老元燿[269]と、延文五（一三六〇）年一〇月二五日に七五歳で死去した西大寺第九代長老覚真[270]との間に記載されている。観性房は、その間に亡くなったのであろう。

ところで、宝蓮花寺は応永一四（一四〇七）年七月二〇日に西大寺の直末寺となったことは先述した。とすれば、宝蓮花寺僧は、直末寺となる以前から、「光明真言過去帳」に記載されるような関係の寺院であったことになる。

おわりに

以上、河内国の西大寺直末寺に注目して、叡尊教団の展開を考察した。河内国には、一三箇寺もの直末寺が所在した。その数は、大和（四二箇寺）、伊勢（一八箇寺）、山城（一六箇寺）に次いで多く[271]、摂津と並ぶ数である。鎌倉極楽寺が三河国以東の末寺を配下に置いていたので単純にはいえないが、畿内が叡尊教団の中心であったのは確かであろう。

とりわけ、河内国の直末寺のうちの四箇寺が鎌倉将軍家祈禱寺院であった点が注目される。従来、その意義は過小に評価されてきたが、鎌倉円覚寺、建長寺と並ぶ寺格の寺院が四箇寺（道明尼寺を含めれば五箇寺）も河内の西大寺直末寺にあったことは注目に値する。

次に注目されるのは、真福寺である。真福寺は当時の日本を代表する河内鋳物師集団の根拠地に所在した。それゆえ鋳物師集団と密接な関係を有したはずである。叡尊の時代だけでも全国に一五〇〇もの寺院を末寺化していった。それらの寺院には鐘などの制作のために鋳物師集団が必要とされたはずであり、西大寺直末寺真福寺の成立は河内鋳物師の全国的な展開の契機となったであろう。

第三番目に注目されるのは、やはり律寺が交通の要衝に立地していた点である。西琳寺が、高野参詣路の東高野街道と、大和に通じる竹内街道の交差点近くに立地していたように、律寺による交通路支配は河内国においてもいえるであろう。

以上の三点に注目して本章を終えよう。

註

（1）　叡尊教団の全国的な展開、とくに平安京・博多・伊勢・伊賀・九州での展開については、松尾『中世律宗と死の文化』（吉川弘文館、二〇一〇年）参照。紀伊国については、上横手雅敬『権力と仏教の中世史』（法藏館、二〇〇九年）二〇二～二〇五頁参照。また『平成二年度　中世民衆寺院の研究調査報告書二』（元興寺文化財研究所、一九九一年）も大いに参考になる。上田さち子「叡尊と大和西大寺末寺」（『中世社会の成立と展開』大阪歴史学会、一九七六年）なども参照。

（2）河内国内の叡尊教団の展開については、松尾「叡尊教団の河内における展開——西大寺直末寺教興寺・寛弘寺と五輪塔」（『山形大学大学院社会文化システム研究科紀要　八』二〇一一年、本書第二部第二章に所収）、同「河内西琳寺五輪塔と大和唐招提寺西方院五輪塔をめぐって——考古学と文献史学をつなぐ試み」（『戒律文化』八号、二〇一一年）でも扱ったので参照されたい。

（3）上田さち子「叡尊と大和西大寺末寺」〈前註（1）〉。

（4）細川涼一『中世の律宗寺院と民衆』（吉川弘文館、一九八七年、第三章）。

（5）元興寺文化財研究所『中世民衆寺院の研究調査報告書二』〈前註（1）〉。

（6）棚橋利光「中世八尾における律宗の広がり」（『研究紀要』一一、八尾市立歴史民俗資料館、二〇〇〇年）。

（7）小谷利明「叡尊と河内武士団」（『ヒストリア』一七九、二〇〇二年）。

（8）松尾『勧進と破戒の中世史』（吉川弘文館、一九九五年、二〇〇一年に補訂）所収「西大寺末寺帳考」一四四頁。

（9）松尾「西大寺末寺帳考」〈前註（8）〉一三七～一四〇頁。河内国にも河内安楽寺、河内国交野郡神宗寺など直末寺ではないが、叡尊教団の寺院であったと考えられる寺院が存在する。

（10）初出は、松尾「叡尊教団の河内における展開——西大寺直末寺教興寺・寛弘寺と五輪塔」〈前註（2）〉。

（11）『大阪府の地名　Ⅱ』（平凡社、一九八六年）。

（12）細川『中世の律宗寺院と民衆』〈前註（4）〉八五頁。

（13）「西琳寺流記」（『続群書類従』二七下）三三四頁。

（14）細川『中世の律宗寺院と民衆』〈前註（4）〉八五頁。

（15）この点、細川『中世の律宗寺院と民衆』〈前註（4）〉を参照。

（16）律僧と葬送との関係については、松尾『中世の都市と非人』（法藏館、一九九八年）一一八～一二五頁など参照。

(17) 追塩千尋『中世南都の僧侶と寺院』(吉川弘文館、二〇〇六年)二九二頁。
(18) 和島芳男「河内西琳寺と忍性」(『大手前女子大学論集』第六号、一九七二年)一六八頁。
(19) 同前。
(20) 「西琳寺流記」〈前註(13)〉三三三頁。
(21) 「西琳寺流記」〈前註(13)〉三一九頁
(22) 「西琳寺流記」〈前註(13)〉三二四頁。
(23) 「西琳寺文永注記」(『続群書類従』二七下)三一八頁。
(24) 松尾「西大寺光明真言過去帳の紹介と分析」(速水侑編『日本社会における仏と神』吉川弘文館、二〇〇六年)八四頁。
(25) 『招提千歳伝記 巻上之二』(『大日本仏教全書 一〇五 戒律伝来記外十一部』名著普及会、一九七九年)二二頁。
(26) 『極楽律寺史 中世・近世編』(極楽律寺、二〇〇三年)五五頁。
(27) 和島「河内西琳寺と忍性」〈前註(18)〉一六八頁。
(28) 「西琳寺流記」〈前註(13)〉三三三・三二四頁。
(29) 松尾「西大寺光明真言過去帳の紹介と分析」〈前註(24)〉八五頁。
(30) 『律苑僧宝伝』(『大日本仏教全書 一〇五』)一四九頁。
(31) 『極楽律寺史 中世・近世編』〈前註(26)〉八〇頁など。
(32) 「西大寺幸昇菩薩御入滅之記」『西大寺叡尊伝記集成』(法藏館、一九七七年)二九三頁。
(33) 「授菩薩戒弟子交名」〈松尾『日本中世の禅と律』(吉川弘文館、二〇〇三年)〉七四頁。
(34) 「西大寺叡尊像納入文書」『西大寺叡尊伝記集成』〈前註(32)〉三八三頁。
(35) 狭川真一「高屋宝生院五輪塔実測記」(『元興寺文化財研究所研究報告二〇〇三』、二〇〇四年)二七頁など。

（36）水輪に注目した五輪塔分類については、松尾「新たなる伊勢中世史像の再構築――謎の楠部大五輪と楠部弘正寺・岩田円明寺」（『皇學館史学』二四号、二〇〇九年、のちに松尾『中世律宗と死の文化』〈前註（1）〉所収）参照。また、本書第三部第四章第一節第一項末尾参照。
（37）『大阪府の地名 Ⅱ』〈前註（11）〉一一一五頁。細川涼一校注『感身学正記』、（平凡社、一九九九年）二二七・二二八頁。二〇一一年一二月一〇日、一二月二三日に真福寺跡を訪問した。そのさい、堺市立美原歴史博物館の井渓明さんにお世話になった。
（38）井上正雄『大阪府全志　巻之四』（清文堂出版、一九二二年、一九八五年復刻版による）五三六・五三七頁。
（39）『美原町史　第一巻　本文編』（美原町、一九九九年）三五一〜三五三頁。明徳の戦乱とは畠山基国と楠木党（正勝・正元）との戦いであった（大谷晃一『楠木正儀』河出書房新社、一九九〇年、一一一〜一一三頁）。
（40）湯之上隆『日本中世の政治権力と仏教』（思文閣出版、二〇〇一年）四二・四三頁、前掲『感身学正記』〈前註（37）〉二二八頁。
（41）前掲『美原町史　第一巻　本文編』〈前註（39）〉。
（42）前掲『感身学正記』〈前註（37）〉二二七頁。
（43）大阪府教育委員会（財）大阪府文化財調査研究センター『真福寺遺跡』（大阪府教育委員会、一九九三年）。財団法人大阪文化財センター『発掘速報展　河内鋳物師の周辺』（財団法人大阪文化財センター、一九八七年）。
（44）松尾「西大寺末寺帳考」〈前註（8）〉参照。
（45）『西大寺叡尊伝記集成』〈前註（32）〉所収『金剛仏子叡尊感身学正記』（以下、『学正記』と略す）建長六（一二五四）年三月一二日条。
（46）結界については、松尾『勧進と破戒の中世史』〈前註（8）〉第四章など参照。
（47）松尾「叡尊の思想」（松尾『日本中世の禅と律』〈前註（33）〉）。

(48) 前掲『学正記』〈前註(45)〉一七九頁。
(49) 松尾「西大寺光明真言過去帳の紹介と分析」〈前註(24)〉八三頁。
(50) 松尾「西大寺光明真言過去帳の紹介と分析」〈前註(24)〉で、その紹介などを行なった。
(51) 松尾「西大寺叡尊像に納入された「授菩薩戒交名」と「近住男女交名」」(松尾『日本中世の禅と律』〈前註(33)〉)六九頁。
(52) 同前。
(53) 『西大寺叡尊伝記集成』〈前註(32)〉一三二~一三四頁。
(54) 『西大寺叡尊伝記集成』〈前註(32)〉三二九頁。
(55) 『学正記』〈前註(45)〉建長元(一二四九年)年三月二一日条。
(56) 『学正記』〈前註(45)〉寛元四(一二四六年)年一〇月二五日条。
(57) 松尾「西大寺叡尊像に納入された「授菩薩戒交名」と「近住男女交名」」(松尾『日本中世の禅と律』〈前註(33)〉)六九頁。
(58) 『西大寺叡尊伝記集成』〈前註(32)〉一三二~一三四頁。
(59) 「円真覚証了願三律師伝」(『大日本仏教全書　一〇五』所収『律苑僧宝伝』二七四頁)。
(60) 松尾「西大寺叡尊像に納入された「授菩薩戒交名」と「近住男女交名」」(松尾『日本中世の禅と律』〈前註(33)〉)七一頁。
(61) 松尾「西大寺光明真言過去帳の紹介と分析」〈前註(24)〉八五頁。
(62) 「京兆桂宮院中観禅律師伝」(『大日本仏教全書　一〇五』所収『律苑僧宝伝』二七三頁)。
(63) 松尾「河内西琳寺五輪塔と大和唐招提寺西方院五輪塔をめぐって」〈前註(2)〉。
(64) 『学正記』〈前註(45)〉文永三(一二六六)年一二月三日条。

(65)『学正記』〈前註(45)〉弘安五(一二八二)年一〇月二六日条。
(66)松尾『日本中世の禅と律』〈前註(33)〉第一部第二章。
(67)「大和西大寺文書」(『鎌倉遺文』二六巻、一二九頁、一九六七〇号文書)。
(68)湯之上隆「関東祈禱寺の展開と歴史的背景――鎌倉幕府の宗教政策についての一考察」(『人文論集』二八―二、一九七七年)三六頁など参照。なお、「利生護国院文書」(『鎌倉遺文』二六巻、一二九頁、一九六六九号文書)では、三四箇寺に国名が注記され、真福寺は大和国となっているが、大和に真福寺という西大寺直末寺はない。注記ミスであろう。「利生護国院文書」の国名注記には間違いが多い(湯之上「関東祈禱寺の展開と歴史的背景」四三頁)。
(69)河内国の西大寺直末寺のうちで筆頭寺院であった西琳寺については、松尾「河内西琳寺五輪塔と大和唐招提寺西方院五輪塔をめぐって」〈前註(2)〉参照。
(70)教興寺については松尾「叡尊教団の河内における展開――西大寺直末寺教興寺・寛弘寺と五輪塔」〈前註(2)〉参照、本書第二部第二章所収。
(71)松尾『勧進と破戒の中世史』〈前註(8)〉一三六・一三七頁。
(72)松尾『勧進と破戒の中世史』〈前註(8)〉一四〇頁。
(73)松尾『勧進と破戒の中世史』〈前註(8)〉一六〇頁。
(74)松尾『勧進と破戒の中世史』〈前註(8)〉一六一頁。
(75)松尾『勧進と破戒の中世史』〈前註(8)〉一六一頁。
(76)前掲『感身学正記』〈前註(37)〉二二八頁。
(77)松尾「西大寺光明真言過去帳の紹介と分析」〈前註(24)〉で、その紹介などを行なった。
(78)松尾「西大寺光明真言過去帳の紹介と分析」〈前註(24)〉八八頁。
(79)「戒壇院了心無律師伝」(『大日本仏教全書　一〇五』所収「招提千歳伝記」五五頁)。

(80)「西大寺代々長老名」(『西大寺関係史料(一)諸縁起・衆首交名・末寺帳』奈良国立文化財研究所、一九六八年)七三頁。
(81)松尾「西大寺光明真言過去帳の紹介と分析」〈前註(24)〉九三頁。
(82)「西大寺代々長老名」〈前註(80)〉七三頁。
(83)「西大寺代々長老名」〈前註(80)〉七三頁。
(84)松尾「西大寺光明真言過去帳の紹介と分析」〈前註(24)〉九五頁。
(85)「西大寺代々長老名」〈前註(80)〉。
(86)『極楽律寺史　中世・近世編』〈前註(26)〉一五一頁。
(87)松尾「西大寺光明真言過去帳の紹介と分析」〈前註(24)〉一〇三頁。
(88)「西大寺代々長老名」〈前註(80)〉七三頁。
(89)「西大寺代々長老名」〈前註(80)〉七三頁。
(90)松尾「西大寺光明真言過去帳の紹介と分析」〈前註(24)〉一〇七頁。
(91)「西大寺代々長老名」〈前註(80)〉七四頁。
(92)「西大寺代々長老名」〈前註(80)〉七四頁。
(93)松尾「西大寺光明真言過去帳の紹介と分析」〈前註(24)〉一一〇頁。
(94)「西大寺代々長老名」〈前註(80)〉七四頁。
(95)同前。
(96)「国会図書館所蔵文書蓮性等田地売券」(『美原町史三』美原町、一九九一年)六四八頁。
(97)律寺における住持・知事・綱維については、小野塚充巨「中世鎌倉極楽寺をめぐって」(『荘園制と中世社会』東京堂出版、一九八四年)参照。

(98) 前註(2)参照。

(99) 『美原町史四』(美原町、一九九三年)一二二頁。

(100) 「真福寺村宗旨改帳」『美原町史四』〈前註(99)〉三〇五頁。

(101) 『河内名所図会』(柳原書店、一九七五年)二八三頁。

(102) 『美原町史 第一巻 本文編』〈前註(39)〉四二四頁。

(103) 財団法人大阪文化財センター『発掘速報展 河内鋳物師の周辺』〈前註(43)〉一七頁。なお、坪井良平によれば、香川県小豆島池田町にある滝水寺(現、長勝寺)にある建治元年在銘の鐘の龍頭と河内教興寺の鐘の龍頭が同型であることから、教興寺の鐘の制作者大工沙弥専念とは、河内国丹南郡黒山郷(美原区黒山)の住人平久末の法号とする(坪井良平『梵鐘の研究』ビジネス教育出版社、一九九一年、一三四・一三六頁)。

(104) 坪井良平『日本の梵鐘』(角川書店、一九七〇年)一〇七頁。

(105) 坪井『日本の梵鐘』〈前註(104)〉参照。

(106) 大阪府教育委員会(財)大阪府文化財調査研究センター『真福寺遺跡』〈前註(43)〉七一頁。

(107) 三浦圭一『中世民衆生活史の研究』(思文閣出版、一九九一年)七四・七五頁も参照。

(108) 聖守については、追塩千尋「東大寺聖守の宗教活動」(『中世南都仏教の展開』吉川弘文館、二〇一一年)参照。

(109) 坪井『日本の梵鐘』〈前註(104)〉三一一頁。『鎌倉遺文』四五、二〇一頁、五一五九六号文書参照。

(110) 松尾『勧進と破戒の中世史』〈前註(8)〉参照。

(111) 坪井『日本の梵鐘』〈前註(104)〉三一一頁。霞ヶ浦町郷土資料館編『祈りの造形――中世霞が浦の金工品』(霞ヶ浦町郷土資料館、二〇〇〇年)二八頁も参考になる。

(112) 坪井『梵鐘の研究』〈前註(104)〉参照。

(113) 湯之上『日本中世の政治権力と仏教』〈前註(36)〉四二・四三頁、前掲『感身学正記』〈前註(37)〉二二一・二二三頁。
(114)　河内泉福寺は大保の西、字「寺池」のあたりに所在したという〈美原町郷土研究会『美原町史跡』一九八一年〉。『大阪府の地名　Ⅱ』〈前註（11）〉一一一五頁参照。
(115)　棚橋「中世八尾における律宗の広がり」〈前註（6）〉。
(116)　『学正記』〈前註（45）〉文永八（一二七一）年条。
(117)　『学正記』〈前註（45）〉建長四（一二五二）年条。
(118)　『学正記』〈前註（45）〉文永六（一二六九）年条。
(119)　『律苑僧宝伝』〈『大日本仏教全書　一〇五』二七二頁〉。
(120)　源秀については、前掲細川涼一校注『感身学正記』〈前註（37）〉二二二頁参照。追塩『中世南都の寺院と僧侶』〈前註（17）〉二八一・二八二頁も参照。
(121)　松尾「西大寺叡尊像に納入された「授菩薩戒交名」と「近住男女交名」」〈松尾『日本中世の禅と律』〉〈前註（33）〉七一頁。
(122)　『学正記』〈前註（45）〉弘安八（一二八五）年条。
(123)　『学正記』〈前註（45）〉正応三（一二九〇）年条。
(124)　『西大寺叡尊伝記集成』〈前註（32）〉三八六頁。
(125)　『律苑僧宝伝』〈『大日本仏教全書　一〇五』二七四頁〉。
(126)　松尾「西大寺叡尊像に納入された「授菩薩戒交名」と「近住男女交名」」〈松尾『日本中世の禅と律』〉〈前註（33）〉七一頁。
(127)　松尾「西大寺末寺帳考」〈前註（8）〉一五八頁。
(128)　松尾「西大寺光明真言過去帳の紹介と分析」〈前註（24）〉九三・九四頁。

(129)「西大寺代々長老名」〈前註(80)〉七三頁。
(130)同前。
(131)松尾「西大寺光明真言過去帳の紹介と分析」〈前註(24)〉九八頁。
(132)「西大寺代々長老名」〈前註(80)〉七三頁。
(133)同前。
(134)松尾「西大寺光明真言過去帳の紹介と分析」〈前註(24)〉九九頁。
(135)「西大寺代々長老名」〈前註(80)〉七三頁。
(136)同前。
(137)松尾「西大寺光明真言過去帳の紹介と分析」〈前註(24)〉一〇一頁。
(138)「西大寺代々長老名」〈前註(80)〉七三頁。
(139)同前。
(140)松尾「西大寺光明真言過去帳の紹介と分析」〈前註(24)〉一〇三頁。
(141)「西大寺代々長老名」〈前註(80)〉七三頁。
(142)同前。
(143)松尾「西大寺光明真言過去帳の紹介と分析」〈前註(24)〉一〇五頁。
(144)「西大寺代々長老名」〈前註(80)〉七三頁。
(145)同前。
(146)松尾「西大寺光明真言過去帳の紹介と分析」〈前註(24)〉一〇七頁。
(147)「西大寺代々長老名」〈前註(80)〉七三頁。
(148)「西大寺代々長老名」〈前註(80)〉七四頁。

(149) 松尾「西大寺光明真言過去帳の紹介と分析」〈前註(24)〉一〇九頁。
(150) 「西大寺代々長老名」〈前註(80)〉七四頁。
(151) 「西大寺代々長老名」〈前註(80)〉七四頁。
(152) 松尾「西大寺光明真言過去帳の紹介と分析」〈前註(24)〉一〇九頁。
(153) 「西大寺代々長老名」〈前註(80)〉七四頁。
(154) 「西大寺代々長老名」〈前註(80)〉七四頁。
(155) 松尾「西大寺光明真言過去帳の紹介と分析」〈前註(24)〉一一〇頁。
(156) 「西大寺代々長老名」〈前註(80)〉七四頁。
(157) 「西大寺代々長老名」〈前註(80)〉七四頁。
(158) 棚橋「中世八尾における律宗の広がり」〈前註(6)〉。千光寺については、『増補版　八尾市史(前近代)本文編』(八尾市役所、一九八八年)四二六頁、『大阪府の地名　Ⅱ』〈前註(11)〉、細川校注『感身学正記』〈前註(37)〉二九〇・二九一頁も参照。
(159) 松尾『勧進と破戒の中世史』〈前註(8)〉一六〇頁。
(160) 松尾「中世叡尊教団と泉涌寺末寺の筑後国への展開――新発見の中世西大寺末寺帳に触れつつ」(『山形大学大学院社会文化システム研究科紀要』一〇、二〇一三年、本書第三部第二章に所収)七七頁。
(161) 「西大寺諸国末寺帳　その三」〈前註(80)〉一一八頁。
(162) 棚橋「中世八尾における律宗の広がり」〈前註(6)〉九・一〇頁。八尾市市長公室広報課・八尾郷土研究会『新版八尾の史跡』(八尾市市長公室広報課・八尾郷土研究会、一九八七年)九九頁の「釈迦寺山」項も参照。
(163) 『学正記』〈前註(45)〉文永五(一二六八)年条。
(164) 松尾「西大寺光明真言過去帳の紹介と分析」〈前註(24)〉九五頁。

(165)「西大寺代々長老名」〈前註(80)〉七三頁。
(166)「西大寺代々長老名」〈前註(80)〉七三頁。
(167)松尾「西大寺光明真言過去帳の紹介と分析」〈前註(24)〉一〇三頁。
(168)「西大寺代々長老名」〈前註(80)〉七三頁。
(169)「西大寺代々長老名」〈前註(80)〉七三頁。
(170)松尾「西大寺光明真言過去帳の紹介と分析」〈前註(24)〉一〇八頁。
(171)「西大寺代々長老名」〈前註(80)〉七四頁。
(172)「西大寺代々長老名」〈前註(80)〉七四頁。
(173)松尾「西大寺光明真言過去帳の紹介と分析」〈前註(24)〉一一一頁。
(174)「西大寺代々長老名」〈前註(80)〉七四頁。
(175)「西大寺代々長老名」〈前註(80)〉七四頁。
(176)松尾「西大寺光明真言過去帳の紹介と分析」〈前註(24)〉一一二頁。
(177)「西大寺代々長老名」〈前註(80)〉七四頁。
(178)「西大寺代々長老名」〈前註(80)〉七四頁。
(179)松尾「西大寺末寺帳考」〈前註(8)〉一五七頁。
(180)松尾「中世叡尊教団と泉涌寺末寺の筑後国への展開——新発見の中世西大寺末寺帳に触れつつ」〈前註(160)〉七七頁、本書第三部第二章所収。
(181)「西大寺諸国末寺帳　その三」〈前註(80)〉一一八頁。
(182)棚橋「中世八尾における律宗の広がり」〈前註(6)〉一一頁。
(183)棚橋「中世八尾における律宗の広がり」〈前註(6)〉一〇頁。

(184)「光明真言過去帳」には、直末寺の住持クラスの僧が記載されているが、西方寺という直末寺はほかにはないので、「光明真言過去帳」記載の西方寺僧は河内西方寺僧であろう。
(185) 松尾「西大寺光明真言過去帳の紹介と分析」〈前註(24)〉八五頁。
(186) 本照房の死亡年月日は、加地宏江「津守氏古系図について(資料紹介)」(『人文論究』三七―一、一九八七年)八一頁。内田啓一「和泉市久保惣記念美術館蔵胎蔵旧図様について――西大寺性瑜の事績」(『仏教芸術』二八六、二〇〇六年)六二頁も参照。
(187) 前註(62)。
(188) 徳治二(一三〇七)年二月二四日に亡くなった本照房が徳治二年二月二日に亡くなった中観房より前に書かれている点は疑問といえる。
(189) 松尾「西大寺光明真言過去帳の紹介と分析」〈前註(24)〉八五頁。
(190)「西大寺代々長老名」〈前註(80)〉七三頁。
(191)「常楽記」(『群書類従』二九)建武元(一三三四)年一一月二一日条。
(192) 松尾「西大寺光明真言過去帳の紹介と分析」〈前註(24)〉九九頁。
(193)「西大寺代々長老名」〈前註(80)〉七三頁。
(194)「西大寺代々長老名」〈前註(80)〉七三頁。
(195) 松尾「西大寺光明真言過去帳の紹介と分析」〈前註(24)〉一〇三頁。
(196)「西大寺代々長老名」〈前註(80)〉七三頁。
(197)「西大寺代々長老名」〈前註(80)〉七三頁。
(198) 松尾「西大寺光明真言過去帳の紹介と分析」〈前註(24)〉一〇四頁。
(199)「西大寺代々長老名」〈前註(80)〉七三頁。

(200)「西大寺代々長老名」〈前註(80)〉七三頁。
(201)「坊々寄宿末寺帳」(松尾『勧進と破戒の中世史』〈前註(8)〉)一六〇頁。それでは注記を「ヤウキ」としたが、「ヤオキ」と訂正する。
(202)松尾「中世叡尊教団と泉涌寺末寺の筑後国への展開――新発見の中世西大寺末寺帳に触れつつ」〈前註(160)〉七七頁、本書第三部第二章所収。
(203)「西大寺諸国末寺帳　その三」〈前註(80)〉一一八頁。
(204)『増補版　八尾市史(前近代)本文編』〈前註(158)〉四三七・四三八頁。
(205)『八尾の史跡(新訂版)』(やお文化協会、二〇一一年)一一二頁。
(206)松尾「西大寺光明真言過去帳の紹介と分析」〈前註(24)〉一〇四頁。
(207)『金沢文庫古文書』一二―三、二〇頁。
(208)「西大寺代々長老名」〈前註(80)〉七三頁。
(209)松尾「西大寺光明真言過去帳の紹介と分析」〈前註(24)〉九六頁。
(210)「常楽記」〈前註(191)〉応安三(一三七〇)年八月一五日条。
(211)「西大寺代々長老名」〈前註(80)〉七三頁。
(212)松尾「西大寺光明真言過去帳の紹介と分析」〈前註(24)〉一〇二頁。
(213)「西大寺代々長老名」〈前註(80)〉七三頁。
(214)「西大寺代々長老名」〈前註(80)〉七三頁。
(215)松尾「西大寺光明真言過去帳の紹介と分析」〈前註(24)〉一〇六頁。
(216)「西大寺代々長老名」〈前註(80)〉七三頁。
(217)「西大寺代々長老名」〈前註(80)〉七三頁。

(218) 松尾「西大寺光明真言過去帳の紹介と分析」〈前註(24)〉一一一頁。
(219)「西大寺代々長老名」〈前註(80)〉七三頁。
(220)『招提千歳伝記巻上之二』〈前註(25)〉三三頁。
(221) 松尾「西大寺光明真言過去帳の紹介と分析」〈前註(24)〉一一二頁。
(222)「西大寺代々長老名」〈前註(80)〉七四頁。
(223)「西大寺代々長老名」〈前註(80)〉七四頁。
(224) 松尾「中世叡尊教団と泉涌寺末寺の筑後国への展開——新発見の中世西大寺末寺帳に触れつつ」〈前註(160)〉七七頁。
(225)『大阪府の地名 Ⅱ』〈前註(34)〉。
(226)「坊々寄宿末寺帳」〈前註(8)〉一五九頁。
(227) 松尾「中世叡尊教団と泉涌寺末寺の筑後国への展開——新発見の中世西大寺末寺帳に触れつつ」〈前註(160)〉七七頁。
(228)『大阪府の地名 Ⅱ』〈前註(11)〉。
(229) 松尾「西大寺光明真言過去帳の紹介と分析」〈前註(24)〉九五頁。
(230)「西大寺代々長老名」〈前註(80)〉七三頁。
(231)『極楽律寺史 中世・近世編』〈前註(26)〉一五一頁。
(232) 松尾「西大寺光明真言過去帳の紹介と分析」〈前註(24)〉一〇二頁。
(233)「西大寺代々長老名」〈前註(80)〉七三頁。
(234)「西大寺代々長老名」〈前註(80)〉七三頁。
(235) 松尾「西大寺光明真言過去帳の紹介と分析」〈前註(24)〉一〇三頁。

(236)「西大寺代々長老名」〈前註(80)〉七三頁。
(237)「西大寺代々長老名」〈前註(80)〉七三頁。
(238)松尾「西大寺光明真言過去帳の紹介と分析」〈前註(24)〉一〇六頁。
(239)「西大寺代々長老名」〈前註(80)〉七四頁。
(240)「西大寺代々長老名」〈前註(80)〉七四頁。
(241)「坊々寄宿末寺帳」〈前註(8)〉一五八頁。
(242)「西大寺代々長老名」〈前註(80)〉七三頁。
(243)松尾「西大寺光明真言過去帳の紹介と分析」〈前註(24)〉九六頁。
(244)「常楽記」〈前註(180)〉応安三(一三七〇)年八月一五日条。
(245)「西大寺代々長老名」〈前註(80)〉七三頁。
(246)「坊々寄宿末寺帳」〈前註(8)〉一五八頁。
(247)松尾「中世叡尊教団と泉涌寺末寺の筑後国への展開——新発見の中世西大寺末寺帳に触れつつ」〈前註(160)〉七七頁。
(248)「西大寺諸国末寺帳　その三」〈前註(80)〉一一八頁。
(249)井上『大阪府全志巻之四』〈前註(38)〉六七四頁。『大阪府の地名　Ⅱ』〈前註(11)〉一一〇二頁も井上説と同じである。
(250)「律苑僧宝伝巻十三」(『大日本仏教全書　一〇五』名著普及会、一九七九年)一五一頁。
(251)「明徳末寺帳」〈前註(8)〉一五二頁。
(252)松尾「西大寺光明真言過去帳の紹介と分析」〈前註(24)〉八七頁。
(253)松尾「西大寺光明真言過去帳の紹介と分析」〈前註(24)〉九三頁。

(254) 松尾「西大寺光明真言過去帳の紹介と分析」〈前註(24)〉九三頁。
(255) 筑前国最福寺などがある。
(256) 松尾「西大寺末寺帳考」〈前註(8)〉一三七頁。
(257) 「坊々寄宿末寺帳」〈前註(8)〉一五六頁。
(258) 松尾「中世叡尊教団と泉涌寺末寺の筑後国への展開——新発見の中世西大寺末寺帳に触れつつ」〈前註(160)〉七七頁。
(259) 寛永一〇(一六三三)年三月の「西大寺末寺帳　その三」〈前註(80)〉にも、西琳寺、教興寺と並んで末寺として記載されている。
(260) 『学正記』〈前註(45)〉正嘉二(一二五八)年条。
(261) 『大阪府の地名　Ⅱ』〈前註(11)〉一〇六九頁。
(262) 松尾「西大寺光明真言過去帳の紹介と分析」〈前註(24)〉九三頁。
(263) 松尾「西大寺光明真言過去帳の紹介と分析」〈前註(24)〉一〇三頁。
(264) 松尾「西大寺光明真言過去帳の紹介と分析」〈前註(24)〉一〇五頁。
(265) 松尾「西大寺光明真言過去帳の紹介と分析」〈前註(24)〉一一一頁。
(266) 松尾「西大寺光明真言過去帳の紹介と分析」〈前註(24)〉一一二頁。
(267) 松尾「西大寺光明真言過去帳の紹介と分析」〈前註(24)〉一一三頁。
(268) 松尾「西大寺光明真言過去帳の紹介と分析」〈前註(24)〉九三頁。
(269) 「西大寺代々長老名」〈前註(80)〉七三頁。
(270) 「西大寺代々長老名」〈前註(80)〉七三頁。
(271) 松尾「西大寺末寺帳考」〈前註(8)〉一三七頁。

付記　西琳寺に関しては一四世紀初までしか触れなかったが、一五世紀半ばの「西大寺末寺帳」、さらに寛永一〇（一六三三）年の「西大寺末寺帳」にも記載があるので、江戸時代初期まで西大寺直末寺であったと考えられる。後考を期したい。

第二章　河内国における展開（二）

はじめに

叡尊教団の展開を考えるさいに注意すべきことに、彼らの信仰がある。すなわち、叡尊らは釈迦信仰を中核として弥勒信仰・舎利信仰・聖徳太子信仰・行基信仰を有していた(1)。それらは、一見、多元的にみえるが、いずれも釈迦信仰に収斂される。

叡尊は、強烈な釈迦信仰を有し、「釈迦の正法に帰れ」を目標に、種々の活動を行なった。戒律復興活動もその一環であったし、生身の釈迦如来像とされる清凉寺式釈迦像を本尊としたのもその一つの表れである。また、無仏世界のこの世において、釈迦に代わって民衆を救う地蔵や文殊への信仰を有していた。釈迦の遺物である舎利の力にすがろうとし、五六億七千万年後に仏となってこの世に下生する弥勒による救済を願った。また、日本仏教の守護者としての聖徳太子を信仰し、行基の活動に学ぼうとした。それゆえ、聖徳太子・行基ゆかりの寺院などの復興は叡尊らの目標であった。

こうした点を踏まえて、河内国の叡尊教団の展開を考察する。前章で述べたように、河内国には、一四世紀末ににおいて一三箇寺の西大寺直末寺が所在したが、そのうち、五輪塔などが残り、前章で扱わなかった教興寺と寛弘寺に注目する(2)。

第一節　河内教興寺

第一項　西大寺末寺内における教興寺の位置

大阪府八尾市に所在する獅子吼山教興寺は、真言律宗寺院として現在も西大寺末寺である。それゆえ比較的多くの史料が残っている。教興寺の歴史については『八尾市史』(3)、上田さち子(4)、細川涼一(5)、元興寺文化財研究所(6)などの研究がある。それらによって、教興寺の歴史はかなり明らかにされている。それらを踏まえつつ、教興寺の歴史を見直そう。

教興寺は、縁起によれば聖徳太子が物部守屋討伐を祈願して秦河勝に命じて創建した寺という。境内からは、白鳳時代からの古瓦が出土しており、古代から大規模な寺院であったという(7)。注意すべきなのは、教興寺は聖徳太子ゆかりの寺院であった点で、それゆえにこそ叡尊らは復興を目指したのである。

しかし、鎌倉時代には荒廃していた。そうした教興寺を、叡尊はその弟子如縁房阿一らとともに復興を行なった。そのさい、核になったのは、教興寺にあった創設以来の舎利であった。叡尊の舎利信仰が、その点にも表れている。それ以後、奈良西大寺の末寺として大いに繁栄を遂げた。その復興は文永六（一二六九）年に開始された。また、暦応二（一三三九）年八月一八日には室町幕府によって利生塔が設置されるほど重要視された寺院であったことなどは大いに注目される(8)。

まず、叡尊教団の寺院としての教興寺に注目する。すなわち、叡尊教団内における位置づけを明らかにするために、史料（1）[9]をみよう。

史料（1）

河内国

西琳寺　大慈院	**教興寺**　護国院
丹南 真福寺	泉福寺
東条 **寛弘寺**　大慈院	東亀井 千光寺　大慈院
六辻 西方寺　東一	八尾木 金剛蓮花寺
金輪 薬林寺	丹三 広成寺
三箇 神弘寺	布忍ヌノセ 宝泉寺
誉田奥院 宝蓮花寺	

応永十四年丁亥七月廿日
第二十代長老御代二室

（太字引用者、以下、注記など引用者）

史料（1）は、明徳二（一三九一）年に書き改められた西大寺末寺帳の「河内国」の部分である。教興寺は、西琳寺に次いで第二番目に記載されている点が注目される。

この西大寺末寺帳は、西大寺の直末寺、すなわち、西大寺が長老（住持）を直接任命する末寺を書き上げたものである[10]。それゆえ、教興寺は、いわば西大寺の直轄下の末寺であった。この点は、従来、それほど注目されていないが大いに重要である。

また、末寺帳の記載順は、寺格を表しているので[11]、教興寺は河内の西大寺直末寺の中で第二番目にランクされていたと考えられる。この点も、教興寺の西大寺末寺内における位置を知るうえで重要である。

さらに、永享八(一四三六)年の「坊々寄宿末寺帳」にも、「護国院分」として教興寺は見える[12]。この「坊々寄宿末寺帳」は、毎年の光明真言会のさいに全国の末寺から西大寺に集まってきた末寺の僧衆が寄宿する坊ごとに、その末寺を書き上げたもので、二〇〇箇寺が書き上げられている[13]。光明真言会は叡尊が文永元(一二六四)年九月四日に西大寺建立の本願称徳女帝の忌日を期して、七昼夜にわたって亡者の追善、生者の現世利益のために光明真言を読誦する法会であり、諸国の末寺から僧衆が集まり、西大寺内に宿泊して法会を勤修する叡尊教団の年中行事の中で最大のものであった[14]。

ようするに、教興寺僧は、西大寺光明真言会にさいして、西大寺護国院に寄宿したのである。史料(1)に「護国院」と見えるのは、そのことを表している。

第二項　教興寺復興と教興寺洪鐘

ところで、教興寺の復興に関連して、上田は、教興寺の洪鐘が在地の一結衆によって建造されたことをもって、教興寺は西大寺系律寺の中でももっとも民衆的な寺院とする[15]。この点について再考しつつ、教興寺の復興を見直そう。

現在、高野山に伝わる教興寺の洪鐘には、次のような銘文がある。

史料（2）[16]

敬白
河内国高安郡教興寺洪鐘一口
右一結諸衆同心合力且為仏
法興隆滅罪生善且為法界衆
生平等利益所奉鋳也
弘安三年庚辰正月廿五日
大工沙弥専念
施主
美乃正吉
僧　教善
坂上二子
僧　行念
葛井末正
僧　禅慶
僧　善識
物部末次
坂上守未

坂上影助
菅野友正
坂上助守
沙弥賢仏
山口末吉
物部頼安
坂上影恒
沙弥西念
安部吉弘
坂上助光
坂上助安
僧　良暹
左衛門尉中原清季
僧　念生
大勧進浄縁
修理本願南都西大寺長老叡尊

史料（2）の銘文からは、叡尊が本願となり、浄縁が大勧進、美乃正吉など二三人が施主となり、大工沙弥専念によって洪鐘の修造がなされたこと、弘安三（一二八〇）年正月二五日付で完成したことなどがわかる。また、大工沙弥専念とは、河内鋳物師で河内国丹南郡黒山郷（現、大阪府堺市美原区黒山）の住人平久末と考えられている。[17]従来、この銘文に書かれた二三人の一結衆は教興寺近在の民衆と考えられてきた。[18]さらに、細川は、修造の総責任者といえる大勧進浄縁は、如縁の誤りで、教興寺の長老如縁房阿一のことであろうと考えている。[19]はたしてそうであろうか。次の史料（3）をみよう。

史料（3）[20]

弘安三年歳次庚辰三月十七日未刻、衆僧共参内宮、八人禰宜但五禰宜依故障不参、正衣冠参会対面、其後参風宮、一禰宜延季於風宮心閑可面談之由申送、仍諸僧大略退出、上人以下同侶四五輩残留性海鏡恵善基蓮基等也于時一禰宜束帯八禰宜衣冠参会、於鳥居前談話、俄而巫金号侍従又来臨、延季云、此女人者卜筮之上手也、有不審事者、可被尋云々、上人申云、無別子細、但今度為祈異国難幷天下泰平仏法繁昌、雖企参宮、真実叶神慮、又成就所願之条、頗以不審云々、于時女人異相屢現、吹呻振袖再三、出清亮之声示云、我是牟山神也、此三箇日間、我君宮中召置、今度法施御随喜之趣、可奉告示之由、蒙詔勅也、法性真如之月、寂光之空朗、無相涅槃之雲、四徳之山静、云済生利物御誓深、故光和跡垂結縁衆、

山口末吉
物部頼安
坂上影恒
沙弥西念

安部吉弘
坂上助光
坂上助安
僧　良暹
左衛門尉中原清季
僧　念生
大勧進浄縁
修理本願南都西大寺長老叡尊

史料（3）は、叡尊が伊勢神宮に奉納した御正体に納入された文書である。それによれば、弘安三（一二八〇）年三月一七日に叡尊らが伊勢内宮に参宮したさい、叡尊らの参宮が神慮に叶うのか否かを心配した叡尊らに対して、ご神体が現れて叶っていることを伝えたことがわかる。この背景には、伊勢神宮は、僧侶の参宮を忌避する慣行があったからであろう。

ここで注目したいのは、文末に記された山口末吉以下の結縁衆である。おそらく、彼らは御正体の制作費用を出したのであろうが、その結縁衆の全員の名前が弘安三年正月二五日付の教興寺の洪鐘の一結衆にも見られる点である。つまり、山口末吉以下の人々は教興寺の洪鐘のみならず、伊勢神宮の御正体の制作にも協力しているのだ。

とすれば、彼らは、教興寺近在の人々であったかははっきりしないのである。むしろ、教興寺の近在の在地民衆であったというよりも、叡尊教団の信者で、叡尊の呼びかけに応じて結縁した人々と考えるべきであろう。

史料(4)[21]

限永代奉沽却　九条東寺前銚子口田事

合五段者号弼正寮

右、名田者、重代相伝当知行之地也、但弼正寮之本所当壱石捌斗、致其沙汰、於下地者、重代相伝無相違私領也、仍相副次第証文等、限直銭五十貫文、奉沽却五条殿之状如件、

正和二年九月三日　　　中原清季(花押)

史料(4)は、中原清季が正和二(一三一三)年九月三日付で私領である京都の九条東寺前銚子口田五段を五条殿に売却したことを表している。

ここで注目されるのは、売主の中原清季である。弘安三(一二八〇)年に教興寺洪鐘建造や伊勢神宮御正体の制作に結縁した左衛門尉中原清季と同一人物だとすれば、九条東寺前に私領を有する人物で、「左衛門尉」という官職を有する武士であったのだろう。それゆえ、中原清季は、教興寺近在というよりも、京都の住人であったかもしれない。

以上のように、教興寺洪鐘の修造に参加した人々のうち、とくに山口末吉以下の人々は、叡尊の信者であったとはいえるが、教興寺近在の在地民衆とは限らないと考える。

以上のことを考え合わせるならば、教興寺の洪鐘のみならず、伊勢御正体の大勧進をも務めた浄縁を、教興寺長老如縁房阿一と考える必然性はない[22]。

そして、浄縁房という名は、叡尊の弟子に二人いる。「大和国人　覚舜　浄縁房[23]」「常陸国人　文教　浄縁房[24]」で

ある。ここでは、そのうちの一人であったと考えておく。

第三項　教興寺と垣内墓地

教興寺から南に三〇〇メートルほど離れたところに垣内墓地（大阪府八尾市垣内五丁目）があり、そこには塔の総高が二メートルを超える花崗岩製の五輪塔がある(25)。それは「行基さん」と呼ばれ、行基墓地と考えられている（図1）。この五輪塔については、細川の指摘がある。細川は、この五輪塔を如縁房阿一の墓ではないかと考えている(26)。関連史料がないために、その当否を論じることは困難であるが、後述のごとく、その可能性はあると考える。

本五輪塔は、総高二七七・三センチ、塔高は一九六・〇センチ、地輪の高さは五三・〇センチ、地輪の幅は七一・五センチ、水輪の高さは五〇・五センチ、水輪の幅は六八・二センチ、火輪の高さは四一・五センチ、火輪の幅は六七・五センチ、風輪の高さは一九・五センチ、風輪の幅は三八・七センチ、空輪の高さは三一・五センチ、空輪の幅は三七・〇センチである(27)。

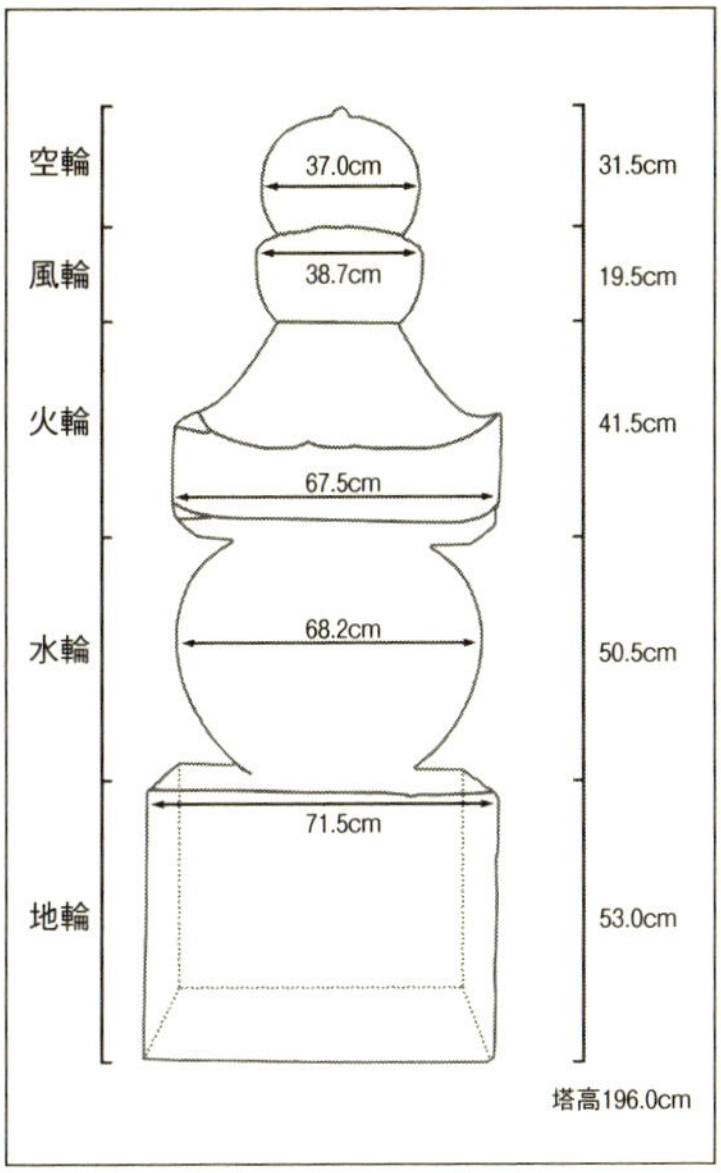

図1　河内垣内墓地五輪塔計測図

叡尊教団は、鎌倉時代から南北朝期にかけて、塔高二メートルを超える巨大五輪塔を数多く建立していった。その建立の背景には、叡尊らの弥勒信仰があった(28)。すなわち、彼らは五六億七千万年という途方もない未来に仏となって、この世に下生し、三度説法して衆生を救済する弥勒仏の救済に会いたいという弥勒信仰である。それゆえ、五六億七千万年という年月に耐えられるように硬い石で、巨大な五輪塔を作り、その下に頑丈な金銅製の骨蔵器に入れた火葬骨を納めた。しかも、三度の説法のいずれかに会うべく、忍性の三つの五輪塔のように[29]、三塔に分骨した場合もあった。

ところで、鎌倉期の二メートルを超える五輪塔は七〇例ほどあるが、そのうち、六〇例ほどを写真にとって線画処理して比較すると、五二基は水輪の形に注目してみると、三つのパターンに区分でき、いずれも、叡尊教団関係の石工が建立したと考えられる[30]。

三系統というのは、西大寺奥院叡尊五輪塔系（口絵2）と木津惣墓系（口絵3）、京都蓮台寺系（口絵4）である。本五輪塔は、そのうち、蓮台寺系であり、教興寺関係の五輪塔であることが、それからも考えられる。

ところで、本五輪塔には銘文がないため、だれの墓塔であるかはっきりしない。ただ、叡尊教団の五輪塔で無銘のものは、僧侶の墓塔と考えられている。しかも、塔高一九六・〇センチという巨大さを考慮すると、教興寺の実質的な開山であった阿一房如縁の墓塔である可能性はある。

第二節　河内寛弘寺

第一項　西大寺直末寺としての寛弘寺

大阪府南河内郡河南町に所在する河内寛弘寺は、現在廃寺であり、文献史料も少なくほとんど知られていない。しかし、中世においては、後村上天皇の宿所となるような、規模の大きな寺院であったと考えられ、優れた研究の蓄積がある。

中世律寺寛弘寺に関し先鞭を付けたのは、細川[31]であった。そののち、一九八〇年代以来の寛弘寺地域の発掘調査を踏まえた小林義孝[32]、西山昌孝[33]らの優れた研究がなされ、中世寛弘寺の全体像が明らかとなっている。とくに、両氏の研究は寛弘寺とその石造物に関する到達点と評価できる。

本章は、そうした研究を踏まえつつも、律宗寺院としての寛弘寺についてより明らかにしたい。前節で触れた西大寺末寺帳の「河内国」の部分〈史料（1）〉には、寛弘寺はその五番目に記載されている。それゆえ、寛弘寺は、教興寺と同様に、西大寺直轄下の末寺であった。

また、先述したように末寺帳の記載順は、寺格を表しているので[34]、河内の西大寺直末寺の中で第五番目にランクされていたと考えられる。この点は、寛弘寺の西大寺末寺内における位置を知るうえで重要である。

さらに、永享八（一四三六）年の「坊々寄宿末寺帳」にも、「大慈院」分として寛弘寺は見える[35]。すなわち、寛弘寺僧は、西大寺光明真言会にさいして、西大寺大慈院に寄宿したのである。先述の史料（1）に「大慈院」と見えるのは、そのことを表している。

また、「坊々寄宿末寺帳」に見えることから、永享八（一四三六）年においても西大寺末寺であったこともわかる。

ところで、小林が指摘しているように[36]、寛弘寺は、「光明真言過去帳[37]」にも記事がある。「光明真言過去帳」というのは、西大寺関係者の物故者名簿である。

その「光明真言過去帳」には、宝徳二（一四五〇）年に死去した西大寺第二七代長老沙門良誓[38]と長禄元（一四五七）年に死去した西大寺第二八代長老沙門元澄[39]との間に「識運房　寛弘寺」が見える。すなわち、寛弘寺僧の識運房は、一四五〇年から一四五七年の間に死去したのであろう。

また、長禄元（一四五七）年に死去した西大寺第二八代長老沙門元澄と文明三（一四七一）年一二月一二日死去した西大寺第二九代長老沙門高算の間にも「浄識房　寛弘寺」と見える。浄識房は、一四五七年から一四七一年の間に死去したのであろう。[40]

文明三（一四七一）年一二月一二日死去した西大寺第二九代長老沙門高算と文明一〇（一四七八）年四月六日に死去した西大寺第三〇代長老沙門仙恵との間に「識春房　寛弘寺」と見えるのが寛弘寺僧の最後である。識春房は、一四七一年から一四七八年の間に死去したのであろう。[41]

それゆえ、小林がすでに論じたように、一五世紀の七〇年代まで寛弘寺の存在は確実である。[42][43]

それでは、いつから寛弘寺は律寺となったのであろうか。寛弘寺遺跡からは、平安時代後期の「寛弘寺」という軒平瓦が出土している。それゆえ、寛弘寺は、古代以来の寺院であったと考えられる。[44]

そうした寛弘寺が西大寺末寺の律寺化したのは、いつかということが問題となるが、このことを考えるうえで、寛弘寺墓地の正和四（一三一五）年四月八日付の五輪塔が参考になる。

第二項　寛弘寺墓地五輪塔について

寛弘寺集落の西側の山頂にある寛弘寺墓地には総高二メートルを超える巨大五輪塔がある。寛弘寺墓地は、鎌倉前期以前の層塔を中心に形成され、そののち、正和四（一三一五）年に五輪塔が建立された。

さて、この五輪塔の地輪の南面には、次のような銘文がある。

　　六道講衆造立之、
正和四年乙卯卯月八六斎日、

願主八斎戒敬念、

川勝政太郎[45]、細川[46]により、この銘文から、本五輪塔は、正和四（一三一五）年四月八日の六斎日に、六道講衆によって造立されたこと、その願主は寛弘寺所属の斎戒衆敬念であったことなどが明らかにされている。

藤沢典彦[47]や西山[48]によれば、本五輪塔には、現在は覆屋はないが、本来は存在したと推定され、さらに、地輪部分には奉籠孔があり、そこから葬送のたびに火葬骨が入れられたと考えられている。すなわち、本五輪塔は個人の墓というよりも、六道講衆たちの惣墓（共同墓）塔で、覆屋もある墓堂であったと考えられている。

ところで、敬念のような斎戒衆とはいかなる存在であろうか。斎戒衆は、近住男（女）とも呼ばれる。斎戒衆は、ともすれば僧侶と考えられているが、律宗教団においては俗人で斎戒を護持する人々のことである。斎戒とは、半人前の僧侶である沙弥が守るべき十戒のうち、離金剛宝戒以外の九戒で、午後には食事をしないという斎戒が重要なので斎戒という。忍性の父親が斎戒衆であったように、下級貴族か武士クラスの人もいれば、百姓身分の人もいた[49]。

斎戒衆は当時において律宗に特有な階層であり、本五輪塔は、律寺としての寛弘寺の五輪塔といえる。とすれば、正和四年段階において、寛弘寺は律寺化していたことになる。

また、弘安三（一二八〇）年の「西大寺西僧房造営同心合力奉加帳」には、西大寺所属の近住男、すなわち斎戒衆として二〇〇文を寄付した「敬念房」が挙がっている[50]。当時は房名で呼称するのが普通であり、この敬念房と五輪塔銘の敬念が同一人物だとすれば、敬念は弘安三（一二八〇）年当時は西大寺に所属していたのかもしれない。

ところで、銘文に見える六道講とはなんであろうか。六道講とは、『織田　仏教大辞典』によれば、「六道の衆生に廻向する仏事」とある。[51]すなわち、死者供養のための法会である。それゆえ、六道講衆とは、六道講に結縁した講衆であろう。こうした六道講は、律宗寺院のみが行なう法会ではない。

近衛兼経（一二一〇～五九）の日記『岡屋関白記』の寛元四（一二四六）年六月一五日条には、「順法印、永尊、房順律師等来、六道講如例」とある。すなわち、近衛兼経の家でも、六道講は行なわれていた。

もちろん、六道講は当時の律宗寺院でも行なわれていた。次の史料をみよう。

史料（5）[52]

一　てかのいのゑ《(転害会)》の事候ひて候事、御よろ□《(こカ)》ひにて候、
一　□□□《(御ようカ)》とうのとりのこしせめあつめ候にて、なつ《む》あふう方々いり候ハんする事、したゝめ候、明春十五日六道講はて候ハ、□□□へく候、
一　六道講の用途事、春になり人に《(をカ)》下へく候、いくほとありぬへしともおほへす候、
一　宮恒性円か事、春御したゝめ候ハて、いつもかやうにか候ハんすらんとおほへ□《(候カ)》、
一　時料所の事、ふんさいはからい候へく候、
一　光明真言事も、諸事ふさに《(た脱カ)》候、なかく寺内候か、むつかしく候、さりなから、よ人こゝにをき候ハん事、なんちに□《(候カ)》

史料（5）は、年末詳であるが、律寺金沢称名寺関係史料であり、律寺関係で「六道講」が行なわれていたのは

図２　寛弘寺五輪塔

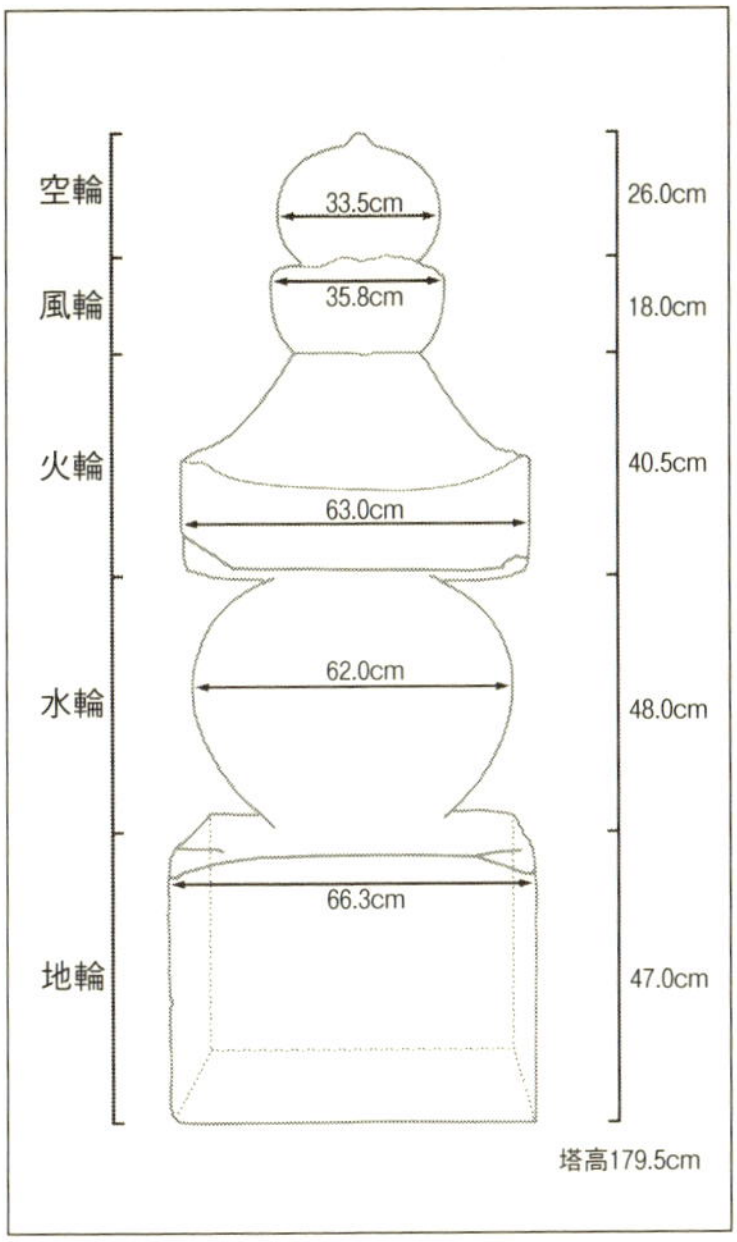

図３　寛弘寺五輪塔計測図

確実であろう。

やはり注目されるのは、近衛兼経といった貴族が僧侶を招いて行なう六道講ではなく、ここでは斎戒衆といった武士身分ほかの人々が、お金を出し合って講衆を結集し、六道講を行なっていた点である。

この点は大変重要である。というのも、当時は、死体から発生するとされる死穢への恐れにより、僧侶でさえ葬儀に関与するのを憚っていた。ところが、叡尊らの律僧（正確には禅僧・律僧・念仏僧ら遁世僧たち）は死穢をものともせずに、葬送に従事し、在家信者たちの葬送共同体をも形成していった。敬念は、六道講と呼ばれた葬送共同体の中心人物であったのだろう。史料はないけれども、寛弘寺よりも格が高い教興寺においても、五輪塔の存在に示されるように、葬送共同体は組織されていたと推測される。

以上のように、正和四（一三一五）年四月には、寛弘寺は律寺化していたのである。

次に、寛弘寺五輪塔について、ほかの五輪塔と比較してみよう(53)。

寛弘寺五輪塔（図2・3）は、花崗岩製で、総高は二二五・五センチ、塔高は一七九・五センチ、地輪の高さは四七・〇センチ、地輪の幅は六六・三センチ、水輪の高さは四八・〇センチ、水輪の幅は六二・〇センチ、火輪の高さは四〇・五センチ、火輪の幅は六三・〇センチ、風輪の高さは一八・〇センチ、風輪の幅は三五・八センチ、空輪の高さは二六・〇センチ、空輪の幅は三三・五センチである。

すなわち、塔高が一七九・五センチの巨大五輪石塔である。そして、前節で述べたように、水輪に注目した三系統の分類によれば、多少の相違はあるが、蓮台寺系である。それゆえ、律宗系の石工が建立を担ったこともわかる。

おわりに

以上、河内の中世律宗寺院教興寺・寛弘寺の実態に迫ってみた。いずれも、西大寺直末寺として活動を展開していた。とくに、寛弘寺五輪塔の建立にみられたように葬送共同体といえる六道講衆を組織するなど律僧たちは葬送活動にも従事していたのである。

ところで、教興寺に関しては、銅鐘の銘文から民衆的な寺院とみる説(54)もあれば、教興寺の長老阿一が聖朝安穏祈禱の密教僧であり、また、教興寺が鎌倉将軍家祈禱寺となったことから権力と結んだ寺院という側面を強調する説(55)がある。

しかし、結論的ないい方をすれば、教興寺はまさに両側面を有していたのである。よりいうならば、寛弘寺でみたように、葬送共同体などを組織し、地域住民を組織化していたがゆえに、鎌倉将軍家祈禱寺などになれたのである。ともすれば、先学には寺院と権力との癒着をきらう傾向があるが、寺院（僧侶）は革命家ではなく、救済活動のために権力と結ぶこともありえた点を忘れてはならない。

付記　本稿作成にあたって、小林義孝氏、西山昌孝氏、藤田典子氏にはお世話になった。また、本稿は、二〇一〇年度山形大学人文学部プロジェクト研究の成果である。

また、本稿脱稿後に再発見した、一四五三年から一四五七年までに作成された「西大寺末寺帳」にも、教興寺・寛弘寺ともに記載がある。教興寺も一五世紀半ばまで西大寺直末寺として機能していたといえる。さらに、教興寺は、寛永一〇（一六三三）年の「西大寺末寺帳」にも載るので、一七世紀まで直末寺であったと考えられる。

註

（1）松尾『中世律宗と死の文化』（吉川弘文館、二〇一〇年）。

（2）河内国の西大寺直末寺については、松尾『勧進と破戒の中世史』（吉川弘文館、一九九五年）一四四頁を参照。なお、河内国の西大寺直末寺のうちで筆頭寺院であった西琳寺については、松尾「河内西琳寺五輪塔と大和唐招提寺西方院五輪塔をめぐって――考古学と文献史学をつなぐ試み」（『戒律文化』八号、二〇一二年、本書第二部第一章に改稿のうえで所収）参照。西琳寺にも巨大五輪塔がある。千光寺、西方寺、金剛蓮花寺、宝泉寺については、棚橋利光「中世八尾における律宗の広がり」（『研究紀要』一一、八尾市立歴史民俗史料館、二〇〇〇年）が詳しい。真福寺については、本書第二部第一章第二節を参照。

（3）『増補版八尾市史（前近代）本文編』（八尾市役所、一九八八年）。井上正雄『大阪府全志　巻之四』（大阪府全志発行所、一九二二年）七五一頁も参照。

（4）上田さち子「叡尊と大和西大寺末寺」（『中世社会の成立と展開』大阪歴史学会、一九七六年）。
（5）細川涼一『中世の律宗寺院と民衆』（吉川弘文館、一九八七年）第三章。
（6）元興寺文化財研究所『中世民衆寺院の研究調査報告書二』（元興寺文化財研究所、一九九九年）。
（7）元興寺文化財研究所『中世民衆寺院の研究調査報告書二』〈前註（6）〉。
（8）元興寺文化財研究所『中世民衆寺院の研究調査報告書二』〈前註（6）〉二五頁。
（9）松尾『勧進と破戒の中世史』〈前註（2）〉。
（10）松尾『勧進と破戒の中世史』〈前註（2）〉一三六・一三七頁。
（11）松尾『勧進と破戒の中世史』〈前註（2）〉一四〇頁。
（12）松尾『勧進と破戒の中世史』〈前註（2）〉一六〇頁。
（13）松尾『勧進と破戒の中世史』〈前註（2）〉一六一頁。
（14）松尾『勧進と破戒の中世史』〈前註（2）〉一六一頁。
（15）上田「叡尊と大和西大寺末寺」〈前註（4）〉三七三・三七四頁など。
（16）『八尾市史　文化財編』（八尾市役所、一九七七年）一一六・一一七頁。
（17）坪井良平によれば、香川県小豆島池田町にある滝水寺（現、長勝寺）にある建治元年在銘の鐘の龍頭と河内教興寺の鐘の龍頭が同型であることから、教興寺の鐘の制作者大工沙弥専念とは、河内国丹南郡黒山郷（美原区黒山）の住人平久末の法号とする（坪井良平『梵鐘の研究』〈ビジネス教育出版社、一九九一年〉二三四・二三六頁）。
（18）元興寺文化財研究所『中世民衆寺院の研究調査報告書二』〈前註（6）〉九頁。
（19）細川『中世の律宗寺院と民衆』〈前註（5）〉九〇頁。
（20）『鎌倉遺文』（一八巻三二五・三二六頁）一三八八五号文書。
（21）『鎌倉遺文』（三二巻三三九頁）二四九七五号文書。

(22) 細川校注『感身学正記』(平凡社、一九九九年、三一七頁)などでは、浄縁を教興寺長老如縁房阿一とする。
(23) 松尾『日本中世の禅と律』(吉川弘文館、二〇〇三年)、六九頁。
(24) 松尾『日本中世の禅と律』〈前註(23)〉七三頁。ただし、文教房とする。
(25) 『八尾市史』〈前註(16)〉一四八・一四九頁。谷野浩『八尾の石塔』(八尾市教育委員会文化財室、一九八八年)は八尾の石造遺物を写真付の解説で紹介。八尾の石造遺物を概観するのに便利である。
(26) 細川『中世の律宗寺院と民衆』〈前註(5)〉九〇頁。
(27) 計測数値は『五輪塔の研究　平成四年度調査概要報告』(元興寺文化財研究所、一九九三年)四一頁。
(28) この点は、松尾『中世律宗と死の文化』〈前註(1)〉八四~九〇頁参照。
(29) 忍性の場合は遺言して鎌倉極楽寺、生駒竹林寺、大和郡山額安寺に三つの五輪塔を立てた(松尾『忍性』ミネルヴァ書房、二〇〇四年)。
(30) 松尾『中世律宗と死の文化』〈前註(1)〉八三頁など参照。
(31) 細川『中世の律宗寺院と民衆』〈前註(5)〉第三章。なお、井上『大阪府全志　巻之四』〈前註(3)〉にも寛弘寺は「寛弘年間の創建にして真言宗の巨刹たりしといふ。後、僅に大日堂のみを存せしも、已に廃毀して今は徒の礎石を存するのみ」(同一七二頁)とある。
(32) 小林義孝「中世の寛弘寺と寛弘寺墓地」(『寛弘寺遺跡発掘調査概要一二』大阪府教育委員会、一九九三年)。また、寛弘寺墓地を含めた中世五輪塔墓については、藤沢典彦「中世墓地ノート」(『仏教芸術』一八二、一九八九年)が大いに参考になる。
(33) 西山昌孝「寛弘寺墓地の中世石造物」(『寛弘寺遺跡発掘調査概要一三』大阪府教育委員会、一九九四)。
(34) 松尾『勧進と破戒の中世史』〈前註(2)〉一四〇頁。
(35) 松尾『勧進と破戒の中世史』〈前註(2)〉一六〇頁。

(36) 小林「中世の寛弘寺と寛弘寺墓地」〈前註(32)〉。
(37) 松尾「西大寺光明真言過去帳の紹介と分析」(速水侑編『日本社会における仏と神』吉川弘文館、二〇〇六)で、その紹介などを行なった。
(38) 「西大寺代々長老名」(『西大寺関係史料(一)諸縁起・衆首交名・末寺帳』奈良国立文化財研究所、一九七八年)七三頁。
(39) 「西大寺代々長老名」〈前註(38)〉七四頁。
(40) 「西大寺代々長老名」〈前註(38)〉七四頁。
(41) 「西大寺代々長老名」〈前註(38)〉七四頁。
(42) 小林「中世の寛弘寺と寛弘寺墓地」〈前註(32)〉。
(43) 寛弘寺は一四五三年から一四五七年にかけて作成された「西大寺末寺帳」にも第五番目に記載されている(本書第三部第二章)。しかし、寛永一〇(一六三三)年三月の「西大寺末寺帳」には見えない(「西大寺諸国末寺帳 その三」〈『西大寺関係史料(一)諸縁起・衆首交名・末寺帳』奈良国立文化財研究所、一九六八年〉一一八頁)。それゆえ、江戸時代には西大寺末寺ではなくなっていた。
(44) 小林「中世の寛弘寺と寛弘寺墓地」〈前註(32)〉。
(45) 川勝政太郎「大阪付近の石造美術新資料(下)」(『史迹と美術』三八八、一九六八年)。
(46) 細川『中世の律宗寺院と民衆』〈前註(5)〉第三章。
(47) 藤沢「中世墓地ノート」〈前註(32)〉。
(48) 西山「寛弘寺墓地の中世石造物」〈前註(33)〉。
(49) 松尾『救済の思想』(角川書店、二〇〇二年)六二頁。忍性の父親伴貞行が慈生敬法房であったことについては、松尾『忍性』〈前註(29)〉四・五頁を参照。

(50)『西大寺叡尊伝記集成』(法蔵館、一九七七年)所収「西大寺西僧房造営同心合力奉加帳一巻」三八五頁。

(51)『織田　仏教大辞典』(大蔵出版、一九五四年)。

(52)「金沢文庫文書」(『鎌倉遺文』巻三八)二九五七八号文書。

(53)寛弘寺五輪塔については、西山「寛弘寺墓地の中世石造物」〈前註(33)〉を参照。

(54)上田「叡尊と大和西大寺末寺」〈前註(4)〉。

(55)細川『感身学正記』〈前註(22)〉。

第三章　紀伊国における展開

はじめに

ここでは叡尊教団の紀伊国での展開を論じる。奈良西大寺叡尊をいわば祖師とする叡尊教団の紀伊国における展開については、上横手雅敬や『和歌山県史』の研究[1]がある。そうした先学の研究により、北条重時流の守護・地頭と北条氏被官と叡尊教団とが連携して紀伊国に展開した点などが明らかにされた。

ただ先学の研究は比較的史料の多い利生護国寺を中心にざっと論じられたに過ぎない。ここではそれらの研究に学びつつも、先学の誤りをも正しつつ、叡尊教団の紀伊国での展開についてより詳しく具体的にみよう。

第一節　金剛寺・利生護国寺・妙楽寺

史料(1)[2]

紀伊国

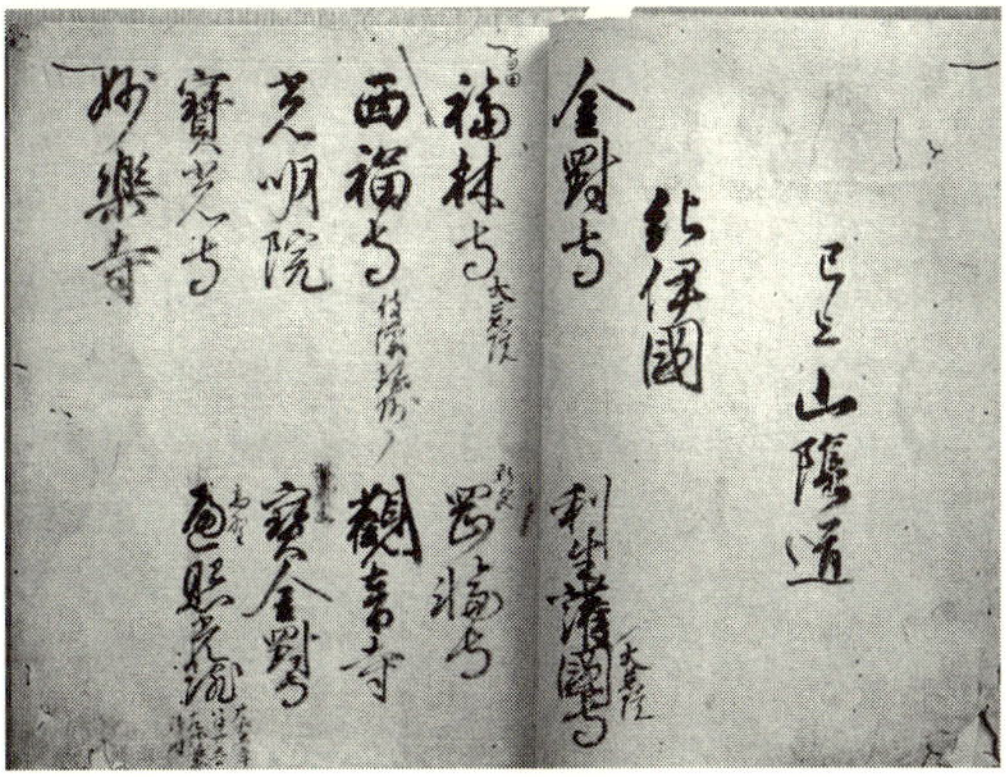

図1　明徳2年「西大寺末寺帳」紀伊国部分

金剛寺
福林寺《トヨタ》大慈院
西福寺（合点アリ）破壊跡残了
光明院
宝光寺
妙楽寺

利生護国寺大慈院
岡輪《新宮》寺
観音寺（合点アリ）
□□宝金剛寺
遍照《高野》光院応永五年八月廿五日十九代長老御時

（注記引用者、以下、注記、太字など引用者）

叡尊教団の中世紀伊国における展開を考えるうえで、明徳二（一三九一）年に書き改められた西大寺末寺帳は大いに示唆にとむ（以下、「明徳末寺帳」と略す）。史料（1）図1は、その紀伊国の分である。それによれば、金剛寺など一一箇寺が挙がっている。それらは、いずれも西大寺から直接に住持が任命される西大寺直末寺である(3)。この点は重要で、氏寺や直末寺の末寺(4)などは「明徳末寺帳」には記載されてはいない。

また、「明徳末寺帳」のその記載の順序は寺格を表しているので(5)、先頭に記載された金剛寺こそは紀伊国を代表する叡尊教団の寺院であった。実際、後述するように、先頭と第二番目に記された金剛寺と利生護国寺は鎌倉幕府祈禱寺に指定されるほどである。

ところが、寛永一〇（一六三三）年の末寺帳には、利生護国寺と福林（琳）寺の二箇寺のみが挙がっている(6)に過ぎない。そこで、まず、「明徳末寺帳」の記載順にみよう。

金剛寺について

史料（2）[7]

同（文永）六年己巳六十九歳

（中略）十月上旬、依備後入道妙蓮之請、紀伊国金剛宝寺（字紀三井寺）、講梵網十重、七日、名草郡神宮寺御領十九郷之内、禁断殺生、御読経所、神宮寺及散在諸堂三十余所堂内、飲酒乱舞、寺中酤酒酒宴停止状、捧之、十九日、八百九十四人授菩薩戒、十日、於日前神宮寺、国造授菩薩戒、（後略）

史料（2）は、叡尊の自伝である『金剛仏子叡尊感身学正記』（以下、『学正記』と略す）の文永六（一二六九）年条である。

それによれば、叡尊はその年の一〇月上旬に日前宮五四代神主妙蓮（紀国造紀宣親、隠居して紀三井寺にいた）の招請で紀伊国金剛宝寺（通称紀三井寺、現、和歌山市紀三井寺）に入り、『梵網経』の十重戒を講じた。それを受けて、妙蓮は名草郡の日前神宮寺御領十九郷内の禁断殺生と御読経所、神宮寺および散在諸堂三十余所の堂内での、飲酒乱舞、寺中酤酒酒宴停止の状を捧げた。一九日には八九四人に菩薩戒を授け、一〇（二〇カ）日には日前神宮寺で妙蓮に菩薩戒を授けた[8]。この記事が『学正記』における紀伊国への叡尊自身による布教活動の最初の記事であるが、これ以前に下準備として、弟子たちによる布教活動が行なわれていたはずである。そうでなければ、八九四人にも及ぶ受戒希望者を集められたとは考えがたいからだ。

さて、「明徳末寺帳」の冒頭に記された金剛寺については、従来さほど触れられていないが、苅米一志がすでに指摘しているように[9]、紀伊国池田庄内に所在した金剛寺であったと推測する。

尾道浄土寺の再興で知られる深教房定証は、紀伊国の出身であった。注目すべきことに、嘉元四（一三〇六）年一〇月一八日付の定証起請文には、「弘安七年十月比、為訪故郷恩愛、於紀伊国建金剛寺[10]」とあって、弘安七（一二八四）年一〇月頃に定証が故郷である紀伊国に金剛寺を建てたことがわかる。

他方、『紀伊続風土記』巻三〇の「金剛寺」の項によれば、「貞応年中明恵上人の開基[11]」とあって、明恵の開基とする。定証の建てた金剛寺と、貞応年間に明恵が開いた金剛寺が同一か否かははっきりしない。ひとまず同一の寺院と推測しておく。金剛寺には、『大般若経』六〇〇巻が伝わっていたが、そのうちの多くが残存している点[12]も指摘しておこう。

注目されることには、金剛寺は、永仁六（一二九八）年四月に関東祈禱寺の一つに利生護国寺などとともに指定されている[13]。それほど寺格は高く、鎌倉幕府の保護を受けていた。

金剛寺は、永享八（一四三六）年の「西大寺坊々寄宿末寺帳」（以下、「永享末寺帳」と略す）にも、「東室二[14]」分として記載されており、一五世紀においても西大寺末寺であった。先述のごとく江戸時代、寛永一〇（一六三三）年の末寺帳[15]には見えない。

次に、金剛寺僧に注目しよう。

史料（3）[16]

○当寺第十三長老沙門信尊

（中略）

如性房　実勝寺　　　　　　　　　　**良瑜房●金剛寺**

○当寺第十四長老沙門尭基

「光明真言過去帳」に金剛寺僧で最初に出てくるのは良瑜房で、貞治五（一三六六）年九月二〇日に七〇歳で死去した西大寺第一三代長老信尊[17]と、応安三（一三七〇）年四月四日に七五歳で死去した西大寺第一四代長老尭基[18]との間に記されている。

もっとも、金剛寺は備後国西大寺直末寺内で第三番目の寺格の今高野金剛寺もあるが、紀州の西大寺直末寺筆頭の寺院で、鎌倉幕府祈禱寺でもあった金剛寺が、「金剛寺」として「光明真言過去帳」には出ていると考えられる。良瑜房は貞治五（一三六六）年九月二〇日から、応安三（一三七〇）年四月四日までの間に亡くなったのだろう。

史料（4）[19]

当寺第十四長老沙門尭基

（中略）

覚日房　金剛寺　　　　　　　　俊一房　桂宮院

（中略）

良善房　当寺住　　　　　　　　智照房●当寺住

○当寺第十五長老沙門興泉

良瑜房の次に「光明真言過去帳」に出てくるのは史料（4）のように覚日房で、応安三（一三七〇）年四月四日に七五歳で死去した西大寺第一四代長老克基[20]と康暦元（一三七九）年六月晦日に八六歳で死去した西大寺第一五代長老興泉[21]との間に出てくる。その間に死去したのだろう。

史料（5）[22]

〇当寺第十八長老沙門深泉

素寂房　荘厳浄土寺　　戒行房　浄土寺

尊如房　利生護国寺　　**本如房　金剛寺**

（中略）

〇当寺第十九長老沙門良耀

その次に出てくるのは、史料（5）のように本如房で、応永二（一三九五）年九月二五日に死去した西大寺第一八代長老深泉[23]と応永一一（一四〇四）年二月二五日に死去した西大寺第一九代長老良耀[24]との間に記されている。その間に死去したのだろう。

史料（6）[25]

〇当寺第十九長老沙門良耀

（中略）

浄空房　**金剛寺**　　　　　　　　光智房　越中弘正寺

（中略）

○当寺第二十長老沙門高湛

その次に出てくる浄空房は、応永一一（一四〇四）年二月二五日に死去した西大寺第一九代長老良耀[26]と応永一五（一四〇八）年九月二五日に八六歳で死去した西大寺第二〇代長老高湛[27]との間に記されている。その間に死去したのだろう。

史料（7[28]）

○当寺第三十六長老沙門玄海

明秀房　当寺住　　　　洞運房　当寺住

明瑜房　当寺住　　　　**洞意房**　**金剛寺住**

（中略）

○当寺第三十七長老沙門高実

金剛寺の僧で「光明真言過去帳」の最後に見えるのは史料（7）のように洞意房である。洞意房は、永正一五（一五一八）年七月八日に七一歳で死去した西大寺第三六代長老玄海[29]と、享禄五（一五三二）年正月一七日に七四歳で死去した西大寺第三七代長老高実[30]との間に記載されている。洞意房は、その間に亡くなったのであろう。とすれば、一六世紀の前半までは金剛寺は西大寺直末寺であったと考えられる。

利生護国寺・妙楽寺について

隅田利生護国寺は、現、橋本市隅田町下兵庫に所在する。行基菩薩建立の四九院の一つと伝えられ、古くは地名によって兵庫寺と称した[31]。利生護国寺の所在する橋本は、伊勢（大和）街道と南高野街道との交差する地で、紀ノ川水運でも栄えた交通上の要衝の地であった点も注目される。

まず、注目すべきは、利生護国寺が行基ゆかりの寺院であった点である。叡尊は強烈な聖徳太子信仰、行基信仰を有し、聖徳太子や行基ゆかりの寺院を中興していった[32]。叡尊が利生護国寺中興を目指したのも、行基ゆかりの寺院であったからであろう。利生護国寺は古代寺院として栄えた時期もあったのであろうが、叡尊教団の中興以前には衰退していたのであろう。

利生護国寺は永享八（一四三六）年の「永享末寺帳」にも、「大慈院分[33]」として記載されており、一五世紀前半においても西大寺直末寺で、江戸時代においてもそうであった。現在も西大寺末寺の真言律宗寺院で、中世史料も伝来している。いわば、紀伊国における律寺化の過程を具体的に知ることができる貴重なケースといえる。

それゆえ、先学も注目し、利生護国寺の律寺化と関東祈禱寺指定などは守護北条氏（とりわけ忍性と協力関係にあった北条重時流）と北条氏被官で隅田荘地頭代隅田氏と叡尊教団との連携によることを指摘している[34]。しかし、叡尊教団側からの復興の働きについては具体的には論じられていない。そこで、叡尊教団側に注目して利生護国寺と妙楽寺の律寺化をみておこう。

先述した文永六（一二六九）年一〇月の紀伊国への叡尊下向は、日前宮神主妙蓮（紀国造紀宣親）の招請であった。

ところが、史料（8）のように、建治三（一二七七）年一〇月四日には、叡尊は隅田氏の招きで隅田荘に下向している。

史料（8）[35]

同（建治）三年丁丑七十七歳

（中略）十月四日、於紀伊国伊都隅田庄慈光寺、二百四十人授菩薩戒、（後略）、

史料（8）は、『学正記』建治三（一二七七）年一〇月四日条である。それによれば、叡尊は一〇月四日に紀伊国隅田庄慈光寺を訪問し、二四〇人に菩薩戒を授けている。この隅田慈光寺は、現在も隅田にある時光寺（隅田町、高野山真言宗）のことと考えられている[36]。そこは、河内・大和・紀伊のまさに境界地であった点も注目しておこう。また、この隅田への下向は隅田氏による招きと考えられている。

この頃の叡尊は高齢となっていたが、数多くの弟子を有しており、弟子たちを各地に派遣し、布教活動をさせていた。それゆえ、慈光寺は西大寺直末寺を記載する「明徳末寺帳」にはないが、建治三年に叡尊が授戒のために立ち寄った頃には、西大寺系の律僧の寺院化していたのかもしれない。

史料（9）[37]

同（弘安）五年壬午八十二歳

（中略）十月六日、紀州下向進発、著最福寺、七日、著隅田、八日、著相賀、九日、著粉河寺、（後略）

史料（9）は、『学正記』弘安五（一二八二）年条である。それによれば、叡尊は一〇月六日に紀伊国訪問を行ない、一〇月七日には隅田を、再度、訪問している。その頃までには、隅田利生護国寺、相賀妙楽寺の中興が開始されていたのであろう。

利生護国寺の中興を中心に担ったのは浄賢房隆賢である。江戸時代の『利生護国寺縁起』[38]によれば、「中興住僧、名曰隆賢、為興正菩薩法弟、以故隷西大寺、以為本寺長老[39]」とある。すなわち、隆賢は叡尊の直弟子で、中興された利生護国寺を西大寺直末寺とし、その長老となった。

弘安三（一二八〇）年に記載された叡尊から菩薩戒を授かった直弟子の名簿である「授菩薩戒弟子交名」には、「紀伊国人　隆賢　浄賢房[40]」と見える。つまり、房名は浄賢であった。注目されるのは、浄賢房隆賢が紀伊国出身であったことで、それもあって利生護国寺の中興を任されたのだろう。

叡尊教団による地方寺院の中興にさいしては、地縁がある直弟子を中心人物として派遣して中興させる事例は多かったと推測される。この利生護国寺の場合もその事例で、河内泉福寺の場合もそうであった[41]。

浄賢房隆賢は、弘安三（一二八〇）年の「西大寺西僧坊造営同心合力奉加帳[42]」には西大寺僧として一〇貫文を寄付したと記載されており、その当時は西大寺にいたのであろう。

『律苑僧宝伝』には、史料（10）のように記されている。

史料（10）[43]

興道浄賢観心道禅四律師伝

興道律師。諱玄基。浄賢律師諱隆賢。観心律師。諱禅海。道禅律師。諱良賢。皆出㆓興正菩薩之門㆒。逮㆑受㆓具戒一。鋭レ志習レ学。博究二律教一。後道住二大安寺一。賢拠二大慈院一。心主二薬師院一。禅居二大乗院一。各樹二律幢一。黒白尊崇云。

すなわち、それには浄賢房隆賢は西大寺大慈院を拠点として活動したとあるが、ほかの史料[44]もそうである。利生護国寺の復興成功後は、西大寺にもどり大慈院を拠点に活動した。叡尊の「西大寺興正菩薩御入滅之記」[45]には浄賢房隆賢は、叡尊を看病し、最後を看取った有力な弟子の一人として出てくる。また、叡尊没後、臨時的に叡尊教団の総責任者を勤めた[46]。叡尊教団をまとめる役をも担っていたのである。利生護国寺が、西大寺光明真言会において、大慈院に宿泊するのも、利生護国寺の中興者であった浄賢房隆賢が大慈院の院主となったことによるのであろう。

史料（11）[47]

○当寺第二長老慈真和尚

（中略）

融円房　東勝寺　　**浄賢房**　当寺住

（中略）

○示観房　招提寺長老　　理心房　当寺住

「光明真言過去帳」によれば、史料（11）のように、浄賢房は正和五（一三一六）年正月二六日に死去した西大寺第二代長老慈真[48]と元亨元（一三二一）年九月五日に死去した招提寺長老示観房[49]との間に記されている。それゆえ、浄賢房隆賢は、その間に死去したのであろう。

先述のごとく、浄賢房隆賢は、弘安三年までは西大寺にいた。弘安五（一二八二）年に叡尊が隅田に来た時に利生護国寺に随従したのかもしれない。

利生護国寺の敷地が寄付されたのは、弘安八（一二八五）年であった。その年一〇月六日付で隅田氏の願心から「利生護国寺通用三宝料」として隅田北荘内兵庫芝荒野が利生護国寺に寄付されている。[50] 史料（12）の弘安九（一二八六）年四月二七日付の「藤原業能・藤原泰能連署注進状」によれば、その四至（範囲）は東は湯屋谷（現在の釜谷川）から南は大和街道、西は白井谷（白猪谷）、北は御山際（大寺山）までで、約三五町（ほぼ現在の下兵庫にあたる）もの広大なものであった。[51] とりわけ大和（伊勢）街道に面している点に注目しよう。

史料（12）[52]

（端裏書）「利生護国寺敷地四至案　本支証之写也、」

紀伊国隅田庄利生護国寺敷地兵庫芝荒野事

四至除公田畠定

東限湯屋谷　　南限大道

西限白井谷　　北限御山際

右、注進如件、

弘安九年四月廿七日　　左衛門尉藤原業能在判

左衛門尉藤原泰能在判

その後も願心による寺領の寄付は続いた。

史料（13(53)）

（前略）

充行　処分事　　福王丸分（小嶋分）

在紀伊国伊都郡隅田庄之内

合

一　是真名之内

（中略）

一　恒末名之内（河北）

（付箋）「此二段ハ為忌日田施入利生護国寺、」

参段小（森下）　　弐段迫、此ハ寄進念仏田畢、

（中略）

右、件田畠・山地・荒野・所従等者、願心相伝領掌之者也、而限永代、譲与福王丸畢、後日全不可有他妨、但於有限所当公事者、付本名、任先例、可致其沙汰、仍為後代亀鏡、証文之状如件、

正安元年己亥十二月廿三日　　願心

充行　処分事　**妙楽寺開山願心之むすめ　尼生信房分**

在紀伊国伊都郡隅田庄之内

合

一　是真名之内肆段大

（中略）

一　下人分

弥次郎　藤七　五藤次入道　次郎太郎　備後尼

梅替女　小松女　石童

右、件田畠・山畑等者、願心相伝領掌之者也、而依為後家譲与尼**生信房**畢、無他妨可令領知之、但下人之内五藤次入道ハ、**生信房**一期之後者、可付正丸之方、藤七ハ可付妙楽寺、自余之下人□、任生信房之意、可被譲与何人者也、又於有限所当公事者、付本名、任先例、可致其沙汰、仍為後代亀鏡、証文之状如件、

正安元年己亥十二月廿三日　願心

（中略）

施入　**利生護国寺**忌日料田事

在紀伊国伊都郡隅田北庄之内

合

一　伍段峯丸名之内字上瀬池尻

右、件田地者、願心相伝領掌之地也、而為後生菩提、擬願心没後之忌日料田、兼所施入之也、仍願心一期之間

者、知行之、一期之後者、無相違任施入之状、可為寺領者也、但於有限所当者、以北庄下司得分、為正丸之沙汰出之、於件五段者、永不可懸之者也、仍為後日之証文之状如件、

正安元年己亥十二月廿三日　願心

施入　**利生護国寺**西庵室念仏料田事

在紀伊国伊都郡隅田庄之内

合

一　弐段常末 西迫

一　壱段是任名之内 巧垣戸　縄本

一　壱段則貞名之内 茅輪

一　壱段岩門

一　壱段宗友名之 内上田

右、件山地者、願心相伝領掌之地也、而為過去左衛門尉幷証意左衛門次郎孫三郎追善、彼等処分之内、各抜取壱段、限永代、充置件念仏料田畢、於有限所当公事者、為面々之子息等之沙汰、可致其沙汰、更以不可懸件地者也、（中略）

一　於筒香郷者、先年已譲照月房畢、仍寄**妙楽寺尼**寺畢、若於彼所在家之子孫等、致違乱之時者、任長帳之面、所之人々、可被致其沙汰者也、凡不限此郷、所寄進**妙楽寺幷利生護国寺**、及念仏料田之田畠等、若致違乱之輩出来之時者、悉如面所書置、為所之人々沙汰、押彼名田畠及所職等、可被寄于八幡宮者也、仍為後日、所録之

状如件、

正安元年己亥十二月廿六日

願心判アリ、

藤原貞範在判

藤原朝貞在判

藤原門丸在判

貞宗行在判

史料（13）によれば、正安元（一二九九）年一二月にも願心によって所領が寄付されている。その目的は「後生菩提」であったり、「追善」のためであった。

とくに注目されるのは、先の「明徳末寺帳」に記載されている相賀（現、東家）の妙楽寺が見えることである。叡尊が弘安五（一二八二）年に相賀に立ち寄っているが、おそらく妙楽寺に来たのであろう。寺伝によれば、妙楽寺は弘仁一一（八二〇）年嵯峨天皇の勅願によって、空海が開創した。また、『紀伊続風土記』によれば創建時の寺地を寺脇大森二十六社権現の西隣とし、空海の姪の如一尼が住して尼寺となり、鎌倉期に北条時頼が再興して現在地に移したという[54]。

ところで、注目されるのは、傍点部のように「妙楽寺開山願心之むすめ　尼生信房分」と見える。つまり、妙楽寺の中興開山は願心の娘尼生信房であった。このように、妙楽寺も隅田党の一員である願心とその娘を中核として中興されたのである。それゆえ、妙楽寺は尼寺であった。

とりわけ、妙楽寺の中世縁起によれば、寛元三（一二四五）年に叡尊らが家原寺（堺市）で行なった授戒に紀州からも多くの者が参加し、建長元（一二四九）年の法華寺における大比丘尼戒の授戒には「当寺衆多く預った」[55]という。これは縁起であり、これからただちにそれが事実とはいいがたい。しかし、橋本からは紀伊見峠を越えれば堺までは七里（二八キロメートルくらい）で、堺へ行くのは、それほど困難ではない。のちに、妙楽寺が鎌倉幕府の祈禱寺に指定されたのも、数多くの尼がいたからであろう。それゆえ、願信の娘生信房が、参加した可能性は高いと推測される。このように、妙楽寺のケースは、地方での叡尊教団の尼の展開を考える有力な事例といえよう。

以上のような、願心による寺領の寄付もあって、利生護国寺・妙楽寺ともに隅田氏の氏寺として発展を遂げていった。しかし、注意すべきは、利生護国寺も妙楽寺も西大寺が住持の任命権を握る西大寺直末寺となっている。いわば氏寺から西大寺直末寺へ発展していったのであり、そのさい、隅田氏は住持の任命権を失ったはずである。さらに永仁六（一二九八）年には忍性の申請によって鎌倉幕府祈禱寺化している。

史料（14）[56]

西大寺	大和 招提寺	同 菩提寺	天王寺 薬師院	大和 不退寺
同 大御輪寺	同 額安寺	同 海龍寺	河内 西琳寺	大和 般若寺
同 喜光寺	同 大安寺	河内 教興寺	大和 竹林寺	山城 速成就院
伊勢 浄住寺	山城 大乗院	伊勢 弘正寺	大和 最福寺	同 泉福寺
同 三学院	同 真福寺	同 総持寺	神願寺	紀伊国 **金剛寺**
同 **利生護国院**	摂津 多田院	以上僧寺		

大和 法花寺　河内 道明寺　大和 三ヶ院　同 豊浦寺　同 光台寺

同 舎那院　紀伊 **妙楽寺**　以上尼寺

都合三十四ヶ寺

永仁六年四月　日　　忍性菩薩

史料（15）[57]

可禁断守護代幷地頭御家人等於西大寺以下諸寺致監（濫）悪事、

右、任今年八月十日関東御下知之旨、可致沙汰之状如件、

永仁六年九月九日

左（右）近将監平（北条宗方）朝臣

前上野介平（大仏宗宣）朝臣

史料（14）によれば、永仁六（一二九八）年四月にはとりわけ忍性の申請によって、律寺三四箇寺の鎌倉幕府祈禱寺化が認められた[58]。史料（15）の六波羅施行状によれば、永仁六年九月九日には、それに伴い西大寺以下の寺院への守護代・地頭らの乱暴狼藉を禁止する鎌倉幕府の命令が伝達されている。その三四箇寺のうちに、先の金剛寺とともに、利生護国寺と尼寺妙楽寺が入っている。当時の利生護国寺と尼寺妙楽寺の寺格がいかに高くなったかが偲ばれよう。

史料（16）[59]
○中観房　桂宮院長老
（中略）
明信房　利生護国寺
制心房　白毫寺
（中略）
了願房　真福寺
長真房　西琳寺

利生護国寺は現在も西大寺末寺であるが、中世の「光明真言過去帳」には三人の僧侶の名前が見える。まず、「光明真言過去帳」[60]に最初に出てくる明信房に注目しよう。明信房は、徳治二（一三〇七）年二月二日に死亡した桂宮院長老中観房と正和三（一三一四）年に死去した西琳寺長真房[61]との間に明信房が記されている。それゆえ、明信房は徳治二（一三〇七）年から正和三（一三一四）年の間に死去したのであろう。

明信房は、弘安三年の「授菩薩戒弟子交名」には、「河内国人禅覚　明信房」[62]と出てくる。すなわち、諱は禅覚で、河内国の出身であった。「西大寺興正菩薩御入滅之記」によれば、明信房は浄賢房ほかとともに、叡尊を輪番で看病し、最期を看取った有力な弟子の一人である。[63]明信房は、浄賢房隆賢を継いで、第二代長老として利生護国寺の発展に努めたのであろう。

史料（17）[64]
○当寺第十四長老沙門尭基

（中略）

照寂房　金剛宝戒寺

舜了房　利生護国寺

（中略）

○当寺第十五長老沙門興泉

次に記載されているのは舜了房である。舜了房は応安三（一三七〇）年四月四日に七五歳で死去した西大寺第一四代長老尭基[65]と康暦元（一三七九）年六月晦日に八六歳で死去した西大寺第一五代長老興泉[66]との間に記されている。舜了房は、その間に死去したのであろう。

史料（18）[67]

○当寺第十八長老沙門深泉

素寂房　荘厳浄土寺

戒行房　浄土寺

尊如房　利生護国寺

本如房　金剛寺

（中略）

○当寺第十九長老沙門良耀

次に記載されているのは尊如房である。尊如房は応永二（一三九五）年九月二五日に死去した西大寺第一八代長老深泉[68]と応永一一（一四〇四）年二月二五日に死去した第一九代長老良耀[69]との間に記載されている。尊如房は、そ

図2　下兵庫共同墓地の五輪塔二基

の間に死去したのであろう。

ところで、利生護国寺には県指定文化財の鎌倉初期の大日如来像がある。その修理が昭和四〇年に行なわれ、台座銘から、弘和元（一三八一）年に住持実尊ら一〇名の住僧がいたこと、応永二〇（一四一三）年には住持栄秀ら七人の僧と二人の形同沙弥の住僧がいたことがわかる。[70] 史料（18）の尊如房は、大日如来像の銘文に見える住持実尊であろうか。

ところで、橋本市河瀬と下兵庫の境目の白井（猪）谷にある下兵庫の共同墓地には二基の大きな花崗岩製の五輪塔がある（図2）。いずれも無銘であるが、注目されるのは、室町初期の五輪塔と考えられている[71]点である。さらに、その位置も重要で、まさに先述した境内地の西端（白井谷）にあたる。

従来、それらの五輪塔と利生護国寺との関係はまったく注目されていない。ただ、地方史家の瀬崎浩孝が五輪塔の存在を指摘している[72]に過ぎない。しかし、それらは西大寺様式[73]で、利生護国寺の敷地内にあり、高い方は台座を含めた総高は一七一・五センチもある。それゆえ、それらは利生護国寺の住職の墓地と考えられる。叡尊教団は、各地の末寺に、そうした西大寺様式の巨大五輪塔を建立した[74]からである。それゆえ、想像をたくましくすれば大きい方は開山の浄賢房隆賢、小さい方は第二代明信房のものかもしれない。先述のように、隆賢は西大寺で死去したが、開山であった利生護国寺に分骨した可能性がある。たとえば、極楽寺忍性は、ゆかりの三つの寺院（大和郡山額安寺、生駒竹林寺、鎌倉極楽寺）に分骨している[75]。

そこで、以下に利生護国寺住持の墓塔と考えられる五輪塔の大きさなどを紹介する。

高い塔（西面から測定）

総高は一七一・五センチ、塔高は一五三センチ。地輪は幅五三・五センチ、奥行五三センチ、高さ三五・二センチ。水輪は高さ四〇・五センチ、幅五二センチ。火輪は幅五一・五センチ、高さ三四・五、軒幅一二センチ。風輪は幅三三センチ、高さ一四センチ。空輪は高さ二七センチ、幅三四センチ。

低い塔（南面から測定）

総高は一四一センチ、塔高は一二四センチ。地輪は幅四三・五センチ、奥行四三センチ、高さ三四・五センチ。水輪は高さ四四センチ、幅三四・五センチ。火輪は幅四一・五センチ、高さ二五・五センチ、軒幅八・五センチ。風輪は幅二六センチ、高さ一三センチ。空輪は高さ一八・五センチ、幅二二センチ。

以上のように、白井谷の五輪塔は利生護国寺の住職の墓塔と考えられることを述べた。利生護国寺の北側には隅田党の一族の墓地がある。そうしたことも、利生護国寺が葬送に従事したことを示している。

ところで、「明徳末寺帳」には、西大寺直末寺の僧寺が書かれている。とすれば、史料（1）のように、尼寺の妙楽寺が書かれているのはなぜであろうか。

この点はなぞであるが、妙楽寺は「明徳末寺帳」の極楽寺本には記載されていないのに、一五世紀の注記も散見される西大寺本の方には一番最後に記載されている[76]。それゆえ、西大寺本が作成された頃には尼寺から僧寺になっていたのではないだろうか。

第二節　福琳寺・岡輪寺・宝光寺・遍照光院・西福寺ほか

本節では、所在地が確認でき、史料が残存している末寺から論じる。

福林寺について

史料(1)の「明徳末寺帳」によれば、第三番目に「トヨタ」の福林(琳)寺が挙がっている。すなわち、紀伊国の西大寺直末寺で第三位のランクであった。福琳寺は、現、紀ノ川市豊田に所在する福琳寺の前身寺院と考えられている。現在の福琳寺は、金剛山一条院と号し、真言宗山階派の寺院である[77]。宝亀元(七七〇)年に沙門信行の創建で慈氏寺と号した。後一条院の時には勅願寺となったほどの由緒ある寺院で、中世池田庄の中心寺院であった。

この寺に関して、上横手は「所在は明らかにできるものの、西大寺との所縁はわからない[78]」とする。だが、福琳寺は、永享八(一四三六)年の「永享末寺帳」にも、「大慈院分[79]」として見える。すなわち、一五世紀の前半において、西大寺光明真言会にさいし、大慈院に宿泊する末寺であった。また、先述のように寛永一〇(一六三三)年の末寺帳にも記載されている[80]。それゆえ、その頃までは西大寺末寺であった。宝暦二(一七五二)年には勧修寺末寺となる。

ところで、福琳寺の律寺化の過程などについては、ほとんど論じられていないが、みてみよう。まず、だれが中心となって、律寺化がなされたのであろうか。おそらく永乗房寂尊と考えられる。永徳二(一三八二)年正月、住持裕尊覚運房らの願いで太鼓が制作された。その銘に「当寺者後一条院御願寂尊上人草創也云々、正和五年成律院[81]」とあり、この寂尊が中興開山で、正和五（一三一六）年に律寺化したと考えられる。

弘安三（一二八〇）年の「授菩薩戒弟子交名」に「大和国人　寂尊　永乗房[82]」とある永乗房のことであろう。寂尊は初期の頃からの叡尊の弟子（二九番目の弟子）で、宝治元（一二四七）年の「金剛峰楼閣一切瑜伽瑜祇経奥書」などに名が見える[83]。

史料（19[84]）

（袖判）

定補　池田御庄福琳寺俗別当職事

右福琳寺長老顕日上人仁、件俗別当職於厳密宛行畢、於寺領悉以可被知行者也、然庄家於非分課役公事、不可宛行寺領也、然則任先例、可令寺務執行者、早為伽藍興行公私御祈禱、所補任之状如件

建武弐年歳次乙亥六月十八日政所（花押）

史料（19）は福琳寺蔵の建武二（一三三五）年六月一八日付「福琳寺俗別当職補任状」である。それによれば「右福琳寺長老顕日上人仁、件俗別当職於厳密宛行畢、於寺領悉以可被知行者也、然庄家於非分課役公事、不可宛行寺領也[85]」とある。この「福琳寺俗別当職補任状」は池田庄（東北院領の一つで、当時は興福寺東門院が支配していた[86]）政所が発給している[87]。すなわち、建武二（一三三五）年において顕日上人が福琳寺の長老（住持）で、寺領の管理権を池田庄の政所によって認められている。

この顕日上人は、弘安三（一二八〇）年に「西大寺現在形同沙弥」として出てくる「道意　顕日房　十七　紀伊国人」[88]であろう。弘安三年には一七歳の半人前の修行僧「形同沙弥」と出てくる。建武二年において七二歳であったのだろう。注目されるのは顕日房道意もまた、紀伊国の出身であった点である。利生護国寺中興の中心人物の浄賢房隆賢も、金剛寺開山の定証も紀伊国出身であった。顕日房が福林寺の住持となったのも、彼が紀伊国出身であった点が大きい要素であったのだろうか。

史料（20）[89]

○本性房　極楽寺長老

（中略）

妙円房　安楽寺　　浄日房　当寺住

顕日房　磯野極楽寺　　道照房　常満寺

（中略）

賢信房　飯岡寺　　○印教房　極楽寺長老

顕日房道意は、史料（20）のように「光明真言過去帳」にも、建武元（一三三四）年一一月二一日付で死去した極楽寺長老本性房[90]と暦応元（一三三八）年五月二四日付で死去した極楽寺長老印教房[91]との間に「顕日房　磯野極楽寺」と出てくる。福琳寺から大和磯野極楽寺に移動し、長老として亡くなったのであろう。

ところで、注目されるのは、池田庄内の村々に福琳寺所属の末寺が一八箇寺もあった[92]ことである。これは近世の段階であり、最盛期の中世において第三位の寺格の寺の状況が推測されよう。

岡輪寺について

岡輪寺は、「明徳末寺帳」には第四番目に記されており、紀伊における第四位の寺格であったと考えられる。岡輪寺は、紀南にあり、叡尊教団が紀南にも及んでいた点も注目されている(93)。

岡輪寺は、新宮市に所在する東陽山宗応寺という曹洞宗寺院と考えられている。「当寺の由緒書によると、元は丹鶴城の南麓にあり、崗輪寺と号した。熊野速玉大社の神宮寺で、天台・法相両宗の律院であった。天正年間（一五七三〜九一）に堀内氏善が、伊豆最勝寺の秀山和尚を迎え、神宮寺を香林寺と改め禅寺とした。慶長六（一六〇一）年浅野忠吉が丹鶴山に城を築くにあたり、香林寺を現住地に移した。同十一年三月二十七日、その嗣子出雲守が早世すると当寺に葬り法号を前雲州太守関芝宗応大居士と号し、寺号も東陽山宗応寺と改めた(94)」。すなわち、熊野新宮の神宮寺で、天正年間（一五七三〜九一）に禅寺となったという。

図３　聖徳太子二歳像（宗応寺蔵）

叡尊教団の末寺には、大隅正八幡宮の神宮寺であった正国寺、誉田神社の神宮寺宝蓮花寺、大三輪神社の神宮寺大輪寺など、神宮寺が多い。叡尊教団は、神宮寺として葬送・勧進・清掃など穢れに関わることに従事していたのであろう。

また、由緒書の「天台・法相両宗の律院であった」というのは、以上、論じてきたように中世においては叡尊教団の律寺であったとすべきである。

慶安二（一六四九）年に作成された縁起(95)によれば、聖徳太子草創の寺院という。この聖徳太子草創の伝承(96)（図3参照）も叡尊教団が復興を目指した理由であろう。岡輪寺は「永享末寺帳」には見えないので、永享八（一四三六）年頃には衰退していたのであろう。

岡輪寺僧としては、「光明真言過去帳」に義明房と擬恵房の二名が見える。

史料(21)(97)

○当寺第十六長老沙門禅誉

（中略）

義明房　岡輪寺　　　　乗如房●霊山寺

当寺第十七長老沙門慈朝

義明房は、嘉慶二（一三八八）年五月五日に九〇歳で死去した西大寺第一六代長老禅誉(98)と明徳二（一三九一）年四月九日に七三歳で死去した西大寺第一七代長老慈朝(99)との間に見える。その間に死去したのであろう。

史料(22)(100)

○当寺第廿二長老沙門英如

（中略）

擬恵房　岡輪寺　　　　　　　　尊光房　当寺住

（中略）

〇当寺第廿三長老沙門英源

擬恵房は、応永二二（一四一五）年二月二九日に死去した西大寺第二二代長老英如[101]と、応永二六（一四一九）年一〇月五日に死去した西大寺第二三代長老英源[102]との間に見える。その間に死去したのであろう。すなわち、岡輪寺は、前述のように「永享末寺帳」には見えないが、一五世紀の前半までは叡尊教団の寺院として機能していたのである。

宝光寺について

宝光寺は、「明徳末寺帳」紀伊国分の九番目に記されており、『和歌山県の地名[103]』によれば、この宝光寺は、現在は廃寺で、現、和歌山市黒岩に所在した。そこは「和歌山市東南部、海南市との境をなす旗揚山（大旗山）の中腹に位置する」。山号は揚柳山宝福院という。「紀州志略」では、心浄を草創者とする。宝光寺から松生院（和歌山市片岡町）に移された本堂の大斗の墨書銘から、本堂は永仁三（一二九五）年に建立されたと考えられている。

開山の心浄は、海草郡下津町地蔵峰寺の本尊石造地蔵菩薩背銘に、元亨三（一三二三）年一〇月二四日の日付とともに「勧進聖揚柳山沙門心静[104]」とある。揚柳山は宝光寺の山号であり、この心静は心浄と同一人物と考えられている。

この心浄は、弘安三（一二八〇）年の「授菩薩戒弟子交名」に「薬師院形同現住」の一人として載る「智円　心浄房」[105]かもしれない。ただ、年齢などがわからないので、可能性を指摘しておく。

遍照光院について

遍照光院は、第一〇番目に記され紀伊国直末寺で第一〇位の寺格であった。注記から、高野山内に所在していると考えられるが、実際、現在も往生院谷に所在する。しかし、たびたびの火災などにより史料は少ない。

「明徳末寺帳」には「応永五年八月廿五日十九代長老御時」という注記があり、それから第一九代西大寺長老浄願房良耀[106]の時である応永五（一三九八）年八月二五日に直末寺になったことがわかる。また、「永享末寺帳」には「紀州遍照光院」が「東室四[107]」分に記載されている。一五世紀前半までは西大寺直末寺であったと考えられる。先述のように寛永一〇（一六三三）年の末寺帳には見えず、一七世紀前半までには西大寺末寺から離脱していた。

さて、高野山の末寺書き上げといえる「金剛峰寺諸院家析負輯」の「遍照光院累代譜幷追加」所収正応五（一二九二）年閏六月付「高野山遍照光院住持覚斅言上状」によれば、遍照光院の第九代院主聖信房良印のことを「大塔勧進聖良印者、於当山致無双之忠勤[108]」と述べている。それから、遍照光院院主良印は大塔勧進聖であったことがわかる。また、その後任の覚斅も高野山町石五輪塔の勧進に携わっており[109]、遍照光院は高野山の勧進を担う寺であったといえよう。

ところで、西大寺の直末寺ではないにせよ、応永五年以前に西大寺系の寺院であった可能性は高い。というのも、高野山の慈尊院から奥の院までの六里の間の参詣道に並べられた高野山町石五輪塔は、文永二（一二六五）年の遍照光院第一〇代院主覚斅の発願に始まり、幕府有力者安達泰盛や北条時宗らの助成で完成している[110]。当時、北条氏と結びつきつつ、そうした石造遺物の建立を中心になって推進していたのは叡尊教団であった[111]。それゆえ、町石五輪塔の建立などの勧進活動を通じて、叡尊教団と遍照光院との結びつきができていった可能性を指摘しておく。

西福寺について

西福寺は「明徳末寺帳」には第五番目に記されており、紀伊国内西大寺直末寺で第五位の寺格であった。西福寺の所在地ははっきりしないとされてきた。

しかし、旧伊都郡名倉村（現、高野口町）の地蔵寺には、旧西福寺に所在した西大寺様式の塔高二一〇センチの五輪塔がある(112)（図4）。その地輪には「正平十一年三月十五日　光明真言一結衆中」という銘文がある(113)。すなわち、正平一一（一三五六）年三月一五日に光明真言一結衆によって立てられた五輪塔である。

その大きさは以下の通りである。地輪幅七二・五センチ、奥行七三・五センチ、高さ四九センチ。水輪は、幅七八センチ、高さ五六・五センチ。火輪は幅七〇・五センチ、高さ四四センチ、軒幅一五センチ。風輪は幅四六・五センチ、高さ二一センチ。空輪は幅四〇センチ、高さ三六センチ。

図4　紀伊西福寺五輪塔

光明真言は密教で重視された真言であり、西福寺が真言系の寺院であったと推測される。とりわけ、戒律と密教を重視した叡尊教団が、そうした五輪塔の建立主体であったことを考え合わせると、この西福寺こそは西大寺直末寺の西福寺であろう。すなわち、西福寺は、名倉村に所在したと考えられる。

史料（1）の「明徳末寺帳」には「破壊跡残了」と注記があるように、早い時期に衰退していたようである。ただし、「永享末寺帳」には「紀州西福寺」が「一室分」[114]とあり、一五世紀前半までは機能していたと考えられる。この高野口の西福寺が西大寺末寺だとすると、高野山の政所慈尊院と紀ノ川をはさんで対岸に位置する。紀ノ川の管理に関わっていた点が推測される。

その他の末寺について

観音寺は第六番目に記載され、第六位の寺格であった。所在地など不明である。[115]

光明院は第七番目に記載され、第七位の寺格であった。所在地は不明である。「永享末寺帳」には「紀州光明院」が「東室三」[116]分に記載されており、一五世紀前半までは機能していたと考えられる。[117]

宝金剛寺は、所在地は不明である。宝金剛寺は、永享八（一四三六）年の「永享末寺帳」に「東室二分」の寺として見え、一五世紀前半までは機能していた。

史料（23）[118]

○当寺第七長老沙門信昭

律意房　釈迦寺	専戒房　桂宮院
観輪房　如意輪寺	善性房　当寺住
法光房　妙楽寺	如蓮房　明星寺
真願房　安養寺	**深長房　宝金剛寺**

（中略）

○当寺第八長老沙門元燿

宝金剛寺の僧侶としては、史料（23）のように、深長房が「光明真言過去帳」に文和元（一三五二）年三月二日に八六歳で死去した西大寺第七代長老信昭[119]と文和四（一三五五）年一〇月一七日に七六歳で死去した西大寺第八代長老元燿[120]との間に出ている。深長房は、その間に死去したのだろう。

律寺の機能（交通路の支配・勧進活動・葬送活動）

叡尊教団は鎌倉末には、日本全国の多くの地点で、港湾・道路・河川の管理を任されていた[121]。紀伊国の場合もその可能性は高い。とりわけ、利生護国寺は大和（伊勢）街道と南高野街道の交差する橋本に位置し、ことに大和（伊勢）街道に面していた。また、西福寺は紀ノ川のほとりに立っていた。紀伊国の場合は史料はないが、他地域の事例から判断すれば、利生護国寺による大和街道管理や西福寺による紀ノ川の管理なども推測される[122]。

そこで、そうした交通路管理にも関わる「接待所」としての律寺の役割についてもみておこう。紀伊歓喜寺（有田郡有田川町）はもと蓮光寺といい、大宮局が後鳥羽上皇の菩提を弔うために建立した寺で、洛中に所在した。のちに、現在地に移転した。歓喜寺は、現在は臨済宗妙心寺派の寺院であるが、嘉元三（一三〇五）年から元徳二（一三三〇）年までの三〇年弱は、西大寺直末寺の一つである大和菩提寺（橘寺）の末寺であった。すなわち、叡尊教団の律寺であった。歓喜寺には多数の古文書が残存しているが、それによれば、歓喜寺は熊野街道の近辺にあり、街道を通る禅律僧尼の接待所であったという[123]。

史料（24）[124]

奉寄進歓喜寺接待料紀伊国和佐庄内貞国名田畠等事

合田壱町伍段半伍拾歩 畠弐町玖段参伍百拾歩 者、坪付別紙在之、

右、当寺者、依為熊野参詣路辺、彼寺長老賢心上人多年之間為往反禅律僧尼、有接待於御興行、且為結縁、且為現当二世、雖為欠乏之地、以件貞国名、限永代、為彼料所々奉寄進実也、随申入事由相州之処、為公私御願尤神妙之由、所被仰出也、追可申成御教書者也、仍為末代亀鏡、寄進之状如件、

元徳二年六月一日　　　沙弥道珍在判

史料（24）は、元徳二（一三三〇）年六月一日付の「沙弥道珍田畠寄進状案」である。その頃には無本覚心の門流賢心房（恵甄）に歓喜寺の支配権は移動していた[125]。その傍点部から、歓喜寺の長老賢心が往還の禅律僧尼のために接待を行なっていたことがわかる。それは宗教的な作善であり、道珍は一つには結縁のため、いま一つには現世・来世の菩提のために接待料所として「紀伊国和佐庄内貞国名田畠」「田壱町伍段半伍拾歩畠弐町玖段参伍百拾歩」を寄付している。

こうした旅人、とりわけ禅律僧尼を接待（食料や宿所の提供）することは、歓喜寺に限ったものではない[126]。大和街道に面する利生護国寺なども、そうした接待所の機能を有していたのかもしれない[127]。

さらに、律僧たちは、優れた勧進能力を有していた。先述したように、海草郡下津町地蔵峰寺の本尊石造地蔵菩薩は宝光寺開山心浄の勧進で制作された。叡尊教団によるそうした勧進活動は紀伊国各地で行なわれたと考えられる。また、先述のごとく高野山遍照光院が高野山の勧進機能を担っていた点も大いに注目されよう。

このほかに、葬送活動も行なっていた。利生護国寺の裏には鎌倉時代以来の隅田一族の墓がある。そうした境内墓地の存在も利生護国寺の葬送活動従事を表している。その記念碑というべきものが、下兵庫共同墓地にある二基の五輪塔や西福寺の五輪塔である。

おわりに

以上、紀伊国の叡尊教団の寺院である金剛寺、利生護国寺、妙楽寺、宝光寺、宝金剛寺、遍照光院、西福寺、福琳寺などについて論じてきた。紀伊国の北部・中部のみならず、南部の新宮の方面にも末寺は展開していた。とりわけ、大和街道沿いの交通の要衝に立地し、大和街道・紀ノ川の管理をしていた可能性がある。

また、紀伊国人の浄賢房隆賢による利生護国寺の中興という具合に、叡尊教団の紀伊国における展開において紀伊国出身者の活動が注目される。ほかの国の叡尊教団の展開においても、そうしたケースが多かったと推測される。

ところで、叡尊教団は熊野新宮の神宮寺岡輪寺を末寺化していた。史料はないが、日前宮と紀三井寺、隅田八幡宮と利生護国寺も、葬送・勧進などを通じて結びついていた可能性を指摘してお

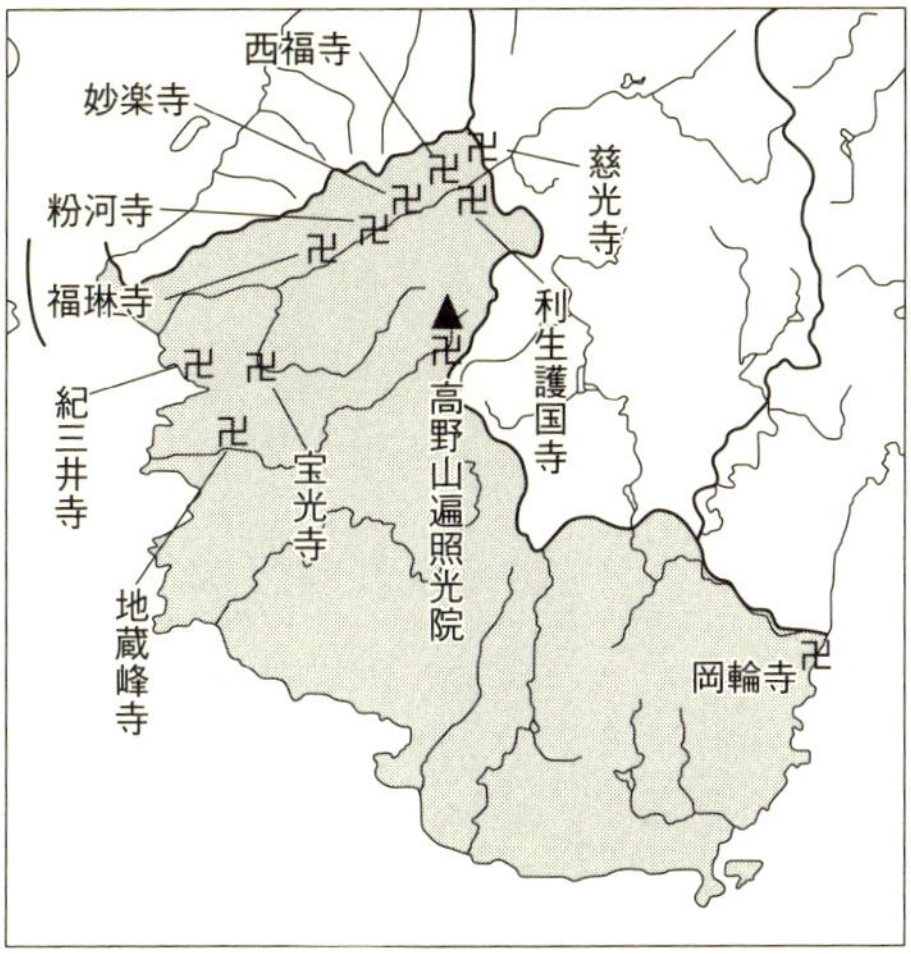

図5　紀伊における西大寺直末寺分布図

こう。
また、叡尊は一五〇〇箇寺を末寺としたというが[128]、紀伊で第三位の西大寺直末の福琳寺の末寺が一八箇寺もあったことを考えれば、その数も決して大げさとはいえないであろう。
別著[129]で、叡尊教団の寺院と弥勒信仰を中核とする巨大五輪塔（花崗岩、安山岩などの硬い石を使う）の建立について述べた。本章においても、従来まったく知られてこなかった利生護国寺の二基の五輪塔を新発見できた。調査に同行され、協力された瀬崎浩孝氏に感謝の意を表したい。また、金剛寺調査において、宮市邦明氏、岩鶴敏治氏にも大いにお世話になった。

附記　本稿脱稿後に再発見した、一四五三年から一四五七年までに作成された「西大寺末寺帳」にも、「明徳末寺帳」と同様一一箇寺が挙がっている。ただし、妙楽寺が第三番目に載る。本稿で推測したように、一五世紀には尼寺から僧寺となり、大いに盛えたのであろう。また、岡輪寺に関して、本稿では「永享末寺帳」に記載がないことから、永享八（一四三六）年頃には衰退していたと推測したが、一五世紀半ばまでは西大寺直末寺として機能していたとはいえるであろう。

註

（1）上横手雅敬『権力と仏教の中世史』（法藏館、二〇〇九年）、オリジナルは「紀伊の律寺」（『日本地名大系　和歌山県』角川書店、一九八五年）の月報、二〇二～二〇五頁。『和歌山県史　中世』（和歌山県、一九九四年）。それらのほか、『和歌山県の地名』（平凡社、一九八三年）、『日本地名大系　和歌山県』なども参照されたい。

（2）「明徳末寺帳」〈松尾『勧進と破戒の中世史』（吉川弘文館、一九九五年、二〇〇一年の補訂版）〉一四九頁。「明徳

末寺帳」には極楽寺本と西大寺本があるが、ここでは西大寺本を使用している。「明徳末寺帳」の史料論については松尾『勧進と破戒の中世史』を参照。

（3） 松尾『勧進と破戒の中世史』〈前註（2）〉一三六頁。

（4） 本文で述べるように、利生護国寺は隅田党隅田氏の氏寺として出発し、のちに西大寺直末寺となった。直末寺配下の末寺としては、大和菩提寺（橘寺）末寺の紀伊歓喜寺がある〈「紀伊歓喜寺文書」『鎌倉遺文』二八巻、二五八頁、二一六六六号文書〉。歓喜寺については、海老沢早苗「鎌倉時代における夫婦の共同祈願――紀伊和佐庄歓喜寺（薬徳寺）の事例を中心として」（『駒沢大学禅研究所年報』一三・一四合併号、二〇〇二年）参照。

（5） 松尾『勧進と破戒の中世史』〈前註（2）〉一四〇頁。

（6） 寛永一〇（一六三三）年三月七日付「西大寺末寺帳」（『西大寺関係史料（一）諸縁起・衆首交名・末寺帳』、奈良国立文化財研究所、一九六八年）一一九頁。

（7） 『金剛仏子叡尊感身学正記』（『西大寺叡尊伝記集成』法藏館、一九七七年）文永六（一二六九）年条。

（8） 細川涼一訳注『感身学正記』（平凡社、一九九九年）三一四頁参照。

（9） 苅米一志「地頭御家人における信仰の基本的特質」（『日本文化研究』一三、二〇〇二年）。

（10） 『広島県史　古代中世資料編Ⅳ』（広島県、一九七八年）六八四頁所収「定証起請文」。

（11） 『紀伊続風土記第一輯』（臨川書店、一九九〇年）六五〇頁。

（12） 竹中康彦「紀州池田荘金剛寺旧蔵大般若経の流転」（『和歌山県立博物館研究紀要』一九号、和歌山県立博物館、二〇一三年）など参照。

（13） 「大和西大寺文書」〈『鎌倉遺文』二六巻〉。

（14） 松尾『勧進と破戒の中世史』〈前註（2）〉一五八頁。

（15） 寛永一〇年三月七日付「西大寺末寺帳」〈前註（6）〉。

(16) 松尾「西大寺光明真言過去帳の紹介と分析」(速水侑編『日本社会における仏と神』吉川弘文館、二〇〇六年)九五頁。

(17) 「西大寺代々長老名」(『西大寺関係史料(一)諸縁起・衆首交名・末寺帳』、奈良国立文化財研究所、一九六八年)七三頁。

(18) 「西大寺代々長老名」〈前註(17)〉七三頁。

(19) 松尾「西大寺光明真言過去帳の紹介と分析」〈前註(16)〉九五頁。

(20) 「西大寺代々長老名」〈前註(17)〉七三頁。

(21) 「西大寺代々長老名」〈前註(17)〉七三頁。

(22) 松尾「西大寺光明真言過去帳の紹介と分析」〈前註(16)〉一〇〇頁。

(23) 「西大寺代々長老名」〈前註(17)〉七三頁。

(24) 「西大寺代々長老名」〈前註(17)〉七三頁。

(25) 松尾「西大寺光明真言過去帳の紹介と分析」〈前註(16)〉一〇二頁。

(26) 「西大寺代々長老名」〈前註(17)〉七四頁。

(27) 「西大寺代々長老名」〈前註(17)〉七四頁。

(28) 松尾「西大寺光明真言過去帳の紹介と分析」〈前註(16)〉一一二頁。

(29) 「西大寺代々長老名」〈前註(17)〉七四頁。

(30) 「西大寺代々長老名」〈前註(17)〉七四頁。

(31) 『紀伊名所図会　三編』(臨川書店、一九九六年)二三三〜二三五頁。『和歌山県の地名』〈前註(1)〉、『日本地名大系　和歌山県』〈前註(1)〉の「護国寺」の項参照。『橋本市遺跡調査概報二一輯　利生護国寺』(橋本市教育委員会、一九八八年)、『橋本市遺跡調査概報二一輯　利生護国寺』は利生護国寺は行基四九院の寺院ではないとする。瀬

崎浩孝『下兵庫村と大寺（利生護国寺）』（私家版、二〇〇三年）参照。
(32) 追塩千尋『中世南都寺院の僧侶と寺院』（吉川弘文館、二〇〇六年）二四四・二四五頁。
(33) 松尾『勧進と破戒の中世史』〈前註（2）〉一六〇頁。
(34) 『和歌山県史　中世』〈前註（1）〉、上横手『権力と仏教の中世史』〈前註（1）〉参照。
(35) 『感身学正記』〈前註（8）〉建治三（一二七七）年一〇月四日条。
(36) 『和歌山県の地名』〈前註（1）〉一五二頁。
(37) 『感身学正記』〈前註（8）〉弘安五（一二八二）年条。
(38) 『和歌山県史　中世史料1』（和歌山県、一九七五年）二六五頁所収二二号文書。
(39) 『和歌山県史　中世史料1』〈前註（38）〉二二号文書。
(40) 松尾「西大寺叡尊像に納入された「授菩薩戒交名」と「近住男女交名」」（松尾『日本中世の禅と律』吉川弘文館、二〇〇三年）七〇頁。
(41) 河内泉福寺を中興した戒印房源秀も河内の出身である〈松尾「西大寺叡尊像に納入された「授菩薩戒交名」と「近住男女交名」」〈前註（40）〉七一頁。本書第二部第一章第三節第一項参照。
(42) 『西大寺叡尊伝記集成』〈前註（7）〉所収「西大寺西僧房造営同心合力奉加帳一巻」三八三頁。
(43) 『律苑僧宝伝』（『大日本仏教全書　一〇五』名著普及会、一九七九年）一五〇頁。
(44) 「西大勅諡興正菩薩行実年譜」（『西大寺叡尊伝記集成』〈前註（7）〉）一九九頁。
(45) 「西大寺興正菩薩御入滅之記」（『西大寺叡尊伝記集成』〈前註（7）〉）二九一頁。
(46) 「西大寺興正菩薩御入滅之記」（『西大寺叡尊伝記集成』〈前註（7）〉）二九八頁。
(47) 松尾「西大寺光明真言過去帳の紹介と分析」〈前註（16）〉八六頁。
(48) 「西大寺代々長老名」〈前註（17）〉七三頁。

(49)『招提千歳伝記』(『大日本仏教全書　一〇五』〈前註(43)〉)二五頁。
(50)『和歌山県の地名』〈前註(1)〉の「護国寺」の項参照。
(51)『和歌山県の地名』〈前註(1)〉の「護国寺」の項、『橋本市遺跡調査概報二一輯　利生護国寺』〈前註(31)〉、瀬崎『下兵庫村と大寺(利生護国寺)』〈前註(31)〉参照。
(52)「紀伊利生護国寺文書」〈『鎌倉遺文』二一巻九七頁〉。
(53)「紀伊利生護国寺文書」〈『鎌倉遺文』二七巻七〇頁〉。
(54)『日本地名大系　和歌山県』〈前註(1)〉「妙楽寺」の項による。「丹生山妙楽寺薬師院縁起」(『橋本市史　上巻』橋本市役所、一九七四年)参照。なお、二〇一二年に奈良時代後期から平安時代初期の観音像が妙楽寺で見つかっている(「橋本新聞」二〇一二年一〇月九日号)。
(55)「丹生山妙楽寺薬師院縁起」〈前註(54)〉四七六・四七七頁。
(56)「紀伊利生護国寺文書」〈『鎌倉遺文』二六巻一二八頁〉。
(57)「紀伊利生護国寺文書」〈『鎌倉遺文』二六巻一八九頁〉。
(58)鎌倉幕府祈禱寺化の過程については、湯之上隆「関東祈禱寺の展開と歴史的背景」(『人文論集』二八―二、静岡大学人文学部、一九七七年)三六頁など参照。
(59)松尾「西大寺光明真言過去帳の紹介と分析」〈前註(16)〉八五頁。
(60)『律苑僧宝伝』〈前註(43)〉一四九頁。
(61)松尾「河内西琳寺五輪塔と大和唐招提寺西方院五輪塔をめぐって」(『戒律文化』八号、戒律文化研究会、二〇一一年)参照。
(62)松尾「西大寺叡尊像に納入された「授菩薩戒交名」と「近住男女交名」」〈前註(40)〉七六頁。
(63)「西大勅諡興正菩薩行実年譜」『西大寺叡尊伝記集成』〈前註(7)〉一九六頁。

(64) 松尾「西大寺光明真言過去帳の紹介と分析」〈前註(16)〉九六頁。
(65)「西大寺代々長老名」〈前註(17)〉七三頁。
(66)「西大寺代々長老名」〈前註(17)〉七三頁。
(67) 松尾「西大寺光明真言過去帳の紹介と分析」〈前註(16)〉一〇〇頁。
(68)「西大寺代々長老名」〈前註(17)〉七四頁。
(69)「西大寺代々長老名」〈前註(17)〉七四頁。
(70) 瀬崎『下兵庫村と大寺(利生護国寺)』〈前註(31)〉二九頁参照。瀬崎『仏さま――利生護国寺の仏像から』(私家版、二〇〇六年)五頁参照。
(71) 瀬崎『下兵庫村と大寺(利生護国寺)』〈前註(31)〉三三頁参照。
(72) 瀬崎『下兵庫村と大寺(利生護国寺)』〈前註(31)〉三三頁参照。
(73) 佐藤亜聖「西大寺様式五輪塔の成立」(『戒律文化』四、二〇〇四年)、松尾『中世律宗と死の文化』(吉川弘文館、二〇一〇年)八三頁。
(74) 松尾『中世律宗と死の文化』〈前註(73)〉八三頁。
(75) 松尾『忍性』(ミネルヴァ書房、二〇〇四年)。
(76) 上横手『権力と仏教の中世史』〈前註(1)〉では「極楽寺」本を使用している。
(77)『和歌山県の地名』〈前註(1)〉の「福琳寺」の項参照。
(78) 上横手『権力と仏教の中世史』〈前註(1)〉二〇四頁。
(79) 松尾『勧進と破戒の中世史』〈前註(2)〉一六〇頁。
(80) 寛永一〇年三月七日付「西大寺末寺帳」〈前註(6)〉一一九頁。
(81)『日本地名大系　和歌山県』〈前註(1)〉の「福琳寺」の項参照。史料は『考古学雑誌』(六〇―三、一九七三年)

に景山春樹、宇野健一、稲田和彦「近江の金石文（一五）」として紹介されている。
(82) 松尾「西大寺叡尊像に納入された「授菩薩戒交名」と「近住男女交名」」〈前註（40）〉六九頁。
(83) 『西大寺叡尊伝記集成』〈前註（7）〉三一八頁所収「金剛峰楼閣一切瑜伽瑜祇経奥書」。また、宝治二（三四八）年将来律三大部の一具七三巻を受けた「舜尊永乗房」も、その房名などから寂尊であろう（『西大寺叡尊伝記集成』〈前註（7）〉三一九頁）。さらに、建長（一二五一）三年にも、遍覚三蔵（玄奘）と慈恩大師基のいずれかの絵を描くかが問題となった時に遍覚三蔵を描くべきとの意見を述べている（『感身学正記』〈前註（8）〉建長三年条）。
(84) 「福琳寺俗別当職補任状」（『打田町史　史料編一』打田町、一九八一年）三八五・三八六頁。『打田町史　史料編一』の口絵に本文書の写真あり。
(85) 『和歌山県の地名』〈前註（1）〉の「福琳寺」の項参照。『打田町史　史料編一』〈前註（84）〉三八五・三八六頁。
(86) この点、『打田町史　巻三　通史編』（打田町、一九八三年）一四九・一五〇頁を参照。
(87) 『打田町史　史料編一』〈前註（84）〉三八五〜三八七頁。
(88) 松尾「西大寺叡尊像に納入された「授菩薩戒交名」と「近住男女交名」」〈前註（40）〉九八頁。
(89) 松尾「西大寺光明真言過去帳の紹介と分析」〈前註（16）〉七九頁。
(90) 「常楽記」建武元（一三三四）年一一月二一日条。
(91) 「常楽記」暦応元（一三三八）年五月二四日条。
(92) 『打田町史　史料編二』（打田町、一九八四年）二六二頁。
(93) 『和歌山県史　中世』〈前註（1）〉二七三頁。
(94) 『新宮市史　史料編下巻』（新宮市、一九八六年）九七七・九七八頁。岡本啓一「東陽山宗応寺について」（『みくまの』第一号、一九八五年）も参照。
(95) 宗応寺所蔵。

(96) 本文の図3のように聖徳太子二歳像が寺宝としてある。
(97) 松尾「西大寺光明真言過去帳の紹介と分析」〈前註(16)〉九九頁。
(98) 「西大寺代々長老名」〈前註(17)〉七三頁。
(99) 「西大寺代々長老名」〈前註(17)〉七三頁。
(100) 松尾「西大寺光明真言過去帳の紹介と分析」〈前註(16)〉一〇三頁。
(101) 「西大寺代々長老名」〈前註(17)〉七三頁。
(102) 「西大寺代々長老名」〈前註(17)〉七三頁。
(103) 『和歌山県の地名』〈前註(1)〉三九三頁。
(104) 『下津町史　史料編・上』(下津町、一九七四年)二四八頁。口絵には写真あり。
(105) 松尾「西大寺叡尊像に納入された「授菩薩戒交名」と「近住男女交名」」〈前註(40)〉九九頁。
(106) 「西大寺代々長老名」〈前註(17)〉七四頁。
(107) 「永享末寺帳」(松尾『勧進と破戒の中世史』)〈前註(2)〉一五九頁。
(108) 『続真言宗全書　三四』(高野山大学出版部、二〇〇八年)六〇二頁。
(109) 『和歌山県史　中世』〈前註(1)〉二五六・二五七頁。愛甲昇寛『高野山町石の研究』(密教文化研究所、一九七三年)。
(110) 『和歌山県史　中世』〈前註(1)〉二五六・二五七頁。愛甲『高野山町石の研究』〈前註(109)〉参照。
(111) 松尾『中世律宗と死の文化』〈前註(73)〉参照。
(112) 地蔵寺には、かつて西福寺が所蔵していた文殊・普賢像などもある。
(113) 『紀伊名所図会(二)』(歴史図書社、一九七〇年)四四二頁。田中重雄「紀伊高野口町西福寺の五輪石塔」(『史迹と美術』三三一―四、一九六二年)一五四頁。

(114)「永享末寺帳」〈松尾『勧進と破戒の中世史』〉〈前註(2)〉一五五頁。
(115)神野々観音寺には、正平七年と正平一三年の二基の五輪塔が残る。それらは大念仏衆によるものだが、観音寺はそこかもしれない。今後の課題としたい。
(116)「永享末寺帳」〈松尾著『勧進と破戒の中世史』〉〈前註(2)〉一五八頁。
(117)光明院の所在地は不明である。叡尊は粉河も訪問しており、粉河にも末寺が所在した可能性があり、光明院は粉河に所在したのかもしれない。粉河寺の十禅律院という律院には光明院があった(『紀伊続風土記』第1、臨川書店、一九六八年、七〇四頁)。
(118)松尾「西大寺光明真言過去帳の紹介と分析」〈前註(16)〉九二頁。
(119)「西大寺代々長老名」〈前註(17)〉七三頁。
(120)「西大寺代々長老名」〈前註(17)〉七三頁。
(121)松尾『中世律宗と死の文化』〈前註(73)〉参照。
(122)直末寺ではないが、海草郡下津町地蔵峰寺も紀南地方への入り口といえる峠に立っていた(上横手『権力と仏教の中世史』〈前註(1)〉参照)。
(123)海老沢早苗「鎌倉時代における夫婦の共同祈願――紀伊和佐庄歓喜寺(薬徳寺)の事例を中心として」〈前註(4)〉、追塩千尋『中世南都仏教の展開』(吉川弘文館、二〇一一年)参照。
(124)「紀伊歓喜寺文書」〈『鎌倉遺文』四〇巻、五五頁、三一〇五三号文書〉。
(125)海老沢「鎌倉時代における夫婦の共同祈願――紀伊和佐庄歓喜寺(薬徳寺)の事例を中心として」〈前註(4)〉一八二頁。
(126)伊藤正敏「歓喜寺文書中の禅律関係史料」(『和歌山市立博物館研究紀要』一、和歌山市教育委員会、一九八六年)、同「地域社会と禅律僧」(『日本歴史』四七五、一九八七年)参照。接待所の一種である旦過について、服部英雄『地名の歴史学』（角川書店、二〇〇〇年）なども参照。
(127) 坂口太郎氏のご教示によれば、『高野山文書』（高野山文書刊行会）所収の「隅田八幡宮縁起」に「摂待所（今退転）」とあり、接待所が隅田八幡宮にあったと考えられる。
また、嵩山居中の語録『嵩山集』（『橋本市史　古代・中世史料』橋本市、二〇一二年、一一八頁）にも「隅田接待」とあり、鎌倉後期・南北朝期に隅田に接待所があったことは確実である。それを、利生護国寺が管理していた可能性は高い。
(128) 松尾『勧進と破戒の中世史』〈前註（2）〉一三一頁。
(129) 松尾『中世律宗と死の文化』〈前註（73）〉。

第四章　美濃国における展開

はじめに

本章では、中世美濃国（現、岐阜県）における叡尊教団の展開を扱う。奈良西大寺叡尊をいわば祖師とする叡尊教団の展開に関しては、従来、ほとんど触れられることはなかった。それは、主として史料的な制約によるが、他地域における叡尊教団の展開を考えると[1]、美濃国における叡尊教団の展開を考察することは大いに重要であると考える。ここでは、私がベルギーのルーバン・ラ・ヌーヴ・カトリック大学（以後、新ルーバン・カトリック大学と略す）図書館で新発見した『大般若波羅蜜多経』などを使って、中世美濃国における叡尊教団の展開を論じたい。

第一節　山田松蔵寺・大井長康寺・牛藪報恩寺

叡尊は弘長二（一二六二）年二月四日から八月一五日にかけて鎌倉へ下向した。そのさいの旅日記が『関東往還記』として残されている。それによれば、美濃国の垂水宿などに宿している[2]。この鎌倉下向の旅は布教活動の旅でもあった。とりわけ、弘長二年六月には一条局から美濃国土岐・多良庄（大垣市上津石町）ほかを永久に殺生禁断の地とする誓文が捧げられている。(3)

また、鎌倉下向のさいに弟子となったかどうかは不明だが、鏡智照見房、信尊道観房（以上は僧）、性意観鏡房、戒蓮明覚房（以上は尼）といった美濃出身の僧・尼が弟子となっている。(4) それゆえ、美濃においても叡尊教団が展開していたことは確実である。

さて、美濃国における叡尊教団の展開を考えるうえでも、明徳二（一三九一）年に書き改められた「西大寺末寺帳」(5)（以下、「明徳末寺帳」と略す）はきわめて重要である。それによれば、以下のように四箇寺が書き上げられている。

史料(6)（1）

美濃国

山田松蔵寺　　大井長康寺

小松寺　　牛藪報恩寺十八代長老明徳二年十月卅日

すなわち、山田松蔵寺、大井長康寺、小松寺、牛藪報恩寺の四つである。だが、注意すべきことには、それら四箇寺のみが、その当時、美濃国における西大寺末寺であったわけではない点である。というのも、「明徳末寺帳」は、奈良西大寺が直接に住持を任命する直末寺が書き上げられているから(7)で、直末寺以外の末寺も所在したと考えられるからだ。

しかしながら、「明徳末寺帳」に見える寺院は、直末寺という末寺のなかでも重要な寺院群であり、直末寺から考察するのは意味がある。そこで、「明徳末寺帳」に書き上げられた西大寺直末寺を通じて、美濃国における叡尊教団の展開をみよう。

山田松蔵寺について

松蔵寺は史料（1）のように「明徳末寺帳」の筆頭に書かれている。このことは重要で、松蔵寺が美濃における筆頭の西大寺直末寺であったことを示している[8]。山田がどこであるのかはっきりしないが[9]、後考を待とう。

さて、「明徳末寺帳」に松蔵寺が記載されているということから、明徳二年において末寺であったことがわかる。しかし、いつから末寺であったのかは残念ながらはっきりしない。それでは、いつ頃まで末寺であったのだろうか。

西大寺末寺帳には、永享八（一四三六）年の「西大寺坊々寄宿末寺帳」[10]というのがある（「永享末寺帳」とも）。それは、奈良西大寺で開催される光明真言会にさいして、一堂に会する西大寺末寺僧がどこに宿泊するかを示している。それには、「一室分」に「濃州松蔵寺」とある[11]。それゆえ、永享八年において、松蔵寺は光明真言会にさいして西大寺の一室に滞在することになっていたのである。つまり、一五世紀前半の永享八年までは西大寺光明真言会に参加していたのであろう。さらに、一四五三年から一四五七年までの間に作成された末寺帳にも末寺として見える[12]。以後、松蔵寺の活動ははっきりしなくなる。

大井長康寺について

大井長康寺は史料（1）の「明徳末寺帳」では第二番目に書かれている。それゆえ、美濃の西大寺直末寺で第二位の寺格であった。

大井には、東山道の宿場町であった恵那市の大井と可児町の大井の二つあり[13]、どの大井かははっきりしない。また、『岐阜県の地名』では、加茂郡八百津町和知に長康寺があり、妙心寺派の寺院という。室町中期の創建で以前は長康庵という曹洞宗寺院であったという[14]。それゆえ別寺であろうか。現在のところ所在地は不明である。

ただ、交通の要衝に叡尊教団は展開していたが、恵那市には鎌倉時代以前に長興寺という寺があったことがわかっているので、その寺かもしれないが[15]、はっきりしない。

ところで、この大井長康寺は「東室二分」として永享八（一四三六）年の「西大寺坊々寄宿末寺帳」に見える[16]。それゆえ、永享八年において、大井長康寺は奈良西大寺光明真言会に参加し、その場合は西大寺の「東室二」に滞在することになっていたのである。つまり、一五世紀前半の永享八年までは西大寺光明真言会に参加していたのであろう。

また、叡尊教団の物故者名簿である「光明真言過去帳[17]」にも長康寺僧が出てくる。

史料（2）[18]

○当寺第十四長老沙門堯基　　廿一日（白紙ヲ貼ッテソノ上ニ）

覚日房　金剛寺　　俊一房　桂宮院

（中略）

十円房　長康寺　　素一房　白毫寺

円一房　薬師院　　覚忍房　常福寺

心恵房　当寺住　　覚智房　速成就院
良善房　当寺住　　智照房●当寺住
○当寺第十五長老沙門興泉　　（太字引用者、以下、太字、注記など引用者）

すなわち、史料（2）のように長康寺十円房が、応安三（一三七〇）年八月一五日に死去した桂宮院俊一（日カ）房[19]と康暦元（一三七九）年六月晦日に八六歳で死去した西大寺第一五代長老興泉[20]との間に見える。それゆえ、長康寺十円房は、その間に死亡したと考えられる。とすれば、一四世紀後半に住職であったはずの十円房の存在が知られる。

また、次の史料（3）のように長康寺覚聖房が康暦元（一三七九）年六月晦日に八六歳で死去した西大寺第一五代長老興泉[21]と嘉慶二（一三八八）五月五日に九〇歳で死去した西大寺第一六代長老禅誉[22]との間に記載されている。覚聖房は、その間に死去したのであろう。

史料（3）[23]
○当寺第十五長老沙門興泉
（中略）
覚聖房　**長康寺**　　慈日房　宝蓬院
（中略）
○当寺第十六長老沙門禅誉

さらに、長康寺智俊房が、史料（4）のように、応永一九（一四一二）年二月二三日八〇歳で亡くなった西大寺第二一代長老叡空[24]と応永二二（一四一五）年二月二九日七一歳で死去した西大寺第二二代長老英如[25]との間に記載されている。

史料（4）[26]

○当寺第二十一長老沙門叡空
教印房　当寺住
聖義房　長門国分寺
了禅房　額安寺
本寿房　周防国分寺
祐宗房　良福寺
（中略）
教也房　宝蓮花寺
遵光房　広成寺
○当寺第廿二長老沙門英如

春覚房　二見寺
智浄房　浄土寺
尭通房　常福寺
智俊房　長康寺
性如房　額安寺
○恵俊房　極楽寺長老
双賢房●備後浄土寺

智俊房は、応永一九（一四一二）年二月二三日から応永二二（一四一五）年二月二九日までの間に死去したのであろう。このように、一五世紀の前半までは長康寺の活動を追える。さらに、一四五三年から一四五七年までの間に作成された末寺帳にも末寺として見えるが[27]、以後は不明である。

牛藪報恩寺について

「明徳末寺帳」の第四番目に記載され、寺格四位の報恩寺は牛藪に所在したのであろうが、牛藪がどこかはっきりしない。

「明徳末寺帳」では、「十八代長老明徳二年十月卅日」と注記がある。その注記は、第一八代長老深泉[28]の時である明徳二(一三九一)年一〇月三〇日に直末寺化したことを表している。

さらに、一四五三年から一四五七年までの間に作成された末寺帳にも末寺として見える[29]。このほかに、現在のところ報恩寺の活動は知られない。

第二節　小松寺

小松寺は、「明徳末寺帳」には第三番目に記載されているので、美濃国の西大寺直末寺で第三位の寺格の寺院であったと考えられる。では、この小松寺は、どこに所在したのだろうか。

このことを考えるうえで、ベルギーの新ルーバン・カトリック大学図書館と笠間稲荷神社所蔵[30]の『大般若波羅蜜多経』(いずれも折本)の奥書は大いに示唆にとむ。新ルーバン・カトリック大学には合計一四冊(一〇冊は版本、四冊は写本)[31]、笠間稲荷神社には一冊の『大般若波羅蜜多経』[32]が所蔵され、版本にはいずれも奥書が書かれている。

まず、ベルギーの新ルーバン・カトリック大学図書館に『大般若波羅蜜多経』がなぜあるのかというと、アジア人として初めて常設国際司法裁判所所長となった安達峰一郎が仲介して、第一次世界大戦にさいし、ドイツ軍によって破壊されたベルギー・ルーバン・カトリック大学の復興の一環として貴重書などが日本から寄贈されたからである。それらは、一九二四年八月から一九二六年八月までの間に六次にわたって、目録カードとともに贈られた。なかには大変貴重なものもある。だが、現在は、一九七〇年にルーバン・カトリック大学から分離して成立した新ルーバン・カトリック大学図書館に移されている[33]。

新ルーバン・カトリック大学図書館の所蔵番号三七A四（巻二〇四、二四七、二四九、二五二、三二三の五冊がまとめて同じ帙に入れられている）と三七A五（巻四一七、四四〇、五三一、五八九、五九一の五冊がまとめて同じ帙に入れられている）の『大般若波羅蜜多経』一〇冊と笠間稲荷神社一冊はいずれも版本で、奥書がある。注目すべきことに、奥書の文言から、それらは本来、美濃国小松寺常住物として応安七（一三七四）年一一月一五日付で寄付されたものであることがわかる。

史料(5)[34]（図1）

（異筆）東光庵公用也、住持比丘長尭旌旃

「（合点アリ）奉寄進　大般若経一部

（合点アリ）濃州賀茂郡小松寺常住

（合点アリ）右志者為現世安穏後生善処也

（合点アリ）応安七年甲寅　十一月十五日

藤原氏女（合点アリ）（花押）
住持比丘不退（合点アリ）（花押）」

史料（6）[35]

藤原氏女（花押）
住持比丘不退（花押）

史料（7）[36]

（異筆）東光庵住持比丘長尭誌之
「奉寄進（合点アリ）　大般若経一部
濃州賀茂郡（合点アリ）小松寺常住（合点アリ）
右志者（合点アリ）為現世安穏後生善処也
応安七年（合点アリ）甲寅　十一月十五日
藤原氏女（合点アリ）（花押）」

史料（8）[37]（図2）

（異筆）蜂屋東光禅庵公用、住持比丘長尭誌旃

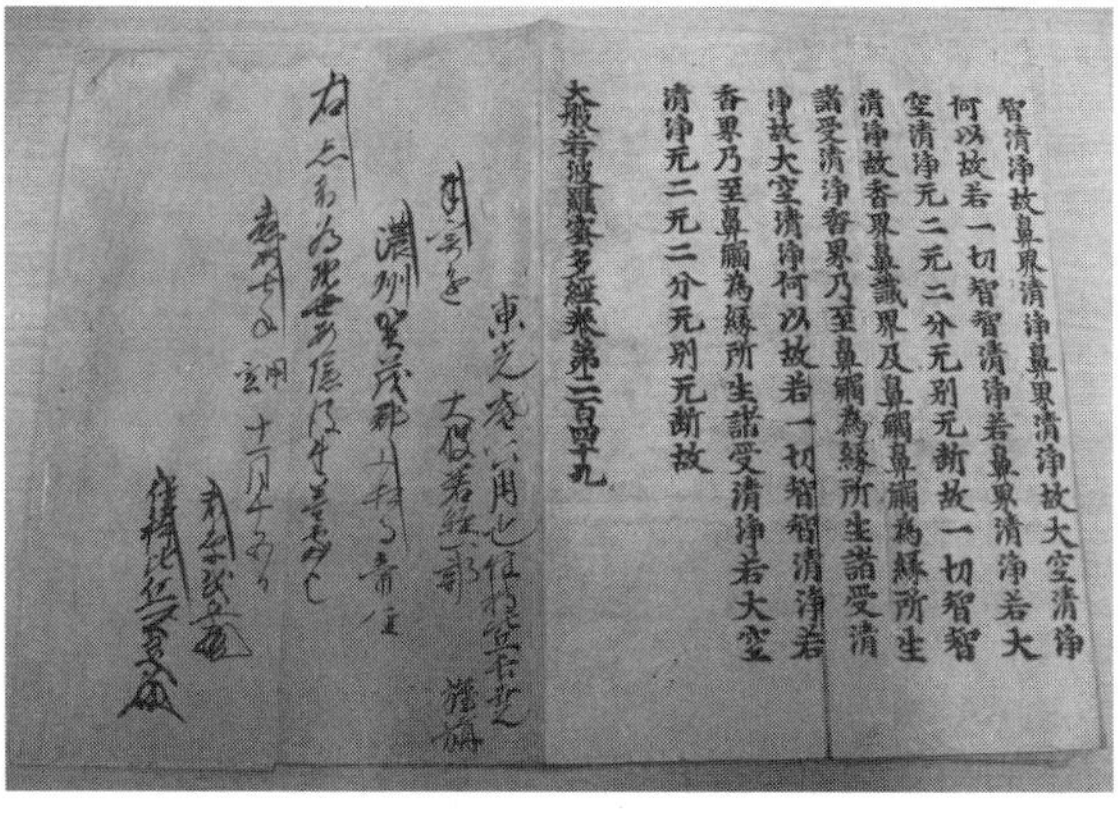

図1　史料（5）

「奉寄進（合点アリ）　大般若経一部
濃州賀茂（合点アリ）郡小松寺常住
右志者（合点アリ）為現世安穏後生善処也
応安七年（合点アリ）甲寅　十一月十五日
藤原氏女（合点アリ）（花押）
住持比丘（裏側ニ見ル）不退（花押）」

史料（9）[38]（図3）

東光（異筆）庵常住々持比丘長尭旌旃
「奉寄進（合点アリ）　大般若経一部
濃州賀茂（合点アリ）郡小松寺（合点アリ）常住
右志者（合点アリ）為現世安穏後生善処也
応安七年甲　十一月十五日」

史料（10）[39]

濃州賀茂郡蜂屋北方東光庵常住也、薫位比丘長尭彔云

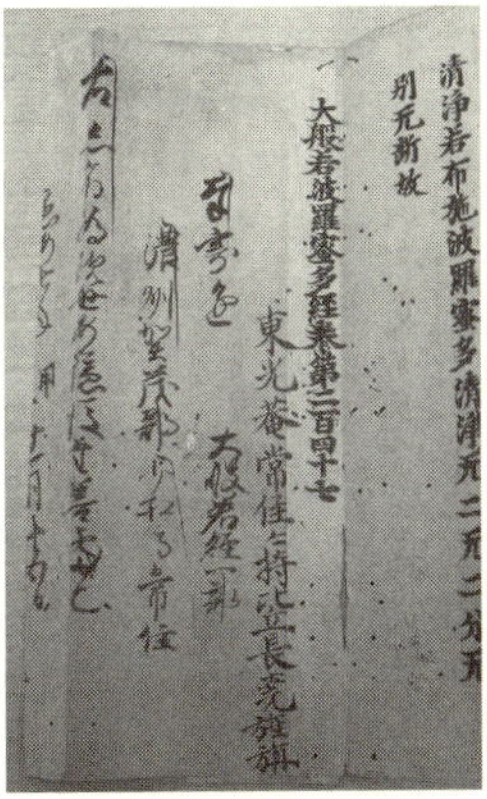
図3　史料（9）

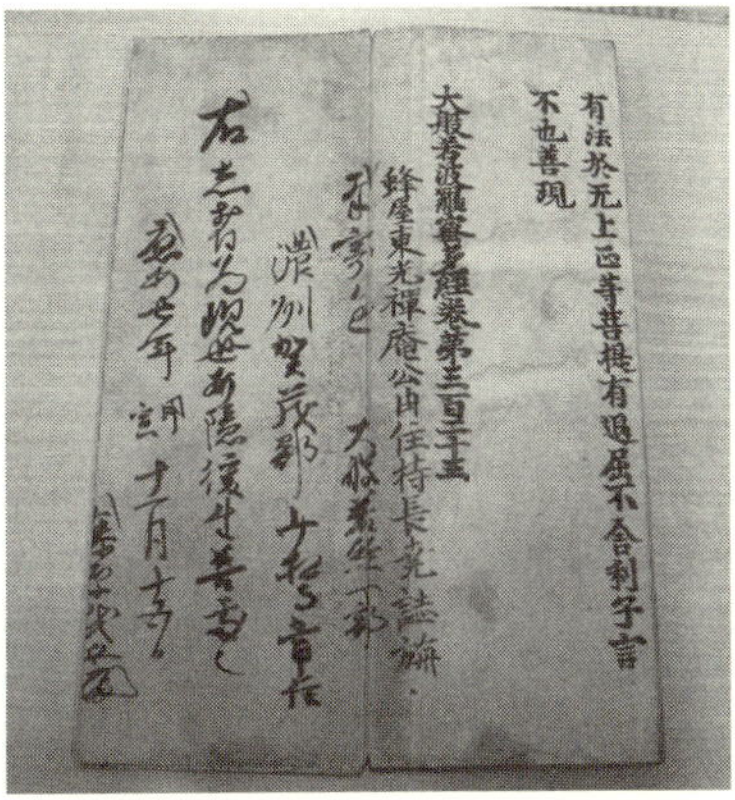
図2　史料（8）

史料（11）[40]

住庵比丘長尭誌焉

濃州賀茂縣蜂屋庄北方東光庵常住也

（異筆）
「奉寄進　大般若経一部

濃州加茂郡小松寺常住」

史料（12）[41]

長尭录之

真読覚庵

「　　」

史料（13）[42]

長尭旌旆

（異筆）
「奉寄進　大般若経一部

濃州賀茂郡小松寺常住

右志者為現世安穏後生善処也

応安七年甲寅　十一月十五日

藤原氏女（抹消線アリ）（花押）」

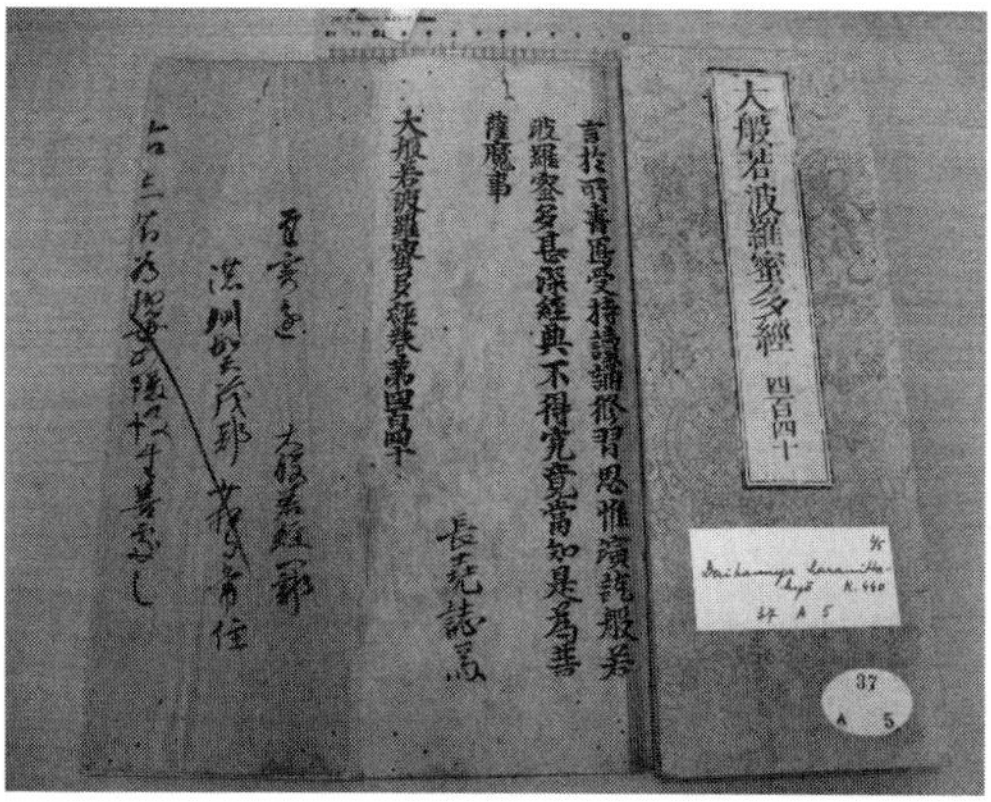

図4　史料（14）

史料（14）[43]（図4）

「奉寄進　大般若経一部

濃州賀茂郡小松寺常住

右志者為現世安穏後生善処也」（抹消線アリ）

長尭誌焉（異筆）

史料（15）[44]（図5）

東光庵住持長尭

「奉寄進（異筆）　大般若経一部

濃州賀茂郡　小松寺常住

右志者為現世安穏後生善□（処）

応安七年甲寅十一月十五日

藤原氏女（花押）」（抹消線有リ）

以上のような奥書の記載から、それら版本の『大般若波羅蜜多経』は、まず、応安七（一三七四）年一一月一五日付で藤原氏女と住持比丘不退の連名[45]により濃州賀茂郡小松寺常住物に寄付されたことがわかる。その目的は、史料（5）などから「現世安穏、後生善処」のためであった。また、巻頭（図6）には「大願主平光泰[46]」という注記のあるものもあり、その寄進の大願主は平光泰であった。この平光泰と藤原氏女との関係は不明であるが、夫婦と

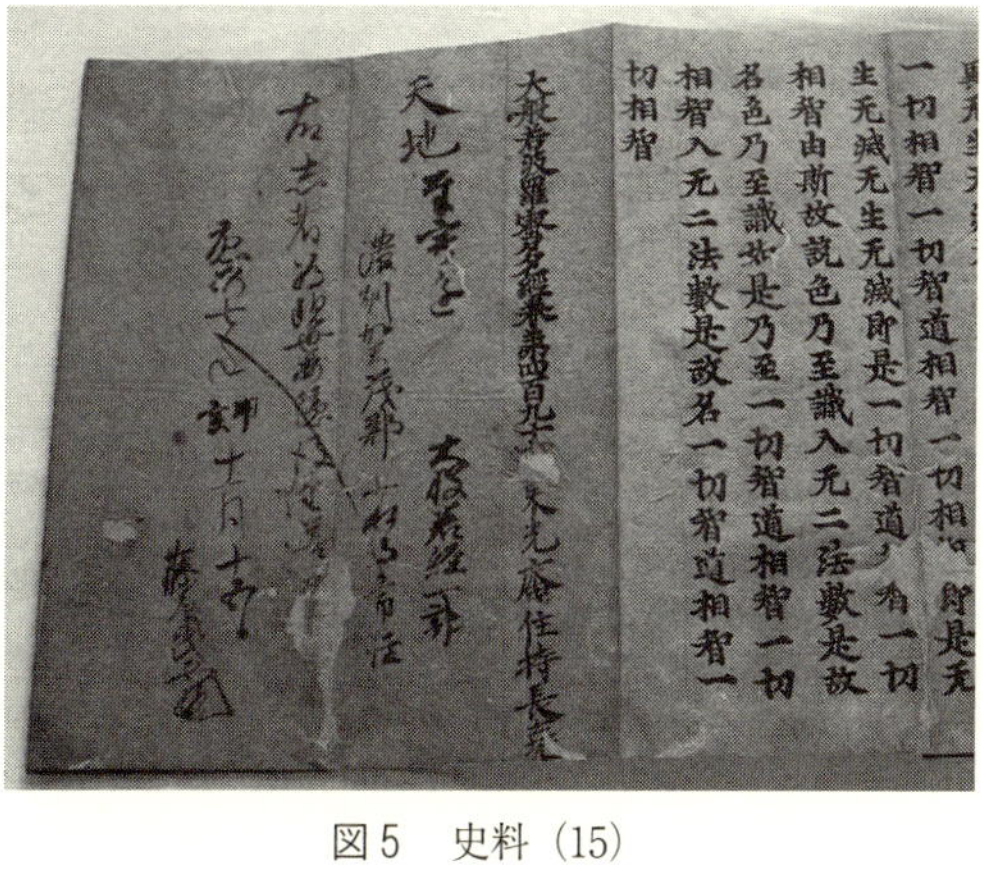

図5　史料（15）

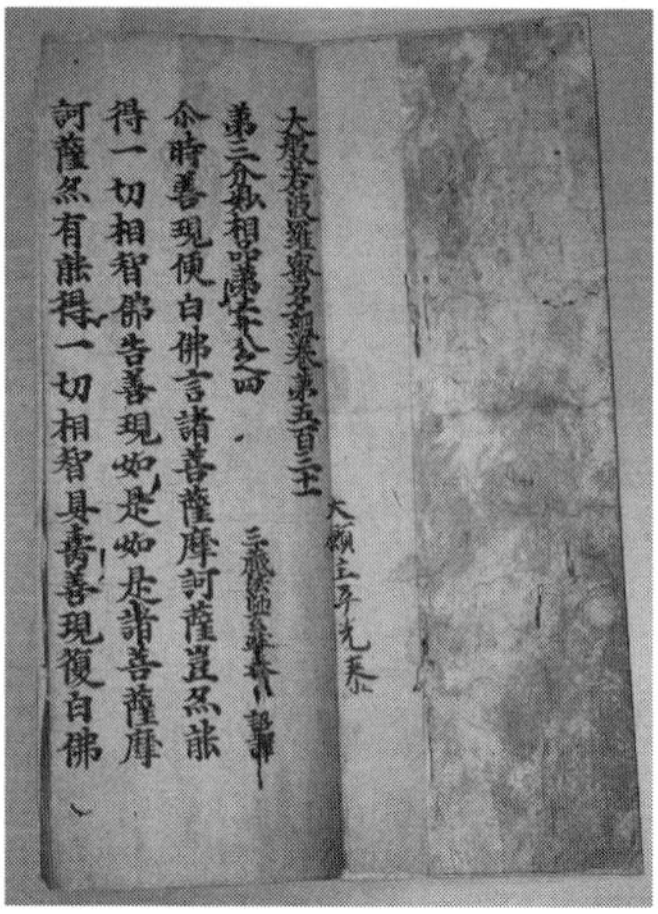

図6　巻頭部分

いった家族関係者なのかもしれない。

さらに注目されるのは、そうした寄進文言などには、図1～3のように濃州賀茂郡蜂屋（美濃加茂市付近）庄北方東光禅庵住持長尭によって合点や抹消の線が引かれている。それゆえ、それらは、いったんは濃州賀茂郡小松寺常住物に寄付されたあと、濃州賀茂郡蜂屋北方東光禅庵が所有するにいたった。そのために、そうした合点や抹消線が引かれたと考えられる。

東光庵に関しては、史料（8）に「東光禅庵」(47)とあるように、禅宗系の庵であったことがわかる。『大般若波羅蜜多経』は西大寺直末寺小松寺の所有を離れ、東光禅庵の所有になっていたのだ。

さて、注目されるのは、この『大般若波羅蜜多経』が応安七年に寄付された濃州賀茂郡小松寺である。この小松寺と「明徳末寺帳」の小松寺が同一であるとただちには断定できないが、ひとまず同一であると考える。

叡尊らは新寺の建立というより旧寺院の復興を行なう場合がほとんどで、小松寺は治承二（一一七八）年の創建という古寺である。美濃加茂市の宝積寺には小松寺旧蔵の鎌倉時代の十一面観音像が伝わる。(48)

さらに、『岐阜県の地名』(49)によれば、小松寺という寺院が、現在の関市西田原小松（旧、賀茂郡）に所在し、現在の宗派は黄檗宗で、山号を大慈山という。寛文七（一六六七）年に潮音によって復興され黄檗宗となったと伝える。『岐阜県の地名』(50)は、この小松寺を『大般若波羅蜜多経』の奥書に見える小松寺の後身とするが、私も支持できる。すなわち、「明徳末寺帳」の小松寺は濃州賀茂郡に所在したと考えられる。(51)

とすれば、小松寺は応安七（一三七四）年頃には西大寺直末寺として機能していたことになる。先述のように、小松寺旧蔵の十一面観音は円仁作と伝えるので、『岐阜県の地名』は潮音の復興以前は天台宗寺院かとする。しかし、これまで論じてきたように、黄檗宗寺院となる以前の応安七年においては叡尊教団の直末寺で律寺であった。それゆえ、叡尊教団の直末寺となる以前においては天台宗寺院であったのであろう。[52] 東光禅庵と寛文七年に潮音によって復興された黄檗宗寺院小松寺との関係は史料で跡づけることはできない。

以上のように、小松寺は美濃国の叡尊教団の西大寺直末の寺院で、ほぼ所在地を確認できる唯一の寺院である。もっとも、先の笠間稲荷所蔵の『大般若波羅蜜多経』の奥書の分析から、玉村竹二は小松寺を禅宗寺院と考えている。[53] たしかに、住持長尭の頃には東光庵は禅宗寺院であった。しかし、『大般若波羅蜜多経』が寄付された応安七年当時小松寺は西大寺直末の律寺であった。それゆえ、寄付者として連署している小松寺住持比丘不退も律僧であろう。なお、比丘とは、本来、一人前の僧を指したが、とりわけ中世では禅・律・念仏宗で使用された。

さらに、先述の叡尊教団の物故者名簿である「光明真言過去帳」にも小松寺僧が見える。

史料（16[54]）

当寺第十七長老沙門慈朝

信敬房　小松寺　　宗珠房　持宝寺

道観房　当国極楽寺　　信法房　最福寺

（中略）

正妙房　額安寺　　寂密房●浄住寺

○当寺第十八長老沙門深泉

すなわち、明徳二（一三九一）年四月九日に七三歳で死去した西大寺第一七代長老慈朝[55]と応永二（一三九五）年九月二五日に死去した西大寺第一八代長老沙門深泉[56]の間に小松寺僧の信敬房が記載されている。明徳二年四月九日から応永二年九月二五日の間に信敬房は亡くなったのであろう。

応安七（一三七四）年一一月一五日付で『大般若波羅蜜多経』を寄付した住持の不退が二〇年くらい前の信敬房と同一人物かもしれない。その当否は別として、一四世紀の末において小松寺は律寺として機能していたことが確認できる。

ところが、先述した永享八（一四三六）年の「西大寺坊々寄宿末寺帳」には見えない。それゆえ、一見すると、その頃には西大寺末寺から離脱した可能性が出てくる。しかしながら、一四五三年から一四五七年までの間に作成された「西大寺末寺帳」には末寺として見える[57]。それゆえ、西大寺直末寺とはいえ、その頃には衰退して、奈良西大寺で開催される光明真言会には参加しなくなったのであろうか。

おわりに

以上、本章では美濃国における叡尊教団の展開を追ってみた。関市の小松寺以外の末寺の所在地を明確にできなかった。しかし、ベルギー・新ルーバン・カトリック大学図書館所蔵、笠間稲荷神社所蔵の『大般若波羅蜜多経』の奥書などから、従来ほとんど不明であった叡尊教団の美濃国における展開を小松寺を通じて明らかにできたとはいえよう。今後は、国外に流出した史・資料にも目配りをした研究を行なっていかなければならない。

本章は、岐阜県、茨城県調査、ベルギー・新ルーバン・カトリック大学図書館での調査を踏まえてのささやかな報告である。

付記　笠間稲荷神社の調査（二〇一二年九月七日）のさいに権宮司太田寿男氏、主事補成田元也氏にお話を伺った。記して感謝の意を表したい。二〇一〇～二〇一三年に四度、ベルギー・新ルーバン・カトリック大学を訪問し、調査を行なった。そのさい、写真撮影などで澤田裕治氏、中沢信幸氏、松本邦彦氏らの協力を得た。本研究は二〇一一～二〇一三年度の山形大学学長裁量経費を使った「山形偉人再発見プロジェクト」研究の成果でもある。

註

（1）松尾『中世律宗と死の文化』（吉川弘文館、二〇一〇年）など参照。
（2）細川涼一訳注『関東往還記』（平凡社、二〇一一年）四八頁。
（3）細川訳注『関東往還記』〈前註（2）〉一九三頁。
（4）叡尊から菩薩戒を授けられた弟子の名簿である「授菩薩戒弟子交名」（弘安三〈一二八〇〉年九月記載）による〈松尾『日本中世の禅と律』〈吉川弘文館、二〇〇三〉七四、七七、一〇三、一〇六頁〉。
（5）松尾『勧進と破戒の中世史』（吉川弘文館、一九九五年。二〇〇一年に補訂版を出した）参照。
（6）松尾『勧進と破戒の中世史』〈前註（5）〉一四六・一四七頁。
（7）松尾『勧進と破戒の中世史』〈前註（5）〉一三七頁。
（8）この点、松尾『勧進と破戒の中世史』〈前註（5）〉一四〇頁参照。

(9) 岐阜県関市山田かもしれないし、郡上市山田かもしれない。
(10) 松尾『勧進と破戒の中世史』〈前註(5)〉一五三頁以下参照。
(11) 松尾『勧進と破戒の中世史』〈前註(5)〉一五五頁。
(12) 松尾「中世叡尊教団と泉涌寺末寺の筑後国への展開——新発見の中世西大寺末寺帳に触れつつ」(『山形大学大学院社会文化システム研究科紀要』一〇号、二〇一三年、本書第三部第二章に所収)を参照されたい。
(13) 『岐阜県の地名』(平凡社、一九八九年)参照。恵那市の大井は中山道大井宿で、叡尊教団の律寺が交通の要衝に立つことを考えれば、そこに所在したのかもしれない。
(14) 『岐阜県の地名』〈前註(13)〉六九五頁。
(15) 『恵那市史　通史編　第一巻』(恵那市、一九八三年)七九四頁。
(16) 松尾『勧進と破戒の中世史』〈前註(5)〉一五八頁。
(17) 松尾「西大寺光明真言過去帳の紹介と分析」(速水侑編『日本社会における仏と神』吉川弘文館、二〇〇六年)八二頁。
(18) 松尾「西大寺光明真言過去帳の紹介と分析」〈前註(17)〉九七頁。
(19) 「常楽記」(『群書類従』二九)二二七頁。
(20) 「西大寺代々長老名」(『西大寺関係史料(一)諸縁起・衆首交名・末寺帳』奈良国立文化財研究所、一九六八年)七三頁。
(21) 「西大寺代々長老名」〈前註(20)〉七三頁。
(22) 「西大寺代々長老名」〈前註(20)〉七三頁。
(23) 松尾「西大寺光明真言過去帳の紹介と分析」〈前註(17)〉九八頁。
(24) 「西大寺代々長老名」〈前註(20)〉七三頁。

(25)「西大寺代々長老名」〈前註(20)〉七三頁。

(26)松尾「西大寺光明真言過去帳の紹介と分析」〈前註(17)〉一〇三頁。

(27)松尾「中世叡尊教団と泉涌寺末寺の筑後国への展開――新発見の中世西大寺末寺帳に触れつつ」〈前註(12)〉参照。

(28)「西大寺代々長老名」〈前註(20)〉七三頁。

(29)松尾「中世叡尊教団と泉涌寺末寺の筑後国への展開――新発見の中世西大寺末寺帳に触れつつ」〈前註(12)〉参照。

(30)山形大学都市・地域学研究所は二〇一〇年~二〇一三年度に四度、ベルギー調査を行なった。その結果、安達峰一郎が仲介してルーバン・カトリック大学に寄贈された数多くの和書(合計三二〇二部、一三六八二冊など)が新ルーバン・カトリック大学に所蔵されていることがわかった。三七A四などといった番号は新ルーバン・カトリック大学図書館日本書籍の架蔵番号である。なお、新ルーバン・カトリック大学の和書については、山崎誠編『ルヴァンラヌーブ大学蔵日本書籍目録』(勉誠社、二〇〇〇年)参照。それによると、新ルーバン・カトリック大学図書館所蔵日本書籍は一般書など二七に分類されている。とりわけ重要なものは、稀覯書に分類されて、五二種類ある。ところが、そのうち、二〇一一年一一月三日現在で所在が確認できたのは、一三に過ぎず半分以上が所在不明となっている。とくに、価値の高い『無垢浄光経自心陀羅尼』など、奈良時代のものも所在を確認できなかったのは残念でならない。また、笠間稲荷神社本は、第二次世界大戦後に笠間稲荷神社第四代宮司塙瑞比古氏が購入したものである。

(31)いずれも大きさは縦二六・二センチ、横九・六センチの折本で、五冊ずつでまとめて帙に入れられている。

(32)いずれも大きさは縦二五・六センチ、横九・三センチの折本である。ルーバン・カトリック大学へ寄付のさいに付された解説では一二世紀の古写本という。それが事実とすれば大変貴重である。

(33)山崎編『ルヴァンラヌーブ大学蔵日本書籍目録』〈前註(30)〉の解説参照。

(34)『大般若波羅蜜多経二百四十九』(三七A四、は三/五)。

(35)『大般若波羅蜜多経二百四』(三七A四、一／五)奥書の裏書。
(36)『大般若波羅蜜多経二百五十二』(三七A四、四／五)。
(37)『大般若波羅蜜多経三百二十三』(三七A四、五／五)、なお、「住持比丘不退(花押)」の部分は裏に隠れていて写真では見えない。
(38)『大般若波羅蜜多経二百四十七』(三七A四、二／五)。
(39)『大般若波羅蜜多経五百九十二』(三七A五、五／五)。
(40)『大般若波羅蜜多経五百三十一』(三七A五、三／五)。
(41)『大般若波羅蜜多経四百十七』(三七A五、一／五)。
(42)『大般若波羅蜜多経五百八十九』(三七A五、四／五)。
(43)『大般若波羅蜜多経四百四十』(三七A五、二／五)。
(44)笠間稲荷神社本の奥書。
(45)藤原氏女単記の寄付文言も見られるが、それは「住持比丘不退(花押)」の部分が切断されたのであろう。三七A四の五／五では裏側に「住持比丘不退(花押)」が見える。三七A四の一／五では「藤原氏女(花押)、住持住持比丘不退(花押)」が裏に見える。
(46)『大般若波羅蜜多経四百十七巻』(三七A五、一／五)、『大般若波羅蜜多経四百四十巻』(三七A五、二／五)、『大般若波羅蜜多経五百三十一巻』(三七A五、三／五)、『大般若波羅蜜多経五百八十九巻』(三七A五、四／五)、『大般若波羅蜜多経五百九十一巻』(三七A五、五／五)。
(47)『大般若波羅蜜多経三百二十三巻』(三七A四、五／五)奥書。
(48)『岐阜県の地名』〈前註(13)〉五九八頁。
(49)『岐阜県の地名』〈前註(13)〉五九八頁。

(50)『岐阜県の地名』〈前註(13)〉五九八頁。

(51)『新修　関市史　通史編　自然・原始・古代・中世』(関市、一九九六年)八九四頁では、小松寺と名乗る寺院は美濃加茂市蜂屋の広橋にあったという。

(52)『新修　関市史　通史編　自然・原始・古代・中世』〈前註(51)〉八九三・八九四頁では、「明徳末寺帳」を使って、小松寺が西大寺末寺の真言律宗系寺院であったとする。なお、大慈山小松寺奉賛会の出したパンフレット「小松寺の歴史」も参照されたい。

(53)玉村竹二「中世前期の美濃に於ける禅宗の発展」(『金沢文庫研究紀要』一二、一九七五年)。

(54)松尾「西大寺光明真言過去帳の紹介と分析」〈前註(17)〉九八頁。

(55)「西大寺代々長老名」〈前註(20)〉七三頁。

(56)「西大寺代々長老名」〈前註(20)〉七三頁。

(57)松尾「中世叡尊教団と泉涌寺末寺の筑後国への展開——新発見の中世西大寺末寺帳に触れつつ」〈前註(12)〉参照。

第五章　尾張国における展開

はじめに

ここでは、叡尊教団の尾張国における展開を扱う。弘長二（一二六二）年に、叡尊は鎌倉に下向した。そのさい、道中、尾張長母寺（現、愛知県名古屋市東区矢田町）に二月一〇日から六日間ほど滞在して、長母寺を結界（寺を聖域化）するなど教化活動を行ない、領主の山田氏の帰依を受けた。(1) このように、叡尊の関東下向が尾張国における叡尊教団の展開の画期となったようであるが、そののちの叡尊教団の尾張における展開は明確ではない。そこで本章では、それについて論じる。(2)

第一節　釈迦寺

史料（1）(3)

尾張国

田嶋釈迦寺　　長巻円光寺
山田円満寺　　金勝寺
山田安国寺　近代改之　　阿弥陀寺明徳二年十二月十三日十八代長老

史料（1）は、これまでしばしば触れてきた明徳二（一三九一）年に書き改められた「西大寺末寺帳」（以下、「明徳末寺帳」と略記）の「尾張国」の部分で、叡尊教団の尾張国における展開を知るうえで非常に重要である。それによれば、田島（嶋）釈迦寺、円光寺、山田円満寺、金勝寺、山田安国寺、阿弥陀寺が挙がっている。なお、天文一八（一五四九）年書写の「明徳末寺帳」では、阿弥陀寺がなくて、国分寺が入っている。[4]「明徳末寺帳」記載の寺院は奈良西大寺が住持任命権を直接に握る直末寺である。[5]また、その記載の順序は寺格を表している。[6]それゆえ、それらの六箇寺が尾張国の奈良西大寺の直末寺で、そのうち、田島釈迦寺が筆頭の寺院であったと考えられる。

史料（2）[7]
尾張国
釈迦寺田嶋　　長巻円光寺
円満寺　　金勝寺
安国寺　　国分寺

図1　尾張国における西大寺直末寺分布図

史料（2）は一四五三年から一四五七年にかけて作成された「西大寺末寺帳」[8]の尾張国の分である。「明徳末寺帳」と異なり、阿弥陀寺に代わって国分寺が入っていることを除けば相違はない。本末寺帳作成の頃には、すなわち一五世紀半ばには、国分寺が直末寺となっていたのであろう。このことによって、先述の天文一八（一五四九）年書写の「明徳末寺帳」では阿弥陀寺の代わりに国分寺が入っていることにも理解できる。

なお、寛永一〇（一六三三）年の「西大寺末寺帳」には尾張国の末寺は見えない[9]。後述の長巻円光寺が浄土宗寺院となっていたように、その頃には衰頽し、あるいは転宗して西大寺末寺ではなくなっていたのであろう。

以下、田島釈迦寺以下の寺々についてみよう。

田島釈迦寺

中世にさかのぼる田島という地名は、現在の名古屋市熱田区新宮坂町の田島と、現在の美浜町に所在した国衙領の但馬保の二つある。名古屋市熱田区新宮坂町の地は、往古は海辺で、熱田神宮の祠官田島氏の支配地で、熱田神宮に隣接している[10]。それゆえ、田島釈迦寺は熱田神宮の神宮寺的存在の可能性もある。叡尊教団は神宮寺の復興にも努めたことはよく知られるので、可能性はある。一方の国衙領の田島だとすると、[11]知多半島という海上交通の要衝に位置していたことになる。いずれにも、釈迦寺なる寺跡はないが、「地蔵院」というのが熱田神宮の方には見えるので、[12]それは釈迦寺の支院であったのかもしれない。

田島釈迦寺は、従来、まったく注目されていない。だが、永享八（一四三六）年の「坊々寄宿末寺帳」に「一室分」と見える。[13]毎年、奈良西大寺で開催される光明真言会に来ていたのである。

また、先述の一四五三年から一四五七年にかけて作成された「西大寺末寺帳」〈史料（2）〉にも見える。それゆえ、一五世紀半ばまでは筆頭の西大寺直末寺であった。

実際、後述するように叡尊教団の物故者名簿といえる「光明真言過去帳」[14]にも一五世紀半ばまでは尾州釈迦寺僧が出てくる。すなわち、僧侶の面からも、一五世紀半ばまでは釈迦寺が活動していたのは確実である。「光明真言過去帳」にはほかにも釈迦寺僧が記載されているので見ておく。

史料（3）[15]

○中観房　桂宮院長老

（中略）

明光房　丹波長楽寺　　　**義円房　釈迦寺**

（中略）

了願房　真福寺　　　長真房　西琳寺

（太字引用者、以下、太字、注記など引用者）

「光明真言過去帳」に釈迦寺僧として最初に出てくるのは義円房である。義円房は、徳治二（一三〇七）年二月二日に亡くなった桂宮院長老中観房[16]と、正和三（一三一四）年に亡くなった西琳寺長真房[17]との間に記載されている。義円房は、その間に亡くなったのであろう。とすれば、田島釈迦寺は一四世紀初頭には活動していたと考えられる。

義円房は弘安三（一二八〇）年の「授菩薩戒弟子交名」に叡尊から沙弥戒を受けたと記載されている「尭円　義円房」[18]かもしれない。当時、二〇歳未満であったとすれば、推測した死亡時期から考えて蓋然性がある。この義円房が開山なのかもしれない。

義円房の次に見えるのは律意房である。

史料（4）[19]

当寺第七長老沙門信昭

律意房　釈迦寺

（中略）

○当寺第八長老沙門元燿

律意房は、文和元（一三五二）年三月二日に八六歳で亡くなった西大寺第七代長老信昭[20]と、文和四（一三五五）年一〇月一七日に七六歳で亡くなった西大寺第八代長老元燿[21]との間に記載されている。律意房はその間に死去したのであろう。

律意房の次に見えるのは明覚房である。

史料(5)[22]

当寺第八長老沙門元燿

(中略)

明覚房　釈迦寺　　観明房　万陀羅寺

(中略)

○当寺第九長老沙門覚真

明覚房は、文和四(一三五五)年一〇月一七日に七六歳で亡くなった西大寺第八代長老元燿[23]と、延文五(一三六〇)年一〇月二五日に七五歳で亡くなった西大寺第九代長老覚真[24]との間に記載されている。明覚房はその間に亡くなったのであろう。

明覚房の次に見えるのは浄印房である。

史料(6)[25]

当寺第十二長老沙門貞祐

○尊教房　橘寺長老　　尚覚房　放生院

浄印房　釈迦寺　　寂忍房　福林寺

○十達房　戒壇院長老　　本寂房●薬師院

○当寺第十三長老沙門信尊

浄印房は、貞治四（一三六五）年九月二日に七五歳で亡くなった西大寺第一二代長老貞祐[26]と、貞治五（一三六六）年九月二〇日に七〇歳で死去した西大寺第一三代長老信尊[27]との間に見える。浄印房は、その間に亡くなったのであろう。

浄印房の次に見えるのは珠覚房である。

史料（7）[28]

当寺第十七長老沙門慈朝

（中略）

珠覚房　釈迦寺　　一如房　来迎寺

（中略）

○当寺第十八長老沙門深泉

珠覚房は、明徳二（一三九一）年四月九日に七三歳で亡くなった西大寺第一七代長老慈朝[29]と、応永二（一三九五）年九月二五日に寂した西大寺第一八代長老深泉[30]との間に見える。珠覚房は、その間に亡くなったのであろう。

珠覚房の次に見えるのは什光房である。

史料（8）[31]

当寺第廿三長老沙門英源

（中略）

忍光房　正法寺　　　　　　　　　　什光房　釈迦寺

（中略）

○当寺第廿四長老沙門元空

什光房は応永二六（一四一九）年一〇月五日に七三歳で亡くなった西大寺第二三代長老英源[32]と、応永三〇（一四二三）年七月二五日に死去した西大寺第二四代長老元空[33]との間に記載されている。什光房はその間に亡くなったのであろう。

「光明真言過去帳」に釈迦寺僧として最後に見えるのは良順房である。

史料（9）[34]

当寺第廿六長老沙門高海

（中略）

良順房　尾州釈迦寺　　　　　　尭空房　新浄土寺

（中略）

○当寺第二十七長老沙門良誓

良順房は、永享八（一四三六）年四月二六日に八〇歳で寂した西大寺第二六代長老高海[35]と、宝徳二（一四五〇）

年一月二日に九一歳で亡くなった西大寺第二七代長老良誓[36]との間に記載されている。良順房は、その間に亡くなったのであろう。

以上のように、釈迦寺が一五世紀半ばまで機能していたのは僧侶の存在からも傍証される。

第二節　円光寺

長巻円光寺

「明徳末寺帳」には、第二番目に長巻（牧）円光寺が記載されている。すなわち、円光寺は尾張国で第二位の西大寺直末寺であった。しかし、従来、ほとんど注目されてこなかった。それは、史料が少ないことによる。

さて、江戸時代尾張の地誌として著名な「尾張徇行記」によれば、尾張国海東郡長牧村（現、海部郡大治町）に円光寺を次のように載せる[37]。

史料（10）[38]

一、円光寺　府志曰、在長巻村、号崇敬山、浄土宗、属府下建中寺（後略）

江戸時代には、浄土宗に宗派が変わっていることがわかるが、長牧には円光寺という寺院は一箇寺しかない。また、「尾張徇行記」よりも古い「寛文村々覚書」にも、長牧円光寺は浄土宗寺院崇敬山円光寺として記載されており[39]、その寺が「明徳末寺帳」の長巻円光寺であった可能性は高い。長巻円光寺が、現在の長牧円光寺の前身の寺院であったとすると興味深い事実に光が当たることになる。

円光寺は、下萱津と接し、中世に栄えた萱津宿と密接な関係にあったと推測される。中世の萱津宿をも描いている「円覚寺領富田庄絵図」[40]には、長牧の部分は描かれていないために、中世の円光寺の姿を知ることはできない。また、一遍が萱津宿の町衆の後援を受けて、非人施行を実施した甚目寺も近くにあるのに描かれていない。尾張で西大寺直末寺第二位の寺格を誇り、大いに繁栄していたはずの円光寺も萱津宿の町衆に支えられていたと考えられるが、円光寺と萱津宿との関係を具体的に明らかにできないのは残念である。

さて、「光明真言過去帳」によれば、次のように記載がある。

史料（11）[41]

当寺第四長老沙門静然

（中略）

尊寂房　般若寺　　　　　**敬法房　円光寺**

（中略）

興覚房　現光寺　　　　　○本性房　極楽寺長老

円光寺敬法房が元弘元（元徳三、一三三一）年一二月一三日に死去した西大寺第四代長老静然[42]と建武元（一三三四）年一一月二一日に死去した極楽寺長老本性房[43]との間に記載されている。敬法房はその間に亡くなったのであろう。円光寺敬法房の存在から一四世紀前半には円光寺は成立していたのは確実である。おそらく、田島釈迦寺に次いで直末寺となったのであろう。
敬法房の次に「光明真言過去帳」に見えるのは勧悟房である。

史料(12)[44]

本如房　称名寺　　　　良仙房　丹波惣持寺

(中略)

勧悟房　円光寺　　　静見房　来迎院

(中略)

○当寺第六長老沙門澄心

勧悟房は、貞和二(一三四六)年一一月三〇日に死去した称名寺本如房[45]と、貞和三(一三四七)年九月五日に七〇歳で死去した西大寺第六代長老澄心[46]との間に記載されている。勧悟房は、その間に亡くなったのであろう。
勧悟房の次に「光明真言過去帳」に出てくるのは定乗房である。

史料(13)[47]

当寺第九長老沙門覚真

(中略)

定乗房　円光寺

（中略）

○当寺第十長老沙門清算

定乗房は延文五（一三六〇）年一〇月二五日に七五歳で亡くなった西大寺第九代長老覚真[48]と、貞治元（一三六二）年一一月一四日に七五歳で亡くなった西大寺第一〇代長老清算[49]との間に記載されている。定乗房はその間に亡くなったのであろう。この定乗房は円光寺僧として「光明真言過去帳」に最後に見える僧である。

以上、円光寺と萱津との関係が推測され、今後注目される。

第三節　円満寺・安国寺・金勝寺・阿弥陀寺・国分寺

山田円満寺

「明徳末寺帳」によれば、尾張国の山田（庄）には、円満寺と安国寺が所在した。山田庄は、かつては奈良東大寺の荘園であったが、のちに美福門院の娘、八条院暲子内親王の荘園になった[50]。山田庄は名古屋市の北部、「現在の北区から福徳、中切、成願寺を除いた全域と、東区、西区、千種区、春日井市の一部を含めたきわめて広い地域である[51]」。その庄司山田氏は、承久の乱で後鳥羽上皇に味方して戦死した地頭山田重忠が有名である。先述のように、叡尊が関東下向のさいに立ち寄った長母寺も、その山田氏の氏寺であった。

史料（1）のように、円満寺は、「明徳末寺帳」では尾張国西大寺直末寺の第三番目に記載されており、尾張国で第三位の寺格であった。

山田円満寺がどこに所在したのかははっきりしないが、鎌倉末・南北朝期以来の古寺を探すと、かつての山田庄内である現在の愛知県名古屋市北区大曽根の円満寺がある。本寺は「応長以前（一三一一）の創建と思われる。本尊は、薬師如来で弘法大師の作という。寺宝は、弁財天像。戦災にあって焼失した」という。おそらく、この寺であろう。[52]

円満寺は永享八（一四三六）年の「坊々寄宿末寺帳」にも「一室分」として見える。[53]奈良西大寺で毎年開催される「光明真言会」にさいして、一室に寄宿することになっていたことがわかるが、その頃までは西大寺末寺であった。

円満寺は、先述の史料（2）のように、一四五三年から一四五七年にかけて作成された「西大寺末寺帳」にも見えるので、[54]一五世紀半ばにおいて西大寺末寺であった。

しかしながら、「光明真言過去帳」には円満寺僧は一人も見えず、早い時期に衰頽したのであろうか。

山田安国寺

山田安国寺は、現在の愛知県名古屋市北区下飯田町に所在する真言宗寺院の国保山観音寺が後身の寺院と考えられている。[55]本尊の観音像は行基作と伝え、行基伝承を有する寺院である。[56]

現在、安国寺は観音寺と名前を変えている。江戸時代の地誌「寛文村々覚書」（一六七二年前後に成立）[57]では国保山安国寺（護国院天永寺末寺）とあり、禅宗寺院である。[58]元禄年間（一六八八～一七〇四）に編集し宝暦二（一七五二）年に完成した[59]「張州府志」には見えず、「尾張徇行記」（一七九二～一八二二年成立）[60]では国保山安国寺（護国院天永寺末寺）とある。[61]

ところが、天保一二（一八四一）年秋の「下飯田村絵図」では「真言宗観音寺」と見え、[62]「尾張志」（一八四四年成立）[63]では国保山観音寺（護国院天英寺末寺）とある。[64]それゆえ、一九世紀前半に安国寺から観音寺に寺名と宗旨が変化したと考えられる。

観音寺には安国寺と書かれた鰐口が残り、安国寺の銘のある地蔵石像の存在など物証もある。とりわけ、地蔵石像には宝暦（一七五一～六四）の年号が記されている。[65]

「明徳末寺帳」では第五番目に記載されているので、尾張国の西大寺直末寺で第五位の寺格であったと考えられる。「近代改之」とあり、明徳二（一三九一）年に近い時期に直末寺となったのであろう。安国寺といえば五山派の禅宗寺院と思われがちであるが、律寺も安国寺の一つであったことは注目される。[66]

また、山田安国寺は永享八（一四三六）年の「坊々寄宿末寺帳」にも「一室分」として見える。奈良西大寺で毎年開催される「光明真言会」にさいして、一室に寄宿することになっていたことがわかるが、その頃までは西大寺末寺であった。さらに、先述の史料（2）から、一五世紀半ばにおいても西大寺直末寺であったと考えられる。

叡尊教団の物故者名簿といえる「光明真言過去帳」[67]には、安国寺僧として瑞光房と芿覚房という二名の住持の名前が見える。

史料（14）[68]

○当寺第十八長老沙門深泉

（中略）

瑞光房　安国寺　　　　源照房　当寺住

（中略）

〇当寺第十九長老沙門良耀

すなわち、史料（14）のように、瑞光房が応永二（一三九五）年九月二五日に寂した西大寺第一八代長老深泉[69]と、応永一一（一四〇四）年二月二五日に死去した西大寺第一九代長老良耀[70]との間に記載されている。それゆえ、瑞光房は応永二年九月二五日から応永一一年二月二五日までの間に死去したのであろう。

史料（15）[71]

当寺第十九長老沙門良耀

（中略）

十円房　大日寺　　　苪覚房　安国寺

（中略）

〇当寺第二十長老沙門高湛

瑞光房の次に出てくるのは苪覚房である。苪覚房は、応永一一（一四〇四）年二月二五日に死去した西大寺第一九代長老良耀[72]と、応永一五（一四〇八）年九月二五日に八六歳で亡くなった西大寺第二〇代長老高湛[73]との間に出てくる。それゆえ、苪覚房はその間に亡くなったのであろう。すなわち、一四世紀末から一五世紀初頭において安国寺の住持の存在が知られる。

この山田安国寺のある名古屋市北区下飯田町地区は、矢田川の南部で、曽根は川港で栄えたという。鎌倉時代において律寺は川や港の管理を任されていた場合もあり、安国寺がそういう立地に立っていたことから、川や川港の管理も担っていたのかもしれない。

尾張国分寺

金勝寺や阿弥陀寺についてははっきりしない。阿弥陀寺に関しては、史料(1)の阿弥陀寺に付された注記から明徳二(一三九一)年一一月一三日に西大寺第一八代長老深泉の時に直末寺となっていることがわかる程度である。ただ、国分寺については、多少はわかる。

現在の国分寺は、愛知県稲沢市矢合町に所在するが、それは元は円興寺という寺で、明治一九(一八八六)年に国分寺と改称した寺である。本来の国分寺は字椎ノ木にあったというが、戦国時代に国分寺釈迦堂を円興寺に移転し、そのさい、円興寺を国分寺に改名したという。旧国分寺の薬師如来像、釈迦如来像などを伝える(74)。

奈良西大寺と鎌倉極楽寺は、元弘の後醍醐天皇の綸旨によって、一九箇国の国分寺の復興を命じられている。尾張国分寺の場合も、そうした中興活動を通じて、西大寺直末寺になったのであろう(75)。

おわりに

先述のように、叡尊は、関東下向の途中、弘長二(一二六二)年二月一〇日から六日間ほど、尾張長母寺に滞在した。それは、道匡(のちに転宗して無住一円となる)の招待であった。そのさい、領主の山田氏の帰依を受けている。先述した山田の円満寺、安国寺が西大寺直末寺となったのは、その地域の領主山田氏の協力によるのであろう。このように、叡尊教団の最初の拠点は山田長母寺であったが、結局、道匡の禅宗への転宗によって、律寺ではなくなっていった(76)。

註

（1） 細川涼一校注『関東往還記』（平凡社、二〇一一年）弘長二（一二六二）年二月一〇日条。
（2） 叡尊教団以外の律宗教団も尾張において展開していた。たとえば性海寺（現、稲沢市）は円照系の律僧良敏によって中興された（『愛知県史　別編絵画』愛知県、二〇一一年、四頁）。
（3） 松尾「西大寺末寺帳考」（松尾『勧進と破戒の中世史』吉川弘文館、一九九五年）一四六頁。
（4） 松尾「西大寺末寺帳考」〈前註（3）〉一四六頁。
（5） 松尾「西大寺末寺帳考」〈前註（3）〉一三六頁。
（6） 松尾「西大寺末寺帳考」〈前註（3）〉一四〇頁。
（7） 松尾「中世叡尊教団と泉涌寺末寺の筑後国への展開――新発見の中世西大寺末寺帳に触れつつ」（『山形大学大学院社会文化システム研究科紀要』一〇、二〇一三年、本書第三部第二章に所収）七七頁。
（8） 松尾「中世叡尊教団と泉涌寺末寺の筑後国への展開――新発見の中世西大寺末寺帳に触れつつ」〈前註（7）〉七二頁。
（9） 「西大寺末寺帳　その三」（『西大寺関係史料（一）諸縁起・衆首交名・末寺帳』奈良国立文化財研究所、一九六八年）一一〇頁。
（10） 『愛知県の地名』（平凡社、一九八一年）一八三頁。

(11)『愛知県の地名』〈前註(10)〉六〇〇頁の「但馬保」(『美浜町誌　本文編』美浜町役場、一九八三年)一一三頁など参照。
(12)『愛知県の地名』〈前註(10)〉一八三頁。
(13)松尾「西大寺末寺帳考」〈前註(3)〉一五五頁。
(14)「光明真言過去帳」については、松尾「西大寺光明真言過去帳の紹介と分析」(速水侑編『日本社会における仏と神』吉川弘文館、二〇〇六年)参照。
(15)松尾「西大寺光明真言過去帳の紹介と分析」〈前註(14)〉八五頁。なお、釈迦寺というのは「明徳末寺帳」などの末寺帳では尾州釈迦寺のみであり、尾州釈迦寺が尾州直末寺の筆頭という寺格を考え合わせ、「西大寺光明真言過去帳」に見える釈迦寺とは尾州釈迦寺のことと、ひとまず考えたい。
(16)『律苑僧宝伝』『大日本仏教全書　一〇五』(名著普及会、一九七九年)一四九頁。
(17)松尾「河内西琳寺五輪塔と大和唐招提寺西方院五輪塔をめぐって」(『戒律文化』八、二〇一一年)。
(18)「授菩薩戒弟子交名」(松尾『日本中世の禅と律』吉川弘文館、二〇〇三年)八〇頁。
(19)松尾「西大寺光明真言過去帳の紹介と分析」〈前註(14)〉九二頁。
(20)「西大寺代々長老名」〈前註(9)〉七三頁。
(21)「西大寺代々長老名」〈前註(9)〉七三頁。
(22)松尾「西大寺光明真言過去帳の紹介と分析」〈前註(14)〉九四頁。
(23)「西大寺代々長老名」〈前註(9)〉七三頁。
(24)「西大寺代々長老名」〈前註(9)〉七三頁。
(25)松尾「西大寺光明真言過去帳の紹介と分析」〈前註(14)〉九五頁。
(26)「西大寺代々長老名」〈前註(9)〉七三頁。

(27)「西大寺代々長老名」〈前註(9)〉七三頁。
(28)松尾「西大寺光明真言過去帳の紹介と分析」〈前註(14)〉九九頁。
(29)「西大寺代々長老名」〈前註(9)〉七三頁。
(30)「西大寺代々長老名」〈前註(9)〉七三頁。
(31)松尾「西大寺光明真言過去帳の紹介と分析」〈前註(14)〉一〇四頁。
(32)「西大寺代々長老名」〈前註(9)〉七三頁。
(33)「西大寺代々長老名」〈前註(9)〉七三頁。
(34)松尾「西大寺光明真言過去帳の紹介と分析」〈前註(14)〉一〇七頁。
(35)「西大寺代々長老名」〈前註(9)〉七四頁。
(36)「西大寺代々長老名」〈前註(9)〉七四頁。
(37)「尾張徇行記(四)」『校訂復刻　名古屋叢書　続編七』(愛知県郷土資料刊行会、一九八四年)二〇八頁。
(38)前註(37)。
(39)「寛文村々覚書」『校訂復刻　名古屋叢書　続編二』(愛知県郷土資料刊行会、一九八三年)二三三頁。
(40)松尾『日本中世の禅と律』〈前註(18)〉一四六頁。
(41)松尾「西大寺光明真言過去帳の紹介と分析」〈前註(14)〉八八頁。
(42)「西大寺代々長老名」〈前註(9)〉七三頁。
(43)『常楽記』建武元(一三三四)年一一月二一日条。
(44)松尾「西大寺光明真言過去帳の紹介と分析」〈前註(14)〉九一頁。
(45)『金沢文庫古文書一二輯　識語編三』(金沢文庫、一九五八年)三三頁。
(46)「西大寺代々長老名」〈前註(9)〉七三頁。

(47) 松尾「西大寺光明真言過去帳の紹介と分析」〈前註(14)〉九四頁。
(48)「西大寺代々長老名」〈前註(9)〉七三頁。
(49)「西大寺代々長老名」〈前註(9)〉七三頁。
(50) 長谷川国一『名古屋区史シリーズ八　北区の歴史』(愛知県郷土資料刊行会、一九八五年)四一頁。
(51) 長谷川『北区の歴史』〈前註(50)〉四一頁。
(52) 長谷川『北区の歴史』〈前註(50)〉七一頁。
(53) 松尾「西大寺末寺帳考」〈前註(3)〉一五五頁。
(54) 松尾「中世叡尊教団と泉涌寺末寺の筑後国への展開――新発見の中世西大寺末寺帳に触れつつ」〈前註(7)〉七七頁。
(55) 長谷川『北区の歴史』〈前註(50)〉五九頁。岩本喜久子「尾張国山田安国寺」(『郷土史研二〇周年誌』二〇一四年)。なお、岩本氏のご教示によって、本稿を書くきっかけを与えられた。深甚の感謝の意を表したい。
(56) 長谷川『北区の歴史』〈前註(50)〉五九頁。
(57)『校訂復刻　名古屋叢書　続編一二』(愛知県郷土資料刊行会、一九七二年)三頁所収の「寛文村々覚書」の解題による。
(58)「寛文村々覚書」『校訂復刻　名古屋叢書　続編一』(愛知県郷土資料刊行会、一九八三年)二九六頁。
(59)『愛知県の地名』〈前註(10)〉一〇九九頁の「文献解題」による。
(60)『校訂復刻　名古屋叢書　続編一二』〈前註(57)〉三・四頁所収の「尾張徇行記」の解題による。
(61)「尾張徇行記」『校訂復刻　名古屋叢書　続編五』(愛知県郷土資料刊行会、一九八四年)一八一頁。
(62) 財団法人徳川黎明会徳川林政史研究所所蔵「下飯田村絵図」。徳川黎明会編『尾張町村絵図解説』(国書刊行会、一九八八年)参照。

(63)『尾張志　上巻』（愛知県郷土資料刊行会、一九七九年）所収の織茂三郎「『尾張志』の復刻とその意義」参照。
(64)『尾張志　上巻』〈前註（63）〉八五七頁。
(65)岩本「尾張国山田安国寺」〈前註（55）〉には、地蔵石像や鰐口の写真が掲載されているので参照されたい。
(66)松尾「安国寺・利生塔再考」（松尾『日本中世の禅と律』〈前註（18）〉）一九三頁。追塩千尋『中世南都仏教の展開』（吉川弘文館、二〇一一年）二五二頁によれば、和泉国安国寺も律寺であったとする。
(67)「光明真言過去帳」については、松尾「西大寺光明真言過去帳の紹介と分析」〈前註（14）〉。
(68)松尾「西大寺光明真言過去帳の紹介と分析」〈前註（14）〉一〇〇頁。
(69)「西大寺代々長老名」〈前註（9）〉七三頁。
(70)「西大寺代々長老名」〈前註（9）〉七三頁。
(71)松尾「西大寺光明真言過去帳の紹介と分析」〈前註（14）〉一〇二頁。
(72)「西大寺代々長老名」〈前註（9）〉七三頁。
(73)「西大寺代々長老名」〈前註（9）〉七三頁。
(74)『愛知県の地名』〈前註（10）〉。
(75)松尾「西大寺末寺帳考」〈前註（3）〉一四一頁。
(76)『関東往還記』〈前註（1）〉四六頁。

第六章　越中国における展開

はじめに

本章では、越中、すなわち現在の富山県における叡尊教団の活動に注目する。越中の叡尊教団については、近岡七四郎(1)や久保尚文(2)による優れた研究がある。両氏によって、越中における叡尊教団の展開について放生津（現、富山県射水市）(3)の禅興寺を中心に、守護名越氏との関係などにも光が当てられた。両氏の研究は現在における越中の叡尊教団研究の到達点といえる。しかし、当時の叡尊教団研究全体のレベルの低さもあって、たとえば禅興寺開山の教円房を尼の教円房覚忍に比定するなど基本的事項などで間違いもある。

近年では松山充宏(4)や杉崎貴英(5)の研究がある。松山の研究は井波瑞泉寺の「聖徳太子絵伝」が本来は律寺用に作成されたものであったことを明らかにした。他方、杉崎の研究は、従来、まったく不明であった円満寺に光を当てた注目すべき研究である。

本章では、そうした研究成果に学びながらも、先学の誤りを正しつつ、越中国における叡尊教団の展開をみよう(6)。

第一節　放生津禅興寺

叡尊教団の越中での展開を理解するうえでも、本書でたびたび引用する明徳二（一三九一）年に書き改められた明徳の「西大寺末寺帳」(7)（以下、「明徳末寺帳」と略す）は大いに重要である。それには、史料（1）のように、曽弥（根）の禅興寺、大慈院（のちの長徳寺）、黒河の宝薗寺、長沢の弘正院（弘正寺）、野尻の聖林寺、円満寺、国分寺の七箇寺が記載されている。

また、一四五三年から一四五七年までの間に作成された西大寺末寺帳にもそれらは見える。(8) すなわち、一五世紀半ばまでは西大寺末寺であったと考えられる。

史料（1）(9)

越中国

禅興寺《曽弥》　弘正《長沢》院《寺》　四室

宝薗寺《黒河》　聖林寺《野尻》

大慈院　明徳三年三月廿二日十八代長老今八号長徳寺

円満寺　「国分寺」

ところで、「明徳末寺帳」を使うさいに注意すべきは、まず第一に本末寺帳はすべての西大寺末寺を挙げているわけではない点がある。すなわち、西大寺が長老（住持ともいう）の任命権を有する直末寺のみが挙げられている。[10]いわば、西大寺直営の末寺ばかりが挙げられている。それゆえ、「明徳末寺帳」の記載から、中世の越中国には西大寺末寺が七箇寺だけあったことにはならない。

第二に「明徳末寺帳」には、僧寺だけが書かれ尼寺は書かれていない点である。[11]それゆえ、禅興寺以下はすべて僧寺である。

第三に、「明徳末寺帳」には、三河より以東の鎌倉極楽寺配下の末寺は記載されていないことがある。[12]後で触れるが、「明徳末寺帳」の越中国の西大寺末寺は同国の西部に偏って所在している。越中東部の魚津などにも西大寺末寺が所在したと推測されるが、そうした地域の末寺が記載されていないのは、越中国東部は極楽寺の管轄下にあったからではないか、と推測している。

第四には、その記載の順序は、寺院の寺格を表していると考えられる。[13]それゆえ、筆頭に挙げられた曽根の禅興寺こそは、越中における西大寺直末寺の筆頭寺院であったと考えられる。そこで、まず、禅興寺からみよう。

禅興寺開山教円房真海

禅興寺は、現在は廃寺であるが、「明徳末寺帳」には「曽弥」と注記されるように、現在の富山県射水市三日曽根（字、善光寺）に所在していた。その故地からは、「中世期の遺物である五輪塔や宝篋印塔・板碑・仏器・墓石など広範囲にわたって多く出土している」[14]。

それでは、禅興律寺はいつ頃成立したのだろうか。

史料（2）[15]

○中観房　桂宮院長老
了信房　往生院長老
教円房　禅興寺
（中略）
了願房　真福寺

○尊道房　般若寺
道有房　神願寺
長真房　西琳寺

叡尊教団の物故者名簿といえる「光明真言過去帳[16]」によれば、禅興寺僧で最初に出てくるのは史料（2）のように教円房である。徳治二（一三〇七）年二月二日に死亡した桂宮院長老中観房[17]と正和元（一三一二）年に死去した西琳寺長真房[18]との間に「教円房　禅興寺」が記されている。それゆえ、教円房は徳治二年から正和元年の間に死去したのであろう。だとすれば、それ以前に、禅興寺は叡尊教団の寺院であったことになる。

最初に記載された教円房は禅興寺の開山であった可能性があり、近岡、久保らもそう考えている[19]。私もそのことは支持できる。しかし、問題がないわけではない。この教円房の諱を覚忍とする点である。

教円房覚忍は叡尊から菩薩戒を授けられた弟子の名簿である弘安三（一二八〇）年の「授菩薩戒弟子交名」には、一人前の尼たる比丘尼衆の一人として挙がっている[20]からだ。先述のように、禅興寺は僧寺であって尼が住持であったとは考えられないので、教円房の諱は覚忍ではないと考えられる。つまり別人であろう。

そこで別人の教円房を探すと、比丘衆に「大和国人真海　教円房[21]」と、半人前の僧である形同沙弥に「尊空教円房[22]」がいる。

教円房の死亡時の年齢がはっきりしないので断定できないが、禅興寺の住持としては、弘安三（一二八〇）年には一人前の僧である比丘衆であったと推測されるので、教円房とは「大和国人真海　教円房」であった可能性がより高いと考える。

また、教円房は、弘安三年の西僧房の建設にさいして「般若寺五拾四貫文」のうちの二貫文を寄付している[23]。それゆえ、教円房は禅興寺の住持となる以前は般若寺所属の僧だったのだろう。とすれば、禅興律寺の開創は、弘安三年以降ということになる。

禅興寺第二代明空房

「光明真言過去帳」には教円房のほかにも、明空房、双明房、慈日房の三人が禅興寺僧として記載されている。以下、順にみておこう。

史料（3）[24]

○本性房　極楽寺長老　（中略）

明空房　禅興寺

（中略）

○印教房　極楽寺長老

（太字引用者、以下同）

「光明真言過去帳」で禅興寺僧として教円房の次に出てくるのは史料（3）のように明空房である。すなわち、史料（3）のように、建武元（一三三四）年一一月二一日に死去した極楽寺長老本性房[25]と暦応元（一三三八）年五月二四日に死去した極楽寺長老印教房円海[26]との間に「明空房　禅興寺」と出てくる。明空房は、その間に死去したのであろう。

明空房は、先述の弘安三（一二八〇）年の「授菩薩戒弟子交名」には「西大寺現在形同沙弥」すなわち西大寺に住む形同沙弥「円盛　明空房　二十四　河内国人[27]」と挙がっている人物かもしれない。弘安三年に二四歳であったとすれば、死亡年の頃には七七歳から八一歳くらいで年齢的には同一人物の可能性がある。同一人とすれば、明空房円盛は河内出身であった。

明空房の次に「光明真言過去帳」に出てくるのは双明房である。

双明房と慈日房

史料（4）[28]

当寺第七長老沙門信昭

律意房　釈迦寺　　専戒房　桂宮院

（中略）

乗道房　三村寺　　○禅了房　招提寺長老

○了信房　天道長老　　**双明房**　**禅興寺**

静達房　大乗院　　勤心房　如法院

行修房　善養寺　　専静房　大御輪寺

聖観房　磯野極楽寺　　唯現房　平福寺

静通房　来迎院　　　　　　　　珠月房●宝泉寺
○当寺第八長老沙門元燿

双明房は、史料（4）のように、文和元（一三五二）年三月二日に八六歳で死去した西大寺第七代長老信昭[29]と文和四（一三五五）年一〇月一七日に七六歳で亡くなった西大寺第八代長老元燿[30]との間に記載されている。双明房はその間に亡くなったのであろう。

双明房の次に「光明真言過去帳」に出てくるのは慈日房である。

史料（5）[31]

当寺第八長老沙門元燿
○空忍房　当寺住　　　　唯覚房　東妙寺
明忍房　泉福寺　　　　○覚禅房　招提寺長老
（中略）
慈日房　禅興寺　　　　賢真房　最福寺
智寂房　称名寺　　　　道日房　薬音寺
（中略）
○如空房　当寺住　　　　○円了房　招提寺長老
尊律房　当寺住　　　　良性房　大乗寺

定証房　西光寺　　　　　　　　　尭信房●常福寺

○当寺第九長老沙門覚真

慈日房は、史料（5）のように、文和四（一三五五）年一〇月一七日に七六歳で亡くなった西大寺第八代長老沙門元燿[32]と延文五（一三六〇）年一〇月二五日に七五歳で死去した西大寺第九代長老沙門覚真[33]との間に出てくる。それゆえ、慈日房は、文和四年一〇月一七日から延文五年一〇月二五日までの間に亡くなったのであろう。

以上のように、教円房真海、明空房、双明房、慈日房の四人の禅興寺住持と推測される人物が知られる。すなわち、おそらくは一三世紀の後期から一四世紀半ばまでは禅興寺の住持の存在が知られるのである。

また、『飛州志』によれば、水無神社（現、飛騨高山市）所蔵の『大方等大集月蔵経』第二巻の奥書には、

史料（6）[34]

于時貞治三年五月三日、於越中国居水郡曽根禅興律寺石塔院書写之畢

比丘生四十、夏臈廿一歳　乗船（後略）

とあり、貞治三（一三六四）年に禅興律寺の石塔院で乗船が『大方等大集月蔵経』第二巻を書写していることがわかる。石塔院というのは、開山などの墓所（五輪塔など）であったと推測される。このように貞治三年五月頃までは、確実に禅興寺の活動を知ることができる。

ところで、「明徳末寺帳」など「西大寺末寺帳」には、飛騨国の西大寺末寺はいっさい挙がっていない。しかし、

それは飛騨国に叡尊教団の寺院がなかったのではなく、鎌倉極楽寺が管理していたからではないかと推測している。それゆえ、飛騨一ノ宮水無神社所蔵の『大方等大集月蔵経』第二巻を禅興寺石塔院で書写した乗船も律僧で、飛騨一ノ宮水無神社も律僧の管理下にあった可能性がある。というのも、鎌倉後期以降、諸国国分寺・一宮の多くは西大寺・極楽寺に命じて興隆がなされたからである(35)。

次に、禅興寺の住持の名前が南北朝期以後は「光明真言過去帳」に記載がないことなどや、南北朝期の争乱を踏まえ、禅興寺は南北朝期に廃絶したのではないかと考えられてきた(36)。はたしてそうであろうか。

この禅興寺は、もう一つの中世「西大寺末寺帳」である永享八（一四三六）年三月の「西大寺坊々寄宿末寺帳(37)」にも、史料（7）のように、「一室分」として挙がっている。

史料（7）(38)

一室分

大和州 海龍王寺　　同布施 三宝院

（中略）

長門 浄名寺　　越州 **宝薗寺**

丹後 成願寺　　**禅興寺**

（後略）

「西大寺坊々寄宿末寺帳」は、奈良西大寺で開催される光明真言会にさいして、一堂に会する西大寺末寺僧がどこに宿泊するかを示している[39]。それゆえ、永享八（一四三六）年において、禅興寺は光明真言会にさいして「一室」に滞在することになっていたのである。

とすれば、永享八年においても、禅興寺は西大寺末寺であった。また、注目すべきことに、同じく黒河宝薗寺も一室分として記載されている。

従来、禅興寺（宝薗寺も）は南北朝期に衰退したと考えられてきたが、本史料により一五世紀前半においても西大寺光明真言会に参加していた可能性はある。

さらに、先述のように、禅興寺は一四五三年から一四五七年までの間に作成された西大寺末寺帳にも見えるので[40]、一五世紀半ばまでは西大寺直末寺とされていた。

しかしながら、寛永一〇（一六三三）年の末寺帳には、越中国の西大寺末寺は一切見えない[41]。

放生津と禅興寺との関係

ところで、禅興寺は、中世においては放生津といわれ、大いに栄えた港に所在した。ことに日本海交易の流通拠点の一つであったと考えられている。放生津は大いに繁栄し、守護所が置かれていた。東・西二つの放生津が成立し、禅興寺は西放生津に所在していた。禅興寺は守護であった名越氏の館の守護所の西側に位置していた。他方、守護所の東側の東放生津には、時衆の報土寺が所在する[42]など鎌倉仏教寺院が蝟集する都市的な場であった。従来、放生津の報土寺の時衆と日本海海運との関係については光が当てられてきた。

かつて網野善彦は、叡尊教団は北条氏得宗の保護のもと、各地で港湾を押さえていたという見通しを出した[43]が、それは近年の研究によってますます確実なものとなっている[44]。それゆえ、この放生津においても、守護名越氏と結んだ叡尊教団の展開とりわけ港湾支配との関係は大いに推測される。

そこで、放生津と禅興寺との関係についてもみておこう。放生津の一帯は、図1のような、海岸沿いの砂丘と潟と川によって形成されていた。禅興寺は、庄川河口の西潟に所在し、一三・一四世紀には門前町を形成していたと考えられている(45)。

図1　中世放生津

（仁木宏編『港湾をともなう守護所・戦国期城下町の総合的研究―北陸を中心に』の図に加工を加えた）

また、図を見れば明らかなように、ほぼ港に面している。その様子は、那珂川河口の港であった博多津に面していた大乗寺とほぼ同じような立地である(46)。それゆえ、この放生津もその管理を禅興寺が担当していた可能性は大いにあると考えられる。

ところで、注目すべきことに、放生津は古代においては奈呉浦と呼ばれていたが、中世に放生津と名称が変更されたという。

文政四（一八二一）年に富田景周が著した「楢葉越琹」では、「古来の浦を奈古といへるが、神会八月十五日にて、幸ひ放生会式日なれば」として嘉暦三（一三二八）年、放生津と改めたとの説を載せている(47)。その説は、放生津八幡の社記によったとする[48]。

しかし、嘉元四（一三〇六）年九月に始まる津軽船争論において、東放生津という呼称がすでに見える[49]。それゆえ、嘉暦三年に名称が変化したとは考えがたい。史料がないために推測にとどまるが、そうした中世における奈呉浦から放生津への名称の変更も[50]、やはり戒律を重視し、殺生禁断令を獲得して、放生を奨励した禅興寺が放生津の管理を任されたことに由来すると推測しておこう。大胆過ぎる仮説であるが、禅興寺は鎌倉極楽寺忍性らの先例にならって、嘉暦三年に放生津一帯の殺生禁断令を獲得したのかもしれない。それが、嘉暦三年という年号の記憶の背景にあるのではなかろうか。

放生津は、日本海海運の要衝として守護ほかの権力者にとって、魅力ある地であり、争奪戦の地となった。鎌倉時代最後の守護名越時有らも、放生津の守護館に拠って自殺したという[51]。室町時代には、守護代神保氏らが放生津に君臨したが[52]、たびたびの戦災があった。そうした戦災を乗り越えた禅興寺も、結局は戦国の動乱は乗り切れなかったようで、現在は地名「善光寺」として残るのみである。

以上、放生津を管理していたと推測される禅興寺に注目してきた。次節では、そのほかの末寺についてみよう。

第二節　弘正院（寺）・宝薗寺・聖林寺・大慈院（長徳寺）・円満寺・国分寺

弘正院（寺）について

史料（1）の配列順から越中国で二番目に寺格の高い末寺は長沢弘正院である。長沢は現在の富山市婦中町長沢のどこかであろう[53]。注記に「四室」とあるのは、他の事例から判断して、奈良西大寺光明真言会にさいして四室に[54]

宿泊することになっていたことを表している。

先述した「光明真言過去帳」には、史料(8)のように弘正院僧として明印房が最初に出てくる。

史料(8)[55]

○中観房　桂宮院長老

（中略）

成智房　犬山寺　　　**明印房　弘正院**

（中略）

了願房　真福寺　　　長真房　西琳寺

すなわち、徳治二(一三〇七)年二月二日に死亡した桂宮院長老中観房[56]と正和元(一三一二)年に死去した西琳寺長真房[57]との間に明印房が記されている。それゆえ、明印房は徳治二(一三〇七)年から正和元(一三一二)年の間に死去したのであろう。だとすれば、それ以前に弘正院は叡尊教団の寺院であったことになる。

この明印房は、先述した弘安三(一二八〇)年の「授菩薩戒弟子交名」に「越中国正円明印房[58]」と出てくる人物であろう。明印房正円は越中国出身である点も大いに注目される。弘安三年の「西大寺西僧坊造営同心合力奉加帳」には西大寺分の「二百二十二貫五百五十文」のうち、一貫三〇〇文を寄付[59]しており、当時は西大寺に住んでいたと考えられる。とすれば、弘正院の開創は、弘安三年以降ということになる。

明印房の次に「光明真言過去帳」に記載されているのは了月房である。

史料（9）[60]

当寺第二長老慈真和尚

本覚房　浄住寺　　　　　　　　○惣願房　白毫寺

○蓮性房　天道長老　　　　　　了月房　**弘正院**

（中略）

○示観房　招提寺長老

正和五（一三一六）年正月二六日に死去した西大寺第二代長老慈真信空[61]と元亨元（一三二一）年九月五日に亡くなった招提寺長老凝然示観房[62]との間に記載されている。その間に死去したのであろう。

この了月房については、弘安三年に、奈良海龍王寺に現住する形同沙弥（半人前の僧）の一人として「寂遍　了月房　十二」[63]と記載されている人物かもしれない。

次に「光明真言過去帳」に出てくるのは史料（10）のように道眼房である。

史料（10）[64]

○了心房　戒壇院長老

道眼房　弘正院　　　　　覚忍房　羂索院

空月房　蓮光寺　　　　　宝成房　光台寺

（中略）

想仙房　宝薗寺　　　　　　　　　　○善意房　戒光寺長老
○当寺第四長老沙門静然

道眼房は史料（10）のように、元徳元（一三二九）年一〇月三日に死去した戒壇院長老了心房[65]と元弘元（元徳三、一三三一）年一二月一三日に死亡した西大寺第四代長老静然[66]との間に記載されている。道眼房はその間に死去したのであろう。

道眼房に次いで「光明真言過去帳」に出てくるのは良寂房である。

史料（11）[67]
○本性房　極楽寺長老
（中略）
成善房　浄住寺　　　　○了一房　室生寺長老
乗忍房　菩提寺　　　　**良寂房　弘正院**
玄道房　現光寺　　　　明静房　長坂寺
（中略）
賢信房　飯岡寺　　　　○印教房　極楽寺長老

史料（11）のように、建武元（一三三四）年一一月二一日に死去した極楽寺長老本性房[68]と暦応元（一三三八）年五月二四日に死亡した極楽寺長老印教房[69]との間に記載されている。良寂房はその間に死去したのであろう。

以上、弘正院は南北朝初期までは活動を確認できた。

ところで、先の「明徳末寺帳」によれば、弘正院は「寺」と注記され、その頃には、「院」から「寺」へ昇格していた[70]。

そこで弘正寺で「光明真言過去帳」を調べると、史料（12）や史料（13）のような記事がある。

史料（12）[71]

当寺第十九長老沙門良耀
空妙房　当寺住　　　　覚生房　当寺住
（中略）
浄空房　金剛寺　　　　**光智房　越中弘正寺**
了密房　大楽寺　　　　宗樹房　現光寺
（中略）
本儆房●良福寺
当寺第二十長老沙門高湛

史料（12）のように、「光明真言過去帳」には、応永一一（一四〇四）年二月二五日に亡くなった西大寺第一九代長老良耀[72]と応永一五（一四〇八）年九月二五日に死去した西大寺第二〇代長老高湛[73]との間に、越中弘正寺僧として光智房が出てくる。すなわち、弘正寺僧おそらく住持であった光智房は、応永一一年二月二五日から応永一五年九月二五日までの間に死亡したのであろう。

史料(13)[74]

当寺第廿二長老沙門英如
賢順房　兵庫観音寺　　証円房　西琳寺
(中略)
祐円房　備後浄土寺　　良義房　大安寺
浄賢房　真福寺　　○尊真房　招提寺長老
宝乗房　般若寺　　顕順房　円明寺
教泉房　宝蓮院　　**心月房　越中弘正寺**
(中略)
明智房　当寺住　　長賢房　大覚寺
本勇房　当寺住　　祐如房●能福寺
○当寺第廿三長老沙門英源

また、史料(13)のように、応永二二(一四一五)年二月二九日に七一歳で亡くなった西大寺第二二代長老英如[75]と応永二六(一四一九)年一〇月五日に七三歳で死去した西大寺第二三代長老英源[76]との間に心月房が越中弘正寺として出てくる。心月房は、その間に死去したのであろう。とすれば、一五世紀前半においても弘正寺は機能していたのは明らかである。

また、永享八（一四三六）年の「西大寺坊々寄宿末寺帳」にも、「四室分」として越中弘正寺は出てくる。[77]それからも、一五世紀前半においても弘正寺は機能していたと考えられる。さらに、一四五三年から一四五七年までの間に作成された西大寺末寺帳にも見えるので、[78]弘正院（寺）は一五世紀半ばまで存在し、機能していたことを確認できる。

宝薗寺について

越中国第三位の叡尊教団の末寺黒河宝薗寺は、現在の富山県射水市黒河[79]に所在したと考えられる。

宝薗寺は、先述したように、永享八（一四三六）年の「西大寺坊々寄宿末寺帳」の「一室分」に見える。それゆえ、永享八年において、宝薗寺は光明真言会にさいして西大寺の一室に滞在することになっていたのである。とすれば、一五世紀前半においても、宝薗寺は西大寺末寺であった。次に僧侶に注目しよう。

先述した「西大寺光明真言過去帳」には、史料（14）のように宝薗寺僧として想仙房が最初に出てくる。

史料（14[80]）

○了心房　戒壇院長老
（中略）
想仙房　宝薗寺　○善意房　戒光寺長老

○当寺第四長老沙門静然

すなわち、元徳元（一三二九）年一〇月三日に死去した戒壇院長老了心房[81]と元弘元（元徳三、一三三一）年一二月一三日に死亡した西大寺第四代長老静然[82]との間に記載されている。想仙房は、その間に亡くなったのだろう。想仙房は弘安三（一二八〇）年の「授菩薩戒弟子交名」に「浄住寺形同現住　禅真　想仙房三十一[83]」と出てくる人物であろうか。とすれば、京都葉室浄住寺[84]にいたことになる。

想仙房の次に「西大寺光明真言過去帳」に出てくるのは史料（15）のように覚道房である。

史料（15）[85]

○当寺第五長老沙門賢善

（中略）

光寂房　月輪寺　　覚道房　宝薗寺

（中略）

本如房　称名寺

覚道房は、暦応三（一三四〇）年一〇月二日に九〇歳で死去した西大寺第五代長老賢善[86]と貞和二（一三四六）年一一月三〇日に死亡した称名寺本如房[87]の間に記載されている。覚道房はその間に亡くなったのであろう。それゆえ宝薗寺は、一四世紀の前半までは機能していたことは確実である。

さらに、一四五三年から一四五七年までの間に作成された西大寺末寺帳にも見える[88]ので、一五世紀半ばまで西大寺末寺であった。

聖林寺について

越中国第四位の叡尊教団の末寺野尻聖林寺は、現在の富山県南砺市野尻に所在した[89]。この聖林寺は、永享八（一四三六）年の「西大寺坊々寄宿末寺帳」の大慈院分に「越中　聖林寺[90]」と見える。それゆえ、永享八年において、聖林寺は光明真言会にさいして西大寺内の大慈院に滞在することになっていたのである。とすれば、一五世紀前半においても、聖林寺は西大寺末寺であった。次に僧侶に注目しよう。

先述した「光明真言過去帳」には、史料（16）のように聖林寺僧として林照房が最初に出てくる。

史料（16[91]）

当寺第十七長老沙門慈朝

信敬房　小松寺　　宗珠房　持宝寺

（中略）

円如房　浄名寺　　智乗房　良福寺

林照房　聖林寺　　道空房　浄宝寺

真珠房　周防国分寺　　素一房　速成就院

（中略）

正妙房　額安寺　　寂密房●浄住寺

○当寺第十八長老沙門深泉

すなわち、明徳二（一三九一）年四月九日に七三歳で死去した西大寺第一七代長老慈朝[92]と応永二（一三九五）年九月二五日に死去した西大寺第一八代長老深泉[93]との間に記載されている。それゆえ、林照房はその間に亡くなったのであろう。

次に聖林寺僧として「光明真言過去帳」に出てくるのは史料（17）の本如房と光宣房の二人である。

史料（17）[94]

当寺第廿四長老沙門元空

興信房　律成寺　　　春鐘房　仙澗寺

（中略）

忍仙房　肥州観音寺　　　光本房　宝福寺

本如房　聖林寺　　　賢琳房　玉泉寺

（中略）

双国房　大岡寺　　　**光宣房　聖林寺**

本密房　宝蓮花寺　　　乗如房　石津寺

（中略）

○顕一房　招提寺長老

○当寺第廿五長老沙門栄秀

本如房と光宣房とは、応永三〇（一四二三）年七月二五日に死去した西大寺第二四代長老元空[95]と永享二（一四三〇）年八月二日に七七歳で死去した西大寺第二五代長老栄秀[96]との間に出てくる。それゆえ、本如房と光宣房は、相次いでその間に亡くなったのであろう。以上のように、野尻聖林寺は、一五世紀前半までは住僧も確認でき機能していた。

さらに、一四五三年から一四五七年までの間に作成された西大寺末寺帳にも見えるので、一五世紀半ばまで存在を確認できる。

大慈院について

大慈院は、のちに長徳寺となった寺院で、越中国で第五位の寺格の叡尊教団の末寺であった。禅興寺とともに、放生津に所在（現在は新湊高校が立っている）した[97]。

史料（1）の「明徳末寺帳」には「明徳三年三月廿二日十八代長老今ハ号長徳寺」と注記がある。その意味は、明徳三（一三九二）年三月二一日に第一八代西大寺長老深泉の時に西大寺直末寺となったことを示している[98]。すなわち、それまでは禅興寺の塔頭に過ぎなかったのかもしれない。

永享八（一四三六）年の「西大寺坊々寄宿末寺帳」にも「越□長徳寺[99]」として出てくる。すなわち、永享八年段階において長徳寺は機能していた。

長徳寺僧としては、「光明真言過去帳」に史料（18）（19）に真通房と浄俊房が出てくる。

史料（18）[100]

当寺第廿八長老沙門元澄

鐘妙房　神願寺　　禅春房　円明寺

（中略）

本舜房　羂索院　　**真通房　長徳寺**

（中略）

浄識房　寛弘寺　　印賢房●当寺住

○当寺第廿九長老沙門高算

史料（19）[101]

当寺第廿九長老沙門高算

慈光房　勝福寺　　良円房　泉福寺

（中略）

弘春房　当寺住　　春善房　大御輪寺

慶印房　浄住寺　　**浄俊房　長徳寺**

（中略）

○当寺第三十長老沙門仙恵

すなわち、真通房は長禄元（一四五七）年一一月八日に七八歳に死去した西大寺第二八代長老元澄[102]と文明三（一四七一）年一二月一二日に死去した西大寺第二九代長老高算[103]との間に出てくる。真通房はその間に亡くなったのであろう。

他方の浄俊房は、文明三（一四七一）年一二月一二日に死去した西大寺第二九代長老高算[104]と文明一〇（一四七八）年八月六日に八四歳で死去した西大寺第三〇代長老仙恵[105]との間に出てくる。浄俊房は、その間に亡くなったのであろう。

さらに、一四五三年から一四五七年までの間に作成された西大寺末寺帳にも長徳寺は見える[106]が、一五世紀半ばまで長徳寺は住持がいて、機能していたことになる。

円満寺について

越中国第六位の叡尊教団の末寺であった円満寺については、まったく不明であった。ところが杉崎の研究[107]によって、京都府木津川市常念寺（東明寺旧蔵）仏涅槃図施入銘から、雄神荘内（庄川町内）に所在していたことが明らかにされた。また、永享八（一四三六）年の「西大寺坊々寄宿末寺帳」にも「四室分」として見え、その頃までは機能していたことが指摘されている。

さらに重要なことは、先述のごとく、一四五三年から一四五七年までの間に作成された西大寺末寺帳にも見え[108]、一五世紀半ばまで機能していたと考えられる。

国分寺について

越中国第七位の叡尊教団の末寺であった国分寺については、富山県高岡市伏木に現在も堂舎が残っている(109)。先述したように諸国国分寺は、鎌倉時代末に蒙古襲来にさいして諸国一宮とともに復興が企画され、その多く（一九箇国(110)）を西大寺と極楽寺が担った。おそらく、越中国分寺もそれを契機に復興がなされ西大寺末寺となったのであろう。

ただ、残念なことに、現在は鎌倉末期の文殊菩薩像が残っているだけであり(111)、その活動についてははっきりしなかった。しかし、先述の一四五三年から一四五七年までの間に作成された西大寺末寺帳に国分寺も見える(112)ので、その頃までは機能していたのであろう。

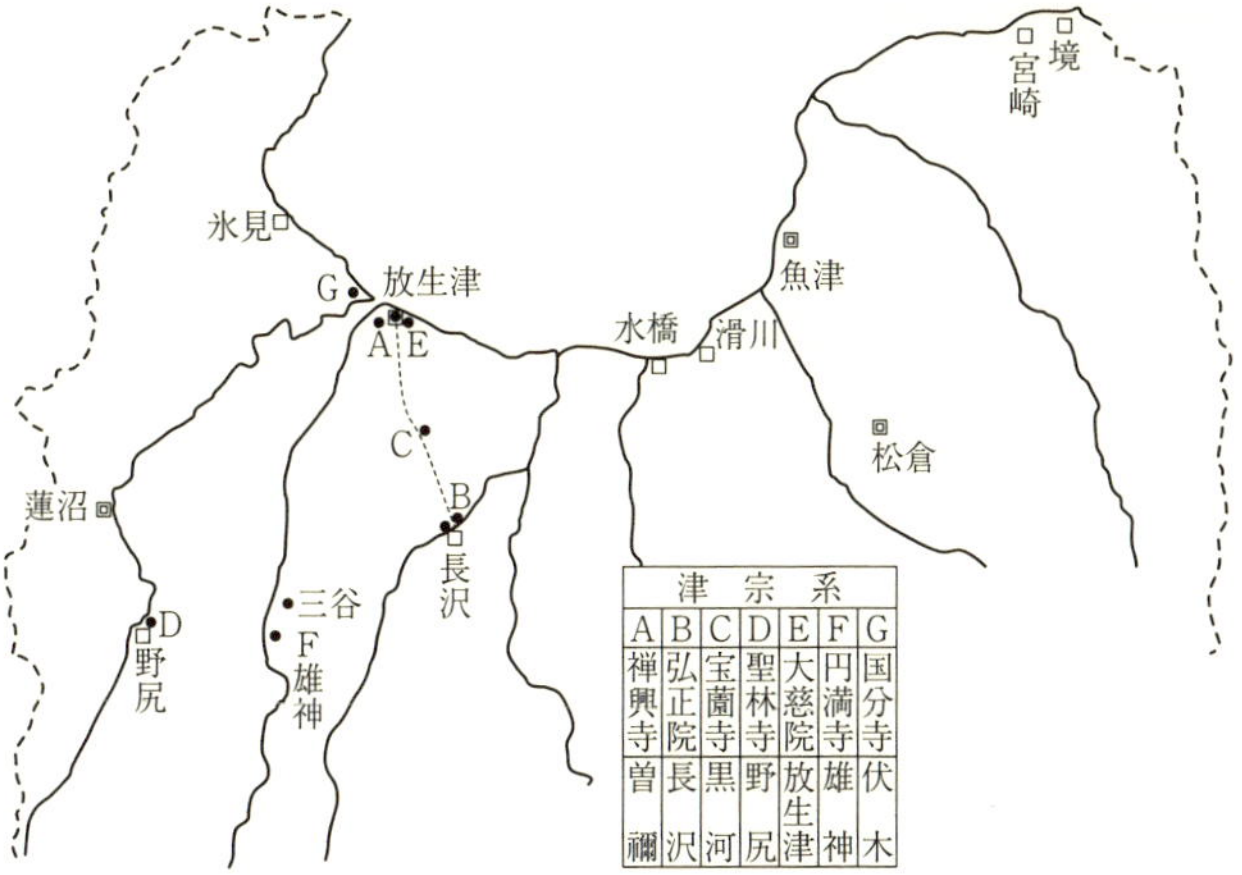

図２　越中国におけるの西大寺直末寺分布図
（久保尚文『越中における中世信仰史の展開』17頁所収の図に加工をした）

おわりに

以上、中世の西大寺末寺帳と「光明真言過去帳」などを手がかりに、現地調査を踏まえて、越中の叡尊教団の展開をみてみた。越中においても、守護の名越氏や得宗が放生津という主要な港を禅興寺・長徳寺を介して押さえていた可能性がみえるのは大いに興味深い。

本章で明らかにしたように、「明徳末寺帳」などには七箇寺しか挙がっていないが、それらは西大寺が住持の任命権を有する直末寺に過ぎず、数多くの西大寺末寺が存在していたはずである。とりわけ、そうした直末寺が一五世紀半ばにおいても機能していたことを明らかにできたことは大きな意味を有するであろう。

それにしても、越中の直末寺を地図に落としてみると、図2のように、それらが富山県の西部に偏在している。それは東部が発展していなかったからではなかろう。おそらくは、三河以東の叡尊教団の末寺を押さえた鎌倉極楽寺の管轄下にあったと推測している。また、禅興寺、長徳寺は放生津にあったが、ほかの末寺群も庄川、神通川といった河川ルートと街道[113]によって禅興寺らと結びついていたと推測される。

註

（1） 近岡七四郎「越中における大和西大寺の末寺について（一）」（『越中史壇』一六、一九五九年）。

（2） 新湊市史編集委員会編『新湊市史』（新湊市役所、一九六四年）の「叡尊と禅興寺」（近岡執筆）、久保尚文『越中における中世信仰史の研究』（桂書房、一九八四年）、新湊の歴史編さん委員会編『しんみなとの歴史』（新湊市、一九九七年）。

（3） 放生津については、仁木宏編『港湾をともなう守護所・戦国期城下町の総合的研究――北陸を中心に』（二〇〇五～二〇〇七年度科研報告書、二〇〇八年）、仁木宏「港津と守護所をめぐる一考察」（矢田俊文・竹内靖長・水澤幸一編『中世の城館と集散地』高志書院　二〇〇五年）が参考になる。

（4） 松山充宏「画讃で読み解く太子絵伝――瑞泉寺本の制作者を探る」（『富山史壇』一六六、二〇一一年）。

（5） 杉崎貴英「山城国賀茂荘東明寺・越中国雄神荘円満寺と賢昌房忍禅――京都府木津川常念寺（東明寺旧蔵）仏涅槃図施入銘を出発点として」（『富山史壇』一六四、二〇一一年）。

(6) 二〇一二年八月八日に松山氏と越中国の西大寺末寺の故地を訪問することができた。
(7) 松尾『勧進と破戒の中世史』(吉川弘文館、一九九五年)。
(8) 本書第三部第二章第三節。
(9) 松尾『勧進と破戒の中世史』〈前註(7)〉一四七頁。
(10) 松尾『勧進と破戒の中世史』〈前註(7)〉一三六・一三七頁。
(11) 松尾『勧進と破戒の中世史』〈前註(7)〉一三七頁。
(12) 松尾『勧進と破戒の中世史』〈前註(7)〉一三七頁。
(13) 松尾『勧進と破戒の中世史』〈前註(7)〉一四〇頁。
(14) 近岡「越中における大和西大寺の末寺について(一)」〈前註(1)〉一〇頁。
(15) 松尾「西大寺光明真言過去帳の紹介と分析」(速水侑編『日本社会における仏と神』吉川弘文館、二〇〇六年)八五頁。
(16) 光明真言会は叡尊が文永元(一二六四)年九月四日に西大寺建立の本願称徳女帝の忌日を期して開始した法会である。七昼夜にわたって亡者の追善、生者の現世利益のために光明真言を読誦する法会であり、諸国の末寺から僧衆が集まり、西大寺内に宿泊して法会を勤修する叡尊教団の年中行事の中で最大のものであった。「光明真言過去帳」は、叡尊教団の物故者名簿で、光明真言会にさいして一臈・二臈の役者が真読、すなわち、声を挙げないで全体を読むべき過去帳で、代々書き継がれた(松尾「西大寺光明真言過去帳の紹介と分析」〈前註(15)〉参照)。
(17) 『律苑僧宝伝』(『大日本仏教全書　一〇五』名著普及会、一九七九年)一四九頁。
(18) 松尾「河内西琳寺五輪塔と大和唐招提寺西方院五輪塔をめぐって」(『戒律文化』八号、二〇一一年)参照。
(19) 前註(1)(2)の近岡、久保論文参照。
(20) 松尾「西大寺叡尊像に納入された「授菩薩戒弟子交名」と「近住男女交名」」(松尾『日本中世の禅と律』吉川弘文

館、二〇〇三年）八七頁。
(21) 松尾「西大寺叡尊像に納入された「授菩薩戒弟子交名」と「近住男女交名」」〈前註（20）〉七六頁。
(22) 松尾「西大寺叡尊像に納入された「授菩薩戒弟子交名」と「近住男女交名」」〈前註（20）〉九三頁。
(23) 『西大寺叡尊伝記集成』（法藏館、一九七七年）三八五頁下。
(24) 松尾「西大寺光明真言過去帳の紹介と分析」〈前註（15）〉八九頁。
(25) 『常楽記』建武元（一三三四）年一一月二一日条。
(26) 『常楽記』暦応元（一三三八）年五月二四日条。
(27) 松尾「西大寺叡尊像に納入された「授菩薩戒弟子交名」と「近住男女交名」」〈前註（20）〉九七頁。
(28) 松尾「西大寺光明真言過去帳の紹介と分析」〈前註（15）〉九三頁。
(29) 「西大寺代々長老名」（『西大寺関係史料（一）諸縁起・衆首交名・末寺帳』奈良国立文化財研究所、一九六八年）七三頁。
(30) 「西大寺代々長老名」〈前註（29）〉七三頁。
(31) 松尾「西大寺光明真言過去帳の紹介と分析」〈前註（15）〉九三頁。
(32) 「西大寺代々長老名」〈前註（29）〉七三頁。
(33) 「西大寺代々長老名」〈前註（29）〉七三頁。
(34) 『富山県史　史料編2　中世』（富山県、一九七五年）史料九五号。現在は、水無神社には所蔵されていないという。
(35) 松尾『勧進と破戒の中世史』〈前註（7）〉二六〜二八頁。
(36) 『新湊市史』〈前註（2）〉一五〇・一五一頁。
(37) 松尾『勧進と破戒の中世史』〈前註（7）〉第五章に翻刻・紹介した。
(38) 松尾『勧進と破戒の中世史』〈前註（7）〉一五六頁。

(39) 松尾『勧進と破戒の中世史』〈前註(7)〉一六一頁。
(40) 本書第三部第二章第三節参照。
(41) 「西大寺末寺帳」〈前註(29)〉所収。
(42) 久保「中世越中時衆史の一考察」(田中喜男編『日本海地域史研究』第二輯、文献出版、一九八一年)など参照。
(43) 網野善彦『蒙古襲来』(小学館、一九七四年)。
(44) 松尾『中世律宗と死の文化』(吉川弘文館、二〇一〇年)など参照。
(45) 仁木宏編『港湾をともなう守護所・戦国期城下町の総合的研究――北陸を中心に』〈前註(3)〉一八頁、三一~三四頁の図参照。
(46) 松尾『中世律宗と死の文化』〈前註(44)〉一九二頁参照。
(47) 『富山県の地名』(平凡社、一九九四年)六三三頁。
(48) 『楢葉越枝折』(石川県図書館協会、一九三三年)三〇頁。『越登賀三州志』(石川県図書館協会、一九三三年)五五〇頁。
(49) 『しんみなとの歴史』〈前註(2)〉四一頁。
(50) 『新湊市史』〈前註(2)〉一二七頁。
(51) 『しんみなとの歴史』〈前註(2)〉四八頁。
(52) 『しんみなとの歴史』〈前註(2)〉五三頁など。
(53) 『富山県の地名』〈前註(47)〉四二五頁。
(54) 松尾『勧進と破戒の中世史』〈前註(7)〉一三六頁。
(55) 松尾「西大寺光明真言過去帳の紹介と分析」〈前註(15)〉八五頁。
(56) 『律苑僧宝伝』〈前註(17)〉一四九頁。

(57) 松尾「河内西琳寺五輪塔と大和唐招提寺西方院五輪塔をめぐって」〈前註(18)〉。
(58) 松尾「西大寺叡尊像に納入された「授菩薩戒弟子交名」と「近住男女交名」」〈前註(20)〉七八頁。
(59) 『西大寺叡尊伝記集成』〈前註(23)〉三八四頁。
(60) 松尾「西大寺光明真言過去帳の紹介と分析」〈前註(15)〉八六頁。
(61) 「西大寺代々長老名」〈前註(29)〉七三頁。
(62) 『招提千歳伝記』(『大日本仏教全書　一〇五』〈前註(17)〉)二五頁。
(63) 松尾「西大寺叡尊像に納入された「授菩薩戒弟子交名」と「近住男女交名」」〈前註(20)〉一〇一頁。
(64) 松尾「西大寺光明真言過去帳の紹介と分析」〈前註(15)〉八七頁。
(65) 『招提千歳伝記』(『大日本仏教全書　一〇五』〈前註(17)〉)五五頁。
(66) 「西大寺代々長老名」〈前註(29)〉七三頁。
(67) 松尾「西大寺光明真言過去帳の紹介と分析」〈前註(15)〉八九頁。
(68) 『常楽記』建武元(一三三四)年一一月二一日条。
(69) 『常楽記』暦応元(一三三八)年五月二四日条。
(70) その時期は、明徳二(一三九一)年に末寺帳が書き改められた頃以前であろう。事実、本文で述べるように「光明真言過去帳」には、一四世紀までは「弘正院」と出てくるのに、応永一一(一四〇四)年二月二五日から応永一五(一四〇八)年九月二五日の間に死去した光智房は越中弘正寺僧として出てくる。
(71) 松尾「西大寺光明真言過去帳の紹介と分析」〈前註(15)〉一〇二頁。
(72) 「西大寺代々長老名」〈前註(29)〉七三頁。
(73) 「西大寺代々長老名」〈前註(29)〉七三頁。
(74) 松尾「西大寺光明真言過去帳の紹介と分析」〈前註(15)〉一〇四頁。

(75)「西大寺代々長老名」〈前註（29）〉七三頁。
(76)「西大寺代々長老名」〈前註（29）〉七三頁。
(77)松尾『勧進と破戒の中世史』〈前註（7）〉一五七頁。
(78)本書第三部第二章第三節。
(79)『富山県の地名』〈前註（47）〉。
(80)松尾「西大寺光明真言過去帳の紹介と分析」〈前註（15）〉八八頁。
(81)『招提千歳伝記』（『大日本仏教全書　一〇五』〈前註（17）〉）五五頁。
(82)「西大寺代々長老名」〈前註（29）〉七三頁。
(83)松尾「西大寺叡尊像に納入された「授菩薩戒弟子交名」と「近住男女交名」」〈前註（20）〉一〇〇頁。
(84)浄住寺については、松尾『中世律宗と死の文化』〈前註（44）〉参照。
(85)松尾「西大寺光明真言過去帳の紹介と分析」〈前註（15）〉九〇頁。
(86)「西大寺代々長老名」〈前註（29）〉七三頁。
(87)『金沢文庫古文書』一二一〜三二頁。
(88)本書第三部第二章第三節参照。
(89)『富山県の地名』〈前註（47）〉八一九頁。
(90)松尾『勧進と破戒の中世史』〈前註（7）〉一六〇頁。
(91)松尾「西大寺光明真言過去帳の紹介と分析」〈前註（15）〉九九頁。
(92)「西大寺代々長老名」〈前註（29）〉七三頁。
(93)「西大寺代々長老名」〈前註（29）〉七三頁。
(94)松尾「西大寺光明真言過去帳の紹介と分析」〈前註（15）〉一〇五頁。

(95)「西大寺代々長老名」〈前註(29)〉七三頁。
(96)「西大寺代々長老名」〈前註(29)〉七三頁。
(97)長徳寺の位置は、仁木宏編『港湾をともなう守護所・戦国期城下町の総合的研究——北陸を中心に』〈前註(3)〉参照。
(98)松尾『勧進と破戒の中世史』〈前註(7)〉第五章参照。
(99)なお、松尾『勧進と破戒の中世史』〈前註(7)〉では「越前国長徳寺」と翻刻したが、それは虫食い部分を誤って推測した間違いである。訂正する。
(100)松尾「西大寺光明真言過去帳の紹介と分析」〈前註(15)〉一〇八頁。
(101)松尾「西大寺光明真言過去帳の紹介と分析」〈前註(15)〉一一〇頁。
(102)「西大寺代々長老名」〈前註(29)〉七三頁。
(103)「西大寺代々長老名」〈前註(29)〉七三頁。
(104)「西大寺代々長老名」〈前註(29)〉七三頁。
(105)「西大寺代々長老名」〈前註(29)〉七三頁。
(106)本書第三部第二章第三節。
(107)杉崎「山城国賀茂庄東明寺・越中国雄神庄円満寺と賢昌房忍禅——京都府木津川常念寺(東明寺旧蔵)仏涅槃図施入銘を出発点として」〈前註(5)〉参照。
(108)本書第三部第二章第三節。
(109)『富山県の地名』〈前註(47)〉九〇七頁。
(110)松尾『勧進と破戒の中世史』〈前註(7)〉二七・二八頁。
(111)藤沢隆子「文殊菩薩像と律宗」(『戒律文化』四、二〇〇六年)五五頁。

（112）本書第三部第二章第三節。

（113）黒河宝薗寺の所在した黒河は、射水郡の中心地放生津と婦負郡の中心である長沢とを結ぶ街道のほぼ中間点に位置し、中世北陸道の交通の要衝であった（『富山県の地名』〈前註（47）〉五九九頁）。

第三部

叡尊教団の九州における展開

第一章　筑前国における展開

はじめに

奈良西大寺叡尊をいわば開祖とする叡尊教団は、鎌倉時代から南北朝期において全国的に展開し、叡尊生存期に一五〇〇箇寺といわれる末寺[1]を創立したが、ここでは叡尊教団の筑前国における展開をみる。筑前国の叡尊教団の展開については、八尋和泉の研究[2]がある。八尋の研究は、美術史的な観点から、九州の西大寺末寺の展開に注目し、筑前国の叡尊教団の展開に関する基礎的な研究と評価できる。しかし、寺院史的な研究ではないため、美術遺品との関わりが中心で問題がないわけではない。本章では、寺院史的な観点から見直そう。

史料（1）[3]

筑前国

（博田多）大乗寺　　（宰府）最福寺

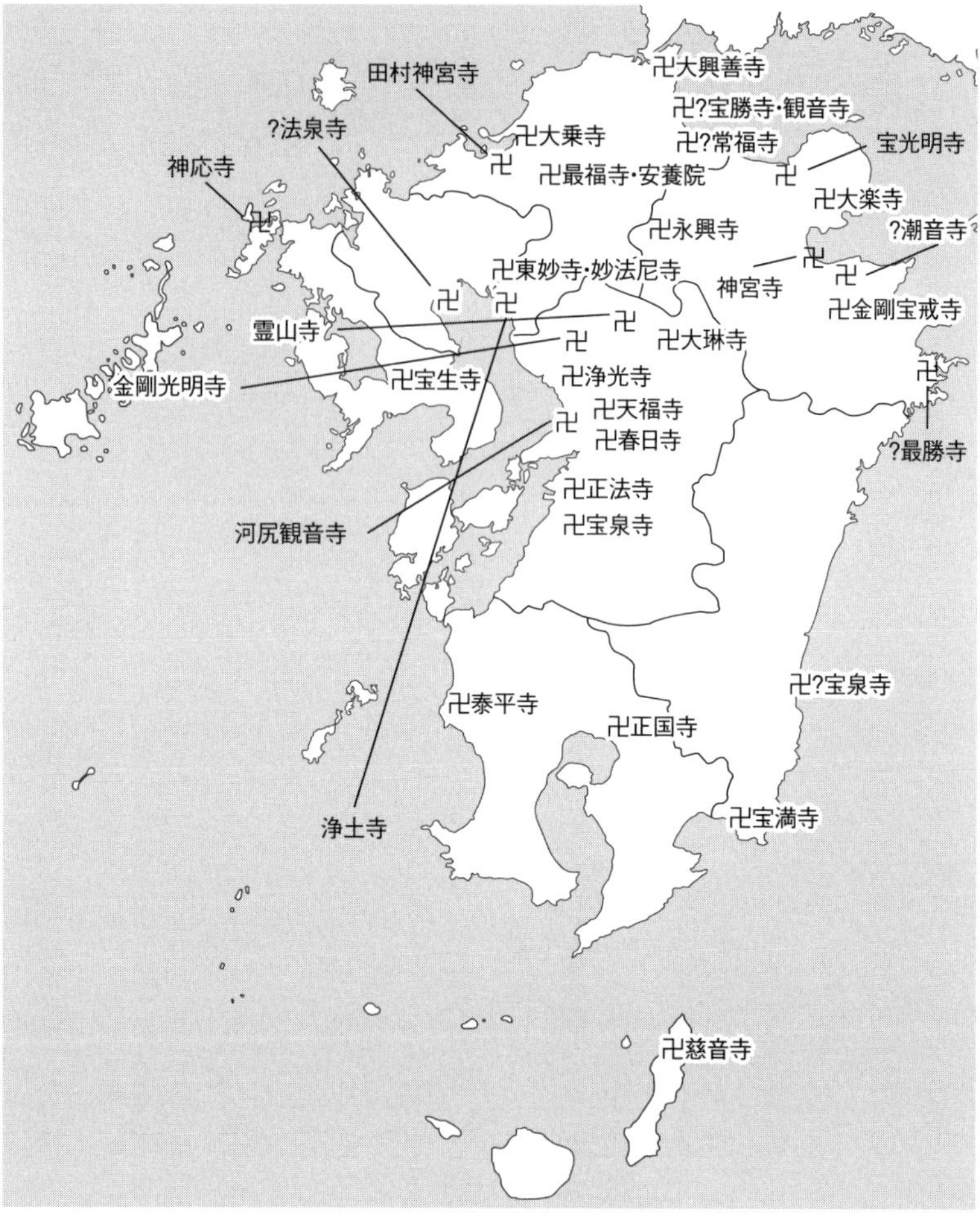

図　九州西大寺直末寺分布図

（合点アリ）安養院　成実宗寺歟　田村神宮寺
江ノ長福寺　「三室」
（注記引用者、以下、注記、太字など引用者）

先述のように、叡尊教団の筑前国における展開を考えるうえも、明徳二（一三九一）年に書き改められた西大寺末寺帳（以下、「明徳末寺帳」と略す）は大いに有用である。史料（1）は、その筑前国分である。それによれば、博多大乗寺、宰府最福寺、安養院、田村神宮寺、江ノ長福寺の五箇寺が挙がっている。それら五箇寺は、いずれも奈良西大寺の直末寺という直轄末寺である(4)。また、その記載の順序は寺格を表しており(5)、博多大乗寺は筑前国の西大寺末寺のうちで寺格第一位と考えられる。以下、五箇寺について論じてみたいが、比較的史料の多い大乗寺、最福寺、神宮寺、安養院を論じることになる。

第一節　大乗寺

筑前国の西大寺末寺のうちで寺格第一位を誇った博多大乗寺の存在を知る人はほとんどいない。なぜなら廃寺になってしまったからだ。大乗寺廃寺跡は現在の福岡県福岡市博多区上川端町に所在する。地下鉄祇園駅を降りて櫛田神社の方へ行くと、冷泉公園があり、その南、冷泉小学校北側に大乗寺廃寺跡はある。そこには、現在「亀山法皇勅願石」と「地蔵板碑」と「碇石」などの石造遺物が遺っているに過ぎない。この大乗寺については、別稿で述べたので(6)、それをまとめつつ、補足する形で論じておこう。

別稿での結論をまとめると以下のようになる。

博多大乗寺は、筑前国の西大寺直末寺で筆頭の寺院であった。しかし、転宗を続け、永禄八（一五六五）年の頃より浄土宗となり、正保元（一六四四）年に藩主黒田忠之によって真言宗に改められた。大正一〇（一九二一）年には中央区箐子町の長宮院に合併し、第二次大戦後には宗像郡の鎮国寺に吸収され、廃寺となった[7]。そのために史料は少ない。

しかし、その地理的位置、筑前の叡尊教団内における寺格の高さ（勅願寺であった）、鎮西探題金沢実政・政顕との親密な関係などから、港湾都市博多の核となる寺院ではなかったかと推測される。また、地蔵信仰を媒介とした博多都市民との結合なども明らかであり、蒙古退散祈禱を行なった勅願寺院としてのみならず、都市民と大きな関わりがあった。おそらく博多大乗寺は、鎌倉極楽寺や金沢称名寺のような役割を果たしていたのであろう。すなわち、鎌倉後期から南北朝期の叡尊教団は、和賀江津、六浦津、博多津といった主要な港湾を押さえ、全国的な河川までも押さえていたことになる。

大乗寺跡には、「亀山法皇勅願石」と「地蔵板碑」と「碇石」が遺っている。それらは、大乗寺が有した三つの顔、すなわち、「亀山法皇勅願石」は勅願寺としての顔を、「地蔵板碑」は博多都市民救済の寺としての顔を、「碇石」は博多津の管理者としての顔を象徴する貴重な遺物といえるのではなかろうか。

以上の結論を踏まえて、寺院史的に博多大乗寺の歴史を見直そう。

史料（2）[8]

筑前国

大乗寺博多　　最福寺宰府
安養院　　神宮寺田村
長福寺江ノ

史料（2）は、一四五三年から一四五七年にかけて作成された「西大寺末寺帳[9]」の筑前国の分である。その記載内容は先に載せた「明徳末寺帳」と同じである。それゆえ、大乗寺は、一五世紀半ばまでは西大寺直末寺と位置づけられていたことがわかる。また、筑前国の直末寺の筆頭に記され、その時期においても筑前国における西大寺直末寺の筆頭寺院であった。

史料（3）[10]

三室分
河内鷹合 妙台寺　　摂津住吉 荘厳浄土寺
山城国西谷 法光明院　　山城国宇治 放生院
伊賀国 阿弥陀寺　　和泉国信達《シタチ》 来迎院寺
周防国 国分寺　　播磨国四十九院 常住寺
播磨 福泉寺　　九州波加多 **大乗寺**
当国 八木寺　　肥後八代 正法寺
豊前国中津河 満福寺　　筑前国田村 **神宮寺**

筑前国
長福寺　　　　　　　　　伊勢国森寺
宝生院

（後略）

また、史料（3）のように、大乗寺は永享八（一四三六）年の「坊々寄宿末寺帳[11]」にも見え、毎年九月に西大寺で開催されていた光明真言会には「三室」に宿泊することになっていた。九州博多からも、奈良西大寺に参集していたのである。

ところで、いつ大乗寺は建立されたのであろうか。江戸時代に書かれた貝原益軒の『筑前国続風土記拾遺巻之八[12]』によれば、大乗寺は、「法皇山宝珠院と号す。（中略）、寺伝に大同元年弘法大師唐土より帰朝の時、自ら此像を彫刻し且彼地より将来の如意宝珠等を納めらる。（中略）其後久しく頽破せしを建治三年亀山法皇詔ありて南都西大寺の叡尊を当国に下し給ひ、此寺を再造有て法皇山の号を賜ハり、敵国降伏の勅願寺となし賜ふといへり」という。

それによれば、大乗寺は古代以来の寺院で衰頽していたのを、建治三（一二七七）年に亀山法皇の命令で叡尊が下向して中興し、蒙古退散のための勅願寺としたという。別稿[13]で述べたように、大乗寺は亀山法皇が法皇であった期間（一二八九～一三〇五）中に勅願寺となったと考えられる。叡尊の自伝などには叡尊が博多に下ったという記述はないので、弟子を派遣して中興したのであろう。それゆえ、蒙古襲来に備えて建治三年に大乗寺が中興された可能性はある。

ところで博多大乗寺の僧（おそらく住持）は、「光明真言過去帳」に八名が記されている。最初に登場するのは林証房である。別稿[14]で述べたように、林証房は、徳治二（一三〇七）年二月二日に死去した桂宮院長老中観房[15]と正和四（一三一五）年に死去した極楽寺長老円真（心）房栄真[16]との間に記されており、その間に死去したのであろう。この林証房こそ、叡尊の代わりに大乗寺を中興したのであろうか。

史料（4）[17]

当寺第二長老慈真和尚

（中略）

願証房　大乗寺　　　　恩願房　光明寺

（中略）

○示観房　招提寺長老　　　　理心房　当寺住

林証房の次には、史料（4）のように、願証房が、正和五（一三一六）年一月二六日に死去した西大寺第二代長老慈真[18]と、元亨元（一三二一）年九月五日に死去した招提寺長老示観房凝然[19]との間に記されており、その間に死去したのであろう。

史料（5）[20]

○印教房　極楽寺長老

（中略）

覚乗房　大乗院　　　　**慈眼房　大乗寺**

○尭仙房　泉涌寺長老　　　　　　　　　　明忍房　称名寺

「光明真言過去帳」には願証房の次に、慈眼房が記されている。慈眼房は、史料（5）のように暦応元（一三三八）年七月二七日に死去した極楽寺長老印教房円海[21]と、建武五（一三三八）年一一月一六日に死去した称名寺明忍房[22]との間に記載されている。慈眼房はその間に亡くなったのであろう。この慈眼房は、先行研究ではまったく触れられていない。

「光明真言過去帳」には慈眼房の次に信証房が、文和四（一三五五）年一〇月一七日に七六歳で寂した西大寺第八代長老元燿[23]と延文五（一三六〇）年一〇月二五日七五歳で死去した第九代長老覚真[24]との間に記されている[25]。信証房は、その間に死去したのであろう。別稿[26]で述べたように信証房は諱を暁海といい、康永元（一三四二）年七月の田村神宮寺の文殊菩薩騎獅像の完成供養の導師を勤めている。また、大乗寺跡に残る康永四（一三四五）年六月二四日造立の地蔵石造の造立の時の大乗寺住持であった。この信証房のほかにも、良性房、真珠房、良光房、聖寿房が記載されている。

史料（6）[27]

当寺第八長老沙門元燿

（中略）

尊律房　当寺住　　　　　　　　　**良性房　大乗寺**

定証房　西光寺　　　　　　　　　尭信房●常福寺

○当寺第九長老沙門覚真

史料（6）のように、良性房は、文和四（一三五五）年一〇月一七日寂七六歳で死去した西大寺第八代長老元燿[28]と延文五（一三六〇）年一〇月二五日七五歳で死去した第九代長老覚真[29]との間に記されている。その間に亡くなったのであろう。

史料（7）[30]

○当寺第十八長老沙門深泉

（中略）

正俊房　周防国分寺

真珠房　大乗寺

（中略）

○当寺第十九長老沙門良耀

真珠房は、史料（7）のように、応永二（一三九五）年九月二五日に寂した西大寺第一八代長老深泉[31]と、応永一一（一四〇四）年二月二五日に死去した西大寺第一九代長老沙門良耀[32]との間に記されている。その間に亡くなったのであろう。

史料（8）[33]

当寺第廿二長老沙門英如

（中略）

正意房　玉泉寺　　良光房　大乗寺

（中略）

○当寺第廿三長老沙門英源

良光房は、史料（8）のように、応永二二（一四一五）年二月二九日に七一歳で寂した西大寺第二二代長老英如[34]と、応永二六（一四一九）年一〇月五日に七三歳で死去した西大寺第二三代長老沙門英源[35]との間に記されている。その間に亡くなったのであろう。

史料（9）[36]

当寺第廿四長老沙門元空

（中略）

尊通房　当寺住　　聖寿房　大乗寺

（中略）

○当寺第廿五長老沙門栄秀

最後の聖寿房は史料（9）のように、応永三〇（一四二三）年七月二五日に死去した西大寺第二四代長老元空[37]と、永享二（一四三〇）年八月二日に七七歳で死去した西大寺第二五代長老栄秀[38]との間に記されている。その間に亡くなったのであろう。

以上のように、一五世紀半ばまでは住持の存在が知られ、西大寺直末寺であった。とりわけ、別稿[39]で述べたように大乗寺は筑前国を代表する西大寺直末寺で、博多津を管理する寺院であった。いわば、鎌倉の極楽寺のような立場にあった点は大いに注目される。

第二節　最福寺

最福寺は、「明徳末寺帳」の第二番目に記されており、一四世紀末において筑前国で第二位の寺格を誇る西大寺直末寺であった。また、永享八（一四三六）年の「西大寺坊々寄宿末寺帳」によれば、史料（10）のように、「鎮西筑前国宰府最福寺」が「二室分」、つまり、西大寺での光明真言会にさいして「二室」に宿泊する寺院として挙がっている。

史料（10）[40]

二室分

山城国洛東 速成就院　　当国 不退寺

同 惣持寺　　同栖原 仙澗寺

同箕田 敬田寺　伊勢国 大日寺
当国磯野 極楽寺　鎮西筑前国宰府 最福寺
（後略）

それゆえ、一五世紀前半においても、西大寺末寺であった。

また、先述の一四五三年から一四五七年にかけて作成された「西大寺末寺帳」〈史料（2）〉においても、二番目に記載されている。一五世紀の半ばにおいても、西大寺直末寺であったと考えられる。さらに、最福寺をはじめ、筑前国の寺々は寛永一〇（一六三三）年の末寺帳には見えず、[41]江戸時代には西大寺末寺から離脱していたことがわかる。

ところで、最福寺は、先の「明徳末寺帳」の注記などによって大宰府に所在したことが明らかである。『福岡県の地名』[42]によれば、最福寺に比定できる寺院として四箇寺が挙げられている。西大寺末寺の最福寺と観世音寺の支院の最福寺、安楽寺末寺と禅宗寺院の西福寺である。

残念ながら明証はないが、おそらく観世音寺と関わる最福寺が西大寺末寺の最福寺で、観世音寺の支院の一つと推測したい。

というのも、「戒律復興」を標榜する叡尊らが国立戒壇の一つであった観世音寺戒壇の復興を目指し、観世音寺の支院であった最福寺を中興したとしてもなんら不思議ではないからだ。『福岡県の地名』によれば、「太宰府旧蹟全図　北」には、観世音寺の後方東寄りに「さいふくじ」とある。[43]おそらく、そこに所在したのであろう。

その一帯はすでに発掘がなされ、以下のような成果が報告されている。「観世音寺僧房の西北、北面築地が走ると想定される地点でも、池を中心とした庭園遺構にともなう礎石建物二棟と掘立柱建物二棟が検出されている。中心となる建物は東西六間×南北二間以上の礎石建物で、礎石立の三間堂をともなっている。三間堂は後に掘立柱建物に建て替えられるが、総じて一四世紀中ごろから一六世紀代にかけて存続している。他の子院関係遺構出土品に共通する剣巴文軒先瓦や、位牌・卒塔婆・柿経などの仏教寺院を思わせる遺物が出土するところから、子院跡と考えられている。この地点の旧字名は安養寺で子院安養院に通じるが、「太宰府旧跡全図」にはこの位置を「サイフクジ」としていることから、西《ママ》福寺の遺構である可能性が高い[44]」。

さて、最福寺僧は、「光明真言過去帳」にも出てくる。ただ、西大寺直末寺の最福寺には大和国万歳最福寺もあり、鎮西と注記のあるものにまず注目する。

史料（11）[45]

尭仙房　泉涌寺長老　　明忍房　称名寺

理証房　鎮西最福寺　　行覚房　多田院

（中略）

仙海房　長光寺　　○禅戒房　招提寺長老

○当寺第五長老沙門賢善

すなわち、史料（11）のように、「光明真言過去帳」には鎮西最福寺僧として理証房が最初に挙がっている。理証房は、建武五（一三三八）年一一月一六日に亡くなった称名寺長老明忍房[46]と、暦応三（一三四〇）年一〇月二一日に九〇歳で死去した西大寺第五代長老賢善[47]との間に記載されている。理証房は、建武五（一三三八）年一一月一六日から暦応三（一三四〇）年一〇月二日までの間に亡くなったと考えられる。

それゆえ、一見すると理証房が最福寺の最初の住持のように思える。ところが、史料（12）のような注目すべき史料がある。

史料（12）[48]

（前略）本云、元徳二年十一月十日、於伊勢国高角大日寺、以鎮西最福寺長老修真上人御自筆書写了、了忍上人本也、一交了　求法弟子興賢五十三才（後略）

史料（12）は、「大事口決」の奥書である。それによれば、本「大事口決」は、元徳二（一三三〇）年一一月一〇日に伊勢大日寺で、最福寺長老修真が自筆で筆写した了忍本をもって、五三歳の求法弟子興賢が一交したという。

この史料から、八尋は最福寺長老修真に注目した。修真房が「光明真言過去帳」において、正中二（一三二五）年二月九日に死去した西大寺第三代長老宣瑜と元弘元（元徳三、一三三一）年一二月一三日に亡くなった西大寺第四代長老静然との間に見られることから、正中二年二月九日から元弘元年一二月一三日までの間に死去したとされる。しかし、その死亡年はいま少し限定できる。

史料（13）[49]

深聖房　浄土寺　　　　○善願房　極楽寺長老

（中略）

修真房　最福寺　　　　　　実行房　釈迦寺

浄勇房　常光寺　　　　　　○了心房　戒壇院長老

史料（13）のように、「光明真言過去帳」をよく見ると、最福寺修道房は嘉暦元（一三二六）年八月一〇日に死去した極楽寺長老善願房[50]と、元徳元（一三二九）年一〇月三日に死去した戒壇院長老了心房[51]の間に記載されている。それゆえ、嘉暦元年八月一〇日から元徳元年一〇月三日の間に死去したのであろう。

とすれば、最福寺修道房は、先の理証房よりも以前に死去しているので、修道房こそは最初期の住持であろうか。ところで、史料（12）によれば、最福寺長老修真が自筆で筆写した了忍本の校合が遠く離れた伊勢国高角大日寺で行なわれている。一見謎であるが、先述した史料（10）からその謎が解ける。すなわち、毎年九月に西大寺で行なわれた光明真言会にさいして伊勢国高角大日寺僧と最福寺僧は同室（「一室」）の仲間であったのだ。それゆえ、親交を結んでいたのであろう。

また、修道房書写本は了忍が継承していた。この了忍については、史料（14）によって、死亡時期がほぼわかる。

史料（14）[52]

当寺第十五長老沙門興泉

（中略）

照空房　浄土寺　　　　　　**了忍房　鎮西最福寺**

（中略）

○当寺第十六長老沙門禅誉

史料（14）は、「光明真言過去帳」の一部である。それによれば、了忍房は康暦元（一三七九）年六月晦日に八六歳で死去した西大寺第一五代長老興泉(53)と、嘉慶二（一三八八）年五月五日に九〇歳で亡くなった西大寺第一六代長老禅誉(54)との間に記されている。了忍房はその間に亡くなったのであろう。それゆえ、了忍房は一四世紀末の最福寺長老であったのだろう。

「光明真言過去帳」に太宰府最福寺の僧として最後に出てくるのは禅忍房である。

史料（15(55)）

当寺第二十一長老沙門叡空

（中略）

禅忍房　鎮西最福寺　　即賢房　玉泉寺

（中略）

○当寺第廿二長老沙門英如

史料（15）のように、禅忍房は、応永一九（一四一二）年二月二三日に八〇歳で死去した西大寺第二一代長老叡空(56)と応永二二（一四一五）年二月二九日に七一歳で死去した西大寺第二二代長老英如(57)との間に記されている。禅忍房は、その間に亡くなったのであろう。このことと先述の一四五三年から一四五七年にかけて作成された「西大寺末寺帳」にも最福寺は出てくることから、太宰府最福寺は一五世紀半ばまでは西大寺末寺として活動していたことが確認される。

第三節　神宮寺

田村神宮寺は、現在の福岡市西区飯盛（旧、筑前国早良郡飯盛村）にある飯盛神社の神宮寺である。飯盛神社は早良平野の中央部を南北に貫流する室見川中流域の西側でなだらかな円錐形状の山容を見せる飯盛山の山麓にある。(58)神宮寺は、飯盛神社の神宮寺として所在したが、今は、文殊堂があるに過ぎない。(59)本神宮寺については、八尋の美術史的な研究がある。(60)それによれば、文殊堂には、湛幸作の文殊菩薩騎獅像が遺り、律寺時代の繁栄ぶりを伝えている。とりわけ、後述のように文殊菩薩騎獅像の心木には銘文があり永仁から康永にかけて制作されたことなどが明らかにされている。ここでは寺院史的な観点から見直しておこう。

神宮寺は、『筑前国続風土記拾遺』(61)によれば、「本社の南二町余山間に在、閑寂の地なり、飯盛山真教院と号す、天台宗比叡山正覚院の末なり、昔ハ真言律にして、門下の寺七ヶ寺あり、（中略）伏見院永仁六年因幡次郎左衛門尉康成といふ人当寺を開基せり、其由来を本尊文殊菩薩の心木に記分ありて詳なり、（中略）かくて足利家の衰乱に廃地となりて、近世は文殊堂のミわつかに本社の側に（中略）残りて有しなり、寛文の比源光院の弟子澄海といふ僧を産徒等招きて、文殊堂の庵主とせり、これより天台宗の寺となれり、元禄年中に比叡山正覚院の末寺となる」とある。

これには、神宮寺は永仁六（一二九八）年に因幡次郎左衛門尉康成という人を開基とし、西大寺末寺の真言律宗寺院として出発し、寛文期（一六六一～七三）に天台宗寺院化し、元禄年中（一六八八～一七〇四）に比叡山正覚院の末寺となったという寺の沿革が記されている。とりわけ、七箇寺の末寺を有する寺院であったことは注目される。以下、西大寺関係史料を使って、『筑前国続風土記拾遺』の記述を検証してみよう。

田村神宮寺は、先述の「明徳末寺帳」〈史料（1）〉では、第四番目に記載されている。永享八（一四三六）年の「坊々寄宿末寺帳」には「三室分」として出てくるので[62]〈史料（3）〉、奈良西大寺での光明真言会での宿坊は三室であった。また、先述の一四五三年から一四五七年にかけて作成された「西大寺末寺帳」〈史料（2）〉においても、四番目に記載されている。一五世紀の半ばにおいても、西大寺直末寺であったと考えられる。さらに、最福寺は寛永一〇（一六三三）年の末寺帳には見えず[63]、江戸時代には西大寺末寺から離脱していたことは確実である。西大寺末寺から比叡山正覚院末寺への転換は、『筑前国続風土記拾遺』の記述通りなのであろう。

ところで、いつ神宮寺が創立されたのかについては、文殊菩薩騎獅像の心木の銘文〈史料（16）〉によれば、永仁六年に因幡康成によって創立されたと考えられている。しかし、文永八（一二七一）年四月二七日付の「飯盛宮社領坪付写」に「神宮寺修正田　一段　宮師行増」といった記述があるので、その頃には存在したと考えられる。永仁六年は文殊騎獅像の造立が開始された年である。すなわち、律寺化したのは、永仁六年頃なのであろう。

史料（16）

飯盛山開闢鎮座智恵大聖文殊像一体永仁六年八月五日奉作始之　仏師播磨坊実名実阿弥、此時大檀那当寺本願因幡次郎左衛門尉康成同法名浄□

（中略）

同（康永元年）七月九日当寺開山十三廻、追□也、開眼供養平座曼荼羅供、導師博多大乗寺長老暁海信証上人請五ヶ寺、僧、同十五日
奉安置本尊畢寺住僧（朝春）禅観房、了融観一房当寺長老、琳幸教一房、覚□（以上第五行）
□□□□□（春郷）良密房、勝知□□□知事、玄清□知房、□□浄房、尊信真儀　作□□□□房了恵覚印房
覚尊良仙房覚融心親房已上形同（以上第六行）
［　］已上将軍家檀那方当所給主覚幷子息□家人等田村大猷覚□□□□□家人等覚源同妻室子息家人（以
上第七行）
覚通妻室子息家人覚吉妻子□□□□□大宮司盛種妻子孫家人等当、寺行者□等寺辺住人貴賤等右現当二世悉地
円満所造立如件（以上第八行）
康永元年壬□七月廿五日記畢求法沙門衆首了融記之（文殊仏像真木）

史料（16）は、文殊菩薩像の心木に書かれていた銘文である。(64) それによれば、本文殊菩薩像が永仁六年に制作が始まり、康永元（一三四二）年七月九日の開山十三回忌に落慶法要が行なわれたことがわかる。すなわち、一三三〇年に開山は亡くなったのであろう。そのさいに博多大乗寺長老信証房暁海が導師を勤めている。

また、その供養会には五箇寺から僧侶が招かれているが、おそらく、「明徳末寺帳」に挙がっている筑前の五箇寺から呼ばれたのであろう。このように、博多大乗寺の長老が、神宮寺の文殊菩薩像完成供養の導師を務めていることから、その頃においても大乗寺が筑前の叡尊教団の筆頭寺院であったことが確認される。

さらに、朝春禅観房、了融観一房当寺長老、琳幸教一房などの神宮寺僧の名前がわかり、とりわけ、観一房了融

は神宮寺の長老であった。この観一房了融は、史料（17）のように「光明真言過去帳」に出てくる。

史料（17）[65]

当寺第八長老沙門元燿

（中略）

良泉房　七仏薬師院　　　　　観一房　神宮寺

（中略）

〇当寺第九長老沙門覚真

すなわち、この神宮寺の観一房とは、飯盛神社神宮寺の長老のことであろう。観一房は文和四（一三五五）年一〇月一七日に七六歳で寂した西大寺第八代長老元燿[66]と延文五（一三六〇）年一〇月二五日に七五歳で亡くなった西大寺第九代長老覚真[67]との間に記載されている。観一房了融は、その間に亡くなったのであろう。

「光明真言過去帳」には、観一房のほかに神宮寺僧として良法房、念観房、覚円房、光恵房、俊一房と出てくる。「明徳末寺帳」などに、神宮寺は、大和佐備神宮寺、加賀国神宮寺、豊後国神宮寺などがある。それゆえ、ただ神宮寺と出てくる僧が、田村神宮寺か断定はできないが、ただ神宮寺と注記された観一房が田村神宮寺僧であるとすれば、死亡年が一三三〇年以後の念観房、覚円房、光恵房、俊一房も田村神宮寺僧という可能性はある。

史料（18）[68]

○当寺第十八長老沙門深泉

（中略）

浄達房　宝生院

摂善房　福泉寺

忍如房●当寺住

○当寺第十九長老沙門良耀

俊一房　神宮寺

印空房　来迎寺

史料（18）のように、神宮寺僧として最後に挙がる俊一房は、応永二（一三九五）年九月二五日に寂した西大寺第一八代長老深泉[69]と応永一一（一四〇四）年二月二五日に死去した西大寺第一九代長老良耀[70]との間に記載されている。それゆえ、俊一房はその間に死去したのであろう。

第四節　安養院

以上、大乗寺、最福寺、神宮寺について論じた。ほかの安養院、長福寺については史料が少なくはっきりしないが、安養院について少し述べておこう。

先の「明徳末寺帳」によれば、安養院は第三番目に記載されており、筑前国で第三位の寺格の西大寺直末寺であった。

また、先に挙げた史料（2）は、一四五三年から一四五七年にかけて作成された「西大寺末寺帳[71]」の筑前国の分であるが、記載内容は「明徳末寺帳」と同じである。それゆえ、安養院も、一五世紀半ばまでは西大寺直末寺と位置づけられていた。

さて、この安養院がどこに所在したのかについてはいまだ明確ではない。『福岡県の地名』[72]では、安養院には観世音寺の支院、安楽寺末寺の安養院、西大寺末寺の安養院の三寺があるとし、西大寺末寺の安養院も大宰府にあった可能性を指摘している。そこで、推測を加えてみよう。

まず、叡尊教団は律宗であり、戒壇での授戒を重視していたことは周知のごとくである[73]。戒壇といえば、国立の地方戒壇の一つであった大宰府に所在する観世音寺が想起される。当然、叡尊らが観世音寺の復興を狙っていたと考えられるが、観世音寺の塔頭の一つに安養院がある[74]。とすれば、観世音寺の支院であった安養院こそが「明徳末寺帳」の安養院の可能性が高い。

もっとも、安楽寺末寺の天台宗の安養院もある。この点は「明徳末寺帳」の注記である「成実宗寺歟」というのが注目される。成実宗は南都六宗の一つで、天台宗では小乗として批判の対象なので、安楽寺末寺とは考えにくい。それゆえ、観世音寺の塔頭の一つで、成実宗を学ぶ僧が住む寺院であった安養院を律寺として中興したと考えたい。

ところで、観世音寺の安養院跡は、少弐資頼の墓所であったと考えられており、五輪塔の残欠が残っている。それは、一石五輪塔で、空・風輪部を欠くが鎌倉中期のものと考えられている[75]。そうした五輪塔の存在からも、安養院の律僧たちが葬送活動に従事していたと考えられる。

さて、安養院が観世音寺の支院だとすれば、従来、観世音寺の安養院関係文書とされてきた貞和七（観応二、一三五一）年一月日付の「安養院雑掌良賢申状」が重要になってくる。

史料（19）[76]

「尊氏御判《（端裏書）》　案写訖」

太宰府安養院雑掌良賢謹言上

欲早任傍例、賜安堵御下文、致御願成就精誠、当知行、散在寺領等事

一所　筑前国夜須庄内小田村

□所　同栗田村内田畠八町

一所　同国新開村

一所　肥前国与賀庄田地七町

一所　同国般若寺田畠七町

一所　肥前国飯田村田畠八町

右、散在所領等者、当院当知行無相違之地也、□早任傍例、賜安堵御下文、為致御祈禱□□《（精誠）》、粗言上如件、

貞和七年正月　日

「任此状《（裏書）》、可令領掌、若構不実者、可処重科之状如件、

貞和七年正月廿三日

尊氏御判《（直冬カ）》」

すなわち、貞和七（観応二、一三五一）年一月頃の安養院の所領について本史料から窺える。

安養院は、筑前国夜須庄内小田村、同栗田村内田畠八町、同国新開村、肥前国与賀庄田地七町、同国般若寺田畠

七町、肥前国飯田村田畠八町の散在所領を所有していたが、足利直冬によって安堵されている。
ところで、安養院の住持としては、史料(20)のように、「光明真言過去帳」には智俊房が出てくる。

史料(20)[77]

○当寺第六長老沙門澄心

(中略)

智俊房　安養院　　○随教房　天道長老

(中略)

○当寺第七長老沙門信昭

智俊房は、貞和三(一三四七)年九月五日に七〇歳で亡くなった西大寺第六代長老澄心[78]と、文和元(一三五二)年三月二日に八六歳で死去した西大寺第七代長老信昭[79]との間に記載されている。それゆえ、智俊房は、貞和三(一三四七)年九月五日から文和元(一三五二)年三月二日までの間に死去したのであろう。とすれば、一四世紀半ばの安養院の住持がわかる。この智俊房が先の申状を提出させたのであろうか。

おわりに

以上、大乗寺、最福寺、神宮寺、安養院に注目して筑前国における叡尊教団の展開をみた。長福寺については、史料がないためにはっきりしない(80)。

まず、大乗寺は博多津の管理を行なう寺院として、一五世紀までは西大寺直末寺として機能していた。最福寺と安養院は大宰府観世音寺の支院として、戒壇の管理、葬送などに従事していたのであろう。神宮寺の役割ははっきりしないが、筑前国の第四位の西大寺直末寺であったのに七箇寺の末寺を有していたことは注目される。叡尊の時代に西大寺は一五〇〇箇寺の末寺を有したとされる。先述の「明徳末寺帳」は、西国（三河国以東は鎌倉極楽寺が管理）を中心とする西大寺直轄の僧寺の末寺二一八箇寺を書き上げたものである。大乗寺など筆頭寺院は数多くの末寺を有していたはずである。紀伊国の事例であるが、第三位末寺の福琳寺は一八箇寺の末寺を有していた。また、僧寺の多くは尼寺とセットで存在していたので、一五〇〇箇寺の末寺数は叡尊当時の実数を表していたのであろう。

註

（1） 松尾『勧進と破戒の中世史』（吉川弘文館、二〇〇一年）一六四頁。

（2） 八尋和泉「九州西大寺末寺の美術遺品」（『仏教芸術　特集　叡尊と西大寺派美術』一九九、一九九一年）、同「筑前飯盛神社神宮寺文殊堂文殊菩薩騎獅像および豊前大興善寺如意輪観音像について」（『九州歴史資料館研究論集二』一九七六年）。また、『福岡県の地名』（平凡社、二〇〇四年）も大いに参考になる。中世律宗の全国的展開に関しては、松尾『中世律宗と死の文化』（吉川弘文館、二〇一〇年）、松尾「中世叡尊教団と泉涌寺末寺の筑後国への展開――新発見の中世西大寺末寺帳に触れつつ」（『山形大学大学院社会文化システム研究科紀要』一〇、二〇一三年、本書第三部第二章）、同「中世叡尊教団の薩摩国・日向国・大隅国への展開――薩摩国泰平寺・日向国宝満寺・大隅正国寺に注目して」（『山形大学人文学部　研究年報』第九号、二〇一二年、本書第三部第五章）など参照。

（3） 松尾「西大寺末寺帳考」『勧進と破戒の中世史』〈前註（1）〉一五〇頁。

（4）「明徳末寺帳」が西大寺の直末寺を示していることは、松尾「西大寺末寺帳考」〈前註（1）〉参照。
（5）松尾「西大寺末寺帳考」〈前註（1）〉参照。
（6）松尾『中世律宗と死の文化』〈前註（2）〉第三部第一章「博多大乗寺と中世都市博多」。
（7）八尋「九州西大寺末寺の美術遺品」〈前註（2）〉。
（8）松尾「中世叡尊教団と泉涌寺末寺の筑後国への展開――新発見の中世西大寺末寺帳に触れつつ」〈前註（2）〉七九頁。
（9）松尾「中世叡尊教団と泉涌寺末寺の筑後国への展開――新発見の中世西大寺末寺帳に触れつつ」〈前註（2）〉七二頁。
（10）松尾「西大寺末寺帳考」〈前註（1）〉一五六頁。
（11）松尾「西大寺末寺帳考」〈前註（1）〉一六一頁。
（12）『筑前国続風土記拾遺　上巻』（文献出版、一九九三年）二一九・二二〇頁。
（13）松尾『中世律宗と死の文化』〈前註（2）〉第三部第一章「博多大乗寺と中世都市博多」。
（14）松尾『中世律宗と死の文化』〈前註（2）〉第三部第一章「博多大乗寺と中世都市博多」。
（15）『律苑僧宝伝』（『大日本仏教全書　一〇五』名著普及会、一九七九年）一四九頁。
（16）松尾『忍性』（ミネルヴァ書房、二〇〇四年）一九一頁。
（17）松尾「西大寺光明真言過去帳の紹介と分析」（速水侑編『日本社会における仏と神』吉川弘文館、二〇〇六年）八六頁。
（18）「西大寺代々長老名」（『西大寺関係史料（一）諸縁起・衆首交名・末寺帳』奈良国立文化財研究所、一九六八年）七三頁。
（19）『招提千歳伝記』（『大日本仏教全書　一〇五』名著普及会、一九七九年）二五頁。

(20) 松尾「西大寺光明真言過去帳の紹介と分析」〈前註(17)〉八九頁。
(21) 『常楽記』(『群書類従二九』)暦応元(一三三八)年七月二七日条。
(22) 『金沢文庫古文書 一二輯 識語編三』(金沢文庫、一九五八年)二〇頁。
(23) 「西大寺代々長老名」〈前註(18)〉七三頁。
(24) 「西大寺代々長老名」〈前註(18)〉七三頁。
(25) 松尾「西大寺光明真言会過去帳の分析」〈前註(17)〉九三頁。
(26) 松尾『中世律宗と死の文化』〈前註(2)〉第三部第一章「博多大乗寺と中世都市博多」。
(27) 松尾「西大寺光明真言会過去帳の分析」〈前註(17)〉九四頁。
(28) 「西大寺代々長老名」〈前註(18)〉七三頁。
(29) 「西大寺代々長老名」〈前註(18)〉七三頁。
(30) 松尾「西大寺光明真言会過去帳の分析」〈前註(17)〉一〇一頁。
(31) 「西大寺代々長老名」〈前註(18)〉七三頁。
(32) 「西大寺代々長老名」〈前註(18)〉七三頁。
(33) 松尾「西大寺光明真言会過去帳の分析」〈前註(17)〉一〇四頁。
(34) 「西大寺代々長老名」〈前註(18)〉七三頁。
(35) 「西大寺代々長老名」〈前註(18)〉七三頁。
(36) 松尾「西大寺光明真言会過去帳の分析」〈前註(17)〉一〇五頁。
(37) 「西大寺代々長老名」〈前註(18)〉七三頁。
(38) 「西大寺代々長老名」〈前註(18)〉七三頁。
(39) 松尾『中世律宗と死の文化』〈前註(2)〉第三部第一章「博多大乗寺と中世都市博多」。

(40) 松尾「西大寺末寺帳考」『勧進と破戒の中世史』〈前註（1）〉一五六頁。
(41) 「西大寺末寺帳　その三」（『西大寺関係史料（一）諸縁起・衆首交名・末寺帳』奈良国立文化財研究所、一九六八年）一一九頁。
(42) 『福岡県の地名』〈前註（2）〉七〇八頁。
(43) 『福岡県の地名』〈前註（2）〉七〇八頁。『太宰府市史　環境資料編』（太宰府市、二〇〇一年）の付図9には、「太宰府旧蹟全図　北」の書き入れも記載されている。
(44) 高倉洋彰『行動する考古学』（中国書店、二〇一四年）一三九頁。山村信栄「大宰府の中世寺院と都市」（吉井敏幸・百瀬正恒編『中世の都市と寺院』高志書院、二〇〇五年）も最福寺、安養院を観世音寺の支院に比定している。また、高橋学「律宗系石塔からみた宰府最福寺について」（『太宰府市公文書館紀要』九、二〇一五年）は石塔に注目して最福寺を論じ、観世音寺北側の最福寺を宰府最福寺とし、最福寺を観世音寺の奥の院（墓所）と考えている。
(45) 松尾「西大寺光明真言過去帳の紹介と分析」〈前註（17）〉九八頁。
(46) 『金沢文庫古文書一一輯　識語編三』〈前註（22）〉二〇頁。
(47) 「西大寺代々長老名」〈前註（18）〉七三頁。
(48) 京都府立総合資料館編『京都府古文書緊急調査報告　東寺観智院金剛蔵聖教目録一三』（京都府立教育委員会、一九八四年）「第百九十六箱」のうちの「大事口決」奥書。
(49) 松尾「西大寺光明真言過去帳の紹介と分析」〈前註（17）〉八七頁。
(50) 『常楽記』（『群書類従二九』）嘉暦元（一三二六）年八月一〇日条。
(51) 『招提千歳伝記』〈前註（19）〉五五頁。
(52) 松尾「西大寺光明真言過去帳の紹介と分析」〈前註（17）〉九八頁。
(53) 「西大寺代々長老名」〈前註（18）〉七三頁。

(54)「西大寺代々長老名」〈前註（18）〉七三頁。
(55)松尾「西大寺光明真言過去帳の紹介と分析」〈前註（17）〉一〇三頁。
(56)「西大寺代々長老名」〈前註（18）〉七三頁。
(57)「西大寺代々長老名」〈前註（18）〉七三頁。
(58)佐々木哲也「早良郡惣社飯盛神社」（『能古博物館だより』三号、能古博物館、一九九〇年）。
(59)八尋「九州西大寺末寺の美術遺品」〈前註（2）〉三五頁。
(60)八尋「九州西大寺末寺の美術遺品」、「筑前飯盛神社神宮寺文殊堂文殊菩薩騎獅像および豊前大興善寺如意輪観音像について」〈前註（2）〉。
(61)『筑前国続風土記拾遺　下巻』（文献出版、一九九三年）二一二頁。
(62)「坊々寄宿末寺帳」（松尾「西大寺末寺帳考」）〈前註（1）〉一五七頁。
(63)「西大寺末寺帳　その三」（『西大寺関係史料（一）諸縁起・衆首交名・末寺帳』〈前註（18）〉一一九頁。
(64)八尋「筑前飯盛神社神宮寺文殊堂文殊菩薩騎獅像および豊前大興善寺如意輪観音像について」〈前註（2）〉参照。
(65)松尾「西大寺光明真言過去帳の紹介と分析」〈前註（17）〉九四頁。
(66)「西大寺代々長老名」〈前註（18）〉七三頁。
(67)「西大寺代々長老名」〈前註（18）〉七三頁。
(68)松尾「西大寺光明真言過去帳の紹介と分析」〈前註（17）〉一〇一頁。
(69)「西大寺代々長老名」〈前註（18）〉七三頁。
(70)「西大寺代々長老名」〈前註（18）〉七三頁。
(71)松尾「中世叡尊教団と泉涌寺末寺の筑後国への展開——新発見の中世西大寺末寺帳に触れつつ」〈前註（2）〉。
(72)『福岡県の地名』〈前註（2）〉七〇八頁。

(73) 松尾『新版　鎌倉新仏教の成立』（吉川弘文館、一九九八年）参照。

(74) 伊藤常足『大宰管内志（上）』（歴史図書社、一九六九年）七二九頁所収「観世音寺旧記」。

(75) 『福岡県の地名』〈前註（2）〉七〇七頁。『太宰府市史　建築美術工芸資料編』（太宰府市、一九九八年）九六一頁も参照されたい。

(76) 『南北朝遺文　九州編　第三巻』（東京堂出版、一九八三年）二九八八号文書。

(77) 松尾「西大寺光明真言過去帳の紹介と分析」〈前註（17）〉九二頁。

(78) 「西大寺代々長老名」〈前註（18）〉七三頁。

(79) 「西大寺代々長老名」〈前註（18）〉七三頁。

(80) ただ、可能性のある寺院として曲淵に所在した医王山長福寺を挙げておこう。『筑前国続風土記拾遺　下巻』〈前註（61）〉二二二頁によれば、早良郡曲淵村（現、福岡市早良区曲淵）に医王山長福寺という寺があって、大内義隆の位牌などを祀るという。また、その付近には八尺六寸もの五輪石塔があった（現、曲淵小学校にあるものと同一とすれば五重石塔カ）という。ほぼ肥前国の国境に位置する。それゆえ、この寺をひとまず想定できるかもしれないが、はっきりしない。長福寺は、永享八年の「坊々寄宿末寺帳」〈史料（3）〉や、一四五三年から五七年にかけて作成された「西大寺末寺帳」〈史料（2）〉にも記載があるので、一五世紀半ばまでは西大寺直末寺であったことはいえる。後考を期したい。

第二章　筑後国における展開

はじめに

本章では中世叡尊教団による筑後国への展開を論じる。本書でたびたび言及したように、中世における叡尊教団の全国的展開を考えるうえで、明徳二（一三九一）年に書き改められた西大寺末寺帳[1]（以下、「明徳末寺帳」と略す）は大いに重要である。ところが、残念なことに「明徳末寺帳」には筑後国の分が書かれていない。それゆえ、これまで叡尊教団の筑後国における展開については論じられてこなかった。

しかしながら、たとえば筑後国竹野荘（現、浮羽郡田主丸町）は古代西大寺領であり、元弘三（一三三三）年六月二九日には後醍醐天皇によって竹野荘地頭職が西大寺に光明真言の領所として寄進されているなど[2]、叡尊教団が筑後国に拠点寺院を有していたと推測される。実際、永享八（一四三六）年の「西大寺坊々寄宿末寺帳」[3]には、「一室分」として筑後国浄土寺が挙がっている。また、本文で述べるように一五世紀半ばの「西大寺末寺帳」[4]にも筑後国浄土寺が見える。それゆえ、一五世紀半ばにおいて、浄土寺は西大寺末寺であった[5]。以下、浄土寺の分析を通じて、叡尊教団の筑後国における展開をみよう[6]。

ところで、後述するように、筑後国浄土寺は西大寺末寺化する以前は京都泉涌寺の末寺であった。鎌倉時代には勅願寺・幕府祈禱寺であり、南北朝期においては室町幕府の利生塔設置寺院であるほど繁栄していた。従来、泉涌寺末寺の地方的展開についてはほとんどわかっておらず、その意味でも、この筑後浄土寺の事例はきわめて重要なケース・スタディーといえよう。

第一節　西大寺末寺としての筑後国浄土寺

筑後国浄土寺は、中世の東寺宝荘厳院領三潴《みずま》荘内に位置した(7)。酒見浄土寺とも表記され、現在の福岡県大川市酒見に所在した（第三部第一章はじめにの図参照）。現在は廃寺である。浄土寺については、『大川市誌』(8)『福岡県三潴郡誌　全』(9)『新考三潴郡誌』(10)『福岡県の地名』(11)『角川日本地名大辞典　福岡県』(12)といった研究がある。とりわけ『福岡県の地名』は比較的詳しく浄土寺の歴史を論じている。また、藤本頼人の研究(13)も、筑後川河口の中世世界を論じる中で浄土寺・風浪宮について言及し、大いに示唆にとんでおり、現在における浄土寺研究の到達点といえる。

まず、それらの研究の基になった『福岡県三潴郡誌』を見ると、次のように指摘されている(14)。

浄土寺址　本郡酒見村風浪神社の辺にあり、伏見天皇の永仁五年勅願寺となりし僧寺にして、京都泉涌寺の末院たりしが、天正七年蒲池氏滅亡の頃、破却退転せりといふ
宝琳寺、摂取両院址　共に尼寺にして、浄土寺の附近に在り、建武の頃御祈禱寺たりし綸旨、及征西将軍宮の令旨足利直義御寄進状其他同寺に関する古文書三十余通の写今に存す

すなわち、浄土寺は（1）風浪神社の辺に所在していた、（2）永仁五（一二九七）年には勅願寺となった僧寺、（3）京都泉涌寺の末院で、（4）天正七（一五七九）年蒲池氏滅亡の頃、破却退転した、（5）浄土寺に関する綸旨など古文書三〇点あまりが残っている、と指摘している。

（1）などからは、神仏習合時代であったことを考え、浄土寺は風浪神社の神宮寺であったと考えられている。（2）（3）から、泉涌寺末の勅願寺であったと考えられていることがわかる。なお、『新考三潴郡誌』によれば、のちに引用する浄土寺文書は、（5）に指摘されたもので、天正年間に浄土寺が頽廃した後で、南酒見村の庄屋助佐衛門の手に渡ったという。[15]

このように一応の浄土寺に関する歴史が明らかにされている。とりわけ、先述の『福岡県の地名』や藤本の研究では、浄土寺文書などを使って、浄土寺の歴史が要領よくまとめられている。

しかし、従来は、八尋和泉[16]を除いて、京都泉涌寺の末寺とは考えられているが、奈良西大寺末寺とは考えられていない。それゆえ、ほとんどの先行研究でも、西大寺末寺であったことは触れられていない。そこで、まず、泉涌寺末寺から西大寺末寺に変化した点[17]を史料により確認しておこう。

先述したように永享八（一四三六）年の「西大寺坊々寄宿末寺帳」の「一室分」に筑後浄土寺は見える。

史料（1）[18]（図1）

一室分

（中略）

筑後酒見廿八代和上時寄附

浄土寺

享徳二癸酉

（後略）

「西大寺坊々寄宿末寺帳」というのは、奈良西大寺で開催される光明真言会にさいして、一堂に会する西大寺末寺僧がどこに宿泊するかを示している[19]。それゆえ、永享八（一四三六）年において、浄土寺僧は光明真言会にさいし、「一室」に滞在することになっていたことがわかる。はるか九州筑後国から奈良西大寺へやって来ていたのである。交通が発達していなかった中世においても、毎年、北は陸奥、出羽から南は薩摩、大隅種子島からも、とりわけ筑後国から奈良西大寺の光明真言会に集っていた。こうした中世叡尊教団のネットワークの広がりの大きさは強調してもし過ぎることはない。それは叡尊教団に全国から人・物・情報が集積されていたことを表しているからである。

　また、浄土寺は、史料（1）の「筑後酒見廿八代和上時寄附、享徳二癸酉」という注記[20]から西大寺第二八代長老の時である享徳二（一四五三）年に西大寺末寺として寄付されたことがわかる。なお、西大寺第二八代長老（一四五〇～五七年在位）とは元澄[21]のことである。

　さらに、「二室分」として、

史料（2）[22]

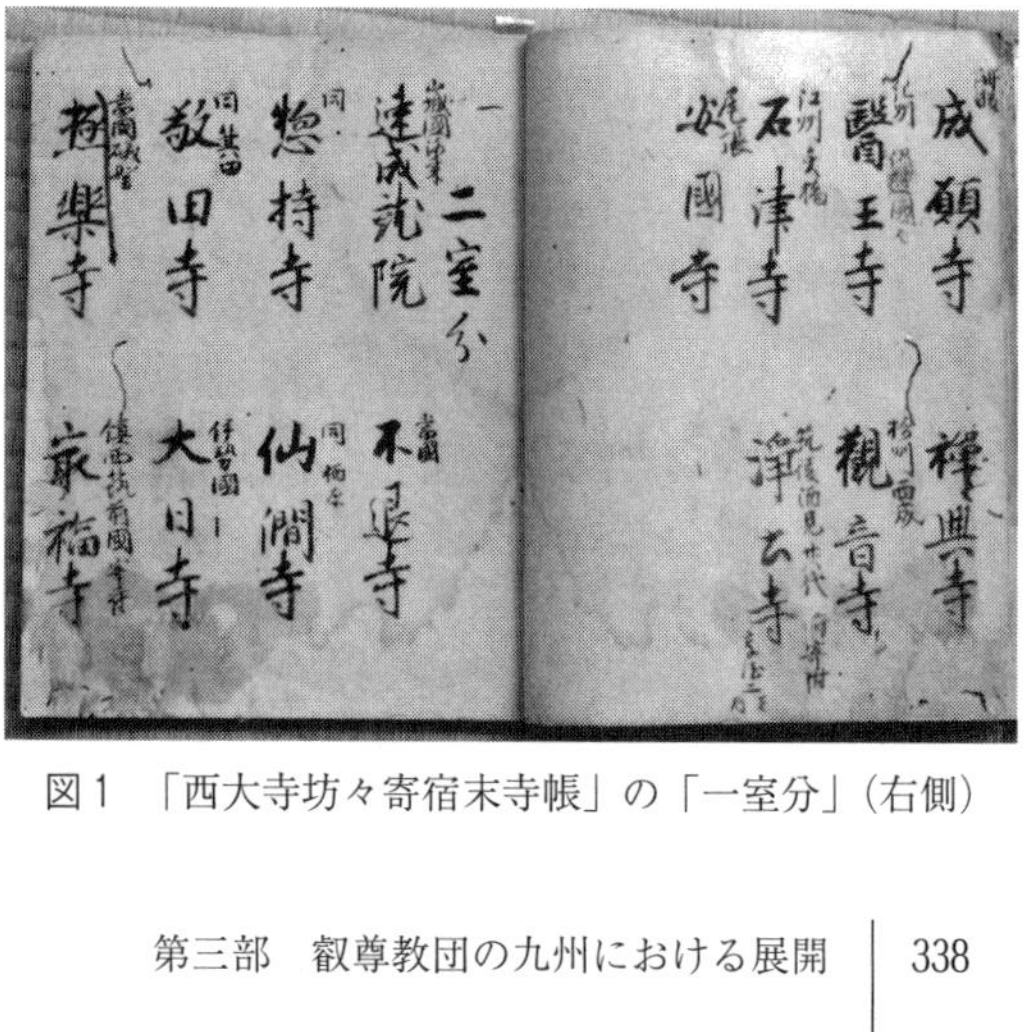

図1　「西大寺坊々寄宿末寺帳」の「一室分」（右側）

二室分

九州筑後国
大琳寺

（中略）

（後略）

史料（2）のように大琳寺も挙がっている。それゆえ、大琳寺も末寺として光明真言会に参加していたのだろう。ただ、この大琳寺は肥後菊地の大琳寺の可能性が高く、[23]ここでは扱わない。

以上のように、筑後国にも叡尊教団の末寺が存在し、浄土寺が享徳二（一四五三）年以来は西大寺末寺となっていたのである。

それゆえ、第三節で紹介する一五世紀半ばの「西大寺末寺帳」には、

史料（3）[24]

筑後国

浄土寺酒見

と見える。

この「西大寺末寺帳」は、（1）作成年が書かれていないこと、（2）越後国、播磨国分が翻刻ミスで書かれていない[25]ことなどから、従来、まったく使用されてこなかった。しかし、筑後国浄土寺が書かれていることなどから逆

に作成年代をほぼ限定できる。

まず、浄土寺が末寺となったのは、先述の通り享徳二（一四五三）年以来である。それゆえ、浄土寺が記載されているとすれば、一四五三年以後の作成である。とりわけ、ほかの中世の「西大寺末寺帳」の注記を検討すると、三四二頁の表のように、筑後浄土寺がもっとも新しく直末寺となっている。

また、末寺帳の末尾に「奉行　尊光、高算」[26]とあるので本「西大寺末寺帳」の作成者は、尊光と高算である。その二人のうち、高算については「西大寺長老次第」に「第二十九高算和尚　明円上人住持十五年文明三辛卯十二月十二日寂八十歳」[27]とある。すなわち、第二九代西大寺長老で、一五年間長老位に就き、文明三（一四七一）年一二月一二日に八〇歳で死去していることがわかる。高算が末寺帳の作成を担当したのは長老就任以前であろうから、一四五七年以前であろう。とすれば、本末寺帳は、一四五三年から一四五七年までの間に作成されたことになる。

さらに注目すべきは、本末寺帳は「下書」で以後の加筆がなされていない点も重要である。「明徳末寺帳」も、永享の「西大寺坊々寄宿末寺帳」も後の時期に加筆が行なわれている。この点、本末寺帳は下書きであったゆえか、以後の加筆はないという大きな特徴がある。これまで、中世「西大寺末寺帳」は二つしか知られてこなかったが、新たな中世「西大寺末寺帳」が見つかったことになる。

この筑後国浄土寺は寛永一〇（一六三三）年の西大寺末寺帳[28]には見えない。天正九（一五八一）年蒲池氏滅亡の頃、破却退転したといわれる[29]。天正九年頃には廃寺となっていたのであろうか。そこで、次節で浄土寺の歴史を見てみよう。

表　中世西大寺末寺帳の注記に見える西大寺直末寺化時期

No.	寺名	時期	典拠
1	元興寺極楽院	第九代長老	明徳
2	越後安禎寺	貞治二（1363）年	明徳
3	摂津能福寺	第十四長老御時、応安二(1369)年三月九日	明徳
4	山城菩提寺	第十四長老御時、応安二（1369）年六月	明徳
5	丹後成願寺	第十五長老御時、応安六(1373)年四月三日	明徳
6	伊勢常光寺	第十五長老御時、応安七(1374)年九月八日	明徳
7	肥前宝生寺	第十五長老御時、永和元（1375）年六月二五日	明徳
8	信濃山善寺	第十五長老御時、永和元(1375)年九月三日	明徳
9	山城常福寺	第十六長老御時、永徳三(1383)年二月日	明徳
10	播磨報恩寺	第十六長老御時、至徳元（1384）年八月	明徳
11	大和八木寺	第十八長老	明徳
12	大和山坊阿弥陀寺	第十八長老、明徳二（1391）年八月	明徳
13	越後曼陀羅寺	明徳二（1391）年八月廿五日	明徳
14	美濃報恩寺	十八代長老、明徳二（1391）年十月卅日	明徳
15	尾張阿弥陀寺	第十八代長老明徳二（1391）年十二月十三日	明徳
16	越中大慈院	十八代長老、明徳三(1392)年三月廿二日	明徳
17	紀伊遍照光院	十九代長老、応永五(1398)年八月廿五日	明徳
18	播磨龍華院	第十九長老応永十（1403）年十月廿七日	明徳

19	大和勝福寺	第十九長老、応永三（1396）年	明徳
20	加賀称名寺	第十九、応永五（1398）年八月廿五日	明徳
21	河内宝蓮花寺	第二十代応永十四（1407）年七月廿日	明徳
22	津観音寺	第廿一代御時、応永十八（1411）年六月日	明徳
23	出羽菩提寺	第廿一代和上、応永十八（1411）年七月一日、旦那小野寺殿当寺附了	明徳
24	大和菩提寺	第廿一代和上	坊
25	近江石津寺	第廿二長老御代、応永廿（1413）年八月十日	明徳
26	肥後霊山寺	永享八（1436）年卯月十六日	明徳
27	近江常福寺	廿七代ニ寄進	明徳・坊
28	山城寿福寺	第廿七代	明徳
29	大和大善寺	第廿七代良誓	明徳・坊
30	大和極楽寺	第廿七代	明徳・坊
31	摂津法薗寺	第廿七代長老ニ寄進	明徳
32	播磨餝万寺	第廿七代文安四（1447）年八月日	明徳・坊
33	近江福泉寺	第廿七代文安五（1448）年四月日	明徳・坊
34	近江長安寺	廿七代和上文安五（1448）年寄進	明徳・坊
35	近江法薗寺	廿七代ニ寄進、今ハ薬師院被返了	明徳・坊
36	筑後酒見浄土寺	廿八代和上時、享徳二（1453）年	坊

典拠欄の「明徳」とは明徳二年の「西大寺末寺帳」、「坊」とは永享八年の「西大寺坊々寄宿末寺帳」を指す。いずれも松尾『勧進と破戒の中世史』（吉川弘文館、1995年）所収。

第二節　筑後国浄土寺の役割

先述のように中世浄土寺に関しては、比較的史料が多く残り、先行研究もそれを使って書いている。だが、専論はない。浄土寺は研究の少ない泉涌寺系の律寺から西大寺末寺へ変わったのであり、ここで論じておこう。

筑後地域の優れた地誌である『校訂筑後志』によれば、「浄土寺・宝琳寺両古址」として「共に三潴郡酒見村風浪社の辺にありて七堂伽藍の大寺」とある。かつての浄土寺の繁栄ぶりが偲ばれる。なお、『筑後地鑑』によれば、風浪宮の祭神は唐の通留山の風浪将である。神宮皇后の三韓征伐にさいし、軍艦風波の災難を救ったので、皇后は帰国後、この地に請じて祀ったという。(31)

また、藤本の研究(32)によれば、浄土寺・風浪宮は榎津を中心とした酒見地区一帯の中核に位置したと考えられている。

ところで、注目すべきことに、筑後善導寺に伝わる釈迦像の胎内銘には教空、顕空といった浄土寺僧名が見えることから、その釈迦像はかつて浄土寺の本尊であったと考えられている。すなわち、釈迦像の胎内銘には数多くの結縁者名と仏師湛誉、湛真の名が記されている。

史料（4）(34)

沙門**教空**

正和三年十一月初一日

小比丘顕空　小沙弥□清
小比丘聖心　小沙弥知真
小比丘尊海　小沙弥□□
小比丘祐尊　小沙弥超永
小比丘善空　小沙弥玄恵
（一八名ノ名ヲ略ス）
　　　　　　　　　　大仏師　法橋湛誉
　　　　　　　　　　　　　　法橋湛真
大檀那菩薩戒比丘善性　沙弥教覚
（阿弥陀、観音、勢至ノ梵字）南無阿弥陀仏
　　　　　　　　　　　　　尼慈妙聖霊
　　　　　　　　　　　　　頓証聖霊□悟
（以下、略）　　　　　　　　　　　　（太字引用者、以下、注記など引用者）

史料（4）は、釈迦像の胎内胸腹部の墨書銘である。その部分だけでも正和三（一三一四）年一一月一日付で少なくとも二九名の僧侶の名と仏師湛誉・湛真の名が記載されている。湛誉・湛真は湛派の仏師と考えられている。二九名の僧たちは本像の造立に結縁した僧で、筑後浄土寺の僧が中心であろう。というのも、八尋[35]が指摘するように、僧の中心人物教空は史料（5）のように、浄土寺住持として「殺生以下禁断」を鎌倉幕府に申請し、それを認められている。また、次行に記された顕空は嘉暦四（一三二九）年の「鎮西探題裁許状[36]」に浄土寺住持として見え

る。とすれば、浄土寺は二九名ほどの住僧のいる寺院であったと推測される。また、そのほか、ほかの部位にも数多くの結縁者名が記されている。このように、本胎内銘は泉涌寺末寺時代の筑後浄土寺の実態を示す貴重な史料といえよう。

ことに、史料（4）の部分からは、善性を大檀那として尼慈妙の霊の「頓証菩提」が願われていることがわかる。胸腹部という中心部に書かれており、それが本釈迦像造立の主な狙いだったのであろう。また、ほかの部分にも、尼の名が散見され、彼女たちは宝琳寺や摂取院という尼寺の関係者かもしれない。

史料（5）[37]

筑後国酒見村浄土寺住持僧教空申、殺生以下狼藉之事、

右、如申状者、去永仁五年九月廿一日、可為勅願寺之由、被下綸旨畢、任先例、可令禁断寺領内殺生、停止武士以下甲乙人乱入狼藉之由、欲被仰下云々者、早任申請旨、可令禁遏之状、（依脱カ）鎌倉殿仰、下知如件、

正安二年十月十六日

陸奥守平朝臣（北条宣時）判

相模守平朝臣（北条貞時）判

史料（5）は、永仁五（一二九七）年に勅願寺化したことを踏まえて、寺領内の殺生禁断と武士以下甲乙人乱入狼藉の停止を求めた浄土寺住持教空の申請を認めた正安二（一三〇〇）年一〇月一六日付関東御教書である。それにより、永仁五年以来、勅願寺であったことがわかる。また、教空が住持であったことも明らかである。

また、嘉暦四（一三二九）年四月一六日付の鎮西探題下知状写によれば、鎌倉幕府の祈禱寺であった点[38]にも大いに注意する必要がある。

史料（6）[39]

下　筑後国三潴庄酒見村浄土寺

可早任先々御寄付旨、以敷地四至墩内幷新田事、永代為一円寺領事

右、彼寺草創以降、申入子細於本所、抽御祈禱忠精之間、本名主覚法幷沙門教空田園（田数拾町余云々、加両尼寺分定）等、寄進之刻、任申請、去正安元年被成御下文畢、加之乾元堤修固之時、梁河村内荒野弐拾町被寄付畢、然者仏陀□（施カ）与之地悔（不脱カ）返之上者、縦当庄平均雖有中分沙汰、於彼寺領者、不可有折中之儀、永代為一円寺□（領）、弥可奉祈領家御繁昌云々者、早任申請、更不可違乱之状、所仰如件、庄家宜承知、敢勿違失、以下

文保元年三月　日　　沙弥称念

史料（6）は、文保元（一三一七）年三月付で、領家方の沙弥称念が、覚法・教空によって浄土寺・宝琳寺・摂取院分として寄付された土地などの一円領支配を認めている。もっとも、本文書の奥には「前僧正法印大和尚」の奥上所判があるべきで、発給主体は領家（三潴庄領家四条家の菩提寺鷲尾山金山院）と考えられている[40]。

先述のごとく、正安二（一三〇〇）年には浄土寺住持であった教空は、史料（6）のように土地を本名主覚法とともに浄土寺へ寄付している。それゆえ、教空は地元の出身者かもしれない。浄土寺は教空の代に風浪宮の神宮寺が中興されたのだろうか。

史料（7）[41]

泉涌寺末寺、筑後国浄土寺幷宝琳寺、宜為御祈禱所者、天気如件、仍執達如件

建武元年六月十八日

左衛門権佐《岡崎範国》判

史料（7）から、浄土寺と宝琳尼寺が建武元（一三三四）年段階では泉涌寺末寺であり、また、後醍醐天皇の祈禱所であったことがわかる。先述のように宝琳寺は、先の摂取院とともに浄土寺の近辺に所在した尼寺で、浄土寺の末寺であった。おそらく、宝琳寺と摂取院は浄土寺とペアになって成立した尼寺であろう。

肥前万寿寺にあった鐘の銘文によれば、本来、それが風浪宮のものであったことがわかる。さらに、それは応永二一（一四一四）年に浄土寺・風浪宮・摂取院らの人々の協力によって制作されたことがわかり、それらのつながりの強さが窺われる[42]。叡尊教団においても、僧寺と尼寺はペアになって樹立されることがあった[43]が、泉涌寺系における事例として注目される。

浄土寺の中世史において、一大画期の一つは、室町幕府下において利生塔設置寺院となったことである。

史料（8）[44]

筑後国酒見浄土寺塔婆事、為六十六基之随一、寄析所可造立之状如件

暦応三年十二月十三日

左兵衛督《足利直義》判

浄土寺長老

史料（9）[45]

奉安置　筑後国浄土寺塔婆

仏舎利二粒　一粒東寺

右、於六十六州之寺社、建一国一基之塔婆、忝任申請、院（既カ）勅願、（為脱カ）仍東寺仏舎利、各奉納之、伏冀皇祚悠久、衆心悦怡、仏法紹隆、利益平等、安置之儀、旨趣如件

暦応四年正月一日　　左兵衛督源朝臣直（足利）義判

史料（8）のように、暦応三（一三四〇）年一二月一三日には浄土寺は室町幕府が六六国に設置した利生塔設置寺院の一つに指定された[46]。史料（9）によれば、暦応四（一三四一）年正月一日には東寺の仏舎利一粒が浄土寺に奉納されている。

このように、室町幕府、とりわけ北朝方の宗教的拠点であった。しかし、征西将軍が九州で勢力をもっていた頃には、南朝方の征西将軍の祈禱所になっていたことも注目される[47]。

以上のように、泉涌寺末寺時代の浄土寺が、永仁五（一二九七）年には伏見天皇の勅願寺であり、また後醍醐天皇の祈禱所であった。室町時代においては室町幕府の利生塔設置寺院であったりと、筑後国において、非常に重要な役割を担っていた寺格の高い寺院であったことは明らかである。近年は、ようやく泉涌寺系律宗の鎌倉や京都での活動も注目されるようになった[48]が、九州地域においての浄土寺の存在にも大いに注目される必要がある。

とりわけ、京都泉涌寺開山俊芿は肥後国の出身で、肥後正法寺（現、熊本県玉名市、現在は廃寺）などを開いた[49]。おそらく肥後地域は、俊芿の重要な布教地域であったと推測される。正法寺からは有明海沿いのルートで筑後浄土

寺にいたったのであろう。

その後、注目すべきことには享徳二（一四五三）年には西大寺末寺となっていた。残念ながら西大寺末寺時代の史料がないために、西大寺末寺浄土寺の役割を史料的に明らかにすることはできない。そこで、ほかの西大寺末寺の役割から推測してみよう。

まず、浄土寺は筑後川水系の花宗川沿いにある。先述の藤本[50]によれば、浄土寺・風浪宮は筑後川河口に位置した榎津を中心とする中世世界の中核的な位置にあったという。すなわち、榎津という津が筑後川河口に所在し、風浪宮の参道は筑後川に向かい、風浪宮は筑後川を上下する船舶の安全を祈願する神社であったという。服部英雄は、中国明の日本を紹介した書物である『籌海図編』『日本考』に筑後の榎津が挙げられていることを紹介し、榎津が筑後国府の津の役割を果たしていたと推測している[51]。

ところで、諸国の西大寺末寺が河川の管理や港湾管理を担当していたことは周知のごとくである[52]。鎌倉極楽寺による和賀江津管理、金沢称名寺による六浦津管理は有名であるが、九州においても、利生塔寺院で川内川を押さえていた薩摩泰平寺、同じく利生塔寺院で島津庄の外港志布志津を押さえた志布志宝満寺が想起される[53]。とすれば、浄土寺も花宗川の管理、とりわけ、筑後国府の津の役割を果たしていた榎津[54]を管理したのかもしれない。今後は利生塔設置寺院と津などの交通路支配との関係についても大いに注目する必要がある。

また、風浪宮の神宮寺であった可能性が高い。この点も、西大寺末寺が勧進機能を担っていたことから、浄土寺も風浪宮の勧進機能を担っていた可能性を指摘しておこう[55]。

第三節　もう一つの中世「西大寺末寺帳」

第一節で論じたように、筑後浄土寺が享徳二（一四五三）年に西大寺末寺になったことなどから、もう一つの中世「西大寺末寺帳」の存在が明らかとなった。そこで、以下に紹介する。

本末寺帳は、すでに「西大寺末寺帳（四）」として『西大寺関係史料（一）諸縁起・衆首交名・末寺帳』[56]に翻刻されている。しかし、それには、残念なことに越後国、播磨国分がミスで翻刻されていない。

大きさは縦三三センチ×横二三センチで、冊子本である。表紙に「西大寺末寺　下書」とある。西大寺における所蔵番号は一三二函一〇号である。

表紙右端に「西大寺諸国末寺　下書」とあり、下書きであったらしい。そのことは、伊勢国、陸奥国分などに小さな文字で末寺の追記がなされている点によく表れている。

さらに、ほかの末寺帳に見えない、本来極楽寺末寺であったはずの奥州や武蔵の末寺や尼寺が記載されている点でも貴重である[57]。明徳二（一三九一）年に書き改められた「明徳末寺帳」では、「参河国以東諸末寺、多分、極楽寺に属す[58]」とある。それゆえ、奥州や武蔵国の末寺が記されているのは注目される。

ただし、注記は、たとえば、京都速成就院に付けられた「大谷五条」のように、速成就院が粟田口から五条に移転した慶長八（一六〇三）年以後、つまり後世に付けられたと考えられるものもある[59]。

なぜ、一四五三年から一四五七年までの間に本末寺帳が作成されたのかははっきりしないが、末寺役・銭の徴収などのために、「明徳末寺帳」「西大寺坊々寄宿末寺帳」以後の末寺の変化を書き留める必要が生じたのであろう。

以下、主要部分の写真とともに翻刻する。

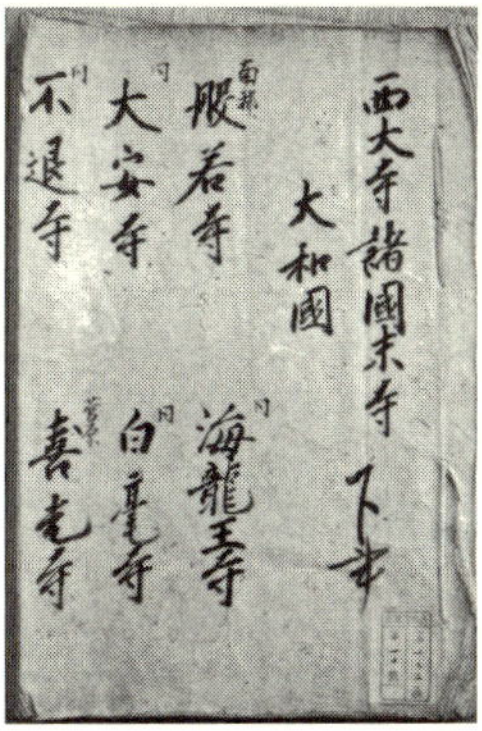

図2

西大寺諸国末寺　下書

大和国

南都 般若寺
同 大安寺
同 不退寺
額安寺　平群郡会峯
大御輪寺　三輪若宮
惣持寺
高尾 神願寺
ヲキ田 福田寺　ヲキ田

同 海龍王寺
同 白毫寺
菅原 喜光寺
万歳 最福寺
箕田 敬田寺
吉野郡 現光寺
香久山三学院 三学院
南都 小塔院

楢原 仙澗寺
フセ 羂索院
楢原 三鉆寺　楢原
常楽寺
市原 迎摂寺　市原
布施 円福寺　上保寺
宇智郡 観音院　宇野
同 大日寺　二見
長安寺
八木寺
吐田 勝福寺
高樋 来迎寺
極楽寺　北横田庄
笠 竹林寺
同 福智院
本光明寺　森本

フセ 三宝院
ユキ 高福寺
磯野 極楽寺
宇田郡芳野 神宮如法院
宇多アカハ子 仏隆寺
吉野塔尾 如意輪寺
秋篠寺 文殊院
佐備 神宮寺
南都 極楽院
山坊 阿弥陀寺
宇智郡牧野 大善寺
南都 知足院
寿福寺
南都 不空院
同 円証寺
高市郡橘寺 菩提寺

北室法隆寺内
大聖無動寺

山城国

浄住寺葉室
大谷五条速成就院
大乗院八幡神宮寺
不壊化身院大覚寺
放生院宇治
三条大宮長福寺
法光明院西谷
醍醐菩提寺
常福寺京中御門西洞院
山田庄寿福寺
観音寺相楽郡木幡観音寺
極楽坊
桂宮院ウツマサ
京八条大通寺也遍照心院
戒光寺
成心院
平等心王院槙尾寺也
橋寺宇治常光院也

河内国

西琳寺
教興寺
真福寺丹南郡
泉福寺
寛弘寺
千光寺
西方寺六辻
金剛蓮花寺

薬林寺
広成寺
神弘寺
宝泉寺
宝蓮華寺誉田奥院

和泉国

禅寂寺
大鳥長承寺
来迎寺
浄弘寺

摂津国

薬師院天王寺
多田院
荘厳浄土寺住吉
鷹合妙台寺
慈光寺神崎
東アシヤ東光寺
安養寺奥堂
兵庫能福寺
吉祥寺椋橋《クラハシ》寺
同八王子也観音寺
法薗寺猪名寺
椋橋寺極楽院
マキ安楽寺

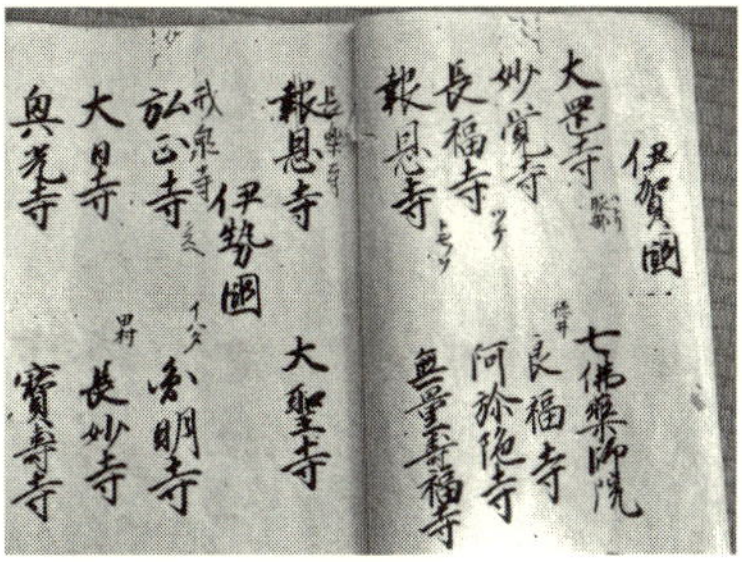

図3

伊賀国
大岡寺服部《ハトリ》　七仏薬師院
妙覚寺　徳井良福寺
長福寺ツケ　阿弥陀寺
報恩寺トモノヲ　無量寿福寺
長楽寺報恩寺　大聖寺
伊勢国
戒泉寺弘正寺クスヘ　円明《イハタ》寺

大日寺　田村長妙寺
興光寺　宝寿寺
円興寺　常光寺
福善寺　クワナ大福田寺
近江国
二階堂宝蓮院　佐々木慈恩寺
石津寺　福泉寺
伊香郡長安寺　法薗寺
常福寺　阿弥陀寺高嶋郡新城庄ほりかわ
尾張国
釈迦寺田嶋　長巻円光寺
円満寺　金勝寺
安国寺　国分寺
美濃国
山田松蔵寺　大井長康寺

小松寺　報恩寺

信濃国

盛興寺二科　山善寺

越前国

神宮護国寺《金津》　大善寺《兵庫》

長福寺兵庫郷新宮村

加賀国

月輪寺月影　西光寺吉光

神宮寺　明星寺二口

宝光寺　称名寺トクミツ

国分寺

越中国

禅興寺曽弥　弘正寺長澤

宝薗寺黒河　聖林寺野尻

大慈院今ハ号長徳寺　円満寺

国分寺

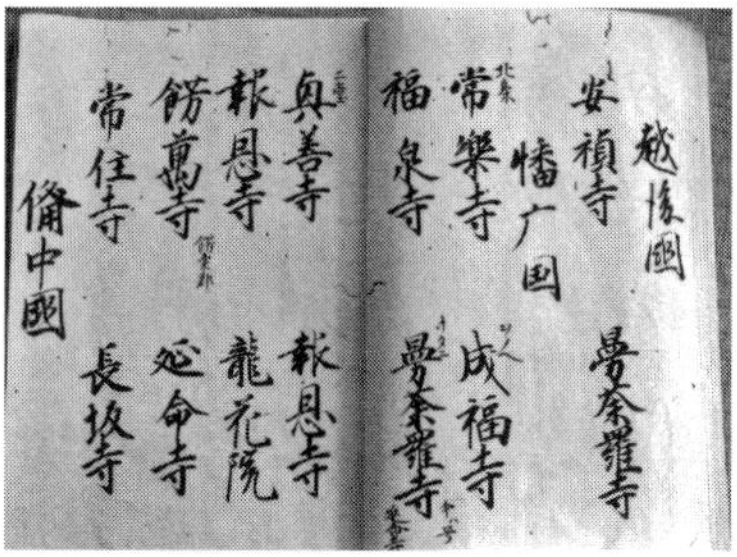

越後國
安禎寺　曼荼羅寺
幡广国
常楽寺　成福寺
福泉寺　曼荼羅寺
奥善寺　報恩寺
報恩寺　龍花院
延命寺
常住寺　長坂寺
備中國

図4

この部分、未翻刻

越後国

安禎寺　曼荼羅寺

播磨国

常楽寺《北条》　成福寺《ヲノヘ》

福泉寺　曼荼羅寺《サタニ》今ハ号延命寺
興《二堂》善寺　報恩寺
報恩寺　龍華院
飾万寺飾東郡　延命寺
常住寺　長坂寺

備中国

善養《ナリウ》寺成羽　金光寺
菩提《カルヘ》寺

備後国

浄土寺　常福《クサイツ》寺草出
金剛寺イマ高野大田庄

周防国

浄宝寺　国分寺安楽寺法花寺長願寺長童寺

長門国

国分寺府　律成寺
浄名寺コトウ　同蔵福寺
長光寺アサ　善興寺

安芸国

丹後国

金光明《志楽》寺　金剛《ヒヲキ》心寺
泉源寺　成願寺
国分寺

但馬国

常住金剛寺・　花蔵寺
金光明寺

石見国

正法寺

紀伊国

金剛寺
橋本 妙楽寺
岡林寺 新宮
観音寺
宝金剛寺
遍照光寺 院 高野
スダ 利生護国寺
トヨ田 福林寺
西福寺
光明寺
宝光寺

阿波国

高林寺
観音寺
成願寺

讃岐国

鷲峯寺
国分寺
ヤシマ 普賢寺
屋嶋寺

伊予国

国分寺
興法院

土佐国

筑前国

大乗寺 博多
安養院
長福寺 江ノ
最福寺 宰府
神宮寺 田村

筑後国

浄土寺 酒見

出雲国

報恩寺

豊前国

大興善寺 規矩郡 紀玖郡
宝勝寺 ミヤコ
常福寺 城井
中願寺
宝光明寺
宇佐 大楽寺
ミヤコ 観音寺 城
万福寺 中津河

観音寺

豊後国

府中 金剛宝戒寺　日田 永興寺

佐伯庄 最勝寺　潮音寺

神宮寺

肥前国

田手 東妙寺　法泉寺

ソノキ 宝生寺 彼杵大村

肥後国

浄光寺　天福寺

大琳寺 菊地　春日寺

金剛光明寺 山鹿　河尻 観音寺

霊山寺　八代 玉泉寺

大隅国

正国寺 宮内　慈音寺

薩摩国

泰平寺 河内 川内

日向国

宝満寺 志布志　宝泉寺

因幡国

国分寺

常陸国

平福寺

下総国

大慈音院

下野国
真福寺小山
出羽国
菩提寺マ井キ
相模国
極楽寺
伯耆国
国分寺

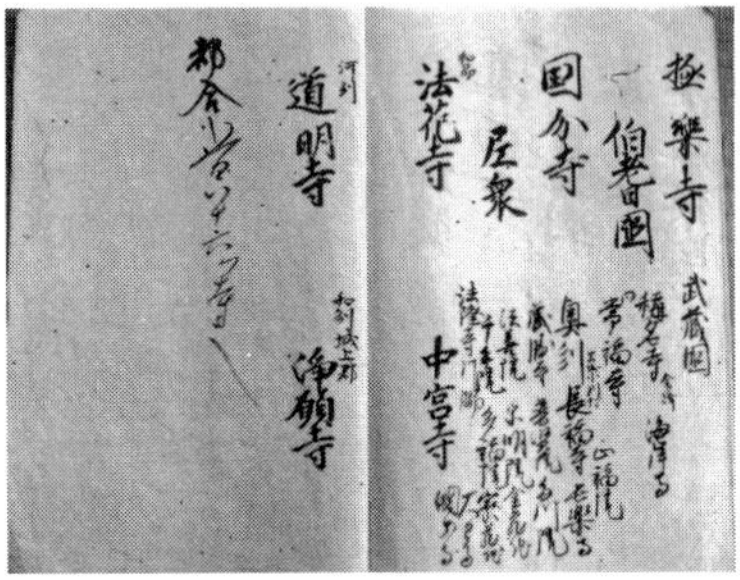

図5

武蔵国
称名寺金沢　海岸寺
同常福寺
奥州　長福寺岩城小川村　長楽寺
蔵勝寺　普賢院　多門院
法善院　宗明院　金蔵院
千手院　多福院　密蔵院
正福院
大王寺
国分寺

尼衆

和州法花寺　法隆寺門脇中宮寺
河州道明寺　和州城上郡浄願寺

都合弐百八十六ヶ寺也

奉行　尊光
　　　高算

図6

おわりに

以上、第一節で浄土寺が中世において泉涌寺末寺から西大寺末寺へ変化していたこと、第二節では、浄土寺の歴史的変遷を追い、第三節では新たに見つかった中世「西大寺末寺帳」を翻刻・紹介した。

筑後浄土寺は、西大寺末寺としてよりも、それ以前の泉涌寺末寺時代の役割がきわめて大きなものであったことがわかる。花宗川の畔に立地し（河川・津支配）、風浪神社の神宮寺であったこと（神宮寺として本社の勧進・葬送などを担う）、宝琳寺・摂取院という尼寺を押さえていた（尼寺をペアとして創建する）点など、叡尊教団にもいえる活動である。

このように、泉涌寺系の律寺も中世において重要な役割を果たしていた寺院も存在したのである。とりわけ、浄土寺が享徳二(一四五三)年に西大寺末寺となったことがわかることなどから、新たな中世「西大寺末寺帳」の存在が明らかとなった。

付記 二〇一三年五月四日に柳川古文書館を訪問し、学芸員の田淵義樹氏から多くのご教示を得た。記して感謝の意を表したい。

註

(1) 叡尊教団の全国的展開については、牛山佳幸「中世律宗の地域的展開——信濃国の場合」(『信濃』四八—九、一九九六年)、松尾『中世律宗と死の文化』(吉川弘文館、二〇一〇年)、松尾「叡尊教団の河内における展開——西大寺直末寺教興寺・寛弘寺と五輪塔」(『山形大学大学院社会文化システム研究科紀要』八号、二〇一一年)、同「中世叡尊教団の薩摩国・日向国・大隅国への展開——薩摩国泰平寺・日向国宝満寺・大隅正国寺に注目して」(『山形大学人文学部研究年報』九号、二〇一二年、本書第三部第五章所収)、同「叡尊教団の紀伊国における展開」(『山形大学人文学部研究年報』一〇号、二〇一三年、本書第二部第三章)など参照。

(2) 松尾『勧進と破戒の中世史』(吉川弘文館、一九九五年)に翻刻。

(3) 『福岡県の地名』(平凡社、二〇〇四年)八三〇頁。『鎌倉遺文』四一所収「元弘三年六月二十九日付後醍醐天皇綸旨」。

(4) 松尾『勧進と破戒の中世史』〈前註(2)〉に翻刻。

(5) 松尾『勧進と破戒の中世史』〈前註(2)〉一五六頁。

（6）八尋和泉「筑後善導寺の美術」（『九州の寺社シリーズ筑後大本山善導寺』九州歴史資料館、一九八一年）四一頁において、八尋が釈迦如来像の解説を行ない、それに関して浄土寺が享徳二（一四五三）年に西大寺末寺となっていたことを指摘しているが、論拠を挙げて論じてはいない。
（7）三潴庄は、平治元（一一五九）年には東寺宝荘厳院を本家とし、四条隆季を領家としていた。そののちも、鎌倉・南北朝期まで宝荘厳院、四条家は三潴庄を遠隔地荘園として保持している（瀬野精一郎編『九州荘園史料叢書14　筑後国三潴荘史料』〈竹内理三発行、一九七六年〉一頁）。三潴庄については、瀬野「筑後国三潴庄の成立と終焉」（竹内理三先生喜寿記念論文集刊行会編『荘園制と中世社会』東京堂、一九八四年）参照。
（8）『大川市誌』（福岡県大川市役所、一九七七年）一四四頁。
（9）『福岡県三潴郡誌　全』（名著出版、一九七三年）三五二頁。
（10）『新考三潴郡誌』（福岡県三潴郡小学校教育振興会、一九五三年）。
（11）『福岡県の地名』〈前註（3）〉一〇一三・一〇一四頁。
（12）『角川日本地名大辞典40　福岡県』（角川書店、一九八八年）六九九頁。
（13）藤本頼人「筑後川河口の中世世界」（藤原良章編『中世のみちと橋』高志書院、二〇〇五年）。のちに藤本『中世の河海と地域社会』（高志書院、二〇一一年）に収録。
（14）『福岡県三潴郡誌　全』〈前註（9）〉三五二頁。
（15）『新考三潴郡誌』〈前註（10）〉六九四頁。
（16）八尋「築後善導寺の美術」〈前註（6）〉参照。
（17）泉涌寺末寺から西大寺末寺となった寺院として、ほかに山城国戒光寺がある。
（18）松尾『勧進と破戒の中世史』〈前註（2）〉一五六頁。
（19）松尾『勧進と破戒の中世史』〈前註（2）〉一六一頁。

（20）松尾『勧進と破戒の中世史』〈前註（2）〉一六一頁。
（21）「西大寺代々長老名」（『西大寺関係史料（一）諸縁起・衆首交名・末寺帳』奈良国立文化財研究所、一九六八年）七四頁。
（22）松尾『勧進と破戒の中世史』〈前註（2）〉一五六頁。
（23）筑後は肥後の間違いであろう。松尾『勧進と破戒の中世史』〈前註（2）〉一五一頁参照。
（24）「西大寺末寺帳（四）」（『西大寺関係史料（一）諸縁起・衆首交名・末寺帳』〈前註（21）〉）一二五頁には酒見浄土寺が記載されている。
（25）「西大寺末寺帳（四）」〈前註（21）〉一二四頁。
（26）「西大寺末寺帳（四）」〈前註（21）〉一二七頁。
（27）「西大寺代々長老名」〈前註（21）〉七四頁。
（28）「西大寺末寺帳（三）」〈前註（21）〉。
（29）『福岡県の地名』〈前註（3）〉一〇一三頁では、蒲池鎮並が殺害されたのは天正九（一五八一）年五月二七日であり、蒲池氏の没落と浄土寺の廃絶が関係するとすれば、それ以後であろうとする。なお、蒲池氏については、大城美知信・田渕義樹『蒲池氏と田尻氏』（柳川の歴史二）（柳川市、二〇〇八年）を参照。ただ、問題となるのは文亀二（一五〇二）年に校合された先述の「明徳末寺帳」に浄土寺が記載されていない点である。「明徳末寺帳」には、文亀校合の年に追記された寺もあり、それゆえ、浄土寺は文亀二年頃には西大寺末寺から離脱していたのであろう。釈迦像が善導寺に移ったのも、その頃であろうか。
（30）『校訂筑後志』（本荘知新堂、一九〇七年）二三〇頁。
（31）『校訂筑後地鑑』（歴史図書社、一九七七年）四九～五二頁など参照。
（32）藤本「筑後川河口の中世世界」〈前註（13）〉。

(33)『角川日本地名大辞典40　福岡県』〈前註（12）〉六九九頁。
(34)『筑後大本山善導寺歴史資料調査目録』（九州歴史資料館、一九八一年）八一頁。
(35) 八尋「筑後善導寺の美術」〈前註（6）〉四一頁。
(36)『筑後国三潴荘史料』〈前註（7）〉七〇頁。
(37)『筑後国三潴荘史料』〈前註（7）〉四六頁。
(38) 藤本「筑後川河口の中世世界」〈前註（13）〉四一頁。『筑後国三潴荘史料』〈前註（7）〉七〇・七一頁。
(39)『筑後国三潴荘史料』〈前註（7）〉五九・六〇頁、または『鎌倉遺文』三五、一〇一・一〇二頁所収「筑後浄土寺文書」文保三（一三一九）年三月日付「称念下文」。本文書については藤本『中世の河海と地域社会』〈前註（13）〉二一九頁、服部英雄「柳川の地名地図」（『地図のなかの柳川——柳川市史　地図編』柳川市史編集委員会、一九九九年）など参照。
(40) 藤本『中世の河海と地域社会』〈前註（13）〉二一九頁。
(41)『筑後国三潴荘史料』〈前註（7）〉七二頁。
(42) 藤本「筑後川河口の中世世界」〈前註（13）〉四二・四三頁。
(43) たとえば金沢称名寺と海岸尼寺のケースがある。そのほかに紀伊利生護国寺と妙楽尼寺（松尾「叡尊教団の紀伊国における展開」〈前註（1）〉）などもある。
(44)『筑後国三潴荘史料』〈前註（7）〉七六頁。
(45)『筑後国三潴荘史料』〈前註（7）〉七六・七七頁。
(46) 安国寺・利生塔については、松尾『日本中世の禅と律』（吉川弘文館、二〇〇三年）第二部第四章「安国寺・利生塔再考」を参照。
(47)『筑後国三潴荘史料』〈前註（7）〉九二頁。

(48) 大塚紀弘「中世都市京都の律家」(『寺院史研究』一〇、二〇〇六年)、大森順雄『覚園寺と鎌倉律宗の研究』(有隣堂、一九九一年)など参照。

(49) 『不可棄法師伝』(『続群書類従』九上)、西谷功「資料翻刻『泉涌寺不可棄法師伝』」(『御寺泉涌寺と開山月輪大師』泉涌寺、二〇一一年)。俊芿の肥後における活動については『玉名市史通史編上』(玉名市、二〇〇五年)が詳しい。

(50) 藤本「筑後川河口の中世世界」〈前註(13)〉。

(51) 服部英雄『景観にさぐる中世』(新人物往来社、一九九五年)。

(52) 松尾『中世律宗と死の文化』〈前註(1)〉一九一頁など参照。本書第一部第一章第三節参照。

(53) 松尾「中世叡尊教団の薩摩国・日向国・大隅国への展開——薩摩国泰平寺・日向国宝満寺・大隅正国寺に注目して」〈前註(1)〉。

(54) 服部『景観にさぐる中世』〈前註(51)〉一八八頁。藤本「筑後川河口の中世世界」〈前註(13)〉参照。

(55) 松尾「仏教者の社会活動」(『新アジア仏教史12　日本Ⅱ　躍動する中世仏教』佼成出版、二〇一〇年、本書第一部第一章)。

(56) 『西大寺関係史料(一)諸縁起・衆首交名・末寺帳』〈前註(21)〉。

(57) 奥州分の筆頭に書かれている長福寺は現在の福島県いわき市に所在する。「長福寺縁起」などによれば、元亨二(一三二二)年に小川義綱によって、鎌倉極楽寺了俊の弟子慈運を開山として開かれたという。このように、一四世紀には極楽寺末寺であった。それが、本末寺帳に記載されたことは、一五世紀半ばには極楽寺から西大寺へと本寺が変化したことになろう。なお、長福寺については、西岡芳文ほか「福島県いわき市長福寺本尊地蔵菩薩座像と納入文書——概報」(『金沢文庫研究』三三〇、二〇一三年)が大いに参考になる。

(58) 松尾『勧進と破戒の中世史』〈前註(2)〉一三七頁。

(59) 『京都市の地名』(平凡社、一九七九年)の「白毫寺」の項目。松尾『中世律宗と死の文化』〈前註(1)〉一六五頁。

第三章　豊後・豊前両国における展開

はじめに

奈良西大寺叡尊をいわば開祖とする叡尊教団は日本全国に末寺を展開した。その豊後・豊前両国における展開についていては、八尋和泉の美術遺品に注目した優れた研究がある(1)。八尋の研究は、たんなる美術遺品の研究のみならず叡尊教団の九州における展開を美術遺品と関連づけて論じている。八尋の研究によって、多くの叡尊教団による美術作品に光が当てられた。八尋の研究は優れた研究であるが訂正が必要な箇所もある。そこで、八尋の研究に学びつつも、とりわけ教団側の視点から叡尊教団の豊後・豊前両国における展開をみよう。

第一節　豊後国

叡尊教団の展開を考えるうえで、明徳二（一三九一）年に書き改められた「西大寺末寺帳」（以下、「明徳末寺帳」と略す）は大いに役に立つ。

史料（1）[2]

豊後国
金剛宝戒寺《〔府中〕》　永興寺《日田》　「東室」
最勝寺《佐伯庄》　「一室」　潮音寺

「明徳末寺帳」は、奈良西大寺の直末寺（西大寺の直轄寺院）を書き上げたものだが、それによれば、豊後国には府中金剛宝戒寺、日田永興寺、佐伯庄最勝寺、潮音寺の四箇寺が所在したことがわかる。また、「明徳末寺帳」の記載の順序は寺格を表している。[3] それゆえ、金剛宝戒寺が豊後を代表する寺格を誇る西大寺直末寺であったことになる。

史料（2）[4]

豊後国
金剛宝戒寺《府中》　永興寺《日田》
最勝寺《佐伯庄》　潮音寺
神宮寺

ところで、史料（2）は、一四五三年から一四五七年にかけて作成された「西大寺末寺帳」[5]の豊後国の分である。それによれば、豊後国の西大寺直末寺に神宮寺も加わっている。後述するように、神宮寺も一三世紀には末寺に加わり、遅くとも一五世紀半ばには西大寺直末寺として認められたと考えられる。また、後述するように、豊後国分寺も西大寺末寺であったと考える。以下、六つの寺院についてみてみよう。

第一項　金剛宝戒寺

まず、寺格第一位の金剛宝戒寺からみよう。金剛宝戒寺は、清龍山金剛宝戒寺といい、現在は、高野山真言宗の寺院であるが、もとは叡尊教団の真言律宗寺院である。寛永一〇（一六三三）年三月七日付「西大寺末寺帳」(6)や享保三（一七一八）年八月以後作成の「西大寺末寺帳」(7)にも豊後国分として唯一、金剛宝戒寺が記載されており、江戸時代においても西大寺直末寺であった。明治三二（一八九九）年五月六日付で西大寺末から高野山末に代わった。(8)

永享八（一四三六）年の「西大寺坊々寄宿末寺帳」という光明真言会のさいに西大寺内のどこに宿泊するかを記したものにも、金剛宝戒寺は「西室分」に記載されている。(9)すなわち、西室に宿泊していた。永享八年においても、金剛宝戒寺僧は奈良西大寺まで毎年参っていたのである。この点は大いに注目される。

ところで、金剛宝戒寺には、南都仏師康俊・康盛作の文保二（一三一八）年銘などを有する重要文化財大日如来像（図2参照）や延慶三（一三一〇）年銘を有する湛幸制作の清凉寺式釈迦像（図1参照）、聖徳太子二歳像など律寺時代の遺品が遺り、その繁栄ぶりが偲ばれる。(10)とりわけ大日如来像は像高三メートルを超える優品である。そのこともあって、従来は美術史的な研究が中心で、(11)寺院史的な研究は手薄といわざるをえない。

金剛宝戒寺は、現在の大分県大分市上野丘に所在する。神亀四（七二四）年、聖武天皇の勅願で、行基が大分郡荏隈郷五丁津留に開いたという。その地は、大分川の洪水に見舞われることが多く、大友氏の第六代貞宗は、徳治年中（一三〇六〜〇八）に大友邸の西側に移して再興し、奈良海龍王寺から幸尊を住職に招いたという。八尋は、

図1　延慶3年銘湛幸作
清凉寺式釈迦如来像
（金剛宝戒寺蔵）

文保二年銘のある重要文化財の大日如来像を幸尊による中興活動によって建立とされたとする。[12]

そうした寺の略伝でまず注目されるのは、金剛宝戒寺が行基開創の伝承を有している点である。叡尊らは強烈な行基信仰を有し、行基の生家を律寺（家原寺）とし、そこが叡尊教団の「戒律復興活動」の出発点であった。また、行基入滅地である菅原寺を復興するなど行基ゆかりの寺院も叡尊教団の復興活動のターゲットであった。それゆえ、金剛宝戒寺を復興しようとしたのも、行基ゆかりの寺院だったからであろう。

いま一つは、金剛宝戒寺の当初の地が洪水に見舞われる川辺にあった点である。叡尊教団の寺院は海・川交通を把握し、港・橋の修築・管理のために海・川の近くに建つことが多い[13]が、金剛宝戒寺も当初はそうした役割を期待されていたのかもしれない。

さて、金剛宝戒寺の復興をスタートさせた幸尊については比較的多くの史料が残存している。

史料（3）[14]

長禅尊律師伝

律師諱幸尊、字長禅、不知何許人也、少出家有解行、従興正菩薩、以申北面、建長八年受息慈戒、康元二年進具足戒、諸宗典籍備究文義、而以律密二教知名、文永四年受具支灌頂、嗣後住海龍王寺為第四世、大啓律席、黒白仰止、門人寂慧等若干人、

史料（3）は『律苑僧宝伝』巻一三の長禅房幸尊伝[15]である。それによれば、幸尊は房名（字）を長禅房といい、建長八（一二五六）年に沙弥戒を受け、康元二（一二五七）年に具足戒を受け、諸宗を学び、戒律と真言を極めたという。文永四（一二六七）年には伝法灌頂を受けた。そののち、海龍王寺に入り、第四代海龍王寺長老となったことなどを伝えている。この『律苑僧宝伝』の略伝は後述するように、ほかの史料からも傍証される。

弘安三（一二八〇）年に書かれた叡尊の直弟子名簿といえる「授菩薩戒弟子交名」によれば、一〇九番目に「大和国人　幸尊　長禅房」とある[16]。それゆえ、幸尊は、叡尊の一〇九番目の直弟子で、房名を長禅といい、大和国の出身であったことがわかる。

また、叡尊の伝記である「西大勅諡興正菩薩行実年譜[17]」によれば、

史料（4）[18]

秋八月（康元元年）、授沙弥戒于**長禅尊公**（長禅房幸尊）等、又講梵網于摂之四天王寺、聴徒二千余指、皆一時傑偉之子也、講既巻回西大寺、（後略）

（注記、太字引用者、以下、注記、太字など引用者）

とあって、康元元（一二五六）年八月には沙弥戒を叡尊より受けている。
また、「西大勅諡興正菩薩行実年譜」の正嘉元（一二五七）年条によれば、

史料（5）[19]

正嘉元年丁巳　改元　月　日（三月十四日）

菩薩五十七歳、春正月、授具足戒於長禅幸尊玄基等一十余人、

とあり、正嘉元（一二五七）年の正月には、叡尊から具足戒を受けている。
また、「西大勅諡興正菩薩行実年譜」によれば、

史料（6）[20]

（文永）三年丙寅

菩薩六十六歳、（中略）十月廿四日、重結界西大寺、菩薩秉羯磨、答法総持律師、唱相幸尊律師也、（後略）

とあって、文永三（一二六六）年一〇月には、西大寺の重ねての結界にさいして幸尊は唱相の役を務めている。

さらに、「西大勅諡興正菩薩行実年譜」によれば、

史料（7）[21]

文永四年丁卯
菩薩六十七歳、春三月、為**長禅尊公**等、執行伝法灌頂、

とあって、文永四（一二六七）年三月には、叡尊から伝法灌頂を受けている。

また、叡尊の自伝たる『金剛仏子叡尊感身学正記』[22]（以下、『学正記』と略す）によれば、

史料（8）[23]
文永十二年改元建治乙亥、七十五歳（中略）
七月廿五日、率僧衆百余人、参平岡社頭、孝徳天皇聖武天皇二代有功験、廿六日、大般若経転読講讃、発願結願、有法用、唄長音、散花教遍、夕方、登社壇、誦心経千巻、呪一万遍、廿七日、中食以前、行理趣三昧調声生恵、讃有禅、中食以後、仁王会発願、平座結願、用蓋高座、法用、唄貞信、散生恵、夕方、参若宮、誦三十頌一巻、文殊呪百返、及于夜陰、八十一人授菩薩戒、廿八日、中食以前、奉転読講讃金剛般若経、作法如仁王会、唄道源、散華幸尊、

とあり、文永一二（一二七五）年七月二八日に叡尊が枚岡社（大阪府）で金剛般若経を転読したさいに、幸尊は散華役を務めている。すなわち、その頃までは西大寺所属の僧であった。

ところが、弘安三（一二八〇）年の「西大寺西僧坊造営同心合力奉加帳」によれば、海龍王寺は西大寺西室建設のために一五貫を寄付したが、そのうちの五貫文を長禅房幸尊が負担している[24]。このように、弘安三（一二八〇）年頃には海龍王寺所属であったことがわかる。

以後、海龍王寺僧として活動し、海龍王寺長老となったのであろう。弘安四（一二八一）年に蒙古軍退散祈禱を叡尊が石清水八幡宮で行なったさいには伴僧を務めている。[25]

史料（9）[26]

弘安八年(一二八五)乙酉三月廿一日、為正法寺尼衆十二人、於法華寺行本法、次於当山戒壇、西大叡学(尊カ)公羯磨、吾証玄公答法、西琳寺惣持公説相、**海龍王寺幸尊**引導、招提尋算公、又喜光性海、光台空恵、弘正宣海、西大禅恵、招提円証、西大隆恵堂達、尼十師者、法華真恵為和上、道明了祥為羯磨、法華照聖為答法、法華妙遍、同照心、同妙善、同宗円、同聞勝、同融然、同智玄、同智遍、其中玄為教授、智遍為堂達、吾山戒壇久不行受戒、証玄和上再興僧尼受戒、従是僧尼受戒盛行之、

また、史料（9）によれば、弘安八（一二八五）年三月、唐招提寺戒壇で行なわれた正法尼寺の尼衆に対する授戒では叡尊をはじめ、西琳寺惣持・喜光寺性海・西大寺禅恵など、叡尊教団の僧たちの一人として、招提寺流の僧たちとともに、三師七証を務めた。[27]

とりわけ注目されるのは、正応三（一二九〇）年に叡尊より寺事の付属を受けた大弟子六人の一人であった点である。

史料（10）[28]

廿四日(正応三年八月)、浄髪澡身、着新浄衣、次早六念等法不異平時日、斎罷跏趺入観、時有紫雲、現于寺上、道俗見慌忙奔

至、聞菩薩将示寂、始駭然称異、合掌加額、唱南無思円仏、未刻召嘗嘱寺事之大弟子信空、源秀、幸尊、性瑜、阿一、総持等諸、重慇嘱累、更亦告白、

史料（10）は、「興正菩薩行実年譜」の正応三（一二九〇）年八月二四日条である。死を自覚した叡尊は、信空・源秀・幸尊・性瑜・阿一・総持の六人を枕元に召して後事を託したことを伝えている。幸尊は、叡尊から教団の将来を託された六人のうちの一人であったのだ。すなわち、幸尊は、叡尊によって大いに重要視される人物であった。ところが、徳治年間には、大友貞宗によって豊後国金剛宝戒寺に招かれた。八尋は、その年を『豊鐘善鳴録』などにより、徳治二（一三〇七）年とする[29]。その可能性も高いが、その時期はもう少し限定されそうである。というのも、叡尊教団の物故者名簿といえる「光明真言過去帳」[30]には、

史料（11）[31]

勤聖房　招提寺長老　○覚一房　泉涌寺長老

道照房　覚薗寺　**長禅房　海龍王寺**

○本照房　当寺住　（後略）

史料（11）のように、長禅房幸尊が、嘉元四（一三〇六）年二月一五日付で亡くなった招提寺長老勤聖房[32]と徳治二（一三〇七）年二月二四日に亡くなった西大寺本照房性瑜[33]との間に記載されている。

とすれば、長禅房幸尊は、一三〇六年二月一五日から一三〇七年二月二四日までに亡くなったと考えられる。そ

れゆえ、幸尊が徳治二(一三〇七)年に金剛宝戒寺に下ったとすれば、その年の正月から二月の間ということになり、金剛宝戒寺長老在任期間はきわめて短かったことになる。だからこそ、「光明真言過去帳」に金剛宝戒寺僧ではなく海龍王寺僧として記載されたのであろう。もっとも、『豊鐘善鳴録』ほかで、幸尊が中興開山として大きく取り上げられているのは、幸尊が叡尊六大弟子の一人であったからであろう。とすれば、文保二(一三一八)年の銘文をもつ大日如来像の建立など、金剛宝戒寺の中興活動において実質的に重要な役割を果したのは先学の指摘するような幸尊ではなく、幸尊の跡を継いだ人物が託されたと考えられる。

幸尊の跡を継いだ人物といえば、「光明真言過去帳」に金剛宝戒寺僧として最初に出てくる理一房であろう。

史料(12)[34]

本性房　極楽寺長老

(中略)

蓮生房　西琳寺　　**理一房　金剛宝戒寺**

(中略)

賢信房　飯岡寺　　○印教房　極楽寺長老

史料(12)のように、「光明真言過去帳」には、理一房は建武元(一三三四)年一一月二一日に亡くなった極楽寺長老本性房[35]と暦応元(一三三八)年七月二七日に亡くなった極楽寺長老印教房円海[36]との間に記載されている。理一房は、その間に亡くなったのであろう。

ところで、弘安三（一二八〇）年の「授菩薩戒弟子交名」に「西大寺現在形同沙弥」の一人として「**誓忍　理一房　二十　越中国人**」と出てくる人物がいる。[37]すなわち、越中国出身の理一房誓忍で、弘安三年において二〇歳で、西大寺所属の形同沙弥であった。また、弘安三（一二八〇）年の「西大寺西僧坊造営同心合力奉加帳」にも西大寺所属僧として一貫五〇〇文を寄付している。[38]西大寺関係史料に、理一房なる人物はほかに知られていないので、この理一房誓忍をのちの金剛宝戒寺長老の若き日の姿と想定したい。この理一房誓忍が徳治二（一三〇七）年に幸尊の跡を継いだとすれば、四七歳で金剛宝戒寺の長老となったことになる。この理一房誓忍こそ、仏師康俊らに依頼して、金剛宝戒寺に現在も遺る大日如来像（図2）を建立した中心人物であろう。

というのも、平成七（一九九五）年の大日如来像「修理記録写真」の胎内銘調査報告には、「体部前面中段中央部銘文」に「文保二年戊午十二月九日金剛仏子興尊、興尊遺弟性智（忍カ）」[39]と見える。すなわち、文保二（一三一八）年には幸尊（音通で興尊は幸尊と同じ）が亡くなっていたのは明らかであろう。幸尊が建立を計画したのであろうが、理一房誓忍こそが、幸尊の遺志を継いで、大日如来像などの建立の実質的中心人物であったと考えられる。

図2　文保2年銘康俊・康盛作大日如来像（金剛宝戒寺蔵）

金剛宝戒寺は江戸時代の一八世紀においても西大寺直末寺であったので、理一房以後にも、金剛宝戒寺の住職名が史料（10）から（18）のように、「光明真言過去帳」には出てくる。

史料（13）[40]

当寺第六長老沙門澄心

（中略）

照観房　金剛宝戒寺　　　　浄生房　弘正寺

（中略）

○当寺第七長老沙門信昭

理一房の次には、照観房が、貞和三（一三四七）九月五日に七〇歳で亡くなった西大寺第六代長老澄心[41]と、文和元（一三五二）年三月二日に八六歳で死亡した西大寺第七代長老信昭[42]との間に出てくる。照観房はその間に亡くなったのであろう。

史料（14）[43]

当寺第十長老沙門清算

良教房　金剛宝戒寺　　　　正信房　大興善寺

道円房　西琳寺　　　　重円房●興善寺

○当寺第十一長老沙門覚乗

照観房の次に良教房が記載されている。良教房は貞治元（一三六二）年一一月一四日に七五歳で亡くなった西大寺第一〇代長老清算[44]と、貞治二（一三六三）年正月二六日に九一歳で亡くなった西大寺第一一代長老覚乗[45]との間に出てくる。それゆえ、良教房はその間に亡くなったのであろう。

史料（15）[46]

当寺第十三長老沙門信尊

律乗房　金剛宝戒寺　　賢俊房　大乗院

（中略）

〇当寺第十四長老沙門尭基

良教房の次に律乗房がいる。律乗房は、貞治五（一三六六）年九月二〇日に七〇歳で亡くなった西大寺一三代長老信尊[47]と応安三（一三七〇）年四月四日に七五歳で亡くなった西大寺第一四代長老尭基[48]との間に記載されている。

史料（16）[49]

当寺第十四長老沙門尭基

覚日房　金剛寺　　俊一房　桂宮院

（中略）

照寂房　金剛宝戒寺　　舜了房　利生護国寺

（中略）

○当寺第十五長老沙門興泉

律乗房の次に照寂房がいる。照寂房は応安三（一三七〇）年四月四日に亡くなった西大寺第一四代長老克基[50]と、康暦元（一三七九）年六月晦日に八六歳で亡くなった西大寺第一五代長老興泉[51]との間に記されている。照寂房は、その間に亡くなったのであろう。

史料（17）[52]

当寺第十五長老沙門興泉

（中略）

了性房　西福寺　　**尊覚房　金剛宝戒寺**

（中略）

了浄房　正国寺　　了義房●長門国分寺

○当寺第十六長老沙門禅誉

史料（17）のように、照寂房の次には尊覚房が「光明真言過去帳」に見える。尊覚房は、康暦元（一三七九）年六月晦日に八六歳で亡くなった西大寺第一五代長老興泉[53]と、嘉慶二（一三八八）年五月五日に九〇歳で死去した西大寺第一六代長老禅誉[54]との間に記載されている。尊覚房はその間に亡くなったのであろう。

史料（18）[55]

○当寺第十六長老沙門禅誉

（中略）

教雲房　金剛宝戒寺　　　　　　義明房　岡輪寺

当寺第十七長老沙門慈朝

尊覚房の次には史料（18）のように教雲房が「光明真言過去帳」に見える。教雲房は嘉慶二（一三八八）年五月五日に九〇歳で死去した西大寺第一六代長老禅誉[56]と、明徳二（一三九一）年四月九日に七三歳で亡くなった西大寺第一七代長老慈朝[57]との間に記載されている。教雲房はその間に亡くなったのであろう。

史料（19）[58]

○当寺第十八長老沙門深泉

（中略）

良証房　金剛宝戒寺　　　　　　○通識房　戒壇院長老

（中略）

○当寺第十九長老沙門良耀

史料（19）のように、「光明真言過去帳」には教雲房の次に良証房が見える。良証房は、応永二（一三九五）年九月二五日に死去した西大寺第一八代長老深泉[59]と、応永一一（一四〇四）年二月二五日に亡くなった西大寺第一九代長老良耀[60]との間に記載されている。良証房は、その間に亡くなったのであろう。

史料（20）[61]

恵明房　招提寺長老　　　　祐覚房　般若寺

（中略）

祐春房　浄名寺　　　　　　**慶運房　金剛宝戒寺**

（中略）

〇当寺第廿八長老沙門元澄

史料（20）のように、「光明真言過去帳」には良証房の次に慶運房が見える。慶運房は、享徳三（一四五四）年一二月一〇日に死去した招提寺長老恵明房任宗[62]と、長禄元（一四五七）年一一月八日七八歳で亡くなった西大寺第二八代長老元澄[63]との間に記載されている。慶運房は、その間に亡くなったのであろう。

以上、一五世紀半ばまで金剛宝戒寺長老の存在が知られる。しかし、それからしばらく「光明真言過去帳」から金剛宝戒寺僧の存在が消え、一八世紀になって現れる。

史料（21）[64]

当寺第五十一長老沙門尊信
（中略）
真覚房　豊後国金剛宝戒寺　　　玄海房　多田院南坊住
玄空坊　多田院喜田坊住　　　明尊房　海龍王寺住
孤雲坊　誉田寺住　　　乗春坊　八幡神宮寺
当寺五十二長老沙門高尊カ

史料（21）のように、豊後金剛宝戒寺の真覚房が、元禄四（一六九一）年六月二七日に七七歳で亡くなった西大寺第五一代長老尊信[65]と享保元（一七一六）年一一月一三日に七三歳で亡くなった西大寺第五二代長老高尊[66]との間に記載されている。真覚房は、その間に亡くなったのであろう。

以上のように、金剛宝戒寺は享保元年においても西大寺末寺であったにもかかわらず、一五世紀の後半から一八世紀の真覚房まで「光明真言過去帳」に出てこないのは謎である。とりわけ、文政一三（一八三〇）年には金剛宝戒寺三六世によって「清滝山金剛宝戒寺由来記（一）」が書かれており[67]、永正一三（一五一六）年・天正四（一五七六）年の火災を乗り越えて[68]、その頃までは西大寺末寺として存続していただけに謎であるが、今後の課題としたい。

第二項　日田永興寺

日田永興寺は、現在の大分県日田市城町に所在する。花月川の河岸に立つ永興寺からは日田市街を一望できるが、花月川は筑後川の上流に当たり、永興寺もまた川を通じた交通の要衝に当たることに注意を喚起したい。永興寺は史料が少なく、異論はあるが、延久三（一〇七一）年に郡司大蔵（日田）永季によって父永興の菩提を弔うために新羅僧智元を開山として建立されたという[69]。日田市内で最古の寺院で、現在は浄土宗である。一一世紀の国宝十一面観音像、一四世紀の四天王像など八体の仏像がある。とりわけ、後述するように四天王像四体は永興寺が律寺時代の遺品である[70]。

先の「明徳末寺帳」によれば永興寺は豊後国の西大寺末寺のうち二番目に記載されており、豊後国の西大寺直末寺の第二位に位置づけられる。また、永興寺は、先述の永享八（一四三六）年の「西大寺坊々寄宿末寺帳」にも、「東室四[71]」分として見える。毎年奈良西大寺で開催される光明真言会には「東室四」に宿泊することになっていたのだ。このように一四世紀から一五世紀においては西大寺末寺の律宗寺院であった。

そのことは、一四世紀から一五世紀に、日田永興寺僧が史料（22）から（28）のように「光明真言過去帳」に出てくることからも論証される。

史料（22）[72]

賢信房　飯岡寺　　○印教房　極楽寺長老

教性房　永興寺　　宣戒房　福田寺

（中略）

○尭仙房　泉涌寺長老　　明忍房　称名寺

まず、教性房が永興寺僧として最初に「光明真言過去帳」に出てくる。教性房は暦応元（一三三八）年七月二七日に死去した極楽寺長老印教房円海[73]と、建武五（一三三八）年一一月一六日に死去した金沢称名寺明忍房[74]の間に記載されている。とすれば、教性房は一三三八年七月二七日から一一月一六日の間に死去したと考えられる。このことから、永興寺は一三三八年以前には西大寺末寺の律寺であったことがわかる。

史料（23）[75]

○寂禅房　招提寺長老　　念観房　神宮寺

（中略）

了性房　永興寺　　尭真房　長薗寺

（中略）

本如房　称名寺　　良仙房　丹波惣持寺

史料（23）のように「光明真言過去帳」には、教性房の次には了性房が出てくる。了性房は、暦応四（一三四一）年六月一五日に死去した唐招提寺長老寂禅房[76]と貞和二（一三四六）年一一月三〇日に死去した称名寺長老本如房[77]との間に記載されている。了性房は、その間に亡くなったのであろう。

史料（24）[78]

○当寺第六長老沙門澄心

道忍房　保延寺　　　　　　　　**如性房　永興寺**

（中略）

○当寺第七長老沙門信昭

史料（24）のように「光明真言過去帳」には、了性房の次には如性房が出てくる。如性房は貞和三（一三四七）年九月五日に七〇歳で亡くなった西大寺第六代長老澄心[79]と、文和元（一三五二）年三月二日に八六歳で亡くなった西大寺第七代長老信昭[80]との間に記載されている。如性房は、その間に亡くなったのであろう。

史料（25[81]）

当寺第十五長老沙門興泉

（中略）

寂仙房　永興寺　　　　　勤勝房　当寺住

（中略）

禅心房　常福寺　　　　　慈静房　大興善寺

覚聖房　長康寺　　　　　慈日房　宝蓮院

○禅日房　当寺住　　　　　静禅房　月輪寺

専良房　般若寺　　　　　**真性房　永興寺**

（中略）

○当寺第十六長老沙門禅誉

史料(25)のように「光明真言過去帳」には、如性房の次には寂仙房と真性房が出てくる。寂仙房と真性房は、康暦元(一三七九)年六月晦日に八六歳で亡くなった西大寺第一五代長老興泉[82]と、嘉慶二(一三八八)年五月五日に九〇歳で死亡した西大寺第一六代長老禅誉[83]との間に記載されている。寂仙房と真性房は、その間に死去したのであろう。

史料(26)[84]

当寺第十九長老沙門良耀

(中略)

祐光房　永興寺　　　　円修房　大岡寺

(中略)

○当寺第二十長老沙門高湛

史料(26)のように「光明真言過去帳」には、寂仙房と真性房の次に祐光房が出てくる。祐光房は、応永一一(一四〇四)年二月二五日に亡くなった西大寺第一九代長老良耀[85]と、応永一五(一四〇八)年九月二五日に八六歳で亡くなった西大寺第二〇代長老高湛[86]との間に記載されている。祐光房は、その間に亡くなったのであろう。

史料（27）[87]

当寺第廿五長老沙門栄秀

（中略）

円勝房　吉祥寺　　　　　　　　　　**帰一房　永興寺**

（中略）

○当寺第廿六長老沙門高海

史料（27）のように、「光明真言過去帳」には祐光房の次に帰一房が見える。帰一房は、永享二（一四三〇）年八月二日に七七歳で亡くなった西大寺第二五代長老栄秀[88]と、永享八（一四三六）年四月二六日に八〇歳で亡くなった西大寺第二六代長老高海[89]との間に記載されている。帰一房は、その間に死去したのであろう。

史料（28）[90]

当寺第廿八長老沙門元澄

（中略）

正印房　永興寺　　　　　　　　等空房　当寺住

（中略）

○当寺第廿九長老沙門高算

永興寺僧として「光明真言過去帳」に最後に見えるのは史料(28)の正印房である。正印房は長禄元(一四五七)年一一月八日に七八歳で死去した西大寺第二八代長老元澄[91]と、文明三(一四七一)年一二月一二日に亡くなった西大寺第二九代長老高算[92]との間に記載されている。正印房はその間に亡くなったのであろう。このように永興寺は一五世紀半ばまでは西大寺末寺であったことは確実である。

ところで、律寺時代の美術遺品として注目されるのは、胎内銘から元亨元(一三二一)年から元亨二(一三二二)年にかけて作成された四天王像四体がある[93]。それらは像高一メートル前後のもので、胎内銘により南都興福寺の仏師康俊・康成・俊慶親子によって作成されていることがわかっている。すなわち、金剛宝戒寺の大日如来像を制作した康俊親子が三年後に取り組んだ仏像である。とすれば、永興寺の律寺化はその頃から本格化したのであろうか。大蔵氏は蒙古襲来にさいして奮戦したことが知られているので、それを機に叡尊教団との関係ができたのであろうか。おそらく先述の、一三三八年に亡くなった教性房が初代の長老であったのであろう。

第三項　最勝寺・潮音寺・国分寺・神宮寺

最勝寺

先述の「明徳末寺帳」によれば、佐伯庄最勝寺なる寺院が第三番目に挙がっている。それゆえ、豊後の西大寺直末寺内で第三位の寺格を誇る寺院であったと考えられる。しかしながら、美術遺品などが残っておらず、どこに所在したのかすらはっきりしない。ただ、「明徳末寺帳」などの注記に「佐伯庄」と記されており、豊後の佐伯庄内に所在したのは確実である。佐伯庄は、現在の佐伯市、南海部郡上浦町・鶴見町・米水津村・蒲江町・直川村・本匠村・弥生町の地域と推定される[94]。おそらく、その地域の領主であった、佐伯氏が後援した寺院であろう。

先述した永享八（一四三六）年の「西大寺坊々寄宿末寺帳」にも「一室分」として出てくるので、その頃までは西大寺の直末寺であった。また、先述の、一四五三年から一四五七年にかけて作成された「西大寺末寺帳」〈史料(2)〉にも、最勝寺が記されている。

それゆえ、一五世紀後半までは西大寺の直末寺であったと考えられる。

ところで、最勝寺僧に関しても、史料(29)のように、「光明真言過去帳」に記載されている。

史料(29)[95]

○当寺第廿六長老沙門高海

（中略）

忍敬房　**最勝寺**　　玄春房　当寺住

（中略）

○当寺第二十七長老沙門良誓

すなわち、忍敬房が永享八（一四三六）年四月二六日に八〇歳で寂した西大寺第二六代長老高海[96]と宝徳二（一四五〇）年正月二日に九一歳で亡くなった西大寺第二七代長老良誓[97]との間に出てくる。忍敬房はその間に亡くなったのであろう。とすれば、「光明真言過去帳」からも、一五世紀前半までは西大寺末寺であったと考えられる。

潮音寺

先述の「明徳末寺帳」によれば、潮音寺なる寺院が第四番目に挙がっている。それゆえ、豊後の西大寺直末寺内で第四位の寺格を誇る寺院であったと考えられる。また、先述の一四五三年から一四五七年にかけて作成された「西大寺末寺帳」〈史料(2)〉にも、潮音寺が記されている。それゆえ、一五世紀後半までは西大寺の直末寺であったと考えられる。しかしながら、どこに所在したのかすらはっきりしない。

ところが、史料(30)のような注目すべき史料がある。

史料(30)[98]

十六代

一、大友房丸豊後前司従五位上源政親親□

潮音寺号法専寺也

同五(明応)丙辰六月十五日ニ政親長州ニテ卒海蔵寺殿

珠山如意公大禅定門

(中略)

天明元(一七八一)辛丑四月十三日改元

大分上野

宝戒寺

史料(30)は、天明元(一七八一)年四月一三日付の「清滝山金剛宝戒寺由来記(仮題)(一二)」の一部である。

それによれば、大友氏第一六代の政親の代に潮音寺が法専寺と名前を変えたことを伝えている。大友政親は明応五（一四九六）年に死去しており、寺号の変更はそれ以前のことであろう。後述するように、法専寺は神宮寺の東方に位置し、現在は浄土真宗大谷派の寺院であり、寺号の変更は律寺から真宗寺院への転宗、西大寺末寺からの離脱を意味しているのであろう。

潮音寺僧についても、史料（31）のように、「光明真言過去帳」に見える。

史料（31）[99]

○当寺第七長老沙門信昭

（中略）

顕真房　潮音寺　　如性房　東勝寺

乗道房　三村寺　　○禅了房　招提寺長老

（中略）

○当寺第八長老沙門元燿

史料（31）によれば、「光明真言過去帳」[100]では潮音寺僧として顕真房が、文和元（一三五二）年三月二日に八六歳で亡くなった西大寺第七代長老信昭と文和四（一三五五）年一〇月一七日に七六歳で寂した西大寺第八代長老元燿[101]との間に記載されている。

以上のように、一四世紀半ばにおいては、確実に潮音寺は機能していたが、明応頃には寺名も法専寺となり、律寺ではなくなっていた。

豊後国分寺

叡尊教団の全国的展開において、奈良西大寺・鎌倉極楽寺が一九箇国の国分寺の再興を任されたことは周知のことである。そのうち、尾張・加賀・越中・周防・長門・丹後・因幡・讃岐・伊予・伯耆・但馬の一一箇国の国分寺は先述の「明徳末寺帳」などに記載されているので明らかだが[102]、あと八箇寺は不明とされてきた。

豊後国分寺は先述の「明徳末寺帳」などに記載されていない[103]。しかしながら、史料(32)のような注目すべき史料がある。

史料(32)

仁治改暦春、太守親秀、詣領国国分寺、僧出語故事(中略)親秀聞尊之、興欲戒行於領州之志、故仁治元年夏、遣家臣於西大寺、白其志於叡尊律師、以感大友氏信仏法、即授忍性比丘、(中略)所然、依大友氏請、受天性、誓為再興旧廃精舎、故喜来豊府住国分寺、説戒律化衆民、府主甚悦、以為中興祖、以西大寺為本山、

史料(32)は、『豊府紀聞巻之二』[104]の大友親秀の部分である。それによれば、大友親秀が豊後国分寺を訪ね、その復興、とりわけ律寺としての中興を志し、仁治元(一二四〇)年に家臣を西大寺叡尊の所に遣わした。叡尊は忍性に豊後国分寺の復興を任せた。忍性は喜んで豊後国分寺に来て中興し、西大寺の末寺としたという。

『豊府紀聞』は、元禄期(一六八八〜一七〇四)の地誌であり、仁治元年に忍性による復興がなされたのか否かは

はっきりしない。しかし、『豊府紀聞』は戸倉貞則という人物が元禄期に古記録や古老の口碑によって編集したもので、西大寺関係者が作成したものではなく、元禄期には国分寺周辺にそうした記録・口伝が存在したのであろう。

ところで、注目されるのは、忍性が宝治二（一二四八）年に九州へ下向している事実である。

史料（33）[105]

（宝治）同二年戊申四十八歳

春、為聖教御迎、忍性比丘等下遣鎮西、六月廿二日、定舜隆信房帰朝、即付為迎同法忍性等、先運上律三大部十八具諸経論等、八月四日、入寺、自持三大部二具、十月八日、帰着当寺、記録在別、

史料（33）は叡尊の自伝である『金剛仏子叡尊感身学正記』の宝治二（一二四八）年条である。それによれば、宝治二（一二四八）年春において、忍性は隆信房定舜が中国よりもたらした律三大部を取りに九州へ下った。六月二二日に定舜は帰朝し、忍性は先に律三大部一八セットを西大寺に運び、自身も八月四日に西大寺へ帰った。定舜は律三大部二セットを自ら所持して一〇月八日に帰着した。この史料から、宝治二年の春には忍性が九州にいたことは確実である。それゆえ、大友親秀が仁治元（一二四〇）年に国分寺中興を叡尊に依頼したことを受け、それを任された忍性は律三大部を取りに九州へ下ったついでもあって、豊後国分寺に来ていた可能性はある。

以上のことから、豊後国分寺は大友親秀の願いを受けて忍性によって中興がなされた可能性は高いと考える。

神宮寺

先述の西大寺末寺帳〈史料（2）〉に神宮寺が挙がっている。神宮寺（廃寺）は所在地が不明とされてきたが、近年では大分市勢家の春日神社の神宮寺であったと考えられている[106]。神宮寺は廃仏毀釈によって廃寺となったこともあって、史料が散逸し、神宮寺の歴史を跡づけることは困難である。従来の研究によれば、建久年中に大友能直が衰退していた春日神社を修復し、また、仁治三（一二四二）年に親秀が修理し、かつ賢如律師をして神宮寺廃寺を興し、祭祀を掌らしめたと考えられている[107]。この賢如を奈良最福寺の律僧だった道円房賢如に充てる説もある[108]。

しかし、『豊府紀聞』によれば、寛元元（一二四三）年に叡尊弟子の如賢（賢如ではない）が来たことになっている。如賢は筑前三笠郡の出身で、当初は奈良興福寺の僧であったが、のちに叡尊に帰依して弟子となった。寛元元年に豊後府中に来たが、大友親秀に恃まれて、神宮寺を再興したという。すなわち、豊後での律寺の展開は、いわゆる戒律復興活動が軌道に乗り出してまもなく大友氏の後援を受けて始まったことになる。豊後国分寺の例からしても、豊後における叡尊教団の展開は仁治・寛元期というかなり早い時期に始まったことが考えられ、注目される。

ところで、神宮寺跡に近在する法専寺には、かつて神宮寺にあって、明治維新の廃仏毀釈にさいして移ってきた聖徳太子二歳像（六九・三センチ）がある。先述のように、法専寺は、潮音寺が改称した寺院であり、そうした背景もあって、神宮寺から法専寺へ聖徳太子二歳像が移されたのかもしれない。それには史料（34）のような胎内銘がある。

史料（34）[109]

西大寺　　八月日造主供養

南都　大仏師　　法橋康成

貞和三年

それにより南都西大寺大仏師法橋康成によって、貞和三（一三四七）年に制作されたものであることがわかる(110)。渡辺によれば、金剛宝戒寺の大日如来像を親子で造立した康俊の息子康成によって制作されている。南都西大寺大仏師と名乗っており、大いに注目される。

また、神宮寺については宮司を勤めた寒田次郎左衛門久次による「天文二十三年三月」の「春日社・神宮寺領」の書き上げがある。それによれば、天文二三（一五五四）年三月において、田三町六段半、畠一町四段の神宮寺領があったことがわかる(111)。

ところで、律宗寺院は、交通の要衝に位置し、鎌倉後期から南北朝期に日本各地の関や港湾の管理を行なったことはよく知られている。九州においても、博多大乗寺(112)、肥後浄光寺(113)、薩摩泰平寺(114)、日向志布志宝満寺(115)、筑後浄土寺(116)、種子島慈音寺(117)といった寺院などは、津、港、河川の管理に大きな役割を果たしていた。たとえば、鎌倉の港和賀江津も極楽寺が管理していた。

史料（35）

飯島敷地升米幷嶋築及前浜殺生禁断等事、如元有御管領、云嶋築興行、云殺生禁断、可被致厳密沙汰、殊於禁断事者、為天下安全、寿算長遠也、任忍性菩薩之例、可有其沙汰候、恐々謹言

貞和五（一三四九）年二月十一日　　尊氏　在判

極楽寺長老

この史料[118]は、足利尊氏が、貞和五（一三四九）年二月一一日付で極楽寺に対して、「飯島敷地升米ならびに嶋築および前浜殺生禁断等事」に関する権利をもとのごとく認めたことを示している[119]。すなわち、極楽寺は、鎌倉の飯島（和賀江津）の敷地で、着岸した船から関米を取る権利を認められたが、それは飯島の維持・管理（島築）の代償でもあったことがわかる。また、前浜の殺生禁断権も認められていた。しかも、そうした権利は、傍点部からわかるように、忍性以来のことであった。とくに指摘しておきたいのは、この飯島の関米徴収は、現在の光明寺のところ（まさに和賀江津のすぐ近く）にあった末寺万福寺が担当していたらしいことである[120]。

こうした律寺の役割を考えると神宮寺浦と呼ばれるほど、目の前に大分湾の入り江が所在した神宮寺が、そうした役割を担っていたことは十分に想定可能であろう。

史料（36）[121]

同十（天文）辛酉七月廿七日唐船来ル神宮寺着大明国
人二百八十四人
一、同十二癸卯大明国商船五艘来鉄炮渡ル

史料（36）は先述した天明元（一七八一）年四月一三日付の「清滝山金剛宝戒寺由来記（仮題）（二）」の一部である。注目すべきことに、天文一〇（一五四一）年七月二七日に神宮寺に中国船が到着したとある。これは、中世末の史料であるが、ほかの律寺の役割を考えれば鎌倉後期・室町期において神宮寺が、神宮寺浦の殺生禁断権を認められ、神宮寺浦の管理を行なっていたことは十分に考えられよう。

第二節　豊前国

豊前国の叡尊教団の展開を考えるうえでも先述の「明徳末寺帳」は重要である。史料(37)は、その豊前国の部分である。

史料(37)[122]

豊前国

規矩大興善寺　宿坊西室　　宝光明寺

「ミヤコ」宝勝寺　宿坊西室　　宇佐大楽寺「一室」

城《キ》井常福寺　宿坊二聖院　　城ミヤコ観音寺

中願寺　　中津河万福寺「三室」

観音寺

それにより、明徳二(一三九一)年において、大興善寺などの九箇寺が西大寺直末寺であったことがわかる。叡尊教団の展開においても、肥後国と並び、九番目に直末寺の多い国である。その配列順は、寺格を表していると考えられるので、大興善寺がもっとも勢力があった。

史料（38[123]）

豊前国

大興善寺 規矩郡 紀玖郡　　宝光明寺

宝勝寺ミヤコ　　宇佐 大楽寺

常福寺城井　　ミヤコ 観音寺城

中願寺　　万福寺中津河

観音寺

史料（38）は、先述した一四五三年から一四五七年にかけて作成された「西大寺末寺帳」の豊前国の部分である。それに挙がっている寺院数と配列も史料（37）と変わっておらず、一四世紀末から一五世紀半ばまでは、九箇寺が西大寺直末寺であったことになる。しかし、後述するように、宝光明寺は早い時期に衰え、大楽寺長老が兼務するほどであった。それゆえ、「明徳末寺帳」などを使用する場合、そうした実態との乖離にも注意する必要がある。

また、宝勝寺と観音寺は、「ミヤコ」すなわち、現在の京都郡に所在したと推測される。常福寺は城井《きい》すなわち現在の福岡県築上町城井に所在したと考えられる。中津河万福寺は現在の大分県中津市に所在したと推測される。しかし、それらの寺院は、所在地すら明確ではなく、後考を期したい。以下、大興善寺・大楽寺・宝光明寺を見る。

第一項　大興善寺

大興善寺は、鷲峰山の東麓に位置し、現在の福岡県北九州市小倉区企救蒲生に所在する。この一帯は、鎌倉時代以前から紫川中流域を押さえる戦略上枢要の地[124]であった。

大興善寺については、『小倉市誌　続編』[125]『北九州市史　古代・中世編』[126]『福岡県の地名』[127]、八尋[128]、中尾多聞[129]らの研究がある。それらによって、以下のことが明らかにされている。寺の縁起[130]によれば、寛元年間（一二四三～四七）に、北条時頼が家臣の佐野源左衛門常世に命じ、叡尊（一二〇一～九〇）を開山として開創し奈良西大寺末寺とした寺院で、西大寺末寺の一八大寺の一つというほど栄えた。とりわけ、応永年間（一三九四～一四二八）には大内義弘が、永享六（一四三四）年には足利義教が寺領を寄付した。しかし、天正年間（一五七三～九二）には、キリシタン大名であった大友氏によって焼き討ちされ、大打撃を受け、衰退したという。慶長元（一五九六）年には曹洞宗寺院として再興が始まり、現在も曹洞宗寺院である。だが、文献史料が少ないためにはっきりしない。

大興善寺が、中世において律寺であったことは、先述の「明徳末寺帳」に、豊前国の筆頭の西大寺直末寺として記載されていることにより確実である。また、先述の一四五三年から一四五七年にかけて作成された「西大寺末寺帳」にも豊前国分として、大興善寺は掲載されている。[131]さらに、永享八（一四三六）年の「西大寺坊々寄宿末寺帳」には「西室分」として大興善寺は挙がっている。[132]大興善寺僧は毎年九月に開催される光明真言会にさいして西大寺西室に宿泊することになっていたことがわかる。[133]

ところで、律寺時代の大興善寺のことを知るための史料は少ないが、先述の「光明真言過去帳」によれば、大興善寺僧として最初に出てくるのは、如月房である。

史料（39）[134]

（前略）

○円心房　極楽寺長老

覚爾房　桂宮院長老　　　宗円房　最福寺
如月房　大興善寺　　　如心房●不退寺
○当寺第二長老慈真和尚

史料（39）のように如月房は、正和四（一三一五）年一〇月に死去した極楽寺第二代長老円真房栄真[135]と、正和五（一三一六）年正月二六日に亡くなった西大寺第二代長老慈真[136]との間に記載されている。すなわち、正和四年一〇月から正和五年正月二六日の間に亡くなったと考えられる。

この如月房は、弘安三（一二八〇）年に作成された叡尊の直弟子名簿といえる「授菩薩戒弟子交名」にも「讃岐国人　円心　如月房」[137]と見える。如月房は讃岐国出身で諱は円心であったのだろう。この如月房円心が第二代の住持であったかどうかははっきりしないが、鎌倉時代の大興善寺の住持で、大興善寺が鎌倉時代において成立していたことは確実である。

ところで、幸いに大興善寺には、如意輪観音像、仁王像、清涼寺式釈迦像が遺り当時の大興善寺の繁栄ぶりを知ることができる。とりわけ、如意輪観音像には次のような胎内銘がある。

史料（40）[138]
（像内背部墨書銘）
敬白　豊前国規矩郡大興善寺講堂本尊、
奉造立如意輪観自在菩薩像一体幷伊駄天弁才天、

御身中　奉籠置種々目録、
御舎利　五宝　五穀　御経等、
大願主当寺長老玄海大徳　夫以如意輪観自在菩薩者大悲実体尊妙也、
速□□被於恒時法界万民願望併令成就、誇一天豊饒之楽興□改邪心、本朝
令帰善正殆、殊護持檀那幷自一施乃至多施、一結諸衆現者、栄尽寿楽後者、安養都
率往詣、可令引導給、乃至法界平等利益　現住僧衆交名
賢猷房、了達房、慈性房、道観房、尭空房、尊証房、本願房、順証房、空如房、真行房、識道房、寂忍房、明
珠房、円明房、浄雲房、珠妙房、聖妙房、信珠房、尊法房、教雲房、秀本房、浄□房、禅忍房、光如房、教印
房、尭静房、尊覚房、良如房以上大比丘衆
恵賢房、観性房、教勇房、行順房、思賢房、乗本房、本乗房、泉日房、尭覚房、本思房、了順房、道順房、恵
音房、智空房、道祐房、幸仙房、空寂房、順如房、玄順房、以上沙弥衆
（像内右肩部墨書銘）
□□房　忍証房　修覚房　覚禅房
（像内胸腹部書銘）
物部武直
大檀那駿河権守物部武村　想心房
一族人々
（中略）

大奉行　沙門円成　□印
大仏師法印幸誉法橋幸尊備前公幸為
暦応三年／庚辰／二月八日右筆沙門了恵

すなわち、暦応三（一三四〇）年二月八日付で如意輪観音像は完成し、それに協力した玄海以下の僧名と大檀那物部武村らと、仏師幸誉、幸尊、幸為の名前などがわかる。

仏師については、八尋[139]によって、幸（康）誉、幸（康）尊は運慶の子康勝の系譜に連なる仏師であることが明らかにされている。また、この如意輪観音像の建立にあたって資金面の援助を行なった大檀那の物部（厚東）武村、武直らは、長門を拠点とし、当時は当地を領した厚東氏の一族と考えられている。すなわち、周防灘を通じた交流がわかって興味深い。

さらに、注目されるのは、「以上大比丘衆」「以上沙弥衆」というように、大興善寺の四七名もの比丘（一人前）と沙弥（半人前）の協力で如意輪観音が完成したことである。すなわち、比丘が二八名、沙弥が一九名、合わせて四七名もの僧衆が住する寺院であったことがわかる。

大興善寺の開山は叡尊とされるが、如意輪観音像を造立した玄海は大興善寺の歴史において注目されてきた。

史料（41）[140]

暦応初玄海律師住之、大比丘衆三十八員、其余僧徒沙弥等百有輩、常萃席下、大振開祖之宗綱、化風尤盛時、駿河権守物部武村、物部武直等、為護法檀越、重修造、仏殿講堂宝塔僧房、輪奐之美、視旧猶有加焉、長老海公、戒徳密行、為衆被重、牧衆之暇、常座一室、修阿字観時感得、山林寂静砌蛙箝口、自爾以降、至今、寺之結界、群蛙不鳴、又始此処乏清泉、海公一日到寺之南、坐高崖上、修阿字観、清泉忽自崖下湧出、（中略）海公之後、臥雲律師英範律師相継主其席、応永中防州大内義弘喜捨田五十頃、以充僧糧、永享六年三月十六日、尊氏六代将軍義教公、特命閣老秀家沙弥、於企矩郡大野庄、賜田八百畝、供香灯資、（中略）元亀四年当国領主高橋三河守鑑種、命小熊野村古屋治部、同太郎左衛門、荘飾釈迦像、及修葺堂宇、迄天正年中、羅《（罹）》大友之乱、伽藍厄兵燹之災鞠為灰燼、大小子院倶廃為田園、又為民居僧徒逃散（後略）

本史料は「大興善寺縁起」の一部である。それによれば、玄海により大興善寺は大いに栄え、玄海は「戒徳密行、為衆被重」といわれるほどで、厳格に戒律を護持し、真言の修法においても大いに優れていた。そのため、阿字観を修したところ、蛙の鳴き声を黙らせ、以後、静寂を保つことができたし、崖の上で阿字観を修したところ、崖の下に清水が湧いた。この玄海の跡を臥雲、英範が継いだ[141]

ところで、玄海がいつ亡くなったのかはっきりしない。

史料（42）[142]

○尭仙房　泉涌寺長老　　明忍房　称名寺

（中略）

順智房　**大興善寺**　　教道房　長承寺

理教房　無常院　　了寂房　神福寺

仙海房　長光寺
○当寺第五長老沙門賢善
○禅戒房　招提寺長老

史料（42）は、「光明真言過去帳」の一部で、大興善寺僧として順智房が記載されている。順智房は、建武五（一三三八）年一一月一六日に亡くなった金沢称名寺長老明忍房[143]と、暦応三（一三四〇）年一〇月二日に九〇歳で死去した西大寺第五代長老賢善[144]との間に記載されている。順智房は、その間に亡くなったのであろう。死亡時期からみて、この順智房が玄海の可能性がある。

史料（43）[145]
○寂禅房　招提寺長老
（中略）
念観房　神宮寺
覚禅房　大興善寺
慈律房　浄法寺
（中略）
本如房　称名寺
良仙房　丹波惣持寺

史料（43）のように、大興善寺僧として「光明真言過去帳」に、順智房の次に出てくるのは覚禅房である。覚禅房は暦応四（一三四一）年六月一五日付で亡くなった唐招提寺長老寂禅房[146]と、貞和二（一三四六）年一一月三〇日に死去した金沢称名寺長老本如房[147]との間に記載されている。その間に亡くなったのであろう。

この史料（43）の覚禅房は、先述の如意輪観音像の暦応三（一三四〇）年二月八日付胎内銘文に見える覚禅房であろう。とすれば、覚禅房とは玄海を継いだ臥雲のことかもしれない。
覚禅房の次に大興善寺僧として「光明真言過去帳」に出てくるのは妙乗房である。

史料（44）[148]

○当寺第六長老沙門澄心　　　　　　　　　　什聖房　当寺住

（中略）

妙乗房　大興善寺

（中略）

○当寺第七長老沙門信昭

妙乗房は、貞和三（一三四七）九月五日に七〇歳で亡くなった西大寺第六代長老沙門澄心[149]と、文和元（一三五二）年三月二日に八六歳で死去した西大寺第七代長老沙門信昭[150]との間に書かれている。妙乗房はその間に亡くなったと考えられる。先述の縁起では、臥雲の次には英範が活躍したらしいので、妙乗房が英範かもしれない。
妙乗房の次に大興善寺僧として「光明真言過去帳」に出てくるのは史料（45）のように、道密房である。

史料（45）[151]

当寺第七長老沙門信昭

（中略）

本観房　弘正寺　　**道密房　大興善寺**

（中略）

○当寺第八長老沙門元燿

道密房は文和元（一三五二）年三月二日に八六歳で亡くなった西大寺第七代長老信昭[152]と、文和四（一三五五）年一〇月一七日に七六歳で寂した西大寺第八代長老元燿[153]との間に記載されている。

この道密房は、おそらく、後述する大楽寺の初代長老として辣腕を振るったあの道密房光仙であろう。道密房は、大楽寺から大興善寺へ移動していたことがわかる。

以下、煩雑になるので考証は略するが、正信房[154]、宗観房[155]、慈静房[156]、隆泉房[157]、彦春房[158]、覚吽房[159]と「光明真言過去帳」に出てくる。大興善寺僧として「光明真言過去帳」に最後に見えるのは色吽房である。

史料（46）[160]

○恵明房　招提寺長老　　祐覚房　般若寺

（中略）

○義円房　浄名寺　　**色吽房　大興善寺住**

○性如房　招提寺長老　　○円空房　室生寺長老

十麟房　大覚寺　　舜寥房●常福寺

○当寺第廿八長老沙門元澄

史料（46）のように、色吽房が享徳三（一四五四）年一二月一〇日に亡くなった招提寺長老恵明房[161]と、長禄元（一四五七）年一一月八日に七八歳で寂した西大寺第二八代長老沙門元澄[162]との間に記載されている。色吽房はその間に亡くなったのであろう。

以上のように、一五世紀半ばまでは長老名もわかり、西大寺末寺としての活動が知られる。

ところで、叡尊教団は、鎌倉仏教以前の仏教と異なり、死穢を恐れずに葬送に従事した。その象徴といえるものが五輪塔である。五輪塔は五つの石を積んで、地・水・火・風・空という、この世界の構成要素たる五要素を象徴する。叡尊教団は、墓所として五輪塔を建立した。その記念碑といえる塔高二メートルを超える巨大五輪塔が全国に遺されている[163]。大興善寺にも、その遺物が遺されている。

図3　大興善寺五輪塔（地輪欠）

大興善寺の五輪塔[164]（図3）は、「よしみねかじゅえん」の前にある。隣には、五三センチもある空・風輪の残欠があり、少なくとも二つは大きな五輪塔が所在していたことがわかる。

地輪を欠くも、塔高が一七六センチもあり、おそらく二メートルを超える花崗岩製の巨大五輪塔であった。空輪高さ三七センチ、幅四〇センチ、風輪高さ二四センチ、幅四六センチ、火輪高さ五一センチ、幅七六センチ、水輪高さ六四センチ、幅七九・八センチである。

また、山門と舎利殿の修理にさいして、山門の礎石や舎利殿の縁束石に五輪塔の一部が転用されていた。[165] すなわち、ほかにも五輪塔の存在が知られる。

第二項　大楽寺

大楽寺は大分県宇佐市南宇佐に所在し宇佐八幡宮の神宮寺として知られる。現在は古義真言宗高野山末である。この大楽寺は元弘三（一三三三）年一二月頃に成立し、建武元（一三三四）年四月一五日付で後醍醐天皇の勅願寺となった寺院である。開基は宇佐公連、開山は道密上人で諱は光仙という。[166] しかし、大楽寺には平安仏の弥勒仏などが伝来する。また、『太宰管内志』によれば、大楽寺は駅館川の河口の江島村に所在し、「大楽寺跡」という字名が遺るという。それゆえ、移転を契機に叡尊教団の寺院化したと考えられる。[167]

大楽寺については、『宇佐市史』[168]『宇佐宮大楽寺』といった研究がある。とりわけ、『宇佐宮大楽寺』は大楽寺研究の到達点といえる。大楽寺は、「明徳末寺帳」では第四番目に記載され、豊前国の西大寺直末寺で第四位の寺格の寺院であったと推測される。また、「明徳末寺帳」には「一室」と注記されているように、奈良西大寺で毎年九月開催の光明真言会にさいしては、西大寺一室に宿泊することになっていた。そのことは、永享八（一四三六）年の「西大寺坊々寄宿末寺帳」に「一室分」として大楽寺が記載されていることからもわかる。[169]

さらに、寛永一〇（一六三三）年三月七日付の「西大寺末寺帳」にも見えるので、[170] その頃までは西大寺末寺であった。しかし、寛政三（一七九一）年一一月の『寺院本末帳』では真言宗寺院の「無本寺」（独立寺院）として大楽寺は挙がっている。[171] それゆえ、一八世紀末には独立寺院であった。

さて、開山の道密房については、これまでいつ死亡したのか明らかではなかったが、死亡年もほぼ推定できる。

道密房宛の文書で年月日がわかるのは観応二（一三五一）年六月日付「足利直冬禁制[172]」である。足利直冬は、大楽寺への乱暴狼藉を禁止する禁制を、住持の道密房に与えている。それゆえ、観応二年六月まで道密房は活躍していた。

また、先述の史料（45）のように、道密房は、「光明真言過去帳」において、文和元（一三五二）年三月二日に八六歳で死亡した西大寺第七代長老信昭[173]と、文和四（一三五五）年一〇月一七日に七六歳で死去した西大寺第八代長老元燿[174]との間に記載されている。それゆえ、道密房は文和元年三月二日から文和四年一〇月一七日までの間に亡くなったのであろう。

さらに注目されるのは、道密房の所属寺院が大興善寺となっていた点である。道密は大興善寺僧として亡くなったと考えられる。大興善寺は豊前国の筆頭寺院であったので、亡くなった時期には大楽寺長老から大興善寺長老へと出世していたのである。道密房の大楽寺長老時代には、寺領一〇二町を超える寺院として栄え、後述のように宝光明寺、蓮福寺といった後醍醐天皇祈願所寺院の住職を兼ねるほどであった。しかし、南北朝動乱などにより、寺領が侵害されて衰退していった。

ところで、大楽寺の住持も二名が「光明真言過去帳」に出てくる。大楽寺僧として最初に「光明真言過去帳」に出てくるのは教悟房である。

史料（47[175]）

覚日房　金剛寺　　　　俊一房　桂宮院

（中略）

教悟房　大楽寺　　　　　　　　　　春義房　観音寺

（中略）

○当寺第十五長老沙門興泉

教悟房は、応安三（一三七〇）年八月一五日に亡くなった桂宮院長老俊一房[176]と、康暦元（一三七九）年六月晦日に八六歳で死去した西大寺第一五代長老興泉[177]との間に記載されている。それゆえ、その間に亡くなったのであろう。永和元（一三七五）年一〇月日付で、大楽寺住持空鏡が、寺領保全の訴えを室町幕府に訴えている[178]が、時期を考えれば、空鏡はこの教悟房かもしれない。

史料（48[179]）

当寺第十九長老沙門良耀

（中略）

了密房　大楽寺　　　　　　　　　　宗樹房　現光寺

本儆房●良福寺

○当寺第二十長老沙門高湛

史料（48）のように、「光明真言過去帳」に、教悟房の次に出てくるのは了密房である。了密房は、応永一一（一四〇四）年二月二五日に亡くなった西大寺第一九代長老沙門良耀[180]と、応永一五（一四〇八）年九月二五日に八六歳で死去した西大寺第二〇代長老沙門高湛[181]との間に記載されている。了密房は、その間に亡くなったのだろう。大楽寺には永徳二（一三八二）年の銘を有する梵鐘があるが、この了密房が住持の時代に制作されたのであろう。

大楽寺住持は、了密房の後は「光明真言過去帳」に見えない。その後は衰退が顕著になったのかもしれない。

第三項　宝光明寺

宝光明寺に関しては、美術遺品などを初め、ほとんど遺物が遺っていないためにはっきりしないが、『柳ヶ浦町史[182]』の研究がある。しかし、宝光明寺が西大寺末寺であったことなどは明らかにされていない。そこで、叡尊教団史の観点から見直そう。

宝光明寺は、「明徳末寺帳」〈史料（37）〉と先述の一四五三年から一四五七年にかけて作成された「西大寺末寺帳」〈史料（38）〉には二番目に記載されており、豊前国の西大寺直末寺として第二位の寺格であったと考えられる。しかし、そうした高い寺格の寺院であったはずなのに、「光明真言過去帳」に一人も名が出てこない。それゆえ、不思議に思っていたが、『宇佐宮大楽寺[183]』によって「大楽寺文書」中に宝光明院関係の文書があることがわかり、その謎が解けた。すなわち、宝光明寺は早い時期に勢力を失い、大楽寺の住持が兼務する寺院となっていた。だが、西大寺側は成立期の寺格を固定化していたようで、そのままの記載が踏襲されたということであろう。この点は「明徳末寺帳」などの分析にさいして注意すべきことといえる。

さて、「大楽寺文書」中の宝光明寺関連史料によって、中世の宝光明寺の実態を明らかにできる。まず、注目されるのは地理的位置であるが、宇佐市金屋地区に所在したと考えられている。とりわけ、「金屋村絵図写」（文化会館旧蔵）によれば、周防灘に注ぐ駅館川の河口近くに宝光明寺が位置していたことがわかる[184]。先述したように、叡尊教団の寺院は津や浜、海・河川の管理に関わっていたと考えられ、駅館川との関係が推測されるが、後述のように、それは実証できる。

次に注目されるのは、宝光明寺が後醍醐天皇の祈願所であった点である。

史料（49）[185]

豊前国宝光明寺、為御祈願所寺領、不可有相違者、

天気如此、仍執達如件

建武元年四月廿一日　右少弁（甘露寺藤長）（花押）

道密上人御房

史料（49）は、建武元（一三三三）年四月二一日付の「後醍醐天皇綸旨」である。それによれば、宝光明寺は後醍醐天皇の祈願寺であったことがわかる。また、宛名が大楽寺長老の道密房であり、大楽寺長老が宝光明寺長老を兼ねるようになっていたと考えられる。

史料（50）[186]

豊前国宝光明寺門前河流、自荒馬瀬、至車瀬、可禁断殺生者、

天気如此、仍執達如件、

建武元年五月九日　右少弁（甘露寺）藤長

道密上人御房

史料（51）[187]

豊前国宝光明寺門前河流、自荒馬瀬、至于車瀬、禁断殺生事、今年三月卅日、御教書加一見候訖、恐々謹言

六月十二日　筑後《（少弐）》守頼尚（花押）

謹上　宝光明寺長老侍者

史料（50）は、建武元（一三三三）年五月九日付の「後醍醐天皇綸旨」である。それによれば、宝光明寺は、門前の駅館川の荒馬瀬から車瀬までの殺生禁断を認められている。すなわち、宝光明寺は門前の駅館川の荒馬瀬から車瀬まで[188]の殺生禁断権を授与されていた。金屋の地は宇佐宮の鍛冶の集落があった地とされ、宝光明寺のあたりは、駅館川河口の中でもっとも浅く、渡河するのにもっとも便利な地であったという[189]。

先述の通り、鎌倉極楽寺は、忍性以来、飯島の港の管理権を有し、その利用料の徴収を行なっていた。また、前浜（由比ヶ浜・材木座海岸）の殺生禁断権を有し、それを梃子にした浦人（漁師）支配を認められていたと考えられている。とすれば、宝光明寺も、そうした殺生禁断権を梃子に駅館川の管理や川の民（漁師）の支配権を握っていたと考えられる。

史料（51）は、年未詳「豊前国守護少弐頼尚書状」である。欠年のために、年付を明確にできないのが残念である。それから、そうした権利は、のちの守護少弐頼尚によっても認められていることがわかる。

史料(52[190])

殺生禁断之事

右、江島別符成願寺之門前之河流、自車瀬、至于荒馬瀬、任先例、弥令禁制、奉賁尊神威光、殊可被備朝家静謐之巨益者也、若於違犯之輩者、可処罪科社例之状、所仰如件

文明元年(一四六九)八月一日

太宮《ママ》司宇佐宿禰(花押)

史料(52)は文明元(一四六九)年八月一日付の大宮司到津公弘の禁制である。この史料により、宝光明寺が所有していた車瀬から荒馬瀬までの殺生禁断権が、大楽寺末寺と推測される江島別符の成願寺に移管されていることがわかる。江島別符は宝光明寺の対岸であり、おそらく、その頃には、宝光明寺は廃寺となっていたのであろう。なお、大楽寺が所有する「宇佐大楽寺文書」によって、成願寺、蓮福寺という大楽寺末寺を知ることができる。とりわけ、蓮福寺は後醍醐天皇の祈願所であり、大いに注目されるが、史料がないためにこれ以上論じることができない。後考を期したい。

おわりに

以上、豊後国・豊前国の西大寺直末寺について主に論じてみた。

豊後国については、金剛宝戒寺、永興寺、神宮寺について明らかにした。他方、豊前国に関しては、従来研究さ

れてきた大興善寺、大楽寺に加えて宝光明寺について明らかにできた。

「九州西大寺直末寺分布図」（第三部第一章はじめにの図）を見れば明らかなように、豊後・豊前両国における叡尊教団の展開は、日田永興寺を別とすれば周防灘・大分湾といった海沿いの地に末寺が展開したことがわかる。金剛宝戒寺・大楽寺といった寺院のように、まず海岸・河口部から始まり、のちに、内陸部へ移転した寺院もあるが、最初は海沿いの地に末寺が展開していったことは確実であろう。すなわち、叡尊教団の交通の要衝への展開が豊後・豊前においても明確にみられるのである。

とりわけ、宝光明寺の事例で具体的に明らかにしたように、殺生禁断権を梃子に駅館川を管理し、漁民把握を行なっていたと考えられる。この点は、鎌倉極楽寺による殺生禁断権を梃子とする前浜支配権が指摘されているが、豊前においてもそうであったことがわかり、大いに興味深い。おそらく、豊後神宮寺も、ザビエルが上陸した神宮寺浦の殺生禁断権を梃子に大分湾の浦支配を行なっていたと推測される。

次に注目されるのは、豊後国分寺・神宮寺、豊前大興善寺の分析で明らかにしたように、叡尊教団の豊前・豊後国への展開は仁治・寛元期の一三世紀半ばという早い時期に展開している。おそらく宝治年間に、忍性が覚如らのもたらした律三大部を九州に取りに下ったのも、そうした展開を踏まえたものであったと考えられる。以上をもって、本章の結びとしたい。

付記　本稿は科学研究費基盤研究一般（C）「中世叡尊教団の全国的展開」（代表松尾剛次）を使った成果である。本稿作成にさいして、数多くの方々のご教示を得たが、故金剛宝戒寺住職宗尊幸氏だけはお名前を特記したい。宗尊幸氏が急逝されたために、本稿を見せられないのが残念でならない。本稿を墓前に捧げたいと思う。

なお、清凉寺式釈迦如来像、大日如来像の写真は金剛宝戒寺より提供を受けた。

註

（1）八尋和泉「九州西大寺末寺の美術遺品」（『仏教芸術　特集　叡尊と西大寺派美術』一九九、一九九一年）。中世律宗の全国的展開に関しては、松尾『中世律宗と死の文化』（吉川弘文館、二〇一〇年）、松尾「中世叡尊教団と泉涌寺末寺の筑後国への展開──新発見の中世西大寺末寺帳に触れつつ」（『山形大学大学院社会文化システム研究科紀要』一〇、二〇一三年、本書第三部第二章所収）、「中世叡尊教団の薩摩国・日向国・大隅国への展開──薩摩国泰平寺・日向国宝満寺・大隅正国寺に注目して」（『山形大学人文学部　研究年報』第九号、二〇一二年、本書第三部第五章所収）など参照。

（2）松尾『勧進と破戒の中世史』（吉川弘文館、一九九五年）一五一頁所収「西大寺末寺帳考」の「豊後国」分。

（3）松尾「西大寺末寺帳考」〈松尾『勧進と破戒の中世史』〉〈前註（2）〉一四〇・一四一頁。

（4）松尾「中世叡尊教団と泉涌寺末寺の筑後国への展開──新発見の中世西大寺末寺帳に触れつつ」〈前註（1）〉七九頁。

（5）松尾「中世叡尊教団と泉涌寺末寺の筑後国への展開──新発見の中世西大寺末寺帳に触れつつ」〈前註（1）〉参照。本書第三部第二章第三節。

（6）「西大寺末寺帳　その三」（『西大寺関係史料（一）諸縁起・衆首交名・末寺帳』〈奈良国立文化財研究所、一九六八年〉一一九頁。

（7）「西大寺末寺帳　その五」〈前註（6）〉一三一頁。

（8）金剛宝戒寺宗輝子氏のご教示による。

(9) 松尾「西大寺末寺帳考」(松尾『勧進と破戒の中世史』)〈前註(2)〉一五四頁。
(10) 八尋「九州西大寺末寺の美術遺品」〈前註(1)〉参照。
(11) 八尋「九州西大寺末寺の美術遺品」〈前註(1)〉、田辺三郎助「大分・金剛宝戒寺大日如来像と仏師康俊」(『仏教芸術』一九九、一九九一年)、渡辺文雄「鎌倉・南北朝時代の豊前・豊後における仏師の動向」(『大分県立博物館研究紀要』八、二〇〇七年)など参照。
(12) 八尋「九州西大寺末寺の美術遺品」〈前註(1)〉四六・四七頁。
(13) 松尾『中世律宗と死の文化』〈前註(1)〉一九一頁など参照。
(14) 『律苑僧宝伝』『大日本仏教全書　一〇五』(名著普及会、一九七九年)一四九・一五〇頁。
(15) 『律苑僧宝伝』〈前註(14)〉一四九・一五〇頁。
(16) 松尾「西大寺叡尊像に納入された「授菩薩戒弟子交名」と「近住男女交名」」(松尾『日本中世の禅と律』吉川弘文館、二〇〇三年)七一頁。
(17) 「西大勅謚興正菩薩行実年譜」は奈良文化財研究所編『西大寺叡尊伝記集成』(法藏館、一九七七年)所収に依拠している。
(18) 「西大勅謚興正菩薩行実年譜」(『西大寺叡尊伝記集成』〈前註(17)〉)一四〇頁。
(19) 「西大勅謚興正菩薩行実年譜」(『西大寺叡尊伝記集成』〈前註(17)〉)一四一頁。
(20) 「西大勅謚興正菩薩行実年譜」(『西大寺叡尊伝記集成』〈前註(17)〉)一五二頁。
(21) 「西大勅謚興正菩薩行実年譜」(『西大寺叡尊伝記集成』〈前註(17)〉)一五三頁。
(22) 「学正記」は、『西大寺叡尊伝記集成』〈前註(17)〉所収本によった。
(23) 「学正記」『西大寺叡尊伝記集成』〈前註(17)〉三九頁。
(24) 「西大寺西僧坊造営同心合力奉加帳」(『西大寺叡尊伝記集成』〈前註(17)〉)三八五頁。

(25)「異国襲来祈禱注録」(『西大寺叡尊伝記集成』〈前註(17)〉)四〇三頁。
(26)『招提千歳伝記』(『大日本仏教全書　一〇五』〈前註(14)〉)八五頁。
(27)松尾『新版　鎌倉新仏教の成立』(吉川弘文館、一九九八年)二〇九頁。
(28)「西大勅謚興正菩薩行実年譜」(『西大寺叡尊伝記集成』〈前註(17)〉)一九七頁。
(29)八尋「九州西大寺末寺の美術遺品」〈前註(1)〉四六頁。
(30)松尾「西大寺光明真言過去帳の紹介と分析」(速水侑編『日本社会における仏と神』吉川弘文館、二〇〇六年)参照。
(31)松尾「西大寺光明真言過去帳の紹介と分析」〈前註(30)〉八一頁。
(32)『招提千歳伝記』〈前註(26)〉二四頁。
(33)内田啓一「和泉市久保惣記念美術館蔵胎蔵旧図様について——西大寺性瑜の事績」(『仏教芸術』二八六、二〇〇六年)六二頁。
(34)松尾「西大寺光明真言過去帳の紹介と分析」〈前註(30)〉八八頁。
(35)『常楽記』『群書類従二九』建武元(一三三四)年一一月二一日条。
(36)『常楽記』〈前註(35)〉暦応元(一三三八)年七月二七日条。
(37)松尾「西大寺叡尊像に納入された「授菩薩戒弟子交名」と「近住男女交名」」〈前註(16)〉九七頁。
(38)「西大寺西僧坊造営同心合力奉加帳」(『西大寺叡尊伝記集成』〈前註(17)〉)三八四頁。
(39)『大分県金剛宝戒寺大日如来像修理記録写真　平成七年』一九九五年、六頁。
(40)松尾「西大寺光明真言過去帳の紹介と分析」〈前註(30)〉九一頁。
(41)「西大寺代々長老名」(『西大寺関係史料(一)諸縁起・衆首交名・末寺帳』〈前註(6)〉)七三頁。
(42)「西大寺代々長老名」〈前註(41)〉七三頁。

(43) 松尾「西大寺光明真言過去帳の紹介と分析」〈前註(30)〉九四頁。
(44) 「西大寺代々長老名」〈前註(41)〉七三頁。
(45) 「西大寺代々長老名」〈前註(41)〉七三頁。
(46) 松尾「西大寺光明真言過去帳の紹介と分析」〈前註(30)〉九五頁。
(47) 「西大寺代々長老名」〈前註(41)〉七三頁。
(48) 「西大寺代々長老名」〈前註(41)〉七三頁。
(49) 松尾「西大寺光明真言過去帳の紹介と分析」〈前註(30)〉九六96頁。
(50) 「西大寺代々長老名」〈前註(41)〉七三頁。
(51) 「西大寺代々長老名」〈前註(41)〉七三頁。
(52) 松尾「西大寺光明真言過去帳の紹介と分析」〈前註(30)〉九八頁。
(53) 「西大寺代々長老名」〈前註(41)〉七三頁。
(54) 「西大寺代々長老名」〈前註(41)〉七三頁。
(55) 松尾「西大寺光明真言過去帳の紹介と分析」〈前註(30)〉九九頁。
(56) 「西大寺代々長老名」〈前註(41)〉七三頁。
(57) 「西大寺代々長老名」〈前註(41)〉七三頁。
(58) 松尾「西大寺光明真言過去帳の紹介と分析」〈前註(30)〉一〇〇頁。
(59) 「西大寺代々長老名」〈前註(41)〉七三頁。
(60) 「西大寺代々長老名」〈前註(41)〉七三頁。
(61) 松尾「西大寺光明真言過去帳の紹介と分析」〈前註(30)〉一〇八頁。
(62) 『招提千歳伝記』〈前註(26)〉八七頁。

(63)「西大寺代々長老名」〈前註（41）〉七四頁。
(64) 松尾「西大寺光明真言過去帳の紹介と分析」〈前註（30）〉一一六頁。
(65)「西大寺代々長老名」〈前註（41）〉七四頁。
(66)「西大寺代々長老名」〈前註（41）〉七四頁。
(67)「清滝山金剛宝戒寺由来記（一）」〈前註（41）〉五六頁。
(68)「清滝山金剛宝戒寺由来記（一）」〈前註（41）〉五六頁。
(69)『大分県の地名』（平凡社、一九九五年）九六七・九六八頁。
(70) 八尋「九州西大寺末寺の美術遺品」〈前註（1）〉参照。『大分県史美術篇』（大分県、一九八一年）二二九・二三〇頁。
(71) 松尾「西大寺末寺帳考」（拙著『勧進と破戒の中世史』）〈前註（2）〉一五九頁。
(72) 松尾「西大寺光明真言過去帳の紹介と分析」〈前註（30）〉八九頁。
(73)「常楽記」暦応元（一三三八）年七月二七日条〈前註（35）〉二一六頁。
(74)『金沢文庫古文書』一一輯　識語編三』（金沢文庫、一九五八年）二一〇頁。以下、『金沢文庫古文書』一一―三、二一〇頁のように略す。
(75) 松尾「西大寺光明真言過去帳の紹介と分析」〈前註（30）〉九〇頁。
(76)「招提千歳伝記」〈前註（26）〉八七頁。
(77)『金沢文庫古文書』〈前註（74）〉一一―三、二一〇頁。
(78) 拙稿「西大寺光明真言過去帳の紹介と分析」〈前註（30）〉九一頁。
(79)「西大寺代々長老名」〈前註（41）〉七三頁。
(80)「西大寺代々長老名」〈前註（41）〉七三頁。

(81) 松尾「西大寺光明真言過去帳の紹介と分析」〈前註(30)〉九七・九八頁。
(82)「西大寺代々長老名」〈前註(41)〉七三頁。
(83)「西大寺代々長老名」〈前註(41)〉七三頁。
(84) 松尾「西大寺光明真言過去帳の紹介と分析」〈前註(30)〉一〇二頁。
(85)「西大寺代々長老名」〈前註(41)〉七三頁。
(86)「西大寺代々長老名」〈前註(41)〉七三頁。
(87) 松尾「西大寺光明真言過去帳の紹介と分析」〈前註(30)〉一〇六頁。
(88)「西大寺代々長老名」〈前註(41)〉七三頁。
(89)「西大寺代々長老名」〈前註(41)〉七三頁。
(90) 松尾「西大寺光明真言過去帳の紹介と分析」〈前註(30)〉一〇八頁。
(91)「西大寺代々長老名」〈前註(41)〉七四頁。
(92)「西大寺代々長老名」〈前註(41)〉七四頁。
(93) 八尋「九州西大寺末寺の美術遺品」〈前註(1)〉。『大分県史美術篇』〈前註(70)〉二二九・二三〇頁参照。
(94)『日本歴史地名大辞典　大分県』(角川書店)の「佐伯市」参照。
(95) 松尾「西大寺光明真言過去帳の紹介と分析」〈前註(30)〉一〇六頁。
(96)「西大寺代々長老名」〈前註(41)〉七三頁。
(97)「西大寺代々長老名」〈前註(41)〉七三頁。
(98)「清滝山金剛宝戒寺由来記(仮題)(一)」〈前註(41)〉五九頁。
(99) 松尾「西大寺光明真言過去帳の紹介と分析」〈前註(30)〉九三頁。
(100)「西大寺代々長老名」〈前註(41)〉七三頁。

(101)「西大寺代々長老名」〈前註(41)〉七三頁。

(102)松尾『勧進と破戒の中世史』〈前註(2)〉二七頁など参照。ただし、長門国分寺は一九箇寺以外であった(森茂暁「鎌倉末期・建武新政期の長門国分寺」『山口県史研究』二、一九九四年、二五頁)。それゆえ、その点は訂正する。

(103)追塩千尋『国分寺の中世的展開』(吉川弘文館、一九九六年)二三八頁において、武蔵・豊後・陸奥各国分寺が西大寺末であった可能性を指摘しているが、「年代が確定できず、史料的にも問題がある」として、それ以上、取り上げていない。

(104)『豊州雑志』(大分県立図書館所蔵)所収『豊府紀聞巻之一』によった。『豊府紀聞』は、戸倉貞則という人物が元禄期に古記録や古老の口碑によって編集したものという(『豊府紀聞(市場直次郎、十時英司氏編集)』解説、二〇〇八年の日名子健二氏によるワープロ版による)。

(105)「学正記」『西大寺叡尊伝記集成』〈前註(17)〉二一頁。この律三大部将来のことに関しては、細川涼一校注『感身学正記一』(平凡社、一九九九年)一八一頁参照。

(106)渡辺文雄「大分法専寺・康成在銘南無仏太子像をめぐって」(『大分県立歴史博物館研究紀要』四、二〇〇三年)。

(107)佐藤蔵太郎『豊後史蹟考』(歴史図書社、一九七六年)一四九頁。佐藤は『豊府紀聞』などによって仁治三年の賢如律師による中興を指摘する。『雉城雑誌』(『大分県郷土史料集成　地誌編』臨川書店、一九七三年)によれば仁治三年の賢如律師による中興を指摘しており、佐藤は『雉城雑誌』によったのであろう。

(108)渡辺「大分法専寺・康成在銘南無仏太子像をめぐって」〈前註(106)〉八一頁。

(109)渡辺「大分法専寺・康成在銘南無仏太子像をめぐって」〈前註(106)〉八四頁。

(110)渡辺「大分法専寺・康成在銘南無仏太子像をめぐって」〈前註(106)〉八三頁。

(111)『大分県史料(九)第二部』(大分県史刊行会、一九五六年)三八九頁所収「春日神領坪附」。大分県立先哲資料館寄託の「寒田家文書」によって史料対校を行なった。

(112) 松尾『中世律宗と死の文化』〈前註(1)〉参照。
(113) 小川弘和「地域社会・東アジアのなかの浄光寺」(『玉名市文化財報告書第二八集　中世真言律宗系寺院浄光寺跡南大門遺跡』二〇一三年)。
(114) 「中世叡尊教団の薩摩国・日向国・大隅国への展開――薩摩国泰平寺・日向国宝満寺・大隅正国寺に注目して」〈前註(1)〉参照。
(115) 「中世叡尊教団の薩摩国・日向国・大隅国への展開――薩摩国泰平寺・日向国宝満寺・大隅正国寺に注目して」〈前註(1)〉参照。
(116) 松尾「中世叡尊教団と泉涌寺末寺の筑後国への展開――新発見の中世西大寺末寺帳に触れつつ」〈前註(1)〉参照。
(117) 松尾『中世律宗と死の文化』〈前註(1)〉参照。
(118) 極楽律寺編『極楽律寺史　中世・近世編』極楽律寺、二〇〇三年、一四六頁。
(119) この点は、石井進「都市鎌倉における『地獄』の風景」(『御家人制の研究』吉川弘文館、一九八一年)九一頁参照。
(120) 松尾『中世都市鎌倉の風景』(吉川弘文館、一九九三年)。
(121) 「清滝山金剛宝戒寺由来記(仮題)(二)」〈前註(41)〉。
(122) 松尾『勧進と破戒の中世史』〈前註(2)〉一五〇・一五一頁。
(123) 松尾「中世叡尊教団と泉涌寺末寺の筑後国への展開――新発見の中世西大寺末寺帳に触れつつ」〈前註(1)〉七九頁。
(124) 松本洋一『新企救風土記』(若園印刷商会、二〇〇七年)三四頁。
(125) 『小倉市誌　続編』(福岡県小倉市、一九四〇年)。
(126) 『北九州市史　古代・中世編』(北九州市、一九九二年)。
(127) 『福岡県の地名』(平凡社、二〇〇四年)。

(128) 八尋「九州西大寺末寺の美術遺品」〈前註(1)〉、同「筑前飯盛神社神宮寺文殊堂文殊菩薩騎獅像および豊前大興善寺如意輪観音像について」(『九州歴史資料館研究論集』二、一九七六年)。

(129) 中尾多聞『鷲峰山大興善寺の歴史』(私家版、一九九四年)、『北九州市指定有形文化財(建造物)大興善寺山門、舎利殿保存修理工事報告書』(宗教法人大興善寺、二〇〇二年)。

(130) 「鷲峰山縁起」は、享保一二(一七二七)年に小倉の養徳院の住職であった契黙巌が、先住の愚禅や大興善寺中興一世快堂宗逸(貞享元〈一六八四〉年大興善寺住職に就く)らの聞き取りを元に記したという(『北九州市指定有形文化財(建造物)大興善寺山門、舎利殿保存修理工事報告書』〈前註(129)〉五三頁)。中尾多聞『鷲峰山大興善寺の歴史』〈前註(129)〉参照。

(131) 松尾「中世叡尊教団と泉涌寺末寺の筑後国への展開——新発見の中世西大寺末寺帳に触れつつ」〈前註(1)〉七九頁。

(132) 松尾「西大寺末寺帳考」(松尾『勧進と破戒の中世史』)〈前註(2)〉一五五頁。

(133) 松尾「西大寺末寺帳考」(松尾『勧進と破戒の中世史』)〈前註(2)〉一六一頁

(134) 松尾「西大寺光明真言過去帳の紹介と分析」〈前註(30)〉八六頁。

(135) 田中敏子「極楽寺二代長老に就て」(『鎌倉』五、一九六〇年)。

(136) 「西大寺代々長老名」〈前註(41)〉七三頁。

(137) 松尾「西大寺叡尊像に納入された「授菩薩戒弟子交名」と「近住男女交名」」〈前註(16)〉七五頁。

(138) 平田寛『九州美術史年表(古代・中世篇)』(九州大学出版、二〇〇一年)三四二・三四三頁による。この胎内銘は、すでに『小倉市誌』〈前註(125)〉と八尋「筑前飯盛神社神宮寺文殊堂文殊菩薩騎獅像および豊前大興善寺如意輪観音像について」〈前註(128)〉、久野建『造像銘記集成』(東京堂出版、一九八五年)四〇五・四〇六頁と平田寛『九州美術史年表』の四度翻刻されている。八尋論文は墨書銘などの位置などが書かれ重要であるが、『小倉市誌』の翻刻と比較すると僧名が四一名に過ぎず、五四名の『小倉市誌』と大いに異なっている。また、もっとも新しい平田『九州美術史年表』も『小倉市誌』より沙弥が三名少ないなどの相違がある。それゆえ、現物の再調査の必要がある。

(139) 八尋「九州西大寺末寺の美術遺品」〈前註(1)〉、同「筑前飯盛神社神宮寺文殊堂文殊菩薩騎獅像および豊前大興善寺如意輪観音像について」〈前註(128)〉。

(140) 「鷲峰山縁起」(『北九州市指定有形文化財(建造物)大興善寺山門、舎利殿保存修理工事報告書』〈前註(129)〉五五・五六頁)。

(141) 中尾多聞『鷲峰山大興善寺の歴史』〈前註(129)〉四五頁。

(142) 松尾「西大寺光明真言過去帳の紹介と分析」〈前註(30)〉九〇頁。

(143) 『金沢文庫古文書』〈前註(74)〉一二一―一三一〇頁。

(144) 「西大寺代々長老名」〈前註(41)〉七三頁。

(145) 松尾「西大寺光明真言過去帳の紹介と分析」〈前註(30)〉九〇頁。

(146) 「招提千歳伝記」〈前註(26)〉一一八頁。

(147) 『金沢文庫古文書』〈前註(74)〉一二一―一三三二頁。

(148) 松尾「西大寺光明真言過去帳の紹介と分析」〈前註(30)〉九二頁。

(149) 「西大寺代々長老名」〈前註(41)〉七三頁。

(150) 「西大寺代々長老名」〈前註(41)〉七三頁。

(151) 松尾「西大寺光明真言過去帳の紹介と分析」〈前註(30)〉九二頁。

(152) 「西大寺代々長老名」〈前註(41)〉七三頁。

(153) 「西大寺代々長老名」〈前註(41)〉七三頁。

(154) 松尾「西大寺光明真言過去帳の紹介と分析」〈前註(30)〉九四頁。

(155) 松尾「西大寺光明真言過去帳の紹介と分析」〈前註(30)〉九五頁。
(156) 松尾「西大寺光明真言過去帳の紹介と分析」〈前註(30)〉九八頁。
(157) 松尾「西大寺光明真言過去帳の紹介と分析」〈前註(30)〉一〇一頁。
(158) 松尾「西大寺光明真言過去帳の紹介と分析」〈前註(30)〉一〇四頁。
(159) 松尾「西大寺光明真言過去帳の紹介と分析」〈前註(30)〉一〇八頁。
(160) 松尾「西大寺光明真言過去帳の紹介と分析」〈前註(30)〉一〇八頁。
(161) 『招提千歳伝記』〈前註(26)〉八七頁。
(162) 「西大寺代々長老名」〈前註(41)〉七四頁。
(163) 松尾『中世律宗と死の文化』〈前註(1)〉参照。
(164) 小川秀樹「豊前大興善寺の大形五輪塔」(『地域相研究』一八、一九八九年)。
(165) 『北九州市指定有形文化財(建造物)大興善寺山門、舎利殿保存修理工事報告書』〈前註(129)〉。
(166) 『宇佐宮大楽寺』(宗教法人大楽寺、一九八七年)。
(167) 『宇佐宮大楽寺』〈前註(166)〉一四五頁など参照。
(168) 『宇佐市史　中巻』(大分県宇佐市史刊行会、一九七七年)、『宇佐宮大楽寺』〈前註(166)〉。
(169) 松尾「西大寺末寺帳考」(拙著『勧進と破戒の中世史』)〈前註(2)〉一五五頁。
(170) 「西大寺末寺帳　その三」〈前註(6)〉一一九頁。
(171) 『宇佐宮大楽寺』〈前註(166)〉一三頁。
(172) 「宇佐大楽寺文書」『大分県史料(九)第二部』〈前註(111)〉二七七頁。
(173) 「西大寺代々長老名」〈前註(41)〉七三頁。
(174) 「西大寺代々長老名」〈前註(41)〉七三頁。

(175) 松尾「西大寺光明真言過去帳の紹介と分析」〈前註(30)〉九六頁。
(176)「常楽記」(『群書類従』二九)二二七頁。
(177)「西大寺代々長老名」〈前註(41)〉七三頁。
(178)『宇佐宮大楽寺』〈前註(166)〉四九・五〇頁。
(179) 松尾「西大寺光明真言過去帳の紹介と分析」〈前註(30)〉一〇二頁。
(180)「西大寺代々長老名」〈前註(41)〉七三頁。
(181)「西大寺代々長老名」〈前註(41)〉七三頁。
(182)『柳ヶ浦町史』(柳ヶ浦町史刊行会、一九七〇年)。
(183)『宇佐宮大楽寺』〈前註(166)〉。
(184)『宇佐宮大楽寺』〈前註(166)〉七九・八〇頁。
(185) 瀬野精一郎編『南北朝遺文 九州編第一巻』(東京堂出版、一九八〇年)一一頁。
(186) 瀬野精一郎編『南北朝遺文 九州編第一巻』〈前註(184)〉一四頁。
(187) 瀬野精一郎編『南北朝遺文 九州編第六巻』(東京堂出版、一九九〇年)二三一頁。
(188) 荒馬瀬から車瀬までを、『宇佐宮大楽寺』〈前註(166)〉七九・八〇頁では、現在の駅館川の小松橋から川部橋の間に比定している。河道は変動しており、現況を中世まで遡及するのは困難であるが、ひとまずの目安としたい。
(189)『柳ヶ浦町史』〈前註(181)〉一五一頁。
(190)「宇佐大楽寺文書」『大分県史料(九)第二部』〈前註(111)〉二七八頁。

第四章　肥前・肥後両国における展開

はじめに

ここでは現地調査を踏まえつつ、肥前国と肥後国における叡尊教団の展開を考察する。まず、肥前国からみていくことにする。

第一節　肥前国

第一項　東妙寺

叡尊教団の全国的展開を考察するうえで、明徳二（一三九一）年に書き改められたという「西大寺末寺帳」（以下、「明徳末寺帳」と略す）(1)は大いに役に立つ。「明徳末寺帳」については、別稿(2)で論じたが、肥前国分については、

史料（1）(3)

肥前国
田手 東妙寺　「一室」　法泉寺
彼杵《ソノキ》大村 宝生寺　第十五長老御時永和元六二五「東室二」

とある。すなわち、東妙寺、法泉寺、宝生寺の三箇寺が肥前国の西大寺の末寺であったことがわかる。

ところで、「明徳末寺帳」には、たんなる西大寺末寺が記載されているのではなく、西大寺から住職が直接任命される直末寺が記載されていた点も注意しなければならない[4]。ようするに、それらの三箇寺こそは奈良西大寺の直末寺、換言すれば直轄寺院であったのだ。

とりわけ、東妙寺は、肥前国西大寺直末寺の筆頭に書かれている。「明徳末寺帳」の記載の順序は寺格順であり[5]、東妙寺は肥前国で第一位の寺格を誇る西大寺末寺であったことになる。

また、一四五三年から一四五七年にかけて作成された「西大寺末寺帳」[6]にも、

史料(2)[7]

肥前国
田平 東妙寺　法泉寺
ソノキ 宝生寺彼杵大村

とあり、東妙寺、法泉寺、宝生寺の三寺が一五世紀後半において肥前国における西大寺の直末寺であったことがわ

かる。また、東妙寺が筆頭に書かれている。そこで、東妙寺からみよう。
史料（1）によれば、東妙寺には「一室」と注記があるのが注目される。

史料（3）[8]

一室分

大和州 海龍王寺　　同布施 三宝院

（中略）

肥前田手 **東妙寺**　　肥後 玉泉寺

（後略）

（太字引用者、以下、太字、傍線など引用者）

史料（3）は、毎年、奈良西大寺で開催されていた光明真言会にさいして西大寺のどこに宿泊するかを記した永享八（一四三六）年成立の「西大寺坊々寄宿末寺帳」[9]の「一室分」である。それによれば、東妙寺僧は肥後玉泉寺僧らとともに西大寺の一室に宿泊することになっていたことがわかる。それゆえ、史料（1）の注記の「一室」はそのことを指している。

関東祈禱寺としての東妙寺

さらに、東妙寺は、寛永一〇（一六三三）年の「西大寺末寺帳」に肥前国として唯一見え[10]、江戸時代を通じ、西大寺末寺である。

東妙寺は現在の佐賀県神崎郡吉野ヶ里町田手にあり、現在においても奈良西大寺末の真言律宗寺院である。それゆえ、比較的史料が多く残り、とりわけ絵図や五輪塔までもが残存し、西大寺末寺の肥前国における展開の様子を知ることができ、八尋和泉[11]、福島金治[12]ほかの優れた研究がある。それらの先学の研究により、東妙寺については多くのことが明らかにされている。

まず、注目すべきは、先学の指摘するごとく[13]、東妙寺とその末寺である尼寺妙法寺が鎌倉将軍の祈禱所たる関東祈禱寺であった点である。

史料(4)[14]

関東御祈禱所、肥前国東妙寺造営材木勝載船壱艘事

右、任今年五月廿日鎮西御過書、肥前国津々関泊、無煩可令勘過之状如件

延慶三年九月廿九日　　　沙弥(花押)

史料(4)によれば、関東御祈禱所である東妙寺の造営材木を積んだ船の通過を邪魔しないように肥前国の関・泊に命じている。関東祈禱寺の特権の一つとして、造営などでの便宜を鎌倉幕府から受けることがあるが[15]、この場合もそのケースといえる。すなわち、延慶三(一三一〇)年以前において、東妙寺は鎌倉将軍の祈禱を行なう関東祈禱所であったことがわかり、その寺格の高さが注目される。

史料（5）[16]

関東御祈禱所肥前国東妙寺造営材木勝載船一艘事

右、九州津々関泊、無煩可勘過之状如件

延慶三年五月廿日

前上総介《北条政顕》（花押影）

史料（5）は、史料（4）の「鎮西御過書」で、それにより東妙寺は延慶三年五月二〇日以前に関東御祈禱寺であったことがわかる。

ところで、将軍祈禱寺研究の到達点と評価できる湯之上隆の研究によれば、東妙寺は元応元（一三一九）・二（一三二〇）年頃に関東祈禱寺に認定されたとされる[17]。しかし、史料（5）から、東妙寺は延慶三（一三一〇）年五月二〇日以前に関東祈禱所であったことは明らかであり、その点は訂正したい。

叡尊教団の新義律宗は、関東祈禱寺のありようを考えるうえできわめて重要である。永仁六（一二九八）年四月に鎌倉極楽寺忍性の推薦によって西大寺以下の三四箇寺がいっせいに関東祈禱寺となるなど、関東祈禱寺の半数を律宗の寺院が占めた点[18]は、強調してもし過ぎることのないほど重要である。東妙寺も延慶三（一三一〇）年五月二〇日以前に関東祈禱寺であった。

史料（6）[19]

左弁官下大宰府

応禁断寺領内殺生以下狼藉、弘通□（律カ）法、管肥前国東妙・妙法両寺事、

右、得東妙寺住持沙門唯円去月日奏□□、当寺者、為無仏世界度衆生、去弘安年中草創地也、妙法寺者、建立以後、即令止住尼衆、歴四十余廻之星霜畢、彼是両寺、依有勅願、共□（奉カ）祈天長地久御願事、于今無退転、爰唯円、苟受先師上人之慈訓、廃薩埵之悲願、殊欲救□□（辺地カ）下賤之庶類、因茲、被催中禁之切、不顧小量之身、忽辞南都之住寺、遥凌西海波浪、卜止□□（住於カ）彼寺、憖致紹隆之新功、則彼庄内、為異国征伐、自古奉崇三所大神、所謂、奇稲田姫・高志・□（白カ）角明神是也、仍致毎日三時之法味、奉廻向彼神明、所祈請四海静謐、異賊退散也、且自建立□（之カ）始、寺院敷地以下之免田等、諸人寄進之刻、成日代・預所免状畢、祈願更雖無私、権勢之輩、無□□（漸之カ）族、或乱入寺内、致狼藉、或来近郭、事狩漁、住侶等毎見此事、莫不消魂、修行之障、何事如□（之カ）、且肥後国浄光寺者、沙門恵空私建立之寺院也、雖非勅願、已被下宣旨、被禁断殺生畢、望請天恩、因准先例、被下宣旨、寺辺寺領之内、被停止殺生以下狼藉、興隆寺門、鎮弘通律法、朝暮奉祈四海静謐、天下泰平者、権中納言藤原朝臣資高宣、奉　勅、依請者、府宣承知、依宣行之、

永仁六年（一二九八）七月十四日　　大史小槻宿禰（花押）

右中弁藤原朝臣（花押）

史料（6）は、永仁六（一二九八）年七月一四日付で太宰府に宛てて出された「官宣旨」である。それによれば、東妙寺の建立の事情がわかる。すなわち、史料（6）から（1）東妙寺は弘安年中（一二七八～八八）に勅願を受けて建立され、永仁五（一二九七）年四月一〇日奈良西大寺叡尊の弟子唯円が肥前神崎荘に下向し、住持となった寺院であること、（2）その背景には、蒙古退散の祈禱をさせることがあったこと、（3）永仁六（一二九八）年七

月一四日付で東妙寺・妙法尼寺の寺辺・寺領の殺生禁断が朝廷によって認められたこと、などがわかる。また、後述する肥後国での西大寺直末寺の筆頭寺院[20]である浄光寺が、恵空の私寺として出発したこともわかり興味深い。ようするに、東妙寺は弘安年中に開かれた寺院であった。東妙寺は僧寺で、妙法寺は尼寺であった。律寺は、僧寺と尼寺がペアで建立されることが多いが、とくに、妙法寺の方が東妙寺建立よりも前の建長・康元（一二四九〜五七）頃に建立されていたことも注目される。

東妙寺の開山唯円については、西大寺叡尊の弟子であった、とある。しかし、叡尊の直弟子名簿といえる「授菩薩戒弟子交名[21]」には、西林寺形同沙弥に「寛智唯円房[22]」がいるが、一五歳の半人前の形同沙弥であって、一人前の僧たる比丘ではない。ただ、「授菩薩戒弟子交名」が作成された弘安三（一二八〇）年においては、形同沙弥であったが、五、六年後には比丘となっていたのかもしれない。

また、唯円房は、叡尊教団の物故者名簿といえる「光明真言過去帳[23]」にも史料（7）のように見える。

史料（7）[24]

○尭仙房　泉涌寺長老　明忍房　称名寺
理証房　鎮西最福寺　行覚房　多田院
（中略）
慈念房　般若寺　**唯円房　東明寺**
（中略）
仙海房　長光寺　○禅戒房　招提寺長老

○当寺第五長老沙門賢善

すなわち、建武五（一三三八）年一一月一六日に亡くなった金沢称名寺明忍房と、暦応三（一三四〇）年一〇月二日に九〇歳で亡くなった西大寺第五代長老賢善との間に、「唯円房　東明寺」と挙がっている。東妙寺ではなく、東明寺と記されているが、音通が同じであることから、この唯円房は東妙寺開山の唯円であろう。「光明真言過去帳」は、死亡順に書かれていると考えられるので、唯円房は一三三八年一一月一六日から一三四〇年一〇月二日までの間に死去したことになる。

一方、後述する暦応二（一三三九）年六月一日の利生塔修造命令は、東妙寺第二代長老と考えられる良念上人に宛てられている。とすれば、唯円は、それ以前に亡くなっていたのであろう。すなわち、一三三八年一一月一六日から一三三九年六月一日までの間に死亡したのであろう。

史料（8）[27]

（肥陽古跡記）

〔同書〕に神崎郡田手ノ東妙寺者唯上人之開基而七堂伽藍之旧蹟也、此上人者佐々木四郎高綱ノ舎弟戒律無双之沙門也、尊氏将軍再興有て再霊場と成しを年古て一二ノ草堂のみ残れり（後略）

史料（8）によれば、唯円は佐々木高綱の弟であったという。だが、確かめようがない。ひとまず、佐々木高綱の弟とする説があるとしておく。

ところで、東妙寺は南北朝期においては、室町幕府の祈願寺といえる利生塔設置寺院としても繁栄していた。

史料（9）[28]

肥前国東妙寺塔婆事、為勅願之議、遂修造之功、殊可奉祈天下泰平者、

院宣如此、仍執達如件、

暦応二年六月一日　　　按察使維顕

良念上人御房

史料（9）は、暦応二（一三三九）年六月一日付「光厳上皇院宣」であるが、「東妙寺塔婆事」とあることから、暦応二年六月一日以前には利生塔が設置されていたことがわかる。

この点は従来さほど注目されていないが、薩摩泰平寺、日向宝満寺といった南九州の西大寺直末寺の各国筆頭寺院が利生塔設置寺院であったこと[29]を考えれば、非常に重要である。とすれば、史料が失われているが、豊前大興善寺など、ほかの九州の西大寺直末寺の各国筆頭寺院が利生塔寺院であった可能性を想定しておく必要があろう。

東妙寺の住持と役割について

東妙寺については、開山の唯円にのみ注目が集まり、彼以後については、まったく論じられていない。そこで、唯円以後についてもみておこう。

唯円以後に長老を継いだ人物として良念がいる。先述の史料（9）の「光厳上皇院宣」の宛名となった良念であ

る。それゆえ、良念は、暦応二（一三三九）年六月一日には東妙寺長老であったのは確実である。

次の史料（10）のように、「光明真言過去帳」によれば、

史料（10）[30]

○寂禅房　招提寺長老　　　念観房　神宮寺

（中略）

良念房　東妙寺　　　空教房　浄土寺

（中略）

本如房　称名寺　　　良仙房　丹波惣持寺

とあり、東妙寺良念房の名が暦応四（一三四一）年六月一五日に亡くなった唐招提寺長老寂禅房慶円[31]と、貞和二（一三四六）年一一月三〇日に亡くなった称名寺本如房湛叡[32]との間に書かれている。とすれば、良念房は一三四一年六月一五日から一三四六年一一月三〇日までの間に亡くなったのであろう。

また、同じく史料（11）のように、

史料（11）[33]

当寺第八長老沙門元燿

○空忍房　当寺住　　　**唯覚房　東妙寺**

（中略）

〇当寺第九長老沙門覚真

唯覚房が、文和四（一三五五）年一〇月一七日付で亡くなった西大寺第八代長老元燿[34]と延文五（一三六〇）年一〇月二五日付で亡くなった西大寺第九代長老覚真[35]との間に記載されている。唯覚房はその間に亡くなったのであろう。

史料（12）[36]

当寺第十三長老沙門信尊

（中略）

妙心房　東妙寺　　　　　　信道房　般若寺

（中略）

〇当寺第十四長老沙門尭基

また、史料（12）のように、妙心房が、貞治五（一三六六）年九月二〇日付で亡くなった西大寺第一三代長老信尊[37]と、応安三（一三七〇）年四月四日付で亡くなった西大寺第一四代長老尭基[38]との間に記載されている。妙心房はその間に亡くなったのであろう。

史料（13）[39]

当寺第十四長老沙門尭基

（中略）

順照房　能福寺　　　　　**如本房　東妙寺**

（中略）

〇当寺第十五長老沙門興泉

また、史料（13）のように、如本房が、応安三（一三七〇）年四月四日付で亡くなった西大寺第一四代長老尭基[40]と、康暦元（一三七九）年六月晦日付で亡くなった西大寺第一五代長老興泉[41]との間に記載されている。如本房はその間に亡くなったのであろう。

史料（14）[42]

当寺第十六長老沙門禅誉

（中略）

賢戒房　東妙寺　　　　寥日房　西方寺

（中略）

当寺第十七長老沙門慈朝

また、史料（14）のように、賢戒房が、嘉慶二（一三八八）年五月五日付で亡くなった西大寺第一六代長老禅誉[43]と、明徳二（一三九一）年四月九日付で亡くなった西大寺第一七代長老慈朝[44]との間に記載されている。賢戒房はその間に亡くなったのであろう。

史料（15[45]）

当寺第廿四長老沙門元空

（中略）

尊一房　宝勝寺　　如日房　東妙寺

（中略）

実珠房　東妙寺　　円修房　長州国分寺

（中略）

○当寺第廿五長老沙門栄秀

また、史料（15）のように、如日房と実珠房が、応永三〇（一四二三）年七月二五日付で亡くなった西大寺第二四代長老元空[46]と、永享二（一四三〇）年八月二日付で亡くなった西大寺第二五代長老栄秀[47]との間に記載されている。如日房と実珠房はその間に亡くなったのであろう。

史料（16[48]）

当寺第二十七長老沙門良誓

（中略）

良心房　妙台寺　　　　　　　**栄春房　東妙寺**

（中略）

○恵明房　招提寺長老　　　　祐覚房　般若寺

さらに、史料（16）のように、栄春房が宝徳二（一四五〇）正月二日付で亡くなった西大寺第二七代長老良誓[49]と、享徳三（一四五四）年一二月一〇日付で亡くなった唐招提寺長老恵明房[50]との間に記載されている。栄春房はその間に亡くなったのであろう。

以上、「光明真言過去帳」の分析から、良念房、唯覚房、妙心房、如本房、賢戒房、如日房、宝珠房、栄春房といった唯円以後の住職級の僧の存在が明らかとなった。

さて、東妙寺は、太宰府から肥前国府へ向かう長崎街道沿いという交通の要衝に位置し、蒙古襲来にさいしての恩賞地となった神崎庄の鎮守的な寺院である。この東妙寺には、「東妙寺并妙法寺境内絵図」と呼ばれる中世の絵図が遺っていて、中世の東妙寺・妙法寺とその周辺の様子を視覚的に窺うことができる[51]。その大きさは、縦八九・五センチ、横一三九センチである。墨を基調に朱・白・緑・青で淡く彩色されている。ただし、それには、年付などがないために、制作時期や作成目的をただちには明確にできない。

本絵図に関する最新の研究といえる福島の研究によれば、絵図には朱線が引かれ、「此朱者常楽寺堺」とあることなどから、「絵図は結界を意識してはいても、結界絵図の性格は希薄で、絵図の中心は、東妙寺が常楽寺との境界を明確にし、寺域を具体的に描こうとした絵図」[52]と考えられている。とすれば、その作成の一大契機となったのは、史料(6)のように、殺生禁断の申請のために寺辺寺領を明確にする必要があり、そのために絵図が作成されたのかもしれない。絵図によれば、田手川をはさんで東側に東妙寺が、西側に妙法寺が区分して描かれている。

東妙寺の果たした役割については、蒙古退散祈禱に典型的に示されるように、祈禱が注目されてきた。たしかに鎌倉時代には関東祈禱寺であり、室町時代には利生塔設置寺院であった。さらに、ほかの律寺の役割を考え合わせるならば、女人救済活動、勧進活動や葬送活動などをも行なっていたはずである。そこで、次にその点を考察しよう。

近年、叡尊教団による女人救済活動は大いに注目されている。とりわけ、大和法華寺を中心に、そこで修行した尼たちによる諸尼寺の創建などに光が当てられてきた[53]。しかし、紀伊国の妙楽尼寺のように、在地の女性らを中核とする尼寺の創建もあり[54]、東妙寺の西側に位置する妙法寺や後述の肥後洪福尼寺もそのケースかもしれない。だが、史料的な制約により、推測にとどまる。妙法尼寺は、先の史料によれば東妙寺創建よりも前から存在した。しかしながら、関東祈禱寺の一つとなるほどの発展は、唯円による東妙寺の創建以後のことであろう。

史料(17)[55]

ひくにちしゆんハうのところのてんちの事

(中略)

右、くたんのてんちハ、めうほうしのひくにちしゆん、ほんしゆのてよりかひとり、めうほうしにきしんしまつるところ也、しかりといへとも、ちしゆんハう一この□いたハ、とくふんをハときれうにせらるへし、ほん□□のちをうけいたさんときわ、かのちきもつをもて□□ちをかいて、とくふんにおきてハ、もとのことくなるへし、一このゝちハ、しんミらいさい、かのき日ことに、めうほう□□のむねをそんちせらるへし、いさゝかもさをいあるへか□す、こうせうのために、しやうくたんのことし

けんこう三ねん九月廿九日　ゆいゑん

史料(17)は、元弘三(一三三三)年九月二九日付「唯円置文写」という文書である。それによれば、妙法寺比丘尼「ちしゆん」による土地の寄進が妙法寺になされた。それは、「ちしゆん」が一期の間(生きている間)は、その土地からあがる得分を斎料に宛て、死後は忌日の法要を永遠に行なうことなどを条件とするものであった。そうした条件付きの寄進に関して、東妙寺の唯円が、寄進内容と条件の保障を行なっている。このことからも、妙法尼寺は、東妙寺の管理下にあったのであろう。

ところで、妙法寺の門前在家の部分(図内の○で囲んだ部分)には、洗濯物が干されているのが注目されている(図1)[56]。法衣(?)の可能性もある。ただ、在家の大きさと比較すると異常に大きい。おそらくシンボリックな描写で、洗濯物を干す場を表現しているのかもしれない。福島は、近くの「衣村」の染色職人が製品を干しているのではとする[57]。そのシンボリックな描き方からすれば、法衣を洗濯した物にせよ、製品を干したものにせよ、そこが物を干す場であったことを象徴的に示しているのであろう。

まず注目すべきは、場所が尼寺の前であり、寺院の門前は、その寺院の強力な支配下にあった。それゆえ、そこに描かれた物も妙法寺と密接な関係があったはずである。尼寺が僧寺の僧の衣類の洗濯などを担当していた可能性

もあり、そうしたこととも関係があるのかもしれない。
次に勧進活動については、次の史料が注目される。

史料(18)[58]

肥前国櫛田宮造営事、可被致其沙汰者、
天気如此、仍執達如件、
三月廿一日　　左衛門権佐（花押）
唯円上人御房

史料(19)[59]

櫛田神輿事、且御造替之由承候、目出候、いかにも早々悉御造進候
者、尚々可目出候、恐々敬白
卯月七日　　道鎮（渋川満頼）（花押）
東妙寺
御返事

図1　妙法寺門前在家の洗濯物
（東妙寺蔵「東妙寺幷妙法寺境内絵図」部分）〈丸印は松尾〉

史料(18)によれば、後醍醐天皇の綸旨が唯円に出され、肥前国の櫛田宮の造営が命じられている。実際、史料(19)から、櫛田宮の神輿を

造替しようとしていたことがわかる。それゆえ、櫛田宮の造営などの勧進活動に従事していたことは明らかであろう。

葬送活動については、石塔院の石造五輪塔が注目される。石塔院は、東妙寺の墓所といえるが、唯円の墓塔という塔高二一五・二センチの巨大五輪塔が残っている。

叡尊教団は、弥勒信仰を有し、弥勒三会に参会することを望み、全国的に安山岩、花崗岩といった堅い石造の巨大五輪塔を建立した。その五輪塔には水輪の形に注目すると口絵2、3、4のような三系統に区分される[60]。すなわち、まず、叡尊五輪塔を基準とする近似物（口絵2）がある。叡尊五輪塔（奈良市）、西琳寺中央五輪塔（大阪府）、定証五輪塔（尾道市浄土寺）、石塔院五輪塔（佐賀県、図2）などである。

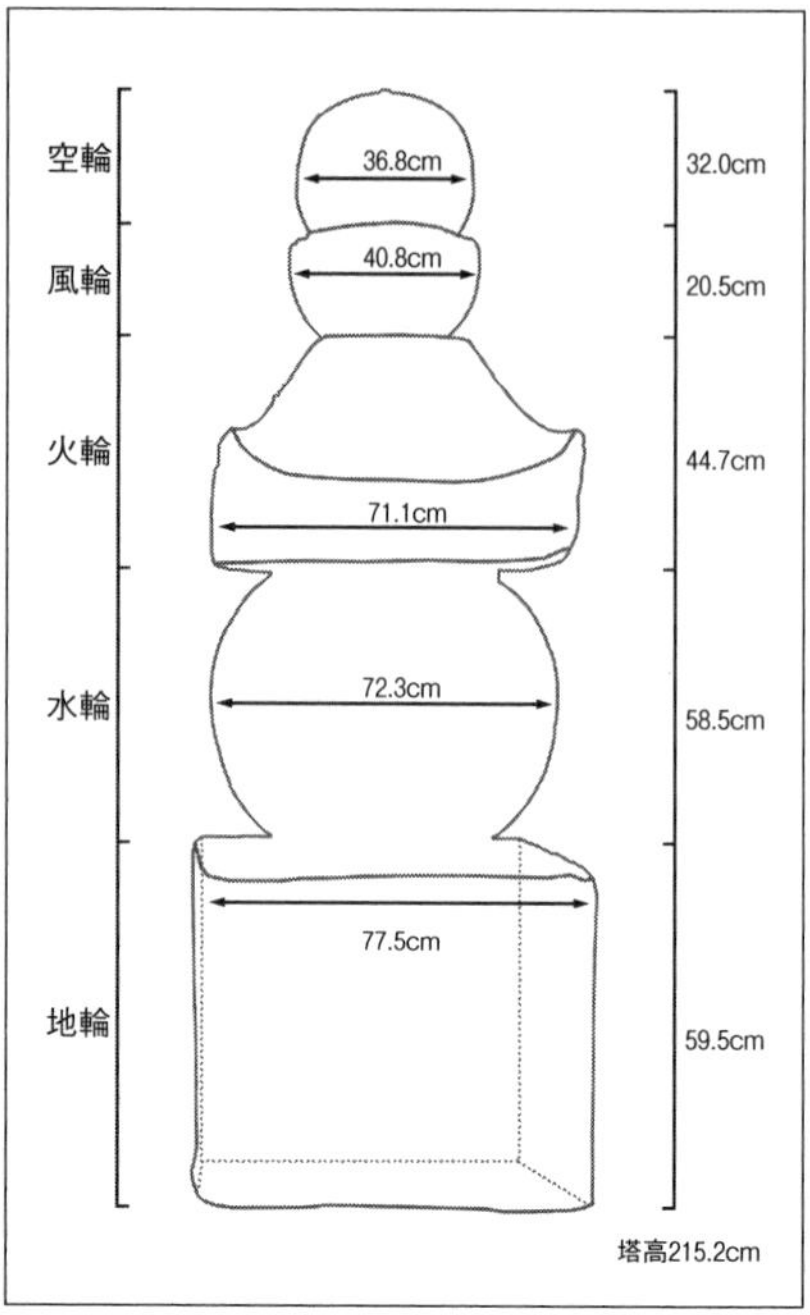

図2　佐賀石塔院五輪塔計測図

いま一つは、木津惣墓五輪塔（口絵3）を基準とする近似物である。木津惣墓五輪塔（京都府）、西国寺五輪塔（尾道市）、極楽寺忍性五輪塔（鎌倉市）、伊勢弘正寺楠部五輪塔（伊勢市）、東山太子堂五輪塔（上下逆、京都市）、浄光寺石（上下逆、玉名市）などである。

三つ目は、京都蓮台寺五輪塔を基準とする近似物（口絵4）である。蓮台寺五輪塔（京都市）、安楽寿院五輪塔（京都府）、大乗院五輪塔（京都府）、泉橋寺五輪塔（京都府）、石手寺五輪塔（松山市）などがある。

いずれの系統にも、中世律宗の最大拠点であった西大寺とその末寺が立てた五輪塔が入っており、当時、西大寺末寺であったか否かがわからない寺のものも、ひとまず西大寺系の石工が立てたのではないかと推測できる。ここで問題としている東妙寺石塔院の五輪塔も叡尊五輪塔を基準とする近似物の一つである。

以上、東妙寺についてみたが、次に宝生寺と法泉寺についてみよう。

第二項　宝生寺と法泉寺

先述の史料（1）によれば、その注記から、宝生寺は肥前国の大村に所在する寺院で、西大寺第一五代長老興泉[61]の時代の永和元（一三七五）年六月二五日に西大寺直末寺となったことが記されている。すなわち、一四世紀にはその存在が知られ、西大寺から住持が直接に任命される直末寺であった。

また、先述のように「明徳末寺帳」の記載の順序は、直末寺の寺格を表しており[62]、宝生寺は肥前国における第三番目にランクされる寺院であったと考えられる。

史料（20）[63]

東室二分

（中略）

美濃大井長康寺　　肥前国ソノキ郡宝生寺

また、史料（20）のように、永享八（一四三六）年付で記された、西大寺光明真言会の時どの坊へ寄宿するかを記した「坊々寄宿末寺帳」にも、「東室二分」に宿泊する寺院として、記されている。それゆえ、一五世紀においても西大寺の末寺であった。すなわち、肥前国からも奈良西大寺へ毎年光明真言会に参加していたのである。

さらに、一四五三年から一四五七年までの間に作成された西大寺末寺帳にも、「宝生寺彼杵《ソノキ》大村」と記載されており(64)〈史料(2)〉、一五世紀後半においても西大寺末寺であったことがわかる。

ところが、寛永一〇(一六三三)年三月七日付の末寺帳には、肥前国分としては田手東妙寺のみが見えて、宝生寺は記載されていない(65)。それゆえ、寛永一〇年以前には、西大寺末寺から離脱していたのであろう。

この宝生寺については、大村市富松社神主の久田松和則の優れた研究がある(66)。久田松は、宝生寺関係の史料を博捜しており、久田松の研究は現在における宝生寺研究の達成と評価できる。

久田松の研究によりつつ宝生寺の歴史をまとめておこう。宝生寺は、大村氏の居城であった三城城の麓で、本堂川をはさんで、大村氏の屋敷の東側に位置していた(現、大村市三城町)。また、宝生寺は、宝(法)性寺、宝正寺とも史料に見える。宝生寺は、大村氏の菩提寺で、大村純忠の遺骸は宝生寺に葬られ、のち、草場寺へ改葬されたという。一四世紀以来存続したが、大村純忠がキリシタンへの改宗により、バテレンの屋敷となったという。また、伊勢参詣者のための為替本となっていたという。

とりわけ、宝生寺が、中世末期に仏寺から南蛮寺(キリシタン寺院)へ変化していた点は大いに注目される。すなわち、この宝生寺の事例は、中世西大寺の有力な地方末寺が末寺を離脱する過程が明確になる、注目すべき事例といえる。それゆえ、久田松の研究に学びつつ宝生寺について論じておこう。

江戸時代の優れた地誌である『大村郷村記一』には次のようにある。

史料（21）[67]

一、宝性寺蹟

池田の里富松社の前田の中にあり、今此旧蹟に塚あり、塚上に野石の塔及五輪の塔等鋪角石数基、且井戸の形あり、此宝性寺は大寺にして丹後守純忠の菩提所なり、慶長四年の高帳に寺領弐百五拾弐石五斗弐升とあり 慶長四巳亥純忠の遺骸を当寺より城下草場に改葬、今袋町の裏手に掘あり、是其廟跡なりと云ふ 同七壬寅年丹後守喜前有故、草場及当時且今の本経寺の地にある所の耶蘇の大寺と同時に焼之、其後廃絶事詳寺院之部宝円寺縁起中

すなわち、宝生寺跡は池田の富松社の前田の中に遺跡があるとする。「大村館小路之図[68]」によれば、宝生寺は、大村氏の居城であった三城城の麓で、富松社の北側の、本堂川をはさんで、大村氏の屋敷の東側に位置していた。現在は廃寺で、跡地に碑が立つに過ぎない。

また、宝生寺は大村純忠の墓所であり、慶長四（一五九九）年には遺骸が草場寺に移されたという。慶長七（一六〇二）年には、草場寺、本経寺などのキリシタン寺院が焼かれたという。

ここで、注目されるのは宝生寺が大村純忠の墓所であった点である。大村純忠はキリシタン大名として知られる。純忠は永禄六（一五六三）年にキリスト教に改宗し、キリシタン大名となった。キリシタン大名大村純忠の時代の天正二（一五七四）年には、キリシタンが蜂起して、大村領内の三〇寺あまりを破却するという大事件が起こったほどである。ところが、宝生寺は破却を免れたが、結局、南蛮寺として生き残ることとなった。しかし、江戸時代となり、キリシタン禁制が始まると、慶長七年には、南蛮寺として破却されるにいたった。

このように、宝生寺は大村氏の菩提寺として繁栄を遂げていた。だが、大村純忠のキリシタン改宗を契機として、

南蛮寺となり、その後、江戸幕府のキリシタン禁止政策下に、廃寺となったのである。

ところで、注目すべきことに、先に触れたように、宝生寺は伊勢参詣の為替本を担当している。宮後三頭大夫という伊勢神宮の御師がいて、大村などの地区を縄張りとしていた。この宮後三頭大夫が作成した『肥前国藤津郡彼杵郡高来郡御旦那証文』には、大村の宝生寺と円満寺が替本になって発行した為替切手と、参宮者がその為替切手を伊勢で換金したさいに記した請文一札（領収書）が張り込まれている。

また、宮後三頭大夫は、その為替の換金支払を記した金銭帳簿に当たる『国々御道者日記――つしのかはし日記』も作成している。それらにより、宝生寺が伊勢参詣者のために、替本（立て替え）を行なっていたことがわかる。(69) 西大寺叡尊は強烈な伊勢信仰を有し、伊勢神宮の勧進・葬送などを担うべく伊勢弘正律寺を建立した。(70) それゆえ、西大寺末寺では、伊勢参詣が大いに勧められたと考えられるが、伊勢参詣者の替本を担当するなどもしていたのである。この点は、他国の諸末寺においても想定される事例であり、興味深い。

ところで「明徳末寺帳」には、東妙寺、宝生寺のほかに「法泉寺」が見える。「明徳末寺帳」の記載順では、肥前国で第二位の寺格であった。だが、法泉寺についてはほとんど手がかりがない。ただ、『和漢三才図絵』下には、須古庄（佐賀県杵島郡白石町）に「法泉寺」が挙がっているが、禅宗寺院である。(71) それが律寺法泉寺の系譜を引く寺院なのかはっきりしない。後考を期したい。

以上、肥前国の西大寺直末寺たる東妙寺と宝生寺に注目して律宗の肥前国における展開を論じた。とりわけ、東妙寺は西大寺直末寺の中でも肥前国第一位の寺格を誇る寺院であったが、鎌倉時代にはその末寺である妙法尼寺とともに関東祈禱寺であった点など大いに注目される。

第二節　肥後国

肥後国の叡尊教団の寺院については、八尋和泉(72)、工藤敬一(73)、小川弘和(74)などの研究がある。ことに、八尋の研究は、叡尊教団の仏像、石造遺物に関して大いに示唆にとむ。工藤の研究は在地領主との関係にも光が当てられている。それらの研究に学びつつも、従来は正しく使われてこなかった「光明真言過去帳(75)」などを使って、見直してみよう。とりわけ、先行研究では菊池大琳寺が、律寺としてはまったく無視されてきた点は大いに強調しておこう。

史料（22）(76)

肥後国

筑地 浄光寺　　長原宿坊四室 天福寺

菊池 大琳寺　　春日寺

八代 正法寺　　八代 玉泉寺

山鹿 金剛光明寺　　河尻 観音寺

霊山寺　此寺為直末寺事古帳無之、然而住持職事望申間加入之了、宿坊為西室之由同被申了　永享八年卯月十六日

史料（22）は、先述した「明徳末寺帳」の「肥後国」分で、筑地浄光寺を筆頭に九箇寺が挙がっている。先述のように、「明徳末寺帳」は寺格順に記載されており、浄光寺は「明徳末寺帳」の筆頭に書かれていることから、肥

後国の叡尊教団の第一位の寺格の寺院であったと考えられる。

史料（23）(77)

肥後国

浄光寺　　天福寺

大琳寺菊地　　春日寺

金剛光明寺山鹿　　河尻観音寺

霊山寺　　八代玉泉寺

また、史料（23）のように一四五三年から一四五七年までの間に作成された(78)西大寺末寺帳では、八代正法寺が消え、玉泉寺が最後に記載されるなど、相違があるが、浄光寺は筆頭に記載されている。そこで、浄光寺からみよう。

浄光寺

浄光寺は、現在の熊本県玉名市筑地に所在したが(79)、火災などにより文献史料は散逸して地元には残されてはいない。だが、菊池川の河口の高瀬津に近接している。史料はないが、当時の叡尊教団の寺院が河海の管理、とりわけ港湾の管理をしていた(80)ことから、浄光寺も高瀬津を管理していたと推測する説(81)もあるが、それは大いに支持できる。

ところで、浄光寺の史料上の初見は、先述した永仁六（一二九八）年七月一四日付で太宰府に宛てて出された「官宣旨」〈史料（6）〉である。それによれば、「且肥後国浄光寺者、沙門恵空私建立之寺院也、雖非勅願、已被下宣旨、被禁断殺生畢」とあって、浄光寺の成立の事情がわかる。すなわち、浄光寺は勅願寺ではなく、恵空なる僧侶が私に建立した私寺であったにもかかわらず、先述の東妙寺や妙法寺よりも先に公家政権から境内・寺辺の殺生禁断を認められていた。それゆえ、浄光寺こそ肥後国に最初にできた西大寺直末寺であったのだろう。

浄光寺を開いた恵空がいかなる僧であるかはっきりしないが、奈良西大寺と関係があったのは確かであろう。

史料（24）[82]

勝順房　招提寺長老

（中略）

順西房　浄光寺

（中略）

○勤《（勒カ）》聖房　招提寺長老

史料（24）は、先述した叡尊教団の物故者名簿といえる「光明真言過去帳」の一部である。「光明真言過去帳」には、西大寺僧を別にすれば末寺の住職級が記されたと考えられる。順西房は、嘉元二（一三〇四）年二月一日付で亡くなった唐招提寺二三代長老勝順房真性[83]と嘉元四（一三〇六）年二月一五日付で亡くなった唐招提寺二五代長老勤聖（性）房[84]との間に記載されており、その間に亡くなったのであろう。

この順西房と先述の恵空との関係ははっきりしない。ただ、「光明真言過去帳」に浄光寺僧として最初に出てくる順西房が恵空の房名の可能性もある。というのも、順西房は、一三〇四年二月から一三〇六年二月の間に亡くなっているが、先述の史料（6）によれば、恵空は永仁六（一二九八）年七月以前に、浄光寺を建立し、殺生禁断を朝廷に認めさせている。なお、工藤は「浄光寺の建立は弘安年中以前の文永（一二七四）・弘安（一二八一）の蒙古襲来のころである可能性が強い[85]」とする。恵空は永仁六年七月頃に生存していたとすれば、一三〇四年二月から一三〇六年二月の間に亡くなった可能性も残る。すなわち、順西房は恵空その人なのかもしれない。

史料（25[86]）

〇善願房　極楽寺長老

（中略）

禅密房　西琳寺　　　**円法房**　**浄光寺**

（中略）

浄勇房　常光寺　　　〇了心房　戒壇院長老

史料（25）のように、「光明真言過去帳」には、嘉暦元（一三二六）年八月一〇日に亡くなった極楽寺長老善願房[87]と、元徳元（一三二九）年一〇月三日付で亡くなった戒壇院長老了心房本無[88]との間に、浄光寺僧円法房が見える。円法房は、その間に亡くなったのであろう。

史料（26[89]）

当寺第七長老沙門信昭

（中略）

日意房　**浄光寺**　　入真房　不退寺

（中略）

○当寺第八長老沙門元燿

また、文和元（一三五二）年三月二日付で亡くなった西大寺第七代長老信昭[90]と、文和四（一三五五）年一〇月一七日付で亡くなった西大寺第八代長老元燿[91]との間に、浄光寺僧日意房が記載されている。日意房は、その間に亡くなったのであろう。

史料（27）[92]

当寺第十一長老沙門覚乗

行証房　**浄光寺**　　信覚房　報恩寺

○乗信房　招提寺長老　　浄宣房　常住寺

文教房　常福寺　　現覚房　放生院

浄泉房　**浄光寺**　　法一房●薬師院

○当寺第十二長老沙門貞祐

また、史料（27）のように、貞治二（一三六三）年正月二六日付で亡くなった西大寺第一一代長老覚乗[93]と、貞治四（一三六五）年九月二日付で亡くなった西大寺第一二代長老貞祐[94]との間に、浄光寺僧の行証房と浄泉房が記されている。行証房と浄泉房は、その間に亡くなったのであろう。

史料（28）[95]

当寺第十七長老沙門慈朝

（中略）

禅空房　当寺住　　　　　　**円忍房　浄光寺**

（中略）

○当寺第十八長老沙門深泉

また、史料（28）のように、明徳二（一三九一）年四月九日付で亡くなった西大寺第一七代長老慈朝[96]と、応永二（一三九五）年九月二五日付で亡くなった西大寺第一八代長老深泉[97]との間に、浄光寺僧の円忍房が記されている。円忍房は、その間に亡くなったのであろう。また、正実房宛の浄光寺浄誉書状[98]により、浄誉なる僧侶の存在もわかっている。

以上、順西房（恵空カ）、円法房、日意房、行証房、浄泉房、円忍房といった一四世紀の浄光寺住持の存在がわかった。

また、浄光寺に関しては、史料（29）のように、かつて浄光寺にあった梵鐘の銘文が伝わっている。

史料（29）[99]

奉造鋳

　肥後国浄光寺洪鐘事

右志者、為四恩法界也、

　延慶三年（一三一〇）庚戌十一月二日治成之、

銭十万文大施主永蔵氏女草壁為末

　　大工平吉近

（後略）

それにより、その梵鐘は延慶三（一三一〇）年に永蔵氏女、草壁為末らを施主として作成されたことがわかる。先述の史料（6）により永仁六（一二九八）年七月以前において、公家政権から境内・寺辺の殺生禁断を認められていた寺であったが、梵鐘はなく、延慶三（一三一〇）年になって完成したのであろう。

浄光寺には、図（図3〜6）のような二基の安山岩製の巨大五輪塔がある。[100]元の位置から移動しているので、地輪の下に所在したはずの骨蔵器がないため、だれの墓所か不明である。工藤は、伝承に従って、法然の師で、玉名出身の皇円を偲ぶための供養塔かとする。[101]しかし、いずれも西大寺様式で、とりわけ、水輪が木津惣墓系と一致する。[102]それゆえ、開山恵空と第二代長老の墓所と推測しておこう。いずれにせよ、律寺浄光寺の住職らの墓所であったと考える。

さらに、浄光寺の東南部には尼寺妙性寺という地名が残っているように、[103]浄光寺にもペアの尼寺が付属していた

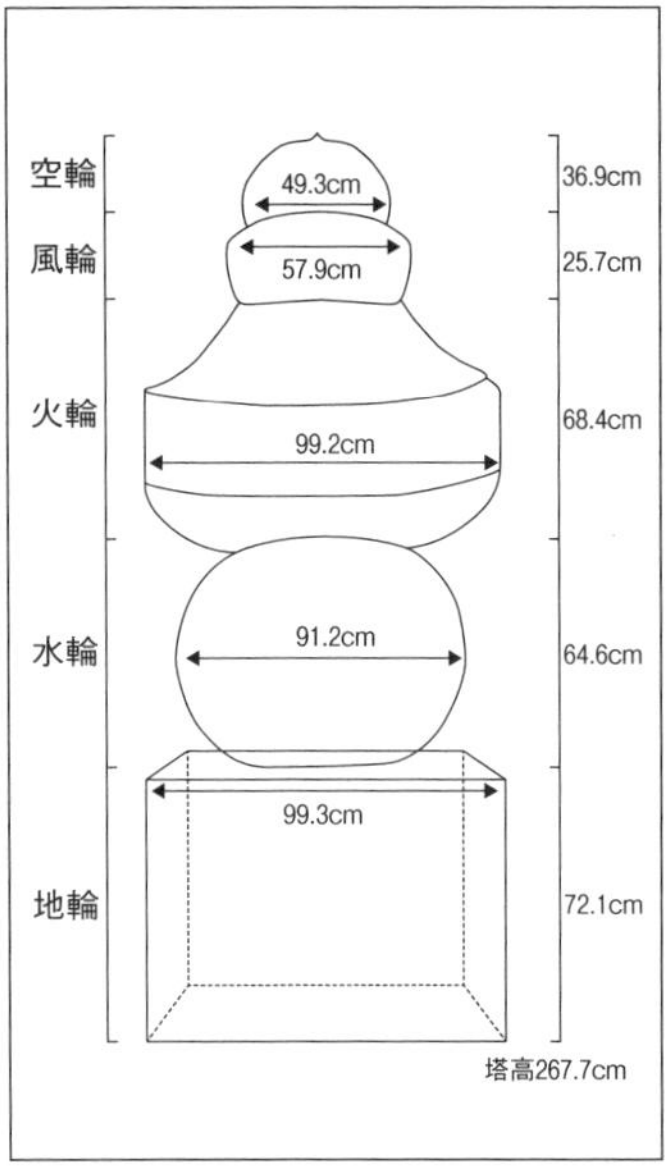

図４　浄光寺五輪塔左側計測図

図３　浄光寺五輪塔左側

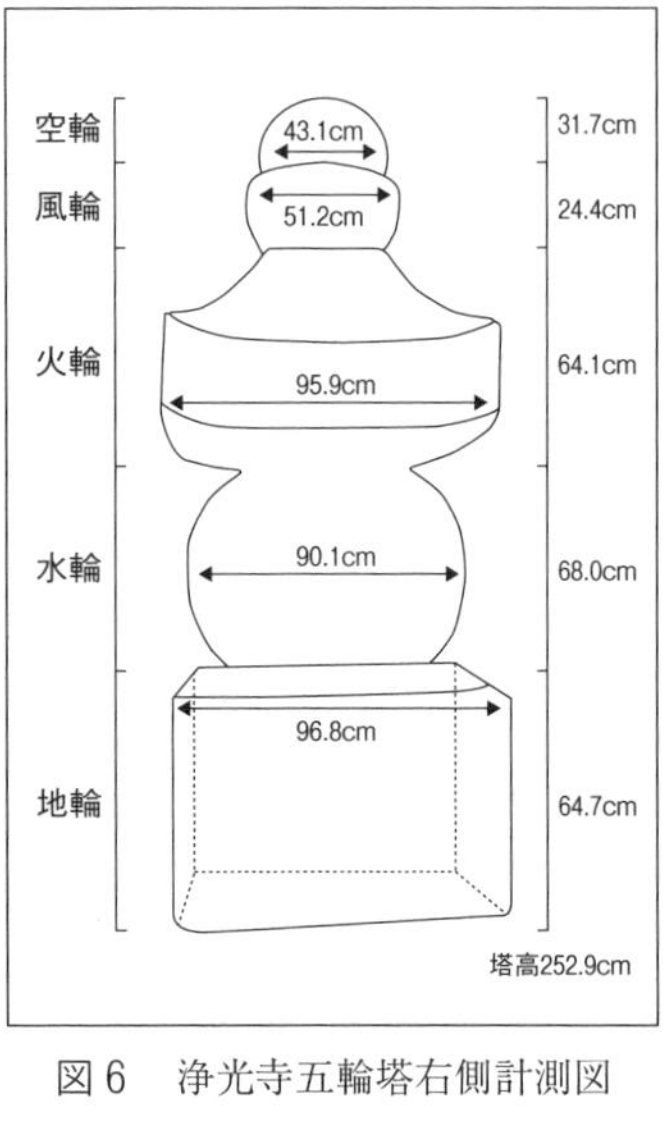

図６　浄光寺五輪塔右側計測図

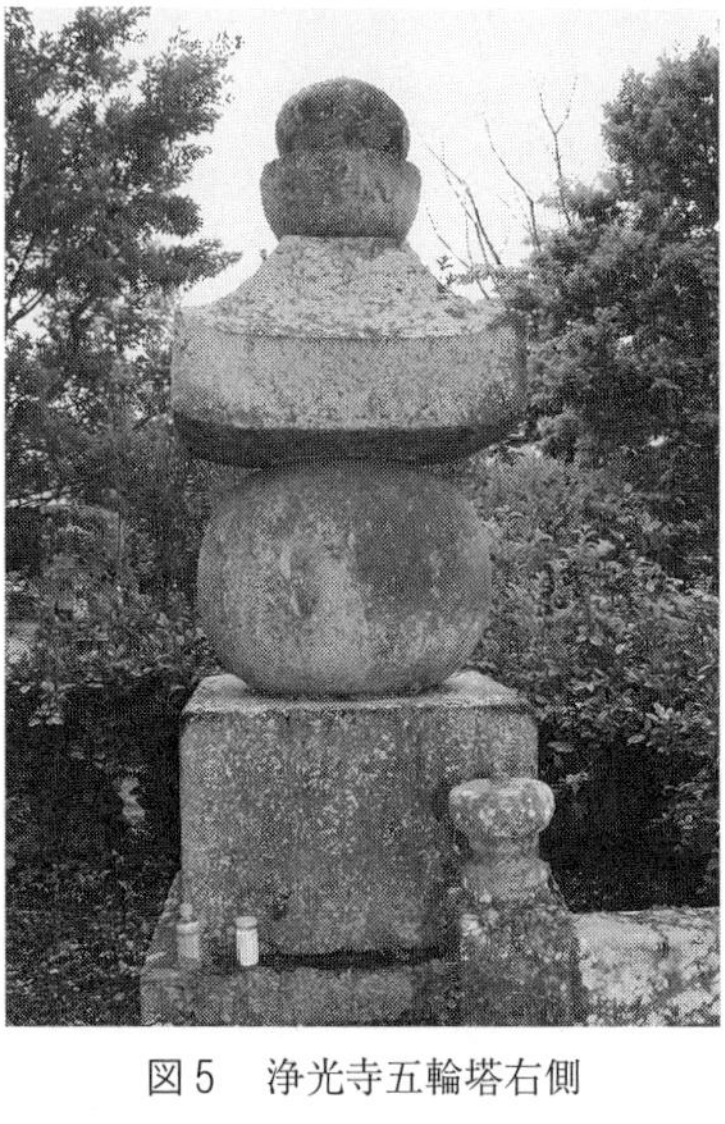

図５　浄光寺五輪塔右側

点にも注意を喚起しておきたい。
次に、天福寺についてみよう。

天福寺

天福寺は、先述の史料（22）の「西大寺末寺帳」に第二番目に記載されているので、肥後国西大寺直末寺の第二位の寺格を誇っていたと考えられる。その注記には、「長原宿坊四室」とあり、長原に所在したことがわかっているが、場所ははっきりしない。ただ、『肥後国誌』には、飽田郡（熊本市）に天福寺が所在したという記述がある。[104]それと本寺が同一か現在のところ確かめられない。ただ、工藤は、長原は長浦の間違いとして、長浦氏の拠点であった現在の熊本市清水町打越の地に比定している。

また、注記の「宿坊四室」から、先述した光明真言会にさいして、西大寺の四室に宿泊することになっていたのであろう。しかし、永享八（一四三六）年の「西大寺坊々寄宿末寺帳」の「四室分」には見えない。[105]また、寛永一〇（一六三三）年の「西大寺末寺帳」には他の肥後国の寺院と同様、記載がない。[106]ただ、天福寺の歴史を考えるうえで、大いに示唆にとむ史料がある。

史料（30）[107]

自西大寺、去八日令上洛候、今ハ暫可令住京候也、
温泉へ御下向之由承候、已御帰依候覧、病気何事候哉、不審候、抑天福寺令焼失之由、其説候、触御耳候哉、
実事候者、返々無勿体候、自鎮西上洛之僧共令披露候、事々期面謁候也、謹言

三月廿三日
（草名）
正実御房

史料（30）は、西山善峰寺仁王像の胎内文書の一つで、受け取り人の正実房は、西大寺直末寺であった京都長福寺の僧である。[108]注目すべきことには、傍線部から肥後天福寺の焼失を伝えている。

正実房は、次の史料（31）のように、「光明真言過去帳」では応永二六（一四一九）年一〇月五日に七三歳で亡くなった西大寺第二三代長老沙門英源と、[109]応永三〇（一四二三）年七月二五日に死去した西大寺第二四代長老沙門元空[110]の間に記載されている。正実房は、その間に亡くなったのであろう。

史料（31）[111]

当寺第廿三長老沙門英源

識泉房　白毫寺　　浄円房　薬師院

慈一房　同寺　　**正実房　長福寺**

（中略）

○当寺第廿四長老沙門元空

とすれば、先の史料（30）は、それ以前の書状となる。注目されるのは、先述のように、史料（30）から天福寺が焼失したことがわかる点である。それゆえ、一五世紀初頭には焼失していたことになる。先の永享八（一四三六）年の「西大寺坊々寄宿末寺帳」の「四室分」に見えないのも、その頃には経済的理由で光明真言会に参加できなくなったからであろう。

史料（32）[112]

当寺第十四長老沙門尭基

○覚日房　金剛寺　　俊一房　桂宮院

智円房　喜光寺　　禅真房　宝満寺

（中略）

慈空房　玉泉寺　　**宝密房　天福寺**

（中略）

○当寺第十五長老沙門興泉

史料（33）[113]

当寺第十八長老沙門深泉

（中略）

禅覚房　月輪寺　　**良一房　天福寺**

（中略）

○当寺第十九長老沙門良耀

史料(34)[114]

当寺第廿四長老沙門元空

(中略)

慈一房　天福寺　　　　　　尊日房　宝勝寺

(中略)

○当寺第廿五長老沙門栄秀

天福寺の僧侶に関しては、史料(32)、史料(33)、史料(34)のように、「光明真言過去帳」には、天福寺僧として宝密房、良一房、慈一房の三人が挙がっている。

宝密房は、応安三(一三七〇)年八月一五日に亡くなった桂宮院長老俊一房[115]と、康暦元(一三七九)年六月晦日八六歳で亡くなった西大寺第一五代長老沙門興泉[116]の間に記載されている。その間に亡くなったのであろう。

良一房は、応永二(一三九五)年九月二五日に寂した西大寺第一八代長老沙門深泉[117]と応永一一(一四〇四)年二月二五日に亡くなった西大寺第一九代長老沙門良耀[118]との間に記されている。その間に亡くなったのであろう。

慈一房は応永三〇(一四二三)年七月二五日に死去した西大寺第二四代長老沙門元空[119]と永享二(一四三〇)年八月二日に七七歳で亡くなった第二五代長老沙門栄秀[120]との間に記されている。その間に亡くなったのであろう。

とりわけ、慈一房が最後であり、天福寺は史料(23)でみた一五世紀半ばの末寺帳に載るとはいえ、たとえ再建されていても、衰退して西大寺光明真言会に参加できなくなっていたと推測される。また、西大寺末寺帳の寺格の順位に関して、豊前の宝光明寺の例(四一〇頁)と同様、前の末寺帳の寺格を踏襲しただけの記載がある点も注意すべきであろう。

大琳寺

大琳寺は、先述の史料(22)の「西大寺末寺帳」の第三番目に記載されているので、肥後国の第三位の寺格を誇っていたと考えられるが、寛永一〇(一六三三)年の末寺帳には見えない[121]。江戸時代には末寺ではなくなっていたのであろう。また、永享八(一四三六)年の「坊々寄宿末寺帳」には「二室分」として記載されている[122]。それにより、大琳寺は、毎年開催される光明真言会にさいして、西大寺二室に宿泊することになっていたことがわかる[123]。

しかし、従来、大琳寺は、菊池武光が五山を模倣して菊池五山(東福寺、西福寺、南福寺、北福寺、大琳寺)を設定したさいの禅宗寺院の一つであったとされてきた[124]。現在の久儀山大琳寺(現、熊本県菊池市大琳寺)がその後身で、観音を祀っている。北嶋雪山が一六六八年から三年足らずの間に著した肥後国の地誌たる『国郡一統志』には「久木野大林寺者安観世音像[125]」とあり、江戸時代(一七世紀半ば)には観音像を安置する寺であった。菊池武光は、懐良親王を擁して一三六一年には大宰府を奪取し、「征西府」を樹立し、短期間とはいえ、九州統一を成し遂げた武将である[126]。菊池武光の菊池五山の一つであった頃の大琳寺の栄華がいかほどであったのだろうか。とりわけ、地理的には、菊池五山の中央に位置し[127]、大いに重要視されていたと推測される。

大琳寺の歴史については、研究が少なく、先に述べたように、いずれの研究も禅宗寺院の一つと規定している。それは、残存史料が少ないためだが、先述のように西大寺には史料が残っており、一四世紀から一五世紀において西大寺直末寺の一つであったことは確実である。

史料（35）[128]

当寺第十四長老沙門尭基

（中略）

素静房　神弘寺　　　　　　○義空房　極楽寺長老

忍覚房　大琳寺　　　　　　光円房　大安寺

（中略）

当寺第十五長老沙門興泉

先述した叡尊教団の物故者名簿といえる「光明真言過去帳」によれば、史料（35）のように、応安三（一三七〇）年四月四日に七五歳で亡くなった西大寺第一四代長老沙門尭基[129]と、康暦元（一三七九）年六月晦日に八六歳で亡くなった西大寺第一五代長老沙門興泉[130]との間に、忍覚房が見える。大琳寺忍覚房は、その間に亡くなったのであろう。

このように、「西大寺末寺帳」のみならず、「光明真言過去帳」に出てくるように、大琳寺は西大寺直末寺の律寺であった。大琳寺が一四世紀の忍覚房から、「光明真言過去帳」に出てくるのは、菊池武光を後援者として、大琳寺が発展し、西大寺直末寺となったことによると推測される。このように、「光明真言過去帳」に大琳寺僧として最初に出てくる忍覚房は、叡尊教団寺院としての大琳寺の形成に大きな役割を果たしたのかもしれない。

次に「光明真言過去帳」に見えるのは、忍照房である。

史料（36）[131]

当寺第十六長老沙門禅誉

（中略）

○素観房　橘寺長老　忍照房　大琳寺

（中略）

当寺第十七長老沙門慈朝

史料（36）[132]によれば、大琳寺忍照房が、嘉慶二（一三八八）年五月五日に九〇歳で亡くなった西大寺第一六代長老沙門禅誉と明徳二（一三九一）年四月九日に七三歳で死亡した西大寺第一七代長老沙門慈朝[133]との間に見える。それゆえ、忍照房は、その間に亡くなったのであろう。

史料（37）[134]

当寺第十七長老沙門慈朝

（中略）

円証房　常福寺　行泉房　大琳寺

（中略）

○当寺第十八長老沙門深泉

忍照房の次には行泉房が大琳寺僧として「光明真言過去帳」に見える。史料（37）のように、行泉房が明徳二（一三九一）年四月九日に亡くなった西大寺第一七代長老沙門慈朝[135]と応永二（一三九五）年九月二五日に死亡した西大寺第一八代長老沙門深泉[136]との間に見える。その間に亡くなったのであろう。

行泉房の次には、楽智房が大琳寺僧として「光明真言過去帳」に見える。

史料（38）[137]

当寺第廿四長老沙門元空

（中略）

双覚房　薬師院　**楽智房　大琳寺**

（中略）

○当寺第廿五長老沙門栄秀

史料（38）によれば、楽智房が応永三〇（一四二三）年七月二五日に亡くなった西大寺第二四代長老沙門元空[138]と、永享二（一四三〇）年八月一日に七七歳で亡くなった西大寺第二五代長老沙門栄秀[139]との間に見える。楽智房は、その間に亡くなったのであろう。

史料（39）[140]

当寺第廿八長老沙門元澄

鐘妙房　神願寺　　　禅春房　円明寺
光乗房　大琳寺　　慈光房　金剛光明寺

（中略）

○当寺第廿九長老沙門高算

楽智房の次には、光乗房が史料（39）のように長禄元（一四五七）年一一月八日に七八歳で亡くなった西大寺第二八代長老沙門元澄[141]と、文明三（一四七一）年一二月一二日に死去した西大寺第二九代長老沙門高算[142]との間に見える。光乗房はその間に亡くなったのであろう。この一五世紀半ばに亡くなった光乗房を最後に大琳寺僧は「光明真言過去帳」には見えない。

それにしても、史料（39）によって大琳寺が一五世紀半ばまで西大寺末寺であったといえよう。残念ながら、それ以後の西大寺直末寺大琳寺についてははっきりしない。

春日寺

春日寺は熊本市西区春日にある臨済宗寺院岫雲院の前身と考えられている[143]。春日の地はかつての肥後国府の地で、肥後国における中心であった。春日寺は、延久五（一〇七三）年に菊池則隆が春日社建立の時に神宮寺として開基したという。本尊胎内銘により、天文一一（一五四二）年には天台宗寺院で、「天正末年に菊池正観寺の末寺となった」と考えられている[144]。延久五年から天文一一年までの間のことははっきりしない。

だが、先述の史料（22）の「西大寺末寺帳」に第四番目に記載されているので、肥後国の西大寺直末寺で第四位の寺格であったと考えられる。寛永一〇（一六三三）年の末寺帳には見えない[145]。また、永享八（一四三六）年の「西大寺坊々寄宿末寺帳」には「一室分」として記載され、さらに史料（23）にも載る[146]。それゆえ、一五世紀半ばまでは西大寺直末寺であったのだろう。

史料（40）[147]

当寺第八長老沙門元燿

○空忍房　当寺住　　唯覚房　東妙寺

明忍房　泉福寺　　○覚禅房　招提寺長老

道法房　春日寺　　信証房　大乗寺

（中略）

○当寺第九長老沙門覚真

春日寺僧として道法房が、史料（40）のように「光明真言過去帳」に、文和四（一三五五）年一〇月一七日に七六歳で亡くなった西大寺第八代長老沙門元燿[148]と、延文五（一三六〇）年一〇月二五日に七五歳で死去した西大寺第九代長老沙門覚真[149]との間に見える。道法は、その間に亡くなったのであろう。この道法だけが「光明真言過去帳」に見える。道法は律寺としての春日寺において重要な働きをした僧なのであろう。

正法寺

八代正法寺は、先述の史料(22)の「西大寺末寺帳」では第五番目に記載されているので、肥後国の西大寺直末寺で第五位の寺格であったと考えられる。永享八(一四三六)年の「西大寺坊々寄宿末寺帳」には「三室分」として記載されている。[150]先述の史料(23)のように一四五三年から一四五七年までの間に作成された西大寺末寺帳では、正法寺は消えている。寛永一〇(一六三三)年の末寺帳にも見えないこと[151]は先に述べた通りである。

正法寺は、今は廃寺で、釈迦堂があるが、現在の八代市西宮町に所在した。それは、「肥後国誌」によれば「堺外村ニアリ、旧ハ南都西大寺ノ末寺律宗(中略)ノ伽藍地也、開基年代不分明[152]」とあることによる。

また、注目すべきことに、従来使われていないが、先述の「光明真言過去帳」にも正法寺僧は見える。西大寺直末寺には、正法寺という末寺は大和国櫟本と石見国にもあるが、櫟本正法寺は西大寺直末寺というより、興福寺大乗院の私相伝の寺院である。石見正法寺の場合は、石州正法寺と表記される。それゆえ、「光明真言過去帳」に正法寺と出てくる寺名は肥後正法寺のことであると考えられるからだ。

史料(41)[153]

○寂禅房　招提寺長老　　　念観房　神宮寺

(中略)

寂乗房　正法寺　　　　勝円房　興法院

(中略)

本如房　称名寺　　　　良仙房　丹波惣持寺

まず、寂乗房がいる。「光明真言過去帳」によれば、暦応四（一三四一）年六月一五日に死去した唐招提寺長老寂禅房[154]と、貞和二（一三四六）年一一月三〇日に死去した称名寺本如房[155]の間に寂乗房が記載されている。

史料（42）[156]

当寺第十五長老沙門興泉

（中略）

浄恵房　不退寺　　定意房　正法寺

（中略）

○当寺第十六長老沙門禅誉

次に定意房がいる。定意房は、康暦元（一三七九）年六月晦日に八六歳で死去した西大寺第一五代長老興泉[157]と、嘉慶二（一三八八）年五月五日に九〇歳で亡くなった西大寺第一六代長老禅誉[158]との間に記されている。定意房は、その間に亡くなったのであろう。

史料（43）[159]

当寺第十八長老沙門深泉

（中略）

良証房　金剛宝戒寺　　○通識房　戒壇院長老

○本地房　招提寺長老
（中略）
良順房　**正法寺**
理源房　**正法寺**
理禅房　不退寺
（中略）
禅覚房　月輪寺
良一房　天福寺
光音房　**正法寺**
浄信房　現光寺
（中略）
忍如房●当寺住
○当寺第十九長老沙門良耀

次に、良順房と理源房と光音房とがいる。三人は、応永二（一三九五）年九月二五日に死去した西大寺第一八代長老深泉[160]と応永一一（一四〇四）年二月二五日に亡くなった西大寺第一九代長老良耀[161]との間に記載されており、その間に亡くなったと考えられる。

史料（44）[162]

当寺第廿三長老沙門英源
（中略）
忍光房　**正法寺**
什光房　釈迦寺

覚如房　大安寺　　　　　　　　　賢証房　観音寺
善信房●大御輪寺
○当寺第廿四長老沙門元空

次に、忍光房がいる。忍光房は、応永二六（一四一九）年一〇月五日に七三歳で死去した西大寺第二三代長老英源[163]と応永三〇（一四二三）年七月二五日に亡くなった西大寺第二四代長老元空[164]との間に記載されており、その間に亡くなったと考えられる。

史料（45）[165]
当寺第廿六長老沙門高海
（中略）
浄義房　**正法寺**　　　　　　松什房　常住寺
（中略）
良文房　**正法寺**　　　　　　覚樹房　伯州国分寺
（中略）
○当寺第二十七長老沙門良誓

次に浄義房と良文房がいる。二人は、永享八（一四三六）年四月二六日に八〇歳で死亡した西大寺第二六代長老高海[166]と宝徳二（一四五〇）年正月二日に九一歳で亡くなった西大寺第二七代長老良誓[167]との間に記載されている。浄義房と良文房はその間に亡くなったと考えられる。

史料（46）[168]

当寺第廿八長老沙門元澄

（中略）

○栄運房　室生寺長老　　　　真教房　正法寺

浄識房　寛弘寺　　　　　　印賢房●当寺住

○当寺第廿九長老沙門高算

「光明真言過去帳」に出てくる最後の正法寺僧として真教房がいる。真教房は、長禄元（一四五七）年一一月八日に七八歳で亡くなった西大寺第二八代長老元澄[169]と、文明三（一四七一）年一二月一二日に死去した西大寺第二九代長老高算[170]との間に記載されている。それゆえ、一五世紀後半までは、正法寺は西大寺直末寺であったと考えられる。しかし、先述の史料（23）のように一四五三年から一四五七年までの間に作成された西大寺末寺帳では、正法寺は消えている。とすれば、まさに真教房が西大寺直末寺正法寺の最後の長老であったのだろう。

玉泉寺

玉泉寺は、熊本県八代市岡中町にある。玉泉寺については、『熊本県文化財調査報告　第四四集[171]』に、発掘の成果を踏まえた詳しい研究がある。それによれば、玉泉寺は承応（一一七一～七四）頃、平重盛が建立した寺院で、開山は月山禅誉という。創建当時宗派は真言宗であったという。また、平重盛の家臣上総三郎左衛門忠義が出家し聖慶と号し、現八代市岡中に初めて真言宗の一宇を建立したという[172]。現在は、妙心寺派の禅宗寺院であるが、それは元禄以来で、先述の「明徳末寺帳」により、中世においては西大寺末の律宗寺院であったことがわかる。また、先述の永享八（一四三六）年の「坊々寄宿末寺帳」にも「一室分」として出てくる[173]。

さて、「光明真言過去帳」によれば、六人の僧の名が見える。

史料（47）[174]

当寺第十四長老沙門尭基

（中略）

慈空房　玉泉寺　　宝密房　天福寺

（中略）

真律房　観音寺　　**双円房　玉泉寺**

（中略）

○当寺第十五長老沙門興泉

まず、慈空房と双円房の二人がいる。慈空房と双円房は、応安三（一三七〇）年四月四日に七五歳で亡くなった西大寺第一四代長老尭基[175]と康暦元（一三七九）年六月晦日に八六歳で死亡した西大寺第一五長老興泉[176]との間に記載されている。二人はその間に亡くなったのであろう。

史料（48）[177]

当寺第二十一長老沙門叡空

（中略）

禅忍房　鎮西最福寺　　　　　　　　　**即賢房**　**玉泉寺**

（中略）

○当寺第廿二長老沙門英如

次に、即賢房がいる。即賢房は応永一九（一四一二）年二月二三日に八〇歳で死去した西大寺第二一代長老沙門叡空[178]と応永二二（一四一五）年二月二九日に七一歳で死亡した西大寺第二二代長老沙門英如[179]との間に記されている。その間に亡くなったのであろう。

史料（49）[180]

○当寺第廿二長老沙門英如

（中略）

正意房　**玉泉寺**　　　　　　　　　良光房　大乗寺

（中略）

○当寺第廿三長老沙門英源

その次に、正意房がいる。正意房は応永二二（一四一五）年二月二九日に七一歳で亡くなった西大寺第二二代長老英如[181]と応永二六（一四一九）年一〇月五日に七三歳で寂した西大寺第二三代長老英源[182]との間に記載されている。その間に亡くなったのであろう。

史料（50）[183]

当寺第廿四長老沙門元空

（中略）

忍仙房　肥州観音寺　　光本房　宝福寺

本如房　聖林寺　　**賢琳房　玉泉寺**

（中略）

当寺第廿五長老沙門栄秀

さらに、賢琳房がいる。賢琳房は応永三〇（一四二三）年七月二五日に死去した西大寺第二四代長老元空[184]と永享二（一四三〇）年八月二日に七七歳で死去した西大寺第二五代長老栄秀[185]との間に記されている。その間に亡くなったのであろう。

史料（51）[186]
当寺第廿六長老沙門高海
（中略）
慈乗房　玉泉寺　　　　　　　　○道俊房　当寺住
（中略）
○当寺第二十七長老沙門良誓

最後に慈乗房がいる。慈乗房は、永享八（一四三六）年四月二六日に八〇歳で亡くなった西大寺第二六代長老高海[187]と宝徳二（一四五〇）年正月二日に九一歳で亡くなった西大寺第二七代長老沙門良誓[188]の間に記載されている。その間に亡くなったのであろう。

以上のように、玉泉寺僧は、一四世紀後半から一五世紀半ばまで六人の僧の活動が知られる。しかし、玉泉寺は、「明徳末寺帳」では肥後国の六番目の寺格であった〈史料（22）〉が、一五世紀半ばの末寺帳では最後に記載されている〈史料（23）〉。一五世紀半ばには衰退していたようである。

ところで、玉泉寺は二〇一〇年九月二五日に調査を行なったが、そのさい、佐々木順誓氏の協力を得た。現地に行ってみると、八代平野を見渡す岡の上に立っている。

近くには三つの大きな五輪塔（本堂裏五輪塔、楠木さん、洪福寺五輪塔）があり、とくに、本堂裏の五輪塔は、近世の「覚」によれば「五倫石塔　高九尺　壱区」と、二七〇センチの巨大五輪塔である（図7・8）。

従来は、寺所蔵の「覚」に、開山月山禅誉禅師の墓とあることから、江戸時代の五輪塔と考えられてきたが、お

図7　玉泉寺五輪塔

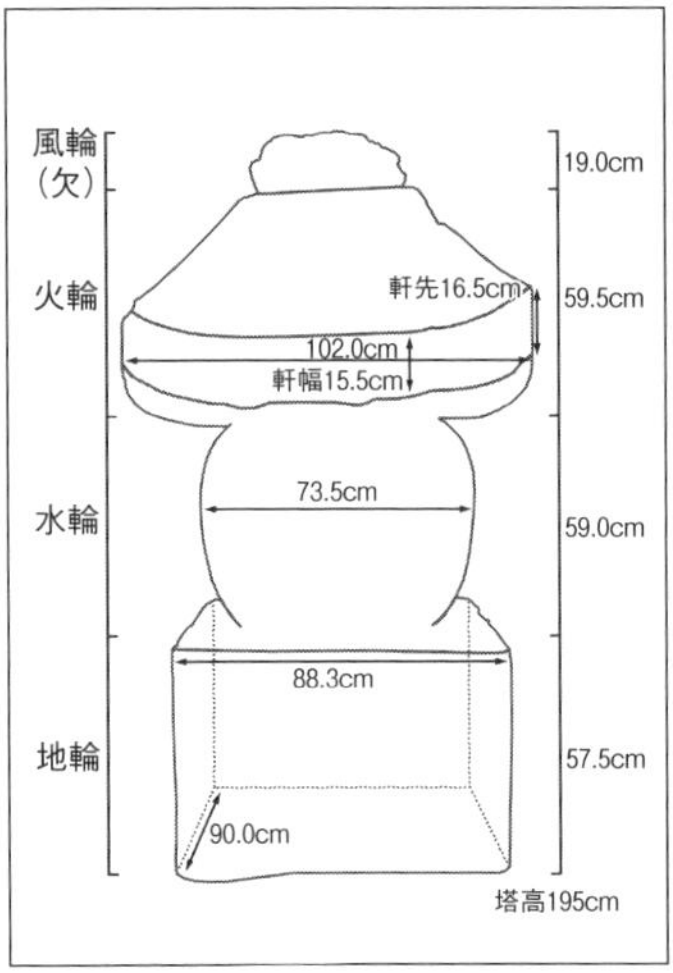

図8　玉泉寺五輪塔計測図

図9　洪福寺五輪塔

そらく、鎌倉・南北朝期の五輪塔である。

計測値は、地輪高五七・五センチ、幅八八・三センチ、奥行き幅九〇センチ、水輪高五九センチ、幅七三・五センチ、火輪高五九・五センチ、幅一〇二センチ、軒幅一五・五センチ、軒先幅一六・五センチ、風輪残欠一九・〇センチであった。

この五輪塔を理解するうえで、近くに所在する洪福寺五輪塔（図9）も重要である。なぜなら、洪福寺は、玉泉寺と密接な関係をもった律尼寺であったと考えられている[189]。

先述した肥前東妙寺と妙法尼寺、肥後浄光寺と妙性尼寺のように、律寺は尼寺とセットで建立されていたと考えられる。それゆえ、玉泉寺の巨大五輪塔を考えるうえでも、洪福寺の五輪塔を見過ごすわけにはゆかない。大きさは地輪高四四センチ、幅五六センチ、奥行き五七センチ、水輪高四〇センチ、幅五六・五センチ、火輪高三七・二センチ、風輪高一五センチ、空輪高二四センチである。

図9をみればわかるように、奈良西大寺様式の五輪塔である。ところで、この五輪塔の地輪の下に見事な反花を四辺に彫った以下のような墓誌銘が発見されている。

史料（52）(190)

今週（元中）□□乙丑七月廿一日戊刻死去
当寺開山大姉尼海珠理本坊
同年十一月廿六日小比丘則須房、比丘尼承善房

すなわち、洪福寺の五輪塔は開山大姉尼海珠理本坊の墓所であることがわかる。これにより、まず洪福寺開山海珠理本坊は、元中二（一三八五）年七月二一日に死去したことがわかる。さらに、開山という表記から一四世紀後半に洪福尼寺が開創されたことも考えられる。

この洪福尼寺の存在からも、「明徳西大寺末寺帳」は西大寺の直接の管理下にあった直末の僧寺しか記載されていないことがわかる。それに載っている寺院はほかに末寺を有していたのである。

山鹿金剛光明寺

山鹿金剛光明寺については、工藤の研究があり、その位置も特定されている[191]。それによれば、山鹿金剛光明寺は、温泉の東、湯町の鬼門に位置し、温泉の守護山であったという。中世の山鹿は、上市城と湯屋によって大いに発展し、都市的様相をしていたと考えられ、律宗のみならず時宗寺院や禅宗寺院なども展開していた。金剛光明寺の位置は産交上広町営業所（現、熊本銀行山鹿支店）あたりと推測されている。境内は二〇町余の大寺であったという。「鹿郡旧語伝記」[192]（一七七二年に山下甚左右衛門親之著）によれば、平安初期の開創、一一世紀延久年中菊池経隆の再興、南北朝期応安年中の菊池武政の老臣隈部親氏の修復と伝えるが、明証はない[193]という。

しかし、先述の史料（22）「西大寺末寺帳」の肥後国分では第七番目に記載されており、一四世紀末において、山鹿金剛光明寺は西大寺直末寺で第七位の寺格であったと考えられる。さらに、永享の「坊々寄宿末寺帳」にも、「一室分」として見える[194]。すでに工藤が指摘していることだが、一五世紀までは西大寺直末寺であったのだ。ところで、先述の「光明真言過去帳」にも、則聖房と慈光房の二人の金剛光明寺僧を見いだせる。

史料（53）[195]

当寺第十九長老沙門良耀

空妙房　当寺住　　　覚生房　当寺住

（中略）

則聖房　金剛光明寺　　　空明房　三鈷寺

（中略）

○当寺第二十長老沙門高湛

則聖房は、応永一一（一四〇四）年二月二五日に亡くなった西大寺第一九代長老良耀[196]と応永一五（一四〇八）年九月二五日に八六歳で亡くなった西大寺第二〇代長老高湛[197]との間に見える。それゆえ、則聖房は、その間に亡くなったのであろう。

史料（54）[198]

当寺第廿八長老沙門元澄

鐘妙房　神願寺　　禅春房　円明寺

光乗房　大琳寺　　**慈光房　金剛光明寺**

（中略）

○当寺第廿九長老沙門高算

もう一人は慈光房である。慈光房は、長禄元（一四五七）年一一月八日に七八歳で亡くなった西大寺第二八代長老元澄[199]と、文明三（一四七一）年一二月一二日に死去した西大寺第二九代長老高算[200]との間に見える。慈光房は、その間に亡くなったのであろう。すなわち、一五世紀半ばにおいても、金剛光明寺は西大寺直末寺であった。

史料がないのではっきりしないが、南北朝期応安年中の菊池武政の老臣隈部親氏の修復のさいに西大寺末寺となったのかもしれない。

河尻観音寺

先述の末寺帳では、第八番目に記載されており、西大寺直末寺の第八位の寺格の寺院と考えられる。所在地は、現在の熊本市南区河尻町一帯に所在したと推測される。工藤によれば、河尻氏が後援者であったと考えている。[201] 永享八（一四三六）年の「西大寺坊々寄宿末寺帳」にも、「一室分」として見え、[202] 史料（23）にも載る。それゆえ、一五世紀においても西大寺直末寺であった。

河尻は、緑川の河口にあたり、曹洞宗寺院大慈禅寺が大渡橋に架橋と管理を任されていたことで知られる。[203] ただ、叡尊教団も港湾・河川管理を行なっており、[204] 緑川の支流の管理を担当していたのかもしれない。

この観音寺については、史料が少なくほとんど注目されていない。しかし、先述の「光明真言過去帳」には忍仙房と祖祐房の二人の僧が見える。

史料（55）[205]

当寺第廿四長老沙門元空

（中略）

忍仙房　肥州観音寺　　　　光本房　宝福寺

（中略）

○当寺第廿五長老沙門栄秀

肥前国も肥州と呼ぶが、西大寺末寺の肥前観音寺はなく、肥後国には河尻観音寺があるので忍仙房は河尻観音寺所属と考えられる。忍仙房は、応永三〇（一四二三）年七月二五日に死去した西大寺第二四代長老沙門元空[206]と永享二（一四三〇）年八月二日に七七歳で死去した西大寺第二五代長老沙門栄秀[207]との間に記載されている。忍仙房はその間に亡くなったのであろう。

史料(56)[208]

当寺第廿六長老沙門高海

真乗房　当寺住　　　浄意房　円福寺

祖祐房　肥州観音寺　　　明悟房　当寺住

（中略）

○当寺第二十七長老沙門良誓

次に祖祐房がいる。祖祐房は、永享八（一四三六）年四月二六日に八〇歳で寂した西大寺第二六代長老沙門高海[209]と宝徳二（一四五〇）年正月二日に九一歳で亡くなった西大寺第二七代長老良誓[210]との間に記載されている。それゆえ、祖祐房はその間に亡くなったのであろう。「光明真言過去帳」からも、河尻観音寺が一五世紀においても機能していたことがわかる。

霊山寺

霊山寺は肥後国の西大寺末寺の中でもっとも最後に西大寺直末寺となった。先述の「明徳末寺帳」の注記によれば、「此寺為直末寺事古帳無之、然而住持職事望申間加入之　永享八年卯月十六日了、宿坊為西室之由同被申了」とあって、かつては直末寺ではなかったが、住職の願いによって永享八（一四三六）年四月一六日に直末寺となし、光明真言会のさいには西室に宿泊するようになったという。霊山寺についても、史料が少なく、所在地について不明とされてきた。しかし、山鹿市の久原の霊仙には霊山寺という寺院があった[211]。現在は、数多くの五輪塔が遺り、霊仙公民館には霊山寺旧蔵の釈迦如来座像などが遺っている[212]。かつては巨大寺院であったと推測されており、この霊山寺が、それに当たるのではないかと可能性を指摘しておこう。

おわりに

以上、肥前・肥後両国における叡尊教団の展開を論じた。肥前国では、東妙寺・妙法寺、宝生寺のありようをみた。肥前国では東妙寺が最初に建設された。それは蒙古退散祈願を主たる目的とするものであった。東妙寺は田手川沿いに、宝生寺は本堂寺川沿いに立地するなど、河川交通の要衝に存在していたことが注目される。とりわけ、東妙寺は将軍家祈禱寺、室町幕府利生塔設置寺院として繁栄した。いわば、中世叡尊教団の地方直末寺の実態を典型的に示している。妙法（尼）寺という尼寺における女人救済活動、東妙寺石塔院（墓所）の巨大五輪塔に象徴される葬送活動である。

他方、肥後国は、豊前国とならび九箇寺も西大寺直末寺があるように、九州地域で叡尊教団が大きく展開した地域である。肥後国では浄光寺が最初に律寺として開創され、その時期は文永・弘安の蒙古襲来期であった。以後、天福寺、大琳寺、春日寺といった具合に「明徳末寺帳」の記載順に成立したと推測される。また、肥後における叡尊教団の展開は、玉名・山鹿・菊池方面と熊本方面、八代方面の三つの部分に展開したことがわかる。いずれも、海、川、道路の交通の要衝であった点も注目される。

また、肥前東妙寺と妙法尼寺、肥後浄光寺と妙性尼寺、肥後玉泉寺と洪福尼寺のように、叡尊教団の場合、僧寺と尼寺がセットで存在していたことがわかり、ほかの直末寺クラスの僧寺の場合も、僧寺の近くに尼寺を想起すべきであろう。

付記　本稿作成にさいしては、多くの方々のご協力を得た。とりわけ、工藤敬一氏、山口健剛氏、長崎県大村市富松神社宮司久田松和則氏、竹下正博氏にはお世話になった。その旨を記して感謝の意を表したい。

註

(1) 松尾『勧進と破戒の中世史』(吉川弘文館、一九九五年)に翻刻。
(2) 松尾『勧進と破戒の中世史』(前註(1))参照。
(3) 松尾『勧進と破戒の中世史』(前註(1))一五一頁。
(4) 松尾『勧進と破戒の中世史』(前註(1))一三七頁。
(5) 松尾『勧進と破戒の中世史』(前註(1))一五八頁。
(6) 松尾「中世叡尊教団と泉涌寺末寺の筑後国への展開――新発見の中世西大寺末寺帳に触れつつ」(『山形大学大学院

社会文化システム研究科紀要』一〇、二〇一三年、本書第三部第二章第三節所収）七二頁。

（7）松尾「中世叡尊教団と泉涌寺末寺の筑後国への展開――新発見の中世西大寺末寺帳に触れつつ」〈前註（6）〉七九頁。

（8）松尾『勧進と破戒の中世史』〈前註（1）〉一五五頁。

（9）松尾『勧進と破戒の中世史』〈前註（1）〉一六一頁。

（10）「西大寺諸国末寺帳　その三」（『西大寺関係史料（一）諸縁起・衆首交名・末寺帳』奈良国立文化財研究所、一九六八年）一一九頁。

（11）八尋和泉「九州西大寺末寺の美術遺産」（『仏教芸術　特集　叡尊と西大寺派美術』一九九、一九九一年）。

（12）福島金治「東妙寺并妙法寺絵図をめぐって」（『MUSEUM KYUSYU』第三九号、一九九一年）。『三田川町史』（三田川町、一九八〇年）、『佐賀県の地名』（平凡社、一九八〇年）、竹下正博「肥前東妙寺の釈迦如来像」（『デアルテ』一三、一九九七年）も参照。

（13）湯之上隆「関東祈禱寺の成立と分布」（『九州史学』六四、一九七八年、のちに湯之上『日本中世の政治権力と仏教』思文閣出版、二〇〇二年に採録）二二頁。

（14）『佐賀県史料集成　古文書編五』（佐賀県立図書館、一九六〇年）一四三・一四四頁。

（15）湯之上「関東祈禱寺の成立と分布」〈前註（13）〉五頁。

（16）「鎮西過所写」『佐賀県史料集成　古文書編五』〈前註（14）〉一五九頁。

（17）湯之上「関東祈禱寺の成立と分布」〈前註（13）〉。

（18）湯之上「関東祈禱寺の成立と分布」〈前註（13）〉では七四箇寺の将軍祈禱寺が挙がっており、その半数以上が律宗寺院で、その多くは叡尊教団の寺院である。

（19）『鎌倉遺文』一九七四五号文書。

（20）「明徳末寺帳」（『勧進と破戒の中世史』〈前註（1）〉）一五一頁。
（21）松尾『日本中世の禅と律』（吉川弘文館、二〇〇三年）第四章参照。
（22）松尾『日本中世の禅と律』〈前註（21）〉九九頁。
（23）松尾「西大寺光明真言過去帳の紹介と分析」（速水侑編『日本社会における仏と神』吉川弘文館、二〇〇六年）参照。
（24）松尾「西大寺光明真言過去帳の紹介と分析」〈前註（23）〉八九頁。
（25）『金沢文庫古文書一二輯　識語編三』（金沢文庫、一九五八年）二〇頁。
（26）「西大寺代々長老名」〈前註（10）〉七三頁。
（27）『太宰管内志（下）』（歴史図書社、一九六九年）四九頁。
（28）「光厳上皇院宣」『佐賀県史料集成　古文書編五』〈前註（14）〉一三八頁。
（29）松尾「中世叡尊教団の薩摩国・日向国・大隅国への展開――薩摩国泰平寺・日向国宝満寺・大隅正国寺に注目して」（『山形大学人文学部　研究年報』第九号、二〇一二年、本書第三部第五章所収）参照。
（30）松尾「西大寺光明真言過去帳の紹介と分析」〈前註（23）〉九〇頁。
（31）『招提千歳伝記　巻上三』『大日本仏教全書　一〇五』（名著普及会、一九七九年）三三一頁。
（32）『金沢文庫古文書一二輯　識語編三』〈前註（25）〉三三頁。
（33）松尾「西大寺光明真言過去帳の紹介と分析」〈前註（23）〉九三頁。
（34）「西大寺代々長老名」〈前註（10）〉七三頁。
（35）「西大寺代々長老名」〈前註（10）〉七三頁。
（36）松尾「西大寺光明真言過去帳の紹介と分析」〈前註（23）〉九五頁。
（37）「西大寺代々長老名」〈前註（10）〉七三頁。

(38)「西大寺代々長老名」〈前註(10)〉七三頁。
(39)松尾「西大寺光明真言過去帳の紹介と分析」〈前註(23)〉九六頁。
(40)「西大寺代々長老名」〈前註(10)〉七三頁。
(41)「西大寺代々長老名」〈前註(10)〉七三頁。
(42)松尾「西大寺光明真言過去帳の紹介と分析」〈前註(23)〉九九頁。
(43)「西大寺代々長老名」〈前註(10)〉七三頁。
(44)「西大寺代々長老名」〈前註(10)〉七三頁。
(45)松尾「西大寺光明真言過去帳の紹介と分析」〈前註(23)〉一〇五頁。
(46)「西大寺代々長老名」〈前註(10)〉七三頁。
(47)「西大寺代々長老名」〈前註(10)〉七三頁。
(48)松尾「西大寺光明真言過去帳の紹介と分析」〈前註(23)〉一〇七頁。
(49)「西大寺代々長老名」〈前註(10)〉七三頁。
(50)『招提千歳伝記　巻上三』〈前註(31)〉三二六頁。
(51)本絵図は『日本荘園絵図聚影五下』(東京大学史料編纂所)に収録されている。なお本絵図の写真を宮島敬一氏より提供を受けた。
(52)福島「東妙寺幷妙法寺絵図をめぐって」〈前註(12)〉。「東妙寺幷妙法寺絵図」については、『佐賀の名宝』(佐賀県立博物館、二〇〇五年)が参考になる。
(53)細川涼一『中世の律宗寺院と民衆』(吉川弘文館、一九八七年)。
(54)松尾「叡尊教団の紀伊国における展開」(『山形大学人文学部　研究年報』一〇、二〇一三年、本書第二部第三章所収)。

(55)「開山唯円置文写」『佐賀県史料集成　古文書編五』〈前註(14)〉一六五・一六六頁。
(56)福島「東妙寺并妙法寺絵図をめぐって」〈前註(12)〉一二五頁。
(57)福島「東妙寺并妙法寺絵図をめぐって」〈前註(12)〉一二五頁。
(58)「後醍醐天皇綸旨」『佐賀県史料集成　古文書編五』〈前註(14)〉一三九頁。
(59)「渋川道鎮書状」『佐賀県史料集成　古文書編五』〈前註(14)〉一四八頁。
(60)松尾『中世律宗と死の文化』(吉川弘文館、二〇一〇年)八三頁。
(61)「西大寺代々長老名」〈前註(10)〉七三頁。
(62)松尾『勧進と破戒の中世史』〈前註(1)〉一四〇頁。
(63)松尾『勧進と破戒の中世史』〈前註(1)〉一五八頁。
(64)松尾「中世叡尊教団と泉涌寺末寺の筑後国への展開——新発見の中世西大寺末寺帳に触れつつ」〈前註(6)〉。
(65)「西大寺諸国末寺帳　その三」〈前註(10)〉一一九頁。
(66)久田松和則「築城以前の三城周辺——特に中世寺院の存在について」(『大村史談』二一、一九八一年)、同『キリシタン伝来地の神社と信仰』(つじ印刷、二〇〇二年)。二〇一三年八月一日には久田松氏のお話を聞くことができた。
(67)『大村郷村記一』(国書刊行会、一九八二年)一一四・一一五頁。
(68)久田松『キリシタン伝来地の神社と信仰』〈前註(66)〉三九頁。この図については、同書四一頁参照。
(69)久田松『キリシタン伝来地の神社と信仰』〈前註(66)〉六二〜六七頁。
(70)松尾『中世律宗と死の文化』〈前註(59)〉第三部第二章。
(71)『和漢三才図絵』下には、「須古荘」に「法泉寺」を挙げ、元禄三(一六九〇)年の一切経勧進の逸話を載せる。法泉寺は有明海に注ぐ六角川に近く、かつての年貢米の積み上げ場に近接している。法泉寺には南北朝時代の観音像や応安六(一三七三)年頃と考えられる地蔵菩薩座像板碑があり、鎌倉期から室町期には存在したと考えられる。それゆえ、前身の寺が西大寺末寺の法泉寺であった可能性はある。なお、『白石町史』（白石町史編纂委員会、一九七四年）、『肥前の中世美術展』（佐賀県立博物館、一九八五年）なども参照されたい。

(72) 八尋「九州西大寺末寺の美術遺品」〈前註（11）〉。『玉名市史　通史編上巻』（玉名市立歴史博物館、二〇〇五年）も大いに参考になる。

(73) 工藤敬一「京都西山善峰寺仁王像胎内文書について」（『中世古文書を読み解く』吉川弘文館、二〇〇〇年）。

(74) 小川弘和「地域社会・東アジアのなかの浄光寺」（『玉名市文化財報告書第二八集　中世真言律宗系寺院浄光寺跡南大門遺跡』二〇一三年）。

(75) 『玉名市史　通史編上巻』〈前註（72）〉も使用しているが、「光明真言過去帳」の記載順を誤解して利用しているために、その部分は間違いが多い。

(76) 松尾『勧進と破戒の中世史』〈前註（1）〉一五一頁。

(77) 松尾「中世叡尊教団と泉涌寺末寺の筑後国への展開――新発見の中世西大寺末寺帳に触れつつ」〈前註（6）〉七九頁。

(78) 松尾「中世叡尊教団と泉涌寺末寺の筑後国への展開――新発見の中世西大寺末寺帳に触れつつ」〈前註（6）〉七二頁。

(79) 『玉名市史　通史編上巻』〈前註（72）〉。

(80) 松尾『中世律宗と死の文化』〈前註（60）〉一九一頁など参照。

(81) 小川「地域社会・東アジアのなかの浄光寺」〈前註（74）〉。

(82) 松尾「西大寺光明真言過去帳の紹介と分析」〈前註（23）〉八四頁。

(83) 『招提千歳伝記　巻上三』〈前註（31）〉三二七頁。

(84) 『招提千歳伝記　巻上三』〈前註（31）〉二二三頁。

(85)『玉名市史　通史編上巻』〈前註(72)〉二四二頁。工藤執筆部分。
(86)松尾「西大寺光明真言過去帳の紹介と分析」〈前註(23)〉八七頁。
(87)『常楽記』嘉暦元(一三二六)年八月一〇日条。
(88)『招提千歳伝記　巻上三』〈前註(31)〉三五九頁。
(89)松尾「西大寺光明真言過去帳の紹介と分析」〈前註(23)〉九二頁。
(90)「西大寺代々長老名」〈前註(10)〉七三頁。
(91)「西大寺代々長老名」〈前註(10)〉七三頁。
(92)松尾「西大寺光明真言過去帳の紹介と分析」〈前註(23)〉九五頁。
(93)「西大寺代々長老名」〈前註(10)〉七三頁。
(94)「西大寺代々長老名」〈前註(10)〉七三頁。
(95)松尾「西大寺光明真言過去帳の紹介と分析」〈前註(23)〉九九頁。
(96)「西大寺代々長老名」〈前註(10)〉七三頁。
(97)「西大寺代々長老名」〈前註(10)〉七三頁。
(98)『玉名市史　通史編上巻』〈前註(72)〉二四二・二四三頁。
(99)『鎌倉遺文』二四一一三号文書。
(100)大きさは元興寺文化財研究所『五輪塔の研究　平成六年度調査概要報告』(元興寺文化財研究所、一九九五年)三八頁によった。図は写真をもとに加工した。
(101)『玉名市史　通史編上巻』〈前註(72)〉二五〇頁。
(102)松尾『中世律宗と死の文化』〈前註(60)〉口絵二、八三頁などを参照。
(103)『玉名市史　通史編上巻』〈前註(72)〉二四八頁。

(104)『肥後国誌』上（国会図書館近代デジタルライブラリー）一四二頁。それによると、天福寺は延宝六（一六七八）年に曹洞宗寺院として、一〇〇余年前に廃寺となった天福寺を再興したものという。その寺がここで対象としている天福寺だとすれば、天福律寺は一六世紀までは衰退しつつも存続していたのかもしれない。
(105) 松尾『勧進と破戒の中世史』〈前註（1）〉一五七頁。
(106)「西大寺末寺帳　その三」〈前註（10）〉一一九頁。
(107) 工藤「京都西山善峰寺仁王像胎内納入文書について」〈前註（73）〉一一九・一二〇頁。
(108) 工藤「京都西山善峰寺仁王像胎内納入文書について」〈前註（73）〉一一九頁。
(109)「西大寺代々長老名」〈前註（10）〉七三頁。
(110)「西大寺代々長老名」〈前註（10）〉七三頁。
(111) 松尾「西大寺光明真言過去帳の紹介と分析」〈前註（23）〉一〇四頁。松尾「西大寺光明真言過去帳の紹介と分析」では「正宝房　長福寺」としたが、写真対校により「正実房　長福寺」である。今回訂正する。
(112) 松尾「西大寺光明真言過去帳の紹介と分析」〈前註（23）〉九五頁。
(113) 松尾「西大寺光明真言過去帳の紹介と分析」〈前註（23）〉一〇一頁。
(114) 松尾「西大寺光明真言過去帳の紹介と分析」〈前註（23）〉一〇五頁。
(115)『常楽記』（『群書類従』一九）一二七頁。「常楽記」は俊日房と表記するが、同一人物であろう。
(116)「西大寺代々長老名」〈前註（10）〉七三頁。
(117)「西大寺代々長老名」〈前註（10）〉七三頁。
(118)「西大寺代々長老名」〈前註（10）〉七三頁。
(119)「西大寺代々長老名」〈前註（10）〉七三頁。
(120)「西大寺代々長老名」〈前註（10）〉七三頁。

(121)「西大寺末寺帳　その三」〈前註（10）〉一一九頁。
(122) 松尾『勧進と破戒の中世史』〈前註（1）〉一五六頁。本末寺帳では「九州筑後大琳寺」とあるが、筑後は肥後の誤記であろう。
(123) 松尾『勧進と破戒の中世史』〈前註（1）〉一六一頁を参照。
(124)『熊本県の地名』（平凡社、一九八五年）、『角川日本地名大辞典　熊本県』（角川書店、一九八七年）の「大琳寺」の項参照。『菊池市史　上巻』（菊池市史編さん委員会、一九八二年）。例外的に『新・菊池文化物語』は律宗とする。
(125)『国郡一統志』（青潮社、一九七一年）一九九頁。『国郡一統志』は北嶋雪山が一六六八年から三年足らずの間に著したものという（『国郡一統志』の解説）。
(126) 村井章介『増補中世日本の内と外』（筑摩書房、二〇一三年）一五三頁。
(127)『肥後国誌』上（国会図書館近代デジタルライブラリー）四五九頁。
(128) 松尾「西大寺光明真言過去帳の紹介と分析」〈前註（23）〉九六頁。
(129)「西大寺代々長老名」〈前註（10）〉七三頁。
(130)「西大寺代々長老名」〈前註（10）〉七三頁。
(131) 松尾「西大寺光明真言過去帳の紹介と分析」〈前註（23）〉九九頁。
(132)「西大寺代々長老名」〈前註（10）〉七三頁。
(133)「西大寺代々長老名」〈前註（10）〉七三頁。
(134) 松尾「西大寺光明真言過去帳の紹介と分析」〈前註（23）〉一〇〇頁。
(135)「西大寺代々長老名」〈前註（10）〉七三頁。
(136)「西大寺代々長老名」〈前註（10）〉七三頁。
(137) 松尾「西大寺光明真言過去帳の紹介と分析」〈前註（23）〉一〇五頁。

(138)「西大寺代々長老名」〈前註(10)〉七三頁。
(139)「西大寺代々長老名」〈前註(10)〉七三頁。
(140)松尾「西大寺光明真言過去帳の紹介と分析」〈前註(23)〉一〇八頁。
(141)「西大寺代々長老名」〈前註(10)〉七四頁。
(142)「西大寺代々長老名」〈前註(10)〉七四頁。
(143)『玉名市史　通史編上巻』〈前註(72)〉二四三頁。
(144)『熊本県の地名』〈前註(124)〉五二五頁。
(145)「西大寺諸国末寺帳　その三」〈前註(10)〉一一九頁。
(146)松尾『勧進と破戒の中世史』〈前註(1)〉一五五頁。
(147)松尾「西大寺光明真言過去帳の紹介と分析」〈前註(23)〉九三頁。そこでは道法寺と読んだが、道法房の誤りであり、訂正する。
(148)「西大寺代々長老名」〈前註(10)〉七三頁。
(149)「西大寺代々長老名」〈前註(10)〉七三頁。
(150)松尾『勧進と破戒の中世史』〈前註(1)〉一五七頁。
(151)「西大寺諸国末寺帳　その三」〈前註(10)〉一一九頁。
(152)『熊本県の地名』〈前註(124)〉七三五頁。
(153)松尾「西大寺光明真言過去帳の紹介と分析」〈前註(23)〉九〇頁。
(154)「招提千歳伝記　巻下二」〈前註(31)〉三九一頁。
(155)『金沢文庫古文書　識語篇三　附録金沢称名寺世代略年譜』(金沢文庫、一九五八年)三三二頁。
(156)松尾「西大寺光明真言過去帳の紹介と分析」〈前註(23)〉九七頁。

(157)「西大寺代々長老名」〈前註(10)〉七三頁。
(158)「西大寺代々長老名」〈前註(10)〉七三頁。
(159)松尾「西大寺光明真言過去帳の紹介と分析」〈前註(23)〉一〇〇・一〇一頁。
(160)「西大寺代々長老名」〈前註(10)〉七三頁。
(161)「西大寺代々長老名」〈前註(10)〉七三頁。
(162)松尾「西大寺光明真言過去帳の紹介と分析」〈前註(23)〉一〇四頁。
(163)「西大寺代々長老名」〈前註(10)〉七三頁。
(164)「西大寺代々長老名」〈前註(10)〉七三頁。
(165)松尾「西大寺光明真言過去帳の紹介と分析」〈前註(23)〉一〇七頁。
(166)「西大寺代々長老名」〈前註(10)〉七三頁。
(167)「西大寺代々長老名」〈前註(10)〉七三頁。
(168)松尾「西大寺光明真言過去帳の紹介と分析」〈前註(23)〉一〇九頁。
(169)「西大寺代々長老名」〈前註(10)〉七四頁。
(170)「西大寺代々長老名」〈前註(10)〉七四頁。
(171)『熊本県文化財調査報告　第四四集　玉泉寺――古墳と中・近世寺院の調査』(熊本県教育委員会・熊本県文化財保護協会、一九八〇年)。
(172)『熊本県文化財調査報告　第四四集　玉泉寺――古墳と中・近世寺院の調査』〈前註(171)〉一一八頁。
(173)松尾『勧進と破戒の中世史』〈前註(1)〉一五五頁。
(174)松尾「西大寺光明真言過去帳の紹介と分析」〈前註(23)〉九五・九六頁。
(175)「西大寺代々長老名」〈前註(10)〉七三頁。

(176)「西大寺代々長老名」〈前註（10）〉七三頁。
(177)松尾「西大寺光明真言過去帳の紹介と分析」〈前註（23）〉一〇三頁。
(178)「西大寺代々長老名」〈前註（10）〉七三頁。
(179)「西大寺代々長老名」〈前註（10）〉七三頁。
(180)松尾「西大寺光明真言過去帳の紹介と分析」〈前註（23）〉一〇四頁。
(181)「西大寺代々長老名」〈前註（10）〉七三頁。
(182)「西大寺代々長老名」〈前註（10）〉七三頁。
(183)松尾「西大寺光明真言過去帳の紹介と分析」〈前註（23）〉一〇五頁。
(184)「西大寺代々長老名」〈前註（10）〉七三頁。
(185)「西大寺代々長老名」〈前註（10）〉七三頁。
(186)松尾「西大寺光明真言過去帳の紹介と分析」〈前註（23）〉一〇六頁。
(187)「西大寺代々長老名」〈前註（10）〉七三頁。
(188)「西大寺代々長老名」〈前註（10）〉七三頁。
(189)八尋「九州西大寺末寺の美術遺品」〈前註（11）〉五七頁。
(190)『熊本県文化財調査報告　第四四集　玉泉寺――古墳と中・近世寺院の調査』〈前註（171）〉六頁。
(191)『山鹿市史　上巻』（山鹿市史編纂室、一九八〇年）四七五・四七六頁。
(192)『新補　山鹿市史』（山鹿市、二〇〇四年）所収。
(193)『山鹿市史　上巻』〈前註（191）〉四七五・四七六頁。
(194)松尾『勧進と破戒の中世史』〈前註（1）〉一五五頁。
(195)松尾「西大寺光明真言過去帳の紹介と分析」〈前註（23）〉一〇二頁。

(196)「西大寺代々長老名」〈前註（10）〉七三頁。
(197)「西大寺代々長老名」〈前註（10）〉七三頁。
(198)松尾「西大寺光明真言過去帳の紹介と分析」〈前註（23）〉一〇九頁。
(199)「西大寺代々長老名」〈前註（10）〉七四頁。
(200)「西大寺代々長老名」〈前註（10）〉七四頁。
(201)『玉名市史　通史編上巻』〈前註（72）〉二四三頁。
(202)松尾『勧進と破戒の中世史』〈前註（1）〉一五五頁。
(203)上田純一「寒厳義尹、肥後進出の背景――北条氏得宗勢力と木原・河尻氏」（『熊本史学』五七・五八、一九八二）。
(204)松尾『中世律宗と死の文化』〈前註（60）〉一九一頁など参照。
(205)松尾「西大寺光明真言過去帳の紹介と分析」〈前註（23）〉一〇五頁。
(206)「西大寺代々長老名」〈前註（10）〉七三頁。
(207)「西大寺代々長老名」〈前註（10）〉七三頁。
(208)松尾「西大寺光明真言過去帳の紹介と分析」〈前註（23）〉一〇六頁。
(209)「西大寺代々長老名」〈前註（10）〉七三頁。
(210)「西大寺代々長老名」〈前註（10）〉七三頁。
(211)『熊本県の地名』〈前註（124）〉一一六頁。現在、霊山公民館に釈迦如来座像がある。
(212)二〇一四年一〇月三一日に、山口健剛氏の協力により、訪問して、釈迦如来座像を見ることができた。釈迦如来座像は総高三八センチで、鎌倉時代の制作と考えられている（『山鹿市史　上巻』〈前註（191）〉口絵参照）。

第五章　南九州における展開

はじめに

奈良西大寺叡尊を中心とする叡尊教団は中世において日本全国に末寺を展開し、叡尊の時代には一五〇〇箇寺もの末寺があった(1)。ここでは、南九州(2)の薩摩・日向・大隅三国における叡尊教団に注目するが、とくに薩摩泰平寺、日向宝満寺と大隅正国寺に光を当てる。というのも、本文で述べるように三寺ともに、おのおの薩摩、日向、大隅三国における叡尊教団内で第一位の寺格を誇る直末寺であったからだ。とりわけ、薩摩泰平寺と日向宝満寺は両寺ともに、室町幕府の利生塔設置寺院であったように(3)、室町時代には薩摩・日向での一大拠点寺院だったからである。

第一節　薩摩泰平寺

ＪＲ九州新幹線で、鹿児島中央駅から一駅目が川内（鹿児島県川内市）である。川内は薩摩国国府が置かれ、国分寺や一宮が所在したように薩摩国の中心であった。島津師久・伊久の頃には川内の碇山城を根拠として薩摩国守護所が所在した。

泰平寺は、現在の川内市泰平寺に所在する。[4] 現地に立つと、真南に川内川が見え、川内川を押さえる寺であったと考えられる。[5] かつては、太(泰カ)平橋まで船がのぼったという。[6]

現在の泰平寺は、近世の阿弥陀如来を祀る本堂一つの寺院であるが、奈良時代には、元明天皇勅願の寺といわれるほど、栄えていた。中世においては、室町幕府が六六国二島に置いた利生塔が設定された寺で、室町幕府にとって、薩摩におけるきわめて重要な寺院であった。[7] 戦国時代においても、九州征伐に赴いた豊臣秀吉が陣所を置いたほどの大伽藍を有していた。[8]

明徳二(一三九一)年に書き改められた「西大寺末寺帳」(以下、「明徳末寺帳」と略す)には、次のように薩摩国において唯一の直末寺(西大寺から直接住持が任命される寺)として記載されている。[9]

史料(1)

薩摩国

泰平寺

すなわち、薩摩国における叡尊教団の最大の拠点寺院であった。この寺の歴史については、『川内市史 上巻』[10]が詳しいが問題が多い。それゆえ、『川内市史 上巻』を批判的に継承しつつ、私見を述べる。

泰平寺は、明治維新の廃仏棄釈によって、無住となり大正時代に復興して現在にいたっている。それゆえ、寺宝・古文書類も失われ、唯一、大黒天が残っているくらいである。しかし、幸いなことに、『三国名勝図会』第一巻の「泰平寺」の項[11]には、当時泰平寺に残っていた文書類などに基づいた詳しい記述がある。

『三国名勝図会』は、天保一四（一八四三）年一二月に編集されたもので、明治三八（一九〇五）年一二月、島津家臨時編輯所の山本盛秀の名義で、もと全六〇巻という浩瀚なものを、二〇冊の和装本にまとめて出版された[12]。いわば、薩摩藩研究のバイブルとなっている。

そこで、まず、『三国名勝図会』第一巻に基づいて、歴史を叙述してみたいが、『三国名勝図会』では、とても詳しく記述されているので要点をまとめると以下のようになる。

（1）泰平寺は、医王山正智院という元明天皇勅願寺で、和銅元（七〇八）年の創建という。薬師如来を本尊とし、法相・天台・真言・律の四宗兼学の寺院であった。
（2）中世には、勅願寺に復し、足利直義によって、利生塔が設定され、所領が寄付された。宗派は律宗であった。
（3）利生塔は、九尺五寸もある五輪塔で、暦応三（一三四〇）年二月に立てられ、境内の東側に、現存する。
（4）その後、応永一五（一四〇八）年に教源によって復興がなされた。
（5）中世末になると衰退し堂舎も破壊されたが、享禄三（一五三〇）年三月三日に死去した真言僧の宥海法印によって復興がなされ、以後、真言宗となった。宥海を中興開山とする。
（6）天正一五（一五八七）年、宥印が住職の時には、九州征伐に来た豊臣秀吉が当寺を陣所とした。

こうした『三国名勝図会』第一巻の指摘を中世に関して再検討してみよう。

第一項　西大寺末寺としての泰平寺

西大寺末寺としての泰平寺に注目した場合に、まず、いつ西大寺末寺となったのかが注目される。それについては、西大寺関係者の物故者名簿といえる「光明真言過去帳」[13]が参考になる。

光明真言会は叡尊が文永元（一二六四）年九月四日に西大寺建立の本願称徳女帝の忌日を期して開始した法会である。七昼夜にわたって亡者の追善、生者の現世利益のために光明真言を読誦する法会であり、諸国の末寺から僧衆が集まり、西大寺内に宿泊して法会を勤修する叡尊教団の年中行事の中で最大のものであった。「光明真言過去帳」は、光明真言会にさいして一臈・二臈の役者が真読、すなわち声を挙げないで全体を読むべき過去帳で、書き継がれてきた。[14]

この「光明真言過去帳」によれば、泰平寺関係者で最初に出てくるのは史料（2）のように行円房である。[15]

史料（2）

○当寺第六長老沙門澄心
道忍房　保延寺
寂勝房　戒泉寺
舜律房　当寺住
照観房　金剛宝戒寺
本智房　当寺住
円印房　鷲峯寺
覚智房　長火寺
行円房　泰平寺

如性房　永興寺
寛宗房　西琳寺
本乗房　雲富寺
浄生房　弘正寺
○本光房　極楽寺長老
忍証房　長妙寺
本円房　興法院
鏡智房　西光寺

如道房　報恩寺　　　　　　　　　　禅修房　長福寺

（中略）

○当寺第七長老沙門信昭　　　　　　　　　　　　　　　　（太字引用者、以下、太字、注記など引用者）

すなわち、観応元（一三五〇）年三月二一日から文和元（一三五二）年三月二日までの間に死去した極楽寺第六代長老本光房心日[16]と、文和元（一三五二）年三月二日に死去した西大寺第七代長老信昭静観房[17]の間に、「行円房　泰平寺」と記されている。その間に、行円は死去したのであろう。

ところで、この行円は、後述するごとく、まさに、暦応二（一三三九）年の利生塔設置時期には、泰平寺の長老、住持であった。とすれば、「光明真言過去帳」に、泰平寺関係者で最初に出てくる人物であった行円こそ、泰平律寺の開山であったのかもしれない。

この行円がどんな人であったのかについては、史料が少なくてはっきりしない。可能性のある人物として西大寺叡尊の直弟子名簿である「授菩薩戒弟子交名」によれば「大和国人　祐実　行円房[18]」がいる。「授菩薩戒弟子交名」では、三八九人中で三六六番目に記されている。したがって、当時は若かったはずである。弘安三（一二八〇）年時点で、二〇歳余とすれば、八〇歳まで生きていれば、泰平寺の行円房とは、大和出身の祐実ということになる。可能性を指摘しておこう。

行円房のほかに、「光明真言過去帳」には、史料（3）のように、泰平寺明空房が、応永三〇（一四二三）年七月二五日に死去した西大寺第二四代長老元空[19]と、永享二（一四三〇）年八月二日に死去した西大寺第二五代長老栄秀[20]との間に記載されている。それ以後は、泰平寺関係者の名前は見られない。

史料（3）[21]

○当寺第廿四長老沙門元空
興信房　律成寺　春鐘房　仙澗寺
覚恵房　長安寺　尊証房　常光寺
尊通房　当寺住　聖寿房　大乗寺
宗運房　法光明院　暁光房　大御輪寺
永賢房　大日寺　**明空房　泰平寺**
律国房　浄光寺　善心房　宝泉寺
（中略）
○当寺第廿五長老沙門栄秀

永享八（一四三六）年の「坊々寄宿末寺帳」には泰平寺は見えない[22]が、一四五三年から一四五七年にかけて作成された「西大寺末寺帳」（第三部第二章第三節）には記載があるので、光明真言会には参加していなかったのかもしれないが、一五世紀半ばまでは西大寺直末寺であったようである。先述のように『三国名勝図会』によれば応永一五（一四〇八）年には教源による復興がなされたようなので、教源は西大寺系の律僧であろう。しかし、享禄三（一五三〇）年三月三日に死去した真言僧の宥海法印によって復興がなされるにいたり、真言宗寺院となったのであろう[23]。

第二項　利生塔寺院泰平寺と五輪塔

泰平寺の歴史において、とくに利生塔が設置されたことは大いに注目される。泰平寺が、足利・北朝方にとってきわめて重要な寺院であったのだろう。[24]また、この利生塔が設定されたのは、泰平寺が律寺、とくに西大寺直末寺の時であった。

すなわち、『三国名勝図会』第一巻には史料（4）から（8）の文書や銘文が引用されている。[25]

史料（4）

舎利奉納文曰

奉安置薩摩国泰平寺塔婆

仏舎利二粒　一粒東寺

右於六十六州之寺社建一国一基之塔婆、恭任申請、既為

勅願、仍奉請東寺仏舎利各奉納之、伏翼、　皇祚悠久、衆心悦怡、仏法紹隆、利益平等、安置之儀、旨趣如件

暦応二年八月十八日　　左兵衛督源朝臣直義　花押

史料（5）

院宣曰

薩摩国泰平寺塔婆事、為　勅願之儀、遂修造之功、可奉祈天下泰平者、

院宣如件、仍執達如件

暦応二年十月十一日　　按察使維顧

行円上人御房

史料（6）

院宣

追伸

寺領興行事、任代々奉寄候、可有沙汰、甲乙人押領之所々以下、相尋在庁官人等、委可注進由、被仰下也、

史料（7）

足利直義副書曰

薩摩国泰平寺塔婆事、院宣如此、為六十六基之随一、寄料所、可造立、可被存其旨之状如件、

暦応二年十月十四日　左兵衛督花押

泰平寺長老

史料（4）から史料（7）は、暦応二（一三三九）年に薩摩利生塔が泰平寺に立てられる経過を示している。まず、確認すべきは、通常、利生塔とは三重塔ないし五重塔と考えられている[26]。たとえば若狭神宮寺に設定された利生塔の場合、「暦応三年正月一日、仏舎利二粒、一粒は東寺、当寺の三重塔婆に奉納す」のように、三重塔に仏舎

利二粒が納められた[27]。その中に東寺の舎利一粒とほかの舎利一粒が納められていたのである。そうした利生塔が立てられた寺院には、所領が寄付された。

こうしたことを踏まえて史料を見ると、史料(5)から、薩摩利生塔の責任者は、先述した泰平寺行円であったことがわかる。先述のように、行円は泰平律寺の開山長老であった可能性がある。

ところで、泰平寺の利生塔については、従来、川内市史は、『三国名勝図会』第一巻の説に従って、『三国名勝図会』第一巻に描かれた巨大五輪塔(約二八五センチ)を利生塔に比定する(図1)。

それには、史料(8)のような銘文が記されていたという。

図1　『三国名勝図絵』第一巻に描かれた泰平寺と巨大五輪塔

史料(8)

塔婆銘文曰

奉造立五輪塔一基

右志趣者、法界衆生殊一結講衆等菩提記也、仍所修如件、暦応三年二月時正、勧進、沙弥成道、大檀那善行

すなわち、史料(8)より、すべての衆生、とくに一結講衆の菩提のために暦応三(一三四〇)年二月に、五輪塔が立てられたことがわかる。

たしかに、五輪塔造建の時期が暦応三（一三四〇）年、利生塔の方が暦応二（一三三九）年であり、時期的に近接している。だが、通常の利生塔の例から判断して、利生塔は三重塔ないし五重塔であったはずで、五輪塔とは異なる。

おそらく、五輪塔は、『三国名勝図会』第一巻が書かれていた頃にも存在し、史料（4）から史料（7）にあった利生塔に、間違って五輪塔が当てられたのであろう。

別稿で述べたように、中世の叡尊教団（西大寺とその末寺）では、二メートルを超える巨大五輪石塔が作られた(28)。それらは、地輪の形の共通性から大きく三系統に分けられる。本五輪塔も叡尊教団のものであり、残っていれば、貴重な文化財であるのに、現存しないのは惜しまれる。

ところで、泰平寺は、川内川のほとりに立っていた。南門を少し行くと川内川にゆきあたる。そこは大門口という船着き場であったという。そこまで、船が来ていた。

そもそも、中世の律宗寺院は、橋や港の管理を任されていた。鎌倉極楽寺と和賀江津、博多大乗寺と博多港、橋寺放生院と宇治橋などがその例である(29)。おそらく、川内川（それに架かる橋）も泰平寺が管理していたのであろうと推測できる。

川内川は、川を境に隼人支配地との境界であったという。古代の泰平寺は、隼人支配の宗教的な拠点として立てられたのであろうか。中世においては、戦略上の拠点である川内川を押さえる泰平寺が重視されたのであろう。

第二節　日向志布志宝満寺

次に日向宝満寺（鹿児島県志布志市志布志町帖に所在した）に注目しよう。宝満寺についても優れた研究がなされてきた[30]が、叡尊教団の展開の視点から再検討してみる。

第一項　西大寺末寺志布志宝満寺の再興と展開

宝満寺の歴史については、『三国名勝図会[31]』『志布志記[32]』「宝満寺文書[33]」などを駆使した『志布志町誌』上巻[34]が詳しく、かつ、きわめて実証的である。それによれば、宝満寺は、秘山密教院宝満寺といい、中世島津荘救仁院志布志における重要な寺院であった。

聖武天皇の神亀年間（七二四～二九）に皇国鎮護のために勅願寺として創建されたという。その後、源頼朝が九州の諸侯伯に命じて本堂にその肖像を安置し、鎌倉から鶴岡八幡宮を勧請して鎮守としたという。正和五（一三一六）年には鎌倉極楽寺忍性の弟子信仙房英基によって復興され、以後、奈良西大寺末寺として栄えた。元応二（一三二〇）年に本尊如意輪観音が奈良西大寺から下向し、本堂に安置された。観音の蓮台には、「元応二年庚申九月十九日造功畢、南都於西大寺開眼、願主光信左衛門尉入道長教」と記され、光信は原田入道、左衛門尉入道は仲津川左衛門、長教は不明という。暦応三（一三四〇）年には、足利直義によって舎利が奉納され利生塔寺院に設定されるほどであった。以後も、西大寺末寺であったが、明治の廃仏毀釈によって廃寺となったという。

ここでは、史料にあたって、再検討してみよう。

『太宰管内志』下には、「志布志記略」を引用して、「諸県郡志布志密教院宝満寺者花園院之勅願所也、鎌倉極楽寺ノ開山忍性菩薩之弟子信仙上人英基和尚、正和五年開此寺、為開山、此寺律宗而南都ノ西大寺京都ノ泉涌寺両山ノ末寺也、寺領三十一石五斗六升[35]」とある。

すなわち、それによれば、宝満寺は正和五年に極楽寺忍性の弟子信仙房英基によって開山され、花園天皇の勅願所であった。叡尊教団は、衰退した旧寺を復興することが多いので、信仙坊英基によって再興されたのであろう。

この正和五年の信仙による宝満寺の再興に関しては、「宝満寺文書」により、具体的となる。すなわち、正和五年付の安藤蓮聖による打渡状があり、得宗領であった志布志津と密接な関連をもつ寺として再興されたと考えられている[36]。この点は、第三項で述べる。

史料(9)[37]

深聖房	浄土寺	○善願房	極楽寺長老
賢律房	当寺住	舜忍房	成願寺
信仙房	**宝満寺**	蔵性房	東光寺
願教房	安養寺	観宣房	当寺住
禅密房	西琳寺	円法房	浄光寺
修真房	最福寺	実行房	尺迦寺
浄勇房	常光寺	○了心房	戒壇院長老

史料（9）は、西大寺関係者の物故者名簿といえる「西大寺光明真言過去帳」の一部である。嘉暦元（一三二六）年八月一〇日に死去した極楽寺長老善願房[38]と、元徳元（一三二九）年一〇月三日に死去した戒壇院長老了心房[39]との間に、宝満寺信仙房が記載されている。

それゆえ、正和五年に宝満寺の再興を開始した信仙房英基は、嘉暦元（一三二六）年八月一〇日から元徳元（一三二九）年一〇月三日までの間に亡くなったのであろう。

信仙房の活躍によって、宝満寺は西大寺の直末寺、すなわち、長老が西大寺から直接任命される寺院として発展していった。

往時には、宝満寺内の支院として光明院、吉祥院、妙特院、観音院、弥勒院、小塔院の六寺があり、志布志には九品寺という末寺もあったという[40]。

明徳二（一三九一）年に書き改められた「明徳末寺帳」には、

史料（10）[41]

日向国

宝満寺　志布志

宝泉寺

とある。

すなわち、明徳二年には、日向国における西大寺直末寺の筆頭であった。なお、第二位の宝泉寺がどこにあり、いかなる寺院であったのかなどは不明である。[42]

史料（11）[43]

東室三

天王寺薬師院　　勢州円明寺

摂州吉祥寺　　同神崎極楽院

紀州光明院　　賀州西光寺

九州日向国**宝満寺**

また、史料（11）のように、永享八（一四三六）年三月日付の「坊々寄宿末寺帳」によれば、西大寺光明真言会にさいして、「東室三」に泊まる末寺として宝満寺が挙がっている。それゆえ、永享八年まで、西大寺末寺として、奈良西大寺の光明真言会に参加していたのであろう。

史料（12）[44]

奉安置日向国宝満寺塔□（婆）

仏舎利二粒一粒東寺

右、於六十六州之寺社、□□（建一カ）国一基之塔婆、忝任申請、既為勅願、仍奉請東寺仏舎利、各奉納之、伏冀皇祚悠

図2　田中家に伝わる仏舎利

久、衆心悦怡、仏法紹隆、利益平等、□《(安カ)》置之儀旨趣如件

暦応三年正月一日　左兵衛督源朝臣直義（花押影）

史料（12）によれば、暦応三（一三四〇）年に足利直義により利生塔が設置された寺院であったことがわかる。なお、奉納された仏舎利は、現在、田中家に伝わるという[45]（図2）。

史料（13）[46]

日向国島津庄内宝満寺塔婆事、為六十六基□随一、寄料所可令興隆也、可被存其旨之状如件

暦応三年三月廿七日　　左兵衛督源朝臣直義

当寺長老

史料（14）[47]

日向国宝満□□□事、為勅願之□□修造之功、殊可□□天下泰平者、院宣如此、仍□□□□

暦応三年四月八日

舜律上人御□

史料（13）も史料（14）も、利生塔寺院設定に関わるものであり、いずれも宝満寺長老に宛てられたと考えられ

る。

それゆえ、史料（14）の舜律上人が、暦応三（一三四〇）年時点での宝満寺長老であったと考えられる。信仙房の跡を継いだ第二代長老であろうか。

史料（15）[48]

○当寺第六長老沙門澄心
道忍房　保延寺　　如性房　永興寺
寂勝房　戒泉寺　　寛宗房　西琳寺
舜律房　当寺住　　本乗房　雲富寺
照観房　金剛宝戒寺　　浄生房　弘正寺
本智房　当寺住　　○本光房　極楽寺長老
（中略）
当寺第七長老沙門信昭

この舜律上人に関しては、先の「光明真言過去帳」に、西大寺第六代長老澄心と同第七代長老信昭との間に挙がっている〈史料（15）〉。澄心は貞和三（一三四七）年九月五日に亡くなっている[49]。信昭は文和元（一三五二）年三月二日に亡くなっている[50]。それゆえ、舜律はその間に亡くなったと考えられる。舜律には、「当寺住」と注記があり、宝満寺ではなく、最後は西大寺で亡くなったと考えられる。だが、暦応三年頃は宝満寺長老であったのだろう。宝満寺長老は、西大寺によって任命されており、本寺にもどることもあったのであろう。

第二項　宝満寺を支えた人々

ところで、宝満寺の裏山の住職墓地には、数多くの五輪塔がある。とくに、小ぶりだが花崗岩製の光信五輪塔は注目される。

この光信五輪塔は、佐藤亜聖によって発見されたものである(51)。すなわち、本五輪塔の地輪の部分には、「元徳二年　沙弥光信」とあることから、光信によって元徳二（一三三〇）年に立てられたと考えている(52)。また、先述した元応二（一三二〇）年に本堂に安置された本尊如意輪観音の蓮台部には、「元応二年庚申九月十九日造功畢、南都於西大寺開眼、願主光信左衛門尉入道長教」と記されていたが(53)、佐藤は、その光信を五輪塔の光信と同一人とする。

同一人物とする指摘は説得力があるが、光信を信仙の跡を継いだ第二代長老と推測する点は支持できない。というのも、光信は半人前の沙弥に過ぎず、長老は比丘でなければならない。ところが、先述のように、信仙房は一三二六から二九年の間に死去しており、元徳二年には、光信は長老でなければならないが、その当時も沙弥であった。しかも、先述のように舜律房が第二代長老であったと考えられる。それゆえ、沙弥光信は、宝満寺信者の在家沙弥であったと推測したい。

ところで、『志布志記』(54)『三国名勝図会』(55)いずれも、光信を原田入道とする。残念ながら、その根拠が示されていないが、観音の蓮台に記された願主三人について、「光信は原田入道、左衛門尉入道は仲津川左衛門、長教は不

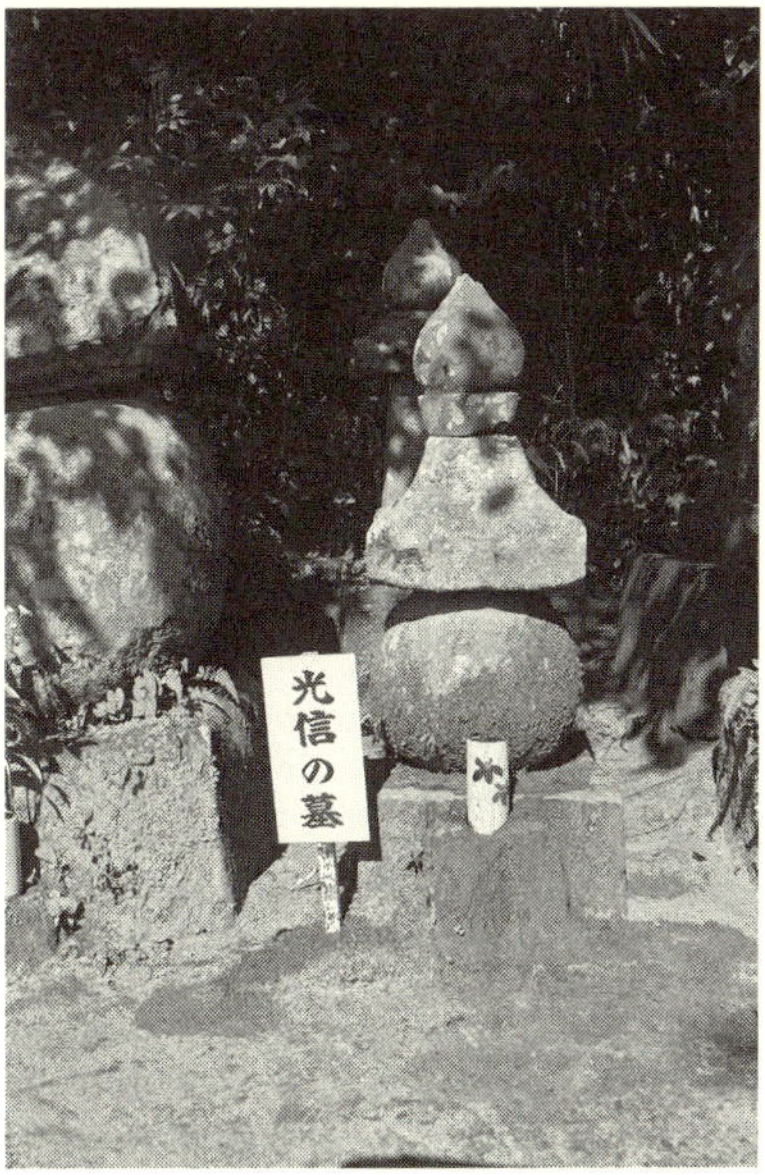

図３　光信五輪塔

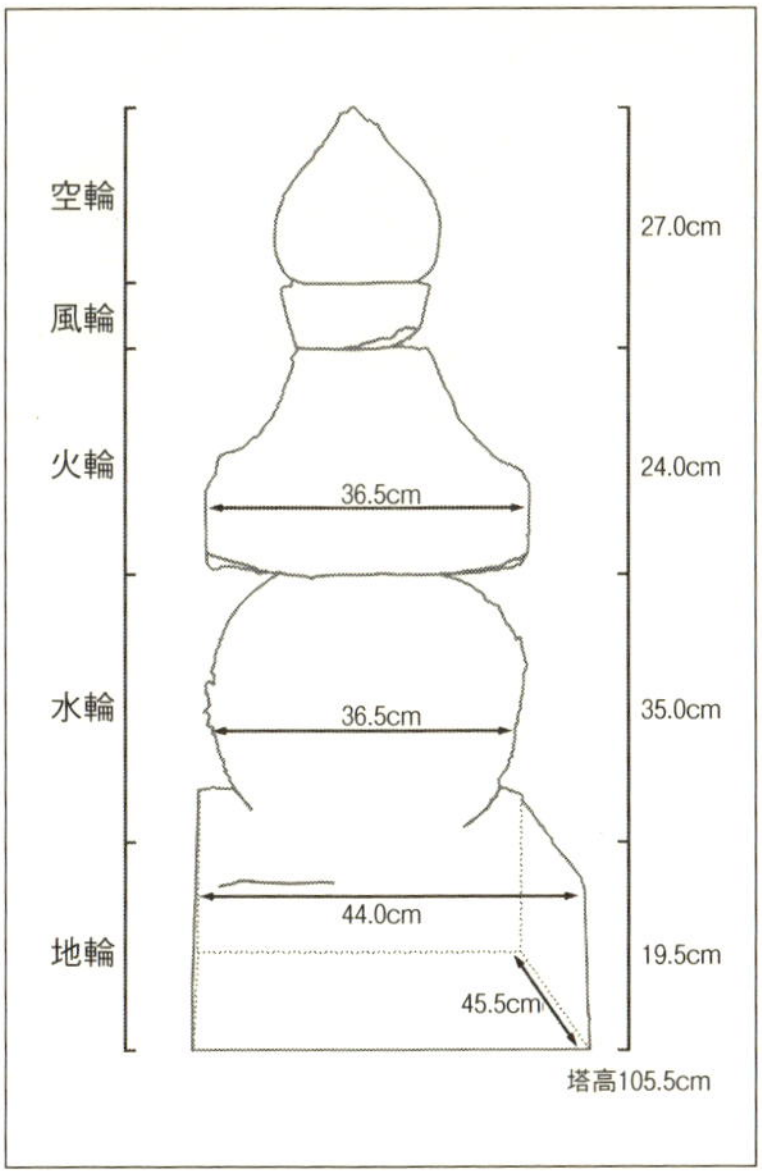

図４　光信五輪塔計測図

明」とし、「長教は不明」と指摘するように、その記述は実証的である。

宝満寺には、現在は失われた古文書がかつては数多く残っていたようなので、光信を原田入道とする文書があったのかもしれない。

さて、光信の五輪塔（図３・４）は、以下のような、寸法の五輪塔である。地輪幅四四センチ、奥行き四五・五センチ、高さ一九・五センチ、水輪幅三六・五センチ、高さ三五センチ、火輪幅三六・五センチ、高さ二四センチ。ただし風輪と空輪は合わせて高さ二七センチだが、別石である。

佐藤は、様式が西大寺様式の五輪塔であるとし、関西からもたらされたと推測している。

別稿(56)で論じたように、水輪の形に注目すると、西大寺様式の五輪塔は三系統に分類できるが、光信五輪塔は、水輪の上下をコンピューター上で逆にすると、口絵３のように木津惣墓系統に分類できる。その点からも、西大寺様式であると考えられる。

図5　住職墓六尺塔

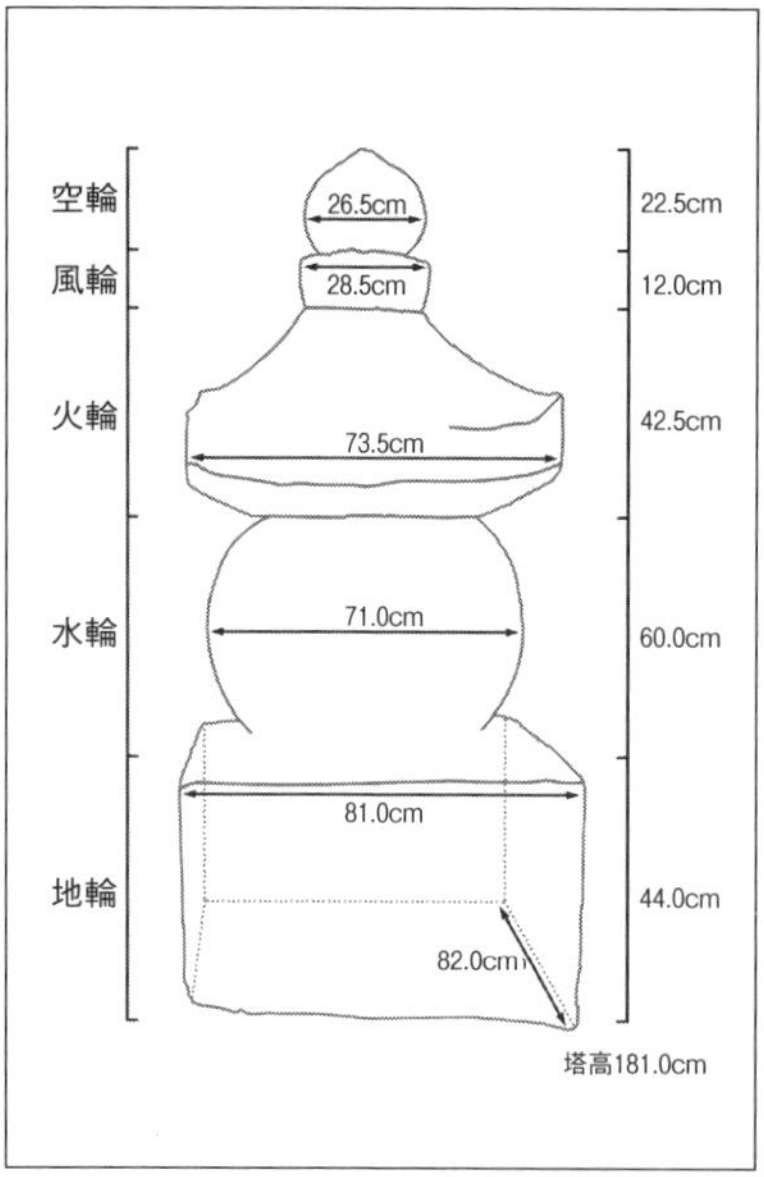

図6　住職墓六尺塔計測図

住職墓地には光信五輪塔以外にも、五輪塔が数多くあるが、いまだ調査されていない。そこで、現存する五輪塔で最大の六尺塔を調査した（図5・6）。大きさなどは、以下の通りである。地輪幅八一センチ、奥行き八二センチ、高さ四四センチ、水輪幅七一センチ、高さ六〇センチ、火輪幅七三・五センチ、高さ四二・五センチ、風輪幅二八・五センチ、高さ一二センチ、空輪幅二六・五センチ、高さ二二・五センチ。

凝灰岩製であるが、非常に形が整っている。無銘であるが、住職のものであろう。

この五輪塔も、水輪に注目する西大寺様式の三系統と比較すると、口絵2のように叡尊系五輪塔と一致する。

第三項　安東蓮聖・志布志津・宝満寺

志布志宝満寺が、勅願寺で、室町時代には利生塔設置寺院であるほど栄えていた。そうした宝満寺の繁栄を支えたものは、島津荘の外港であった志布志[57]津の管理権であったと推測される。そこで、ここでは従来さほど注目されていない、志布志津との関わりについてみてみよう。

史料（16）[58]

奉打渡

日向方島津御庄志布志津大沢水宝満寺敷地四至境事

限東深小路大道

限南経峰

限西河

限北天神山後堀

右、任被仰下之旨、奉打渡于宝満寺之状如件、

正和五年十一月三被　　沙弥蓮正　在判

史料（16）は、蓮正打渡状である。この蓮正については、得宗被官安東蓮聖とする見解が有力である。[59]正和五（一三一六）年は、信仙房による宝満寺再興が始まった年で、救仁院内の志布志は得宗領であった。安東蓮聖は、九〇歳まで長生きをしたが、当時、七〇歳であり、引退していた可能性もあるが、ひとまず、打渡状の発給者が得宗被官安東蓮聖であった可能性はある。

また、志布志津は日向本荘島津院（都城市）の外港であった。すなわち、重要な港で、種子島とも結ぶ南方貿易

の港であった。

さらに、信仙房は、極楽寺忍性の弟子であり、得宗や安東蓮聖と面識があった可能性も高い。とすれば、この志布志宝満寺と志布志津修築のさいも久米田寺再興と福泊り修築などで、叡尊教団を支援した得宗と安東蓮聖[60]が協力した可能性は高い。

『志布志町誌　上巻』には、昭和三〇年代の聞き取りをもとに、作成された明治元年頃の志布志の絵図が付録として付けられている[61]。それによれば、宝満寺が前川（志布志川）に面し、中世の海岸線を考えると、まさに志布志津に面していたことがわかる。

この配置は、種子島慈音寺にもあてはまるが、慈音寺が赤尾木津（西ノ表港）を管理した[62]ように、宝満寺は志布志津の管理を担当していた可能性は高い。

なお、『種子島家年中行事』によれば、種子島時充（?～一三九六）の妻は、日向志布志の野辺盛忠の息女という。すなわち、「御譜云、六代左近将監時充公室ハ、日州志布志の野辺肥後守盛忠息女也[63]」とある。種子島と志布志とは、人的にも密接に結びついていた点も忘れてはならない。

第三節　大隅国正国寺

梅霊山無量寿院正国寺は、現在、廃寺であるが、大隅正八幡宮（現、鹿児島神宮）の神宮寺三箇寺[64]の一つで、かつては霧島市隼人町字内山田の宇都山集落内に所在[65]した。西大寺末の律寺であった。もともとは現在の隼人塚（鹿児島県霧島市隼人町）の地に、所在した。というのも、隼人塚の石仏とよく似た、康治元（一一四二）年の銘をもつ石仏が宇都山の正国寺跡から発掘されたからである。この石仏の存在により、正国寺は康治元年頃には所在した寺院であったことが明らかとなった。

この正国寺については、霧島市教育委員会や八尋和泉の研究[66]がある。教育委員会の報告書は文化財を中心に、正国寺の歴史を明らかにしている。他方、八尋は、律宗寺院の美術史の観点から研究しており、隼人塚に残る四天王像が、「体形の内どりや大きな兜の誇張された彫出、甲冑と衣文の織りなす襞の処理」などから、その制作年代を鎌倉時代末、南北朝時代の初めの律寺として最盛期のものとする。[67]しかし、正国寺の歴史については『三国名勝図会』の記述を引用するにとどまっている。そこで、検討しよう。

第一項　律寺としての正国寺

『三国名勝図会』によれば、(1)正国寺は西大寺末寺の律寺であり、(2)慈道の弟子円秀を開山とした、(3)元徳二(一三三〇)年に創建されたこと、などが記されている。[68]

まず、西大寺末寺であった点についてみてみよう。明徳二(一三九一)年に書き改められたという「明徳末寺帳」には、以下のように記載されている。

史料(17)

大隅国

正国寺　　　慈音寺

すなわち、正国寺と慈音寺の二箇寺が挙がっている。[69]「明徳末寺帳」は、先にも触れたように奈良西大寺の直末寺を書き上げたもので、それらの寺院は、ようするに、西大寺から直接に住持（長老という）が任命された。また、正国寺が大隅国の直末寺の筆頭に記載されていることから、大隅国の西大寺末寺の筆頭寺院であったと考えられる。また、永享八（一四三六）年の「坊々寄宿末寺帳」にも、「四室分」に「大隅国宮内正国寺」として挙がっている。光明真言会にさいして、「四室」に泊まることになっていたと考えられる。

さらに、正国寺は江戸時代（元和元年以後）の「西大寺末寺帳」にも記載されており、江戸時代においても西大寺末寺であったと考えられる。

ところで、いつから律寺となったのであろうか。『三国名勝図会』によれば、亀山院によって、蒙古襲来にさいして、一宮・国分寺の興行が西大寺叡尊に命じられ、一国に一寺建てられたが、正国寺は大隅国分であったという。その伝承が正しければ、正国寺は、大隅国の一宮大隅八幡宮の神宮寺であり、蒙古襲来に伴う一宮・国分寺興隆に伴って建立（正確には中興）されたということになる。それゆえ、鎌倉末期に建立（中興）されたことになる。実際に、弘安七（一二八四）年には鎌倉幕府は国分寺・一宮の興行を宣言し、それを実際には西大寺・極楽寺が担っていた。[70]それゆえ、正国寺の中興は、蒙古襲来にさいしての一宮・国分寺の興行、ここでは大隅一宮正八幡宮興行のために、西大寺に命じて行なわれたのであろう。

第二項　開山円秀とその後の住持

さて、『三国名勝図会』によれば、正国寺は西大寺第二代長老慈道房信空の弟子円秀によって開山されたという。この円秀がいかなる人物かははっきりしない。

史料（18）[71]

為三宝久住利楽諸衆生奉造立、離愛金剛之尊像為奉納御身、令賢任比丘書漢字令厳貞比丘、写梵字自書之令、寂忍近事造経台以奉納此経、矣即自八月十八日初夜至于同廿五日、黄昏七ヶ日夜之間令衆僧誦彼、神呪睿尊厳貞共修六時行法各三時

日本国人王八十九代宝治元年　歳次丁未　八月十八日記之

仏師善円

経師実有

大檀越範恩近事

大願主叡尊比丘

衆僧

比丘厳貞、比丘善厳、比丘幸円、比丘聖尊、比丘忍性、比丘寂尊、比丘親如、比丘叡実、比丘賢任、比丘頼玄、比丘源真、比丘覚順、比丘永真、比丘重円、比丘幸真

沙弥信空、形同沙弥妙尊、形同沙弥円秀、形同沙弥惣持

史料（18）のように、宝治元（一二四七）年八月一八日付「金剛峰楼閣一切瑜伽瑜祇経奥書」[72]に忍性や「沙弥信空」らとともに、「形同沙弥円秀」なる人物が見える。形同沙弥は、沙弥の前段階の存在であり、この人物が、若き日の円秀なのかもしれない。

円秀以後の住持は誰であったのだろうか。先の「光明真言過去帳」によれば、西大寺第一五代長老興泉と第一六代長老禅誉の間に「了浄房　正国寺」が記されている。[73]第一五代長老の興泉信葉は康暦元（一三七九）年六月一日に八六歳で死去し、また、第一六代禅誉円宗は嘉慶二（一三八八）年五月五日に九〇歳で死去している。[74]それゆえ、康暦元年六月一日から嘉慶二年五月五日の間に死去したのであろう。この了浄房以外にも、「乗源房　正国寺」[75]、「良瑜房　正国寺」[76]などが挙がっている。

第三項　元徳二年の創建とは

『三国名勝図会』が伝える寺伝（由緒書）によれば、元徳二（一三三〇）年の創建という。しかし、元徳二年は亀山院の時代ではないことなどから、『三国名勝図会』の編者は、それを否定し、『鹿児島県の地名』も同様である。先述した康治元（一一四二）年の石仏の存在から、平安末期には正国寺は存在していた。それゆえ、元徳二年は、中興の年である。

ここでは、寺伝を尊重したい。というのも、『三国名勝図会』には、「暦応五年、六月、時の住僧、当寺修営の事を奉行所に訴へし文に、来由を書して、元徳年中草創なりと記しぬ」[77]とあり、暦応五（一三四二）年の段階で、寺僧は元徳年中の草創と認識していたことになり、ひとまずそれを尊重すべきであろう。亀山院の時に創建（中興）計画が立てられたとしても実行に移るまでにタイムラグがありうるからである。すなわち、実際に中興が行なわれたのが元徳二年と考えたい。おそらく、そのさいに、隼人塚の地から、宇都山の地に移ったのであろう。[78]

最後に、大隅国利生塔との関係に注目したい。前節まで論じてきたように、薩摩泰平寺も日向宝満寺もいずれも、薩摩・日向の利生塔が設置された寺院であった。とすれば、西大寺末寺内で同様な寺格であった大隅正国寺も利生塔が設定された寺院であった可能性を指摘しておきたい。

また、ほかに薩摩泰平寺も日向宝満寺も、川や津の管理を担当していたと考えられる。大隅正国寺については、史料がないが、正八幡宮から隼人塚を通って浜に出る道があり、その浜を管理していたかもしれない。

おわりに

以上、薩摩泰平寺、日向宝満寺、大隅正国寺に注目して、叡尊教団による薩摩・日向・大隅三国への展開をみた。叡尊教団の活動によって、泰平寺、宝満寺が室町幕府の地域拠点寺院たる利生塔設置寺院となるほど大発展を遂げていたことは大いに注目される。また、三寺院ともに一五世紀半ばの「西大寺末寺帳」に記載がある（第三部第二章第三節）。さらに、正国寺と宝満寺は、寛永一〇（一六三三）年の「西大寺末寺帳」[79]にも載る。その頃まで西大寺直末寺だったと考えられる。

また、二メートルを超える巨大五輪塔が江戸時代までは泰平寺に所在するなど、叡尊教団による巨大五輪塔造立の事実が確かめられた。

さらに、律寺が河川・港湾管理を担うという原則が、その三寺にもほぼ当てはまることがわかった。先述のように、泰平寺は、川内川のほとりに立ち、川内川を管理していたようである。そもそも、中世の律宗寺院は、橋・港の管理を任されていた。おそらく、川内川も泰平寺が管理していたのであろうと推測している。川内川は、川を境に隼人支配地との境界であったという。また、川内川に太平橋が架けられたのは明治八年であり、それまでは渡し船が重要な役割を果たしたという。

他方、正和五（一三一六）年の信仙による宝満寺の再興は、得宗被官安東蓮聖も協力したものであり、それは、島津荘の外港で南方貿易の港でもあった志布志津の管理者としての宝満寺に注目したものであったと考えられる。志布志宝満寺のケースも西大寺末寺興隆と港整備に得宗被官安東蓮聖が協力した事例であったといえる。正国寺については、史料がないが、八幡宮の放生会の浜殿下り神事で向かう隼人港を管理していたのかもしれない。今後の課題である。

付記　本稿作成にさいしては、新田神社の宮司種子田敬氏、権禰宜砥綿茂全氏、鹿児島大学教授日隈正守氏ほかのご協力を得た。

註

（1）松尾『勧進と破戒の中世史』（吉川弘文館、初版一九九五年、本章では改訂版である二〇〇二年刊行の第二版を使う）一三一頁。

（2）近年の南九州地域史の重要な研究として、柳原敏昭『中世日本の周縁と東アジア』（吉川弘文館、二〇一一年）がある。大隅国の慈音寺については、松尾『中世律宗と死の文化』（吉川弘文館、二〇一〇年）第三部第四章で扱ったので、それを参照されたい。

（3）松尾『日本中世の禅と律』（吉川弘文館、二〇〇六年）一九八頁。

（4）二〇〇九年三月七日、泰平寺を訪ねた。突然の来訪にもかかわらず、お話をしてくださった泰平寺住職羽坂光昭氏には感謝の意を表します。

（5）ルイス・フロイスの『日本史』（本論第二章）では、泰平寺のことを「川内と呼ぶ大河のほとり」と記述するように、中世泰平寺は川内川のほとりに位置していた。

（6）ご住職のご教示による。

（7）松尾『日本中世の禅と律』〈前註（3）〉一九八頁。

（8）吉本明弘「豊臣秀吉・関白軍の川内侵攻」（『千臺』四〇、二〇一二年）。豊臣秀吉は天正一五年五月三日に泰平寺に入り一四日間逗留した。その間に島津義久は秀吉に降伏した。

（9）松尾「西大寺末寺帳考」『勧進と破戒の中世史』〈前註（1）〉一五二頁。もっとも、この末寺帳に一箇寺しか末寺が記載されていないからといって、薩摩国に西大寺末寺が一箇寺しかなかったわけではない。鎌倉末期には、西大寺と極楽寺が復興を任された諸国国分寺・一宮は西大寺末寺であった可能性は高い。それゆえ、薩摩国分寺・一宮（の塔頭、末社）も叡尊教団の寺院化していたかもしれない。実際、元亨三（一三二三）年八月には薩摩一宮新田宮の「雄立神人」役を泰平寺別当が、「雌立神人」役を国分寺別当が負担しており（「新田宮本神人等名帳」（川内郷土史編さん委員会編『川内市史史料集一　薩摩国新田神社文書（1）』一九七二所収）、新田宮の一部（雄立社カ）は泰平寺の管轄下にあったことは確実であろう。雄立社も雌立社もともにほかの史料に見えない。現在の門守社のことかもしれない（宮司種子田敬氏のご教示）。また、国分寺も、二月一五日の泰平寺御霊会の役を負担するなど、泰平寺との密接な関係を窺わせる（「薩摩国分寺文書」『新修国分寺の研究六』五二三頁所収）。末寺であったとすれば、先述の雄立神人役を国分寺が負担したのも、泰平寺との関係からであったのかもしれない。

（10）川内市史編纂委員会『川内市史』上巻（鹿児島県川内市、一九八五年、以下『川内市史』上巻という）四八一・四八二頁参照。

（11）原口虎雄監修『三国名勝図会』第一巻（青潮社、一九八二年）九二八〜九三八頁。

（12）原口虎雄監修『三国名勝図会』索引（青潮社、一九八二年）の「解題」三頁。

（13）松尾「西大寺光明真言過去帳の紹介と分析」（速水侑編『日本社会における仏と神』吉川弘文館、二〇〇六年）九一頁。
(14) 元興寺文化財研究所編『西大寺光明真言会の調査報告書』(元興寺文化財研究所、一九八二年)一五頁、松尾「西大寺光明真言過去帳の紹介と分析」〈前註(13)〉参照。
(15) 松尾「西大寺光明真言過去帳の紹介と分析」〈前註(13)〉九一頁。
(16) 本光房心日は観応元年三月二一日までは存生している(『極楽律寺史 中世・近世編』一四六頁)。
(17) 「西大寺代々長老名」(『西大寺関係史料(一)諸縁起・衆首交名・末寺帳』奈良国立文化財研究所、一九六八年)七三頁。
(18) 松尾「西大寺叡尊像に納入された「授菩薩戒弟子交名」と「近住男女交名」」(松尾『日本中世の禅と律』〈前註(3)〉七八頁。行円房裕実は、弘安三年の西僧坊の助成者名簿に西大寺僧との一人として寄付している(『西大寺叡尊伝記集成』三八四頁)。とすれば、弘安三年には西大寺にいたのであろう。
(19) 「西大寺代々長老名」〈前註(17)〉七三頁。
(20) 「西大寺代々長老名」〈前註(17)〉七三頁。
(21) 松尾「西大寺光明真言過去帳の紹介と分析」〈前註(13)〉一〇五頁。
(22) 松尾『勧進と破戒の中世史』〈前註(1)〉の「西大寺末寺帳考」一五四～一六一頁参照。
(23) 『三国名勝図会』第一巻〈前註(11)〉九三〇頁。
(24) 利生塔の概説については、松尾『日本中世の禅と律』〈前註(3)〉第四章「安国寺利生塔再考」参照。
(25) 『三国名勝図会』第一巻〈前註(11)〉九三三～九三五頁。
(26) 松尾『日本中世の禅と律』〈前註(3)〉一八六頁参照。
(27) 『福井県史資料編九』所収「神宮寺文書」一〇号文書。
(28) 松尾『中世律宗と死の文化』〈前註(2)〉参照。

(29) 極楽寺と和賀江については松尾『忍性』(ミネルヴァ書房、二〇〇四年)参照。博多と大乗寺については、松尾「博多大乗寺と中世都市博多」『鎌倉遺文研究』一七号、二〇〇六(松尾『中世律宗と死の文化』〈前註(2)〉所収)参照。橋寺放生院と宇治橋との関係については、松尾「叡尊教団と中世都市平安京」『戒律文化』七号、二〇〇八年(松尾『中世律宗と死の文化』〈前註(2)〉所収)参照。

(30) 『志布志町誌』上巻(志布志町役場、一九七二年)、八尋和泉「九州西大寺末寺とその遺産」(『仏教芸術 特集 叡尊と西大寺派美術』一九九、一九九一年)。『宮崎県史 通史編中世』(宮崎県、一九九九年、四〇二〜四〇五頁)、佐藤亜聖「鹿児島県志布志町宝満寺所在元徳二年銘五輪塔について」(『元興寺文化財研究』元興寺文化財研究所、二〇〇四)。また、平成一三・一四年度には境内地の発掘も行なわれた(『志布志町埋蔵文化財発掘報告書(31)』鹿児島県曽於郡志布志町教育委員会、二〇〇三年)。それによると、洪水のため遺跡が削られるなど遺構の痕跡はなくなっていた。しかし、少数ながら貿易陶磁器を含めた中・近世の陶磁器片が出たことは注目される。

(31) 原口虎雄監修『三国名勝図会』第四巻(青潮社、一九八二年)一〇三一〜一〇四五頁。

(32) 『志布志記』(志布志町教育委員会、二〇〇〇年)に翻刻。『志布志記』は一七八三年に作成された(『志布志記』四頁)。

(33) 「宝満寺文書」は『鹿児島県史料 旧記雑録前編一』(鹿児島県、一九七九年)四四八、五九五・五九六、七二八・七二九頁に所収。

(34) 『志布志町誌』上巻〈前註(30)〉四一五頁。

(35) 伊藤常足『太宰管内志(下)』(歴史図書社、一九六九年)一〇八頁。

(36) 『宮崎県史 通史編中世』〈前註(30)〉四〇五頁。

(37) 松尾「西大寺光明真言過去帳の分析」〈前註(13)〉八七頁。

(38) 『常楽記』(『群書類従』二九)二一二頁による。

(39)『招提千歳伝記』(『大日本仏教全書　一〇五』所収)五五頁による。
(40) 原口虎雄監修『三国名勝図会』第四巻〈前註(31)〉一〇四四頁。また、大隅国曽於郡にも持宝院という末寺があった(原口虎雄監修『三国名勝図会』第三巻(青潮社、一九八二年)四一八頁。
(41) 松尾『勧進と破戒の中世史』〈前註(1)〉。
(42) 宮崎県宮崎市赤江恒久に浄土真宗本願寺派の宝泉寺がある。寺伝によれば、宝暦一一年六月二日に飫肥の浄念寺末として寺号を許可されたという(原田義教が編集した昭和九年の「寺院記録」による)。赤江は、大淀川右岸に位置し、中・近世に赤江津は湊として大いに栄え、宝泉寺の一帯はその地域の拠点であったという。『宮崎県の地名』(平凡社、一九九七年)四〇四頁は、宝泉寺は現在は浄土真宗の寺院であるが、かつては西大寺末寺であったのではないかとする。たしかに、宝泉寺の向かいの俳人墓地には、嘉暦三年九月銘の板碑(安山岩)などがある。それには、「右志者先師法眼和尚位相当一七ヶ季忌辰所令造立如件嘉暦三季九月四日　造立者　敬白」(多田隈宝秋『九州の石塔　宮崎県の部、沖縄県の部、補遺の部』西日本文化協会、一九七七年、二四五・二四六頁)とある。鎌倉時代のもので、先師十七回忌の供養板碑である。それゆえ、宝泉寺の存在は鎌倉時代にまでさかのぼる可能性は高く、叡尊教団の寺院と川港との関係の大きさを考えれば『宮崎県の地名』の説はひとまず支持できよう。宝泉寺も大淀川の川湊を押さえる寺院であったと推測される。なお、宝泉寺は、一五世紀半ばの「西大寺末寺帳」(第三部第二章第三節)にも載るので、その頃までは西大寺直末寺と考えられる。
(43) 松尾『勧進と破戒の中世史』〈前註(1)〉一五八頁。
(44) 瀬野精一郎編『南北朝遺文　九州編二』(東京堂出版、一九八一年)一四六四号文書。
(45) 志布志市役所志布志支所で写真を撮影した。
(46)「宝満寺文書」『鹿児島県史料　旧記雑録前編一』〈前註(33)〉七二九頁。
(47) 同前。

(48) 松尾「西大寺光明真言過去帳の紹介と分析」〈前註(13)〉頁。
(49) 「西大寺代々長老名」〈前註(17)〉七三頁。
(50) 同前。
(51) 佐藤「鹿児島県志布志町宝満寺所在元徳二年銘五輪塔について」〈前註(30)〉。
(52) 光信の供養のために立てられた可能性もある。
(53) 山岸公基は平成二〇年に、もと宝満寺にあったという如意輪観音像を調査したが、そうした銘はなかったという。しかも、その像は江戸時代のものという。ただし、江戸時代の「志布志記」に銘文の存在が見えるし、光信五輪塔の発見によって、如意輪観音像銘文の光信の実在は実証されたことになる。たぶん、現在の如意輪観音像は本尊の如意輪観音像とは別物なのであろう。
(54) 『志布志記』〈前註(32)〉六五頁。
(55) 『三国名勝図会　第四巻』〈前註(31)〉一〇三四頁。
(56) 松尾『中世律宗と死の文化』〈前註(2)〉。
(57) 『宮崎県史　通史編中世』〈前註(30)〉八九頁。
(58) 「宝満寺文書」『鹿児島県史料　旧記雑録前編二』〈前註(33)〉。
(59) 『宮崎県史　通史編中世』〈前註(30)〉四〇五頁。
(60) 戸田芳実『中世の神仏と道』(吉川弘文館、二〇一〇年)所収「播磨国福泊と安東蓮聖」参照。
(61) 『志布志町誌』上巻〈前註(30)〉巻末付図。志布志市教育委員会の米元史郎氏のご教示による。
(62) 松尾『中世律宗と死の文化』〈前註(2)〉、二五四・二五五頁参照。
(63) 『種子島家年中行事』(熊毛文学会、一九六四年)一三五頁。
(64) 正高寺、正興寺、正国寺の三つである。

(65) 藤浪三千尋氏のご教示による。藤浪氏によれば霧島市立隼人塚史跡館所蔵の正国寺の石仏は宇内山田の宇都山集落から出たという。

(66) 八尋和泉「九州西大寺末寺とその遺産」〈前註(30)〉。また、『鹿児島神宮史』(鹿児島神宮、一九八九年)、『隼人町の石造遺物』(隼人町、一九九五年)、『鹿児島県の地名』(平凡社、一九九八年)六二四頁、『海と城館が支えた祈りの世界――大隅正八幡宮と宮内の1000年』(霧島市立隼人歴史民俗資料館、二〇一〇年)、『霧島市文化財調査報告書 大隅正八幡宮関連遺跡群――総合調査報告書』(霧島市教育委員会、二〇一一年)も参考になる。正国寺については、『霧島市文化財調査報告書』が現在の研究の到達点といえる。重久淳一「中世大隅正八幡宮をとりまく空間構造――社家館跡の調査から」(『地域政策科学研究』(7)、二〇一〇年)も参照。

(67) 藤浪は、四天王像を一二世紀のものとする(「隼人塚石塔と四天王像との関係の研究」『南九州の石塔』一四号、二〇〇四年)。

(68) 『三国名勝図会』第三巻〈前註(40)〉七〇頁。

(69) 大隅慈音寺については、松尾『中世律宗と死の文化』〈前註(2)〉二四七〜二六一頁参照。慈音寺は種子島(一五世紀後半までは、種子島、屋久島、口恵良部島三島全体の寺院が律宗であった)を代表する律寺であった。

(70) 松尾『勧進と破戒の中世史』〈前註(1)〉二七頁。

(71) 『西大寺叡尊伝記集成』(法藏館、一九七七年)三二八頁。

(72) 蓑輪顕量「戒律復興運動」(松尾剛次編『叡尊・忍性』吉川弘文館、二〇〇四年)六四・六五頁。

(73) 松尾「西大寺光明真言過去帳の紹介と分析」〈前註(13)〉九八頁。

(74) 「西大寺代々長老名」〈前註(17)〉七三頁。

(75) 松尾「西大寺光明真言過去帳の紹介と分析」〈前註(13)〉一〇〇頁。

(76) 松尾「西大寺光明真言過去帳の紹介と分析」〈前註(13)〉一〇五頁。

(77)『三国名勝図会』第三巻〈前註(40)〉七一頁。
(78)『霧島市文化財調査報告書』(藤浪氏執筆部分)〈前註(66)〉も、元徳二年に隼人塚から移転したと推測している。
(79)「西大寺末寺帳　その三」〈前註(17)〉一一九頁。

おわりに

本書は、中世叡尊教団の展開を河内（大阪府）、紀伊（和歌山県・三重県）、美濃（岐阜県）、尾張国（愛知県）、越中（富山県）と九州地域に注目して明らかにしている。叡尊教団と聞いてピンと来ない方が多いかもしれないが、奈良西大寺とその末寺のことを指している。西大寺流とも呼ばれることもある。しかし、中世西大寺の組織は二重構造になっており、官僧（官僚僧、白衣と呼ばれた）と遁世僧（黒衣、律家とも呼ばれた私僧集団つまり叡尊門流）とが共住する寺院であった。それゆえ、官僧集団に注目すると興福寺末寺であったこともあって、西大寺末寺は興福寺末寺と誤解されてきた。だが、中世の西大寺末寺というのは叡尊門流の末寺である。

そこで、筆者は、叡尊教団という呼称を使用する。叡尊をいわば開祖、祖師とする教団は、一三世紀末から一五世紀において日本全国に末寺を展開していた。それゆえ、数多くの遺物・遺跡が残っている。だが、従来は叡尊教団に対する認知度が低かったこともあって、それらに、まだまだ十分な光が当てられているとは言い難い。本書でも全国を網羅できたわけではないが、これまでの、現地調査を踏まえて、それを論じるゆえんである。

本書の基になった論考の初出などは以下の通りである。

序　　　　　　　　　　新稿

第一部

第一章　仏教者の社会活動――律僧に注目して

原題「仏教者の社会活動」（『新アジア仏教史12日本Ⅱ　躍動する中世仏教』二〇一〇年五月）

第二章「病」観の変遷――律僧に注目しつつ

原題「病の思想史」（『岩波講座日本の思想　第五巻　身と心』岩波書店、二〇一三年九月）

第二部

第一章　河内国における展開（一）

原題「河内西琳寺五輪塔と大和唐招提寺西方院五輪塔をめぐって――考古学と文献史学をつなぐ試み」（『戒律文化』八、二〇一一年三月）

第二章　河内国における展開（二）

原題「叡尊教団の河内における展開――西大寺直末寺教興寺・寛弘寺と五輪塔」（『山形大学大学院　社会文化システム研究科紀要』第八号、二〇一一年一〇月）

第三章　紀伊国における展開

原題「叡尊教団の紀伊国における展開」（『山形大学人文学部　研究年報』第一〇号、二〇一三年二月）

第四章　美濃国における展開　　　　　新稿

第五章　尾張国における展開　新稿
第六章　越中国における展開　新稿

第三部

第一章　筑前国における展開　新稿
第二章　筑後国における展開
原題「中世叡尊教団と泉涌寺末寺の筑後国への展開――新発見の中世西大寺末寺帳に触れつつ」（『山形大学大学院　社会文化システム研究科紀要』第一〇号、二〇一三年一〇月）
第三章　豊後・豊前両国における展開　新稿
原題「叡尊教団の豊後・豊前両国における展開」（『山形大学歴史・地理・人類学論集』一一、二〇一五年三月）
第四章　肥前・肥後両国における展開
第五章　南九州における展開
原題「叡尊教団の薩摩国・日向国・大隅国への展開――薩摩国泰平寺・日向国宝満寺・大隅正国寺に注目して」（『山形大学人文学部　研究年報』第九号、二〇一二年二月）

おわりに　新稿

第一部第一章は律僧に注目して仏教者の社会活動から中世仏教を見直したもので、本書の総論部分にあたる。叡尊教団は、一三〜一四世紀に日本全国で非人救済活動、寺社修造、港湾・河川・道路の維持管理などの社会活動を行なっていた。本書は、そうした活動を史料に即して河内、紀伊、美濃、尾張、越中、九州などに所在した末寺に注目して具体的に明らかにしている。初出の論文には補訂を加えて載せている。

第一部第二章では、日本において病気がいかに考えられてきたのかを、古代から近世まで通じて論じた。とりわけ、癩病は重要で、叡尊らとの関わりに注目している。

第二部第一章と第二章では、河内国における叡尊教団に注目した。河内国は、叡尊教団の拠点である大和国に近く、末寺数が多いこともあって、二章にわたって論じた。とりわけ、真福寺末寺化を通じて鋳物師集団と叡尊教団との関係に光が当てられた。第三章では、紀伊国における叡尊教団の展開を五輪塔などにも注目しつつ論じてみた。第四章ではベルギーの新ルーバン・カトリック大学で見いだした小松寺旧蔵『大般若経』などを使って美濃国における叡尊教団の展開を論じた。第五章では、尾張国における展開を論じた。第六章では「光明真言過去帳」などの見直しなどから越中国における叡尊教団の展開を見直した。

第三部は、九州地域に注目して叡尊教団の展開をみてみた。第一章では筑前国に、第二章では筑後国に注目した。とりわけ、筑後浄土寺の分析を通じて、もう一つの中世西大寺末寺帳を新たに見いだせたのは収穫であった。第三章では、「光明真言過去帳」などの見直しなどを通じて叡尊教団の豊後・豊前国における展開を論じた。第四章では肥前・肥後両国における展開を論じた。第五章では、五輪塔などにも注目して叡尊教団の薩摩国・日向国・大隅国への展開をみた。

以上のように第三部では五章にわたって九州地域の叡尊教団の展開をみた。九州地方では、仁治元（一二四〇）年に中興（律寺化）がなされた豊後国分寺を皮切りに叡尊教団の展開が開始された。寛元年間（一二四三〜四七）になると豊前大興善寺の中興がなされている。すなわち、本州にもっとも近い地点から叡尊教団の九州進出は開始されたといえる。

こうした九州地方での叡尊教団の展開において、宝治二（一二四八）年春に忍性らが九州へやってきたのは画期となったと推測される。宝治二年春に、忍性は隆信房定舜らが中国よりもたらした律三大部を取りに九州へ下った。六月二二日に定舜は帰朝し、忍性は先に律三大部一八セットを先に西大寺に運び、八月四日に西大寺へ帰った。定舜は律三大部二セットを自ら所持して一〇月八日に帰着した。忍性らは、定舜らが中国よりもたらした律三大部を取りにきたのであるが、それは豊前・豊後での成功を踏まえ、さらに大乗寺などの博多での展開の起爆剤となったと推測される。

第二の画期は、蒙古襲来であろう。肥前東妙寺を初め、蒙古襲来退散祈禱のために律寺が形成された事例も多かったであろう。史料が少なく仮説にとどまるが、一三世紀末に中興された律寺は蒙古襲来退散祈禱のためであろう。

なお、拙著『中世律宗と死の文化』では、大隅国の慈音（恩）寺や伊勢国・伊賀国などについても論じた。ところで、叡尊教団寺院の立地を見ると、港、河口、川の側に所在したものが多い。内陸部の丘の中腹に所在する寺院ももともと川の近くに所在したものもある。たとえば豊後金剛宝戒寺は大分川のほとりに位置したが、たびたびの洪水もあって、大友氏により丘の中腹へ移転している。その地理的位置からも博多大乗寺、筑後浄土寺、日向宝満寺、薩摩泰平寺、豊前宝光明寺、越中禅興寺のように、港・川を管理していたと考えられる。とりわけ、豊前宝光明寺は駅館川の河口に位置し、駅館川の殺生禁断権を梃子に支配していたことなどを史料的に裏づけることができる点で注目される。

さて、西大寺末寺の末寺数については、叡尊の時代に一五〇〇箇寺の末寺があったといわれるが、はっきりしていなかった。しかし、明徳二（一三九一）年に書き改められた「西大寺末寺帳」（「明徳末寺帳」）によれば、西大寺が直轄する直末寺として二六二箇寺が記載されている。その数は僧寺のみで、尼寺は含まれていない。また、三河以東（東国）については、鎌倉極楽寺の管轄下にあったので書かれていない。それゆえ、東国分を考えれば、少なくとも四〇〇箇寺くらいの直末寺が所在したのではないかと推測される。

とりわけ、律宗の尼寺はより注目されるべきである。九州における叡尊教団寺院の分析からも、肥前東妙寺には妙法尼寺が、肥後浄光寺には妙性尼寺がペアの尼寺として存在したように、数多くの尼寺が存在した。しかしながら、「明徳末寺帳」には、そうした尼寺が記載されていない。

また、筑前国で第四位のランクの田村神宮寺が七箇寺の末寺を有していたように、「明徳末寺帳」記載の直末寺には多くの孫末寺が所属していたと考えられる。それゆえ、叡尊時代に一五〇〇箇寺であったにしても、それ以後、倍くらいの末寺を有していたのかもしれない。以上のように、叡尊教団の優勢ぶりは九州末寺の展開からも十分考えられるのである。

また、注目されるのは、「明徳末寺帳」記載の寺院には、数多くの鎌倉幕府祈禱所、室町幕府の利生塔設置寺院が含まれる点である。すなわち、鎌倉将軍家、室町将軍家の祈禱を担当する寺院で、その寺格の面でも重要視されていた。湯之上隆「関東祈禱寺の成立と分布」（『九州史学』六四、一九七八年、のちに湯之上『日本中世の政治権力と仏教』思文閣出版、二〇〇二年に採録）では七四箇寺（幕府資料により確実なもの）の将軍家祈禱寺が挙がっている。その四二箇寺が律宗寺院で、そのほとんどは叡尊教団の寺院である。それらは、尼寺を除けば「明徳末寺帳」に見える直末寺であり、それらの寺格の高さがわかる。関東祈禱所に関する私見については、松尾「関東祈禱所再考

――禅・律寺に注目して――」（『日本仏教綜合研究』一四号、二〇一六年）を参照されたい。

さらに、叡尊教団の展開が一五世紀半ばまでは確認される点である。従来は、西大寺末寺の展開は「明徳末寺帳」を主に使って行なわれてきたために、一四世紀末以降は叡尊教団は衰頽していったイメージがあった。しかし、第三部第二章第三節で紹介した、一四五三年から一四五七年にかけて作成された「西大寺末寺帳」では二八六箇寺が記載されているように、少なくとも西国においては、一五世紀半ばまでは末寺を維持していた。新たな直末寺化にも成功している。たとえば、豊後国では神宮寺が新たに加わっているほどである。それゆえ、叡尊教団は一五世紀半ばまでは勢力を保持していたと考えられる。

あとがき

本書は二〇一〇年に刊行した拙著『中世律宗と死の文化』（吉川弘文館）の続編といえる。先述した本書の構成一覧からも理解されるように、二〇一〇年以降の研究成果ばかりである。だが、新稿だからといっても、一五年以上前からの現地調査がようやく論文に結実したものがほとんどである。一五年以上前に、現地調査に協力していただいたにもかかわらず、論文化するのに予想外に年数がかかってしまった、というのが実情である。豊後金剛宝戒寺の宗尊幸さんのように、本書を渡す前に鬼籍に入られてしまった方もおられるほどだ。宗さんのご冥福をお祈りしたい。

それは、一つには私の怠慢もあるが、史料が少なく論文化に手間取ったことも大きな理由でもある。また、私の関心が変化し、ほかの研究テーマに時間を割くようになったからでもある。

先の拙著『中世律宗と死の文化』は、のちに拙著『葬式仏教の誕生』（平凡社、二〇一一年）に結実した。葬送の担い手としての律僧の活動などを明らかにし、墓塔たる西大寺様式の五輪塔などに注目した。

その研究過程で、叡尊教団の全国的な展開を、現地調査を踏まえて論じる必要性を再認識させられた。そこで、科学研究費基盤研究（C）「中世叡尊教団の全国的展開」（代表松尾剛次）と、同「親鸞理解の変遷についての総合的研究――江戸時代注釈と聖徳太子信仰の分析を中心として」（代表藤井淳、松尾は分担者）を申請した。幸いにも、それらの申請が認められ、科研費を使って、ことに九州地域の展開を明らかにすることができた。また、学術振興会から平成二八年度研究成果公開促進費「学術図書」（課題番号16HD5085）の助成も得ることができた。

本書によって、中世叡尊教団の重要性の認識がさらに高まるとすれば、望外の幸せである。とりわけ、二〇一六年は忍性生誕八〇〇年の記念すべき年である。七月二三日から九月一九日まで、奈良国立博物館で「特別展・忍性」が開催され、一〇月二八日から一二月一八日まで金沢文庫でも忍性展が開催された。そうした年に本書を刊行できるのは大いなる喜びである。ただ、全国的展開と謳いながら本州の一部と九州全域が対象である。中国・四国地方、関東地方、東北地方などへの展開は次著に譲らざるを得ない。

ところで、今年四月におきた熊本大地震では、九州調査でお世話になった多くの方が、大なり小なり被災されたとのことである。ここにお見舞いを申し上げ、復興を見守りたいと思う。

ほぼ毎年のことであるが、夏休み中は著書のゲラの校正で終わり、父母の墓参りもできなくなってしまった。黄泉の国で、いつも見守ってくれている父母に本書を捧げたいと思う。

最後に本書の編集を担当された法藏館編集部の上山靖子さんにも感謝の意を表したい。

二〇一六年一二月

松尾剛次

索　引

Ⅰ　人　名

あ行――

か行――

さ行――

た行――

な行――

は行――

ま行――

や行――

ら行・わ行――

Ⅱ　寺社名

あ行――

か行――

さ行——

た行――

は行――

ま行――

や行・ら行――

Ⅲ 書名・経典名

あ行——

か行——

さ行——

た行——

な行――

は行――

ま行――

や行――

ら行――

わ行――

Ⅳ 事 項

あ行――

か行――

さ行――

た行――

な行――

は行――

ま行――

ら行・わ行――

松尾剛次（まつお　けんじ）

1954年、長崎県生まれ。東京大学大学院人文科学研究科国史学専門課程博士課程を経て、現在、山形大学人文学部教授。東京大学文学博士。専攻は日本宗教史、日本中世史。主な著書に、『鎌倉新仏教の成立』『勧進と破戒の中世史』『日本中世の禅と律』『中世律宗と死の文化』（以上、吉川弘文館）、『中世の都市と非人』『山をおりた親鸞　都をすてた道元』（以上、法藏館）、『中世都市鎌倉を歩く』（中公新書）、『忍性』（ミネルヴァ日本評伝選）、『破戒と男色の仏教史』（平凡社新書）、『親鸞再考』（NHK 出版）、『仏教入門』（岩波ジュニア新書）など多数。

中世叡尊教団の全国的展開

二〇一七年二月二八日　初版第一刷発行

著　者　松尾剛次
発行者　西村明高
発行所　株式会社法藏館
京都市下京区正面通烏丸東入
郵便番号　六〇〇-八一五三
電話　〇七五-三四三-〇〇三〇（編集）
〇七五-三四三-五六五六（営業）

装幀者　高麗隆彦
印刷・製本　亜細亜印刷株式会社

ISBN978-4-8318-6059-0 C3021